KB040026

문명, 현대화
그리고
가치투자와 중국

LI LU

문명, 현대화 그리고 가치투자와 중국

Li Lu is not normal.
He's the Chinese Warren Buffett!
_ Charlie Munger

리루 지음 | 이철, 주봉의 옮김 | 홍진채 감수

포레스트북스

가치투자는 복리식 경제 성장을 보장하는 수단이다

『문명, 현대화 그리고 가치투자와 중국』의 한국어판이 출간되어 매우 기쁘게 생각한다.

나는 1997~1998년 아시아 금융위기 이후 한국 주식 시장에 줄곧 관심이 있었으며 시장에 직접 참여하기도 했다. 당시에는 과거 이익의 2~3배에 불과한, 매우 낮은 밸류에이션에 거래되는 종목이 많았다. 하지만 매수 결정은 쉽지 않았다. 한국의 기업이 과거의 수익성을 회복할 수 있을까? 아니, 살아남을 수는 있을까? 재벌 위주의 한국 자본 시장이 존속할 수 있을까? 투자자들은 한국 기업의 가치를 어떤 방식으로 평가해야 할까? 말하자면, '미국 동종 기업과 비슷한 방식으로 평가해야 할까, 아니면 다른 방식이 필요할까?' 하는 문제였다. 이 질문들에 정답은 없다. 그러나 실수에는 큰 대가가 따를 수 있다. 나는 투자자로서 30년 동안 미국과 중국을 비롯해 우리가 연구하는 모든 시장에서 이런 질문에 반복적으로 직면해왔다.

나는 투자자들이 시장을 '우리 사고의 취약성과 사각지대를 드러내도록 설계된 시스템'으로 보는 것이 어떤 면에서는 더 낫다는 생각을 하게 됐다. 수영하는 방법을 책으로만 배워 바다에 뛰어드는 사람은 자신이 아직 무엇을 모르는지 파악하기도 전에 위급한 상황을 맞이할 것이다. 이런 깨달음에 이끌려 나는 투자의 본질, 그리고 투자와 현대 경제의 관계를 이해하기 위해 오랫동안 탐구해왔다. 이 책에서 그 답을 제시하고자 한다.

이 책에서 내가 설명하는 현상은 역사가 그리 오래되지 않았다. 정부의 개입이 최소화된 자유시장 기업 시스템과 현대 과학기술이 결합함으로써 인류 역사상 전례가 없는 독특한 현상인 복리식 경제 성장compound economic growth이 탄생했다. 과거 농업 문명 시대에는 경작할 수 있는 토지가 제한적이었기 때문에 경제 성장에 한계가 있었다. 하지만 사회의 경제 문제가 새로운 방식으로 체계화되면서 지난 200~300년 동안 경제는 복리식 성장을 지속할 수 있었다. 새로운 시스템을 갖춘 국가들의 경제 규모는 실질적으로 수백 배에서 수천 배까지 성장했다.

인류 사회는 일찍이 복리식 경제 성장을 경험한 적이 없었으며, 이 시스템은 다른 모든 대안을 능가했다. 이에 따라 대부분 전통 사회가 복리식 경제 성장이 가능한 사회로 전환하기 위해 노력하는 '현대화modernization'의 시대가 시작됐다. 이런 과정은 제2차 세계대전 이후 평화의 시기에 더욱 가속화됐다.

하지만 현대화 과정은 결코 쉽지 않다. 물론 과학은 학습할 수 있고,

기술 역시 시간을 들여 노력을 쏟아부으면 습득할 수 있다. 현대화 과정에서 정말로 어려운 것은 현대 경제에서 정부의 적절한 역할이 무엇인가 하는 것이다. 경제적 한계를 가진 전통 사회는 한정된 자원의 분배라는 중요한 문제와 씨름해야 했는데, 이 문제에서 정부가 대단히 중요하며 주도적인 역할을 수행했다. 전통적인 국가에서 정부의 역할을 제한하고 성공적인 사회를 이룬다는 것은 상상하기 어려운 일이다.

애덤 스미스Adam Smith는 이와 관련해 가장 중요한 발견을 한 인물이다. 그는 대표작 『국부론』에서 개인이 정부의 간섭 없이 자유시장 경쟁을 통해 사적인 이익을 추구할 때, 마치 '보이지 않는 손'이 작용하듯 공공의 이익이 더욱 효율적으로 창출된다고 주장했다. 자유시장 경쟁을 통해 수요에 따라 자원이 배분되고, 공급은 이윤을 추구하는 민간 기업이 담당한다. 스미스는 이런 방식이 인간의 잠재력을 발휘하는 데 가장 유용하고 공공의 이익을 증진하는 데도 가장 효율적이라고 강조했다. 당시로선 직관에 반하는 개념이었다. 나아가 스미스는 경제를 이끌거나 인도하는 것이 정부의 적절한 역할은 아니라는 결론을 내렸다. 오히려 개인, 귀족, 정부 등 모두가 법 앞에 평등한 법치주의를 통해 경제 시스템을 보호하는 것이 정부의 주요 기능이라고 주장했다. 또한 경제적 관점에서 볼 때 정부는 그 자체로 사회 전체의 목적과 구별되는 고유한 목적을 가진 실체가 아니라고 봤다. 당시에도 그랬지만, 250년이 지난 지금도 그의 생각은 여전히 급진적이고 혁명적이다.

1776년은 인류 문명에서 운명적인 해였다. 제임스 와트James Watt가 산업혁명의 시발점이 된 증기기관을 발명했고, 애덤 스미스가 『국부론』을 출간해 현대의 청사진을 제시했다. 미국은 그 청사진에 따라 독립을 선언하고 새로운 국가를 건설했으며, 마침내 지구상에서 가장 강력한 국가로서 현대 문명의 가장 중요한 수호자이자 설계자가 됐다.

영국과 미국이 최초로 현대화를 이룬 국가가 된 것은 어느 정도는 우연이었고, 어느 정도는 의도된 일이었다. 하지만 영미식 자유시장경제가 전 세계에서 지배적인 모델로 부상한 것은 필연적이었다. 수 세기에 걸쳐 복리식 경제 성장을 이룬 결과, 영미식 자유시장경제는 다른 모든 대안을 압도할 정도로 막강한 힘을 갖게 됐다(연간 2~4% 수준의 복리식 성장률만 가정해도 경제 규모는 200~300년 만에 수백 배, 수천 배 커진다).

유럽 대륙과 일본은 두 차례의 파괴적인 세계대전을 비롯해 고통스러운 전환기를 겪었으나 제2차 세계대전 이후 결국 영미권과 유사한 시스템을 채택했다.

동아시아 국가들은 수천 년 동안 유능한 관료들을 중심으로 강력한 정부를 구축해왔다. 유교 사상의 영향을 받은 동아시아 사회의 지식 엘리트들은 경제 문제를 포함한 광범위한 부문에서 정부의 역할이 필요하다는 견해를 오랫동안 유지해왔다. 또한 현대에 들어서도 경제에서 진화된 개념의 정부 역할에 대해 고심해왔다. 마오쩌둥毛澤東 시대에 중국은 계획경제를 수립함으로써 전통적인 사회에서 한 걸음 나아갔다. 이후 중국은 시장에서 작용하는 보이지 않는 손에 더해, 정부가 주요 자원을 배분하는 '보이는 손'이 되어 경제 발전을 유도하는 모델로 전환했다. 그 외 동아시아 국가 역시 산업이 도약하는 초기 단계에 유사한 정책을 채택했다. 갈 길이 분명하고 뒤에서 추격하는 상황일 때는 이런 정부 주도의 경제 모델이 어느 정도 효과를 발휘했다. 그러나 국가의 소득 수준이 중간 정도에 도달하고 세계 수준의 경쟁력을 갖춘 산업이 나오면서 정부 주도 모델은 문제를 드러내기 시작했다. 장기적으로 볼 때, 정부의 경제적 의사 결정은 이윤을 추구하는 민간 기업만큼 경쟁 환경에서 효율적이지 못하다.

결국 유일하게 지속 가능한 경제 성장의 원천은 소비자의 수요다. 소비자의 수요를 충족하는 가장 효율적인 방법은 자유시장에서 경쟁하며 이윤을 추구하는 민간 기업을 통하는 것이다. 이런 자유경제 시스템이 끊임없이 발전하는 기술과 결합할 때 수 세기에 걸쳐 지속 가능한 복리식 성장을 이룰 수 있다는 사실이 입증됐다. 시장 규모가 클수록 분업과 자유무역을 통해 효율성을 높일 수 있다는 점에서 자유경제 시스템은 본질적으로 범세계적이다. 규모의 경제 법칙에 따르면, 자유무역으로 형성된 가장 큰 세계 시장이 결국 유일한 시장이 된다. 즉, 현대 자유시장 시스템에는 세계화globalization가 내재해 있다. 이 세계 시장에서 낙오되는 국가는 결국 경제적인 경쟁력을 잃을 수밖에 없으며(북한이 그 예다), 이것이 바로 '현대화의 철의 법칙'이다.

이런 법칙과 전 세계적 수준에서 일어나는 경쟁에 따라, '안내하는 정부guiding government' 모델은 자유시장 기업 시스템이 원활히 작동하게 하는 것을 정부의 주요 기능으로 정의하는 '서비스 정부service government' 모델로 점차 전환될 것이다. 서비스 정부는 경제적 측면에서 그 자체로 고유한 목표를 갖지 않으며, 기본적인 사회 안전망·교육·인프라를 제공하는 것을 자신의 역할로 인식한다. 정도의 차이는 있지만 중국을 비롯한 많은 아시아 국가가 현재 이런 전환 과정을 거치고 있다.

인류 사회가 복리식 경제 성장이라는 현상을 경험한 것은 불과 200~300년에 지나지 않는다. 전례가 없던 복리식 자본소득compound capital returns의 등장도 그리 오래되지 않았다. 복리식 경제 성장은 민간 기업의 이익 증가로 이어지고, 그 결과 해당 기업에 투자한 사람들의 수익도 복리로 불어난다. 미국과 같은 주요 선진국은 1800년 이후 실질 국내총생산Gross Domestic Product. GDP이 2,000배 이상 증가했고, 주가지수는 실질 기준으로 200만 배 이상 상승했다.

가치투자, 즉 펀더멘털에 기반을 둔 장기 투자가 실제로 효과를 발휘하는 근본적인 이유가 바로 여기에 있다. 가치투자자는 주식을 기업의 일부에 대한 소유권으로 여긴다. 기업의 내재가치는 미래 소유주의 현금 수입을 현재 시점으로 할인한 금액의 합계이며, 주로 시장경제에서의 경쟁적 지위가 해당 기업의 내재가치를 결정한다. 투자 기회를 평가할 때, 투자자는 항상 자신의 능력 범위circle of competence 내에 머물러야 한다. 다시 말해 자신이 잘 알고, 미래 결과를 높은 신뢰 수준으로 예측할 수 있는 기업에 투자해야 한다. 기업의 주주 문화에 따라 배당, 자사주 매입, 인수합병 등을 통해 주주에게 얼마의 현금을 돌려줄 수 있는지가 결정된다. 가치투자자는 이런 모든 요소를 충실히 평가해 기업의 대략적인 가치를 산출하고, 내재가치보다 할인된 가격에 거래될 때만 주식을 매수해서 안전마진margin of safety을 확보한다. 이런 의미에서 모든 현명한 투자는 곧 가치투자다.

현대화의 단계는 나라마다 다르다. 따라서 어떤 나라의 기업인지에 따라 투자 자산이 보호되는 정도도 다를 수밖에 없다. 충실한 평가, 안전마진 확보를 비롯한 가치투자의 핵심 개념은 신흥 시장에 투자할 때 더욱 중요하다. 신흥 시장에서는 잘못된 투자로 인한 결과가 훨씬 더 심각할 수 있기 때문이다. 예컨대 주주 친화적 관행이 없는 기업에는 밸류에이션에 일정한 할인율을 적용하는 것이 마땅하며, 예측 가능성이 부족한 국가에는 이른바 컨트리 디스카운트country discount를 적용하기도 한다. 이처럼 경영진의 주주 관행과 국가별 자산 보호 정도에 따라 유사한 기업의 가치도 다르게 평가될 수 있다. 그렇기에 자본의 흐름은 가장 큰 위험조정수익Risk Adjusted Return, RAR(투자 과정에 포함된 위험을 고려한 수익-옮긴이)을 창출할 수 있는 곳을 향하기 마련이다.

단점이 없는 것은 아니지만 자유시장경제 시스템은 인간의 잠재력을 발휘하기에 가장 좋은 수단이며, 경제의 무한한 복리식 성장을 촉진하는 데 가장 효과적이다. 전 세계적인 경쟁의 본격화는 기업과 국가가 이처럼 효과가 입증된 자유경제 시스템으로 전환하도록 유도할 것이다. 가치투자, 즉 펀더멘털에 기반을 둔 투자는 투자자 자신을 풍요롭게 하는 동시에 기업과 사회를 지속 가능하고 장기적인 방식으로 지원하는 상호 '윈-윈win-win'의 결과를 통해 복리식 경제 성장을 보장하는 가장 좋은 수단이다.

아시아 금융위기 이후, 한국은 의미 있는 개혁을 통해 주주 문화를 개선해왔다. 몇몇 재벌 그룹은 좀 더 투명한 지주회사 체제로 전환했으며, 주주의 이익을 심각하게 침해하는 행위를 법적으로 처벌한 사례도 늘었다. 많은 측면에서 한국은 더욱 현대화됐다. 나는 이런 개혁이 계속되면 한국 주식 시장의 '코리아 디스카운트'가 점차 완화되고, 끝내는 해소되리라고 믿는다. 그 과정에서 규모가 크든 작든 모든 국내외 투자자는 풍성한 보상을 받게 될 것이다. 그렇게 되기를 기원한다!

리루

편집자 주

상·하편으로 구성돼 있던 원고를 성격에 따라 세 개의 파트로 재구성하였습니다.
이와 관련해 언급되는 부분은 별도의 주석 없이 수정하였음을 밝힙니다.

차례

한국어판 서문 가치투자는 복리식 경제 성장을 보장하는 수단이다   05

추천사 1 멍거가 리루를 평하다_찰리 멍거   16

추천사 2 친구이자 스승인 리루에게 바치는 찬사_창진   20

추천사 3 내 인생의 문을 열어준 스승님_리우리우   42

서문 진정하게 아는 것이야말로 의미가 있다   47

PART 1   문명, 현대화와 중국

제1강   중국의 오랜 문제와 새로운 역사학   60

제2강   문명은 어떻게 탄생하고 발전해왔을까?   66

제3강   인류 문명의 첫 번째 도약: 아프리카에서 지구 곳곳으로   73

제4강   인류 문명의 두 번째 도약: 농업 문명의 탄생   82

제5강   농업 문명의 한계를 세 차례에 걸쳐 돌파하다   89

제6강   농업 문명 시대의 사상 혁명과 제도 혁신   97

제7강   아메리카 대륙의 발견과 범대서양 경제의 형성   105

제8강   현대화의 분수령, 1776년   111

제9강   중국이 놓친 현대화의 기회   117

제10강 현대화의 전파와 현대화로 가는 길의 투쟁   125

제11강 현대화의 본질과 철칙   131

제12강 중국의 미래 예측: 경제 측면의 변화   136

제13강 중국의 미래 예측: 문화 측면의 변화   142

제14강 중국의 미래 예측: 사회와 정치 측면의 변화   152

제15강 오늘날의 중·미 관계와 기술 문명 시대의 동서양 관계   165

제16강 인류 미래의 공동 운명   199

PART 2 가치투자와 중국

중국에서의 가치투자 전망   208

가치투자의 핵심, 지행합일   262

가치투자의 상식과 방법   325

투자는 자신을 발견하는 과정이다   370

투자, 투기 그리고 증시   394

외국인 투자자의 관점에서 바라본 중국 경제의 미래   409

PART 3 읽고, 생각하고, 깨닫다

책 속에 황금의 집이 있다   450

타이완어판 『가난한 찰리의 보통 상식』 추천사   474

지혜를 추구하는 것은 인류의 도덕적 책임   476

세계화의 숙명   497

TED 17년을 증언하다   515

인간 본성과 금융위기   527

우리 시대를 사색하며   532

50세의 술회   541

후기   547

부록: 추천 도서   551

감수의 글   558

멍거가 리루를 평하다*

_ 찰리 멍거

리루는 왜 그렇게 성공했을까? 그 이유 중 하나는 그가 중국의 워런 버핏Warren Buffett이라고 할 수 있기 때문이다. 다른 하나는 그가 낚시를 하는 곳이 남획이 심하고 어부가 너무 많아 경쟁이 치열한 미국 시장이 아니라 중국 시장이라는 점이다. 중국 시장에는 여전히 무지와 무분별의 사각지대가 존재하기 때문에 그에게 특별한 기회가 생겼다. 낚시의 첫 번째 규칙은 '물고기가 있는 곳으로 가라'이며, 두 번째 규칙은 '첫 번째 규칙을 잊지 말라'다. 리루는 마침맞게도 물고기가 많은 곳으로 낚시를 갔다. 그와 달리 우리는 명태를 잡기 위해 이미 남획이 심한 바다로 가려고 노력하는 명태 어부들인 셈이다. 경쟁이 너무 심하면 열심

● 찰리 멍거Charlie Munger의 2019년 「데일리 저널」 연례 주주총회 연설에서 발췌했다.

히 노력해도 소용이 없다.

Q 약력을 보면 리루는 아웃사이더에 가까운데, 중국 투자자 중에서 그가 돋보이는 점이 있다면 무엇인가? 버크셔 해서웨이Berkshire Hathaway의 투자책임자인 토드 콤스Todd Combs나 테드 웨슬러Tedd Weschler와 그의 공통점은 무엇이고, 차이점은 무엇인가? 작년에 당신과 리루가 중국 언론의 인터뷰 요청을 수락한 이유는 무엇인가?

멍거 나는 리루가 요청해서 인터뷰에 응했다. 때때로 나는 그런 일을 하며, 그 점에서 약간 '바보'라고 할 수 있다(서양 세계의 저명인사들은 이 시기에 중국 관영 매체와의 접촉을 꺼렸고, 중국 미디어의 인터뷰에 응해준 서양의 명성 있는 자본가는 드물었다. 멍거는 리루가 부탁해서 인터뷰에 응한 것이며, 가끔 이렇게 신중하지 못한 일을 저지른다고 덧붙였다). 인터뷰에서 나는 질문에 정직하게 대답하고 내 생각을 솔직하게 말했다. 내 대답은 리루는 평범한 사람이 아니라 중국의 워런 버핏이라는 것이었다.
그는 중국의 워런 버핏으로, 재능이 넘치는 사람이다. 물론 나는 그를 비판하기를 좋아하지만, 이건 우리 사이의 즐거움이기도 하다.
나는 현재 아흔다섯 살인데, 외부인에게 멍거 가문의 재산을 맡긴 것은 평생 처음이다. 그가 누구냐고? 두말할 것도 없이 리루다. 그는 이미 타점을 올렸다. 이는 극히 드물고 대단한 일이다. 리루가 세운 기록을 보고도 선수를 교체할 생각이 들까?

우리에게 큰 변화를 일으킬 한 가지를 발견하면, 그 밖의 소소한 것들은 더 이상 살펴볼 필요가 없다. 이것이 결정을 내리는 좋은 방법이고 우리는 그렇게 하고 있다. 리루보다 더 나은 사람은 드물기 때문에 상황이 매우 단순해진다. 나는 조용히 앉아서 기다리기만 하면 된다.

조용히 앉아 기다리는 시간을 갖는 것, 이 비활동적으로 보이는 접근 방식에는 지혜가 가득하다. 반면, 대부분 사람은 지나치게 많은 활동을 한다.

Q 투자나 거래를 결정하는 것이 비교적 단순한 과정이라고 답했는데, 그렇다면 펀드매니저나 회사 경영진이 남다른 인격과 성실성을 갖추고 있는지 어떻게 판단하는가? 그런 판단을 하는 데 시간은 얼마나 걸리며, 그들에게서 어떤 특성을 찾고자 하는가?

멍거 이제 리루를 찾았으니 다른 사람을 찾을 일은 없다. 그러니 이 질문은 나에게 할 것이 아닌 것 같다. 리루보다 나은 사람을 찾을 확률이 얼마나 되겠는가. 그래서 나에게는 아주 쉬운 결정이었다.

이 질문을 자신에게 해보는 건 어떤가? 당신에겐 자신의 리루가 필요할 텐데 그런 사람을 어디서 찾을 수 있을지 모르겠다.

친구이자 스승인 리루에게 바치는 찬사

_ 창진常劲

나는 30년 전 베이징에서 리루를 만났다. 나는 베이징대학교 3학년이었고 리루는 난징대학교 4학년이었다. 약 1년 후 미국 샌프란시스코에서 다시 만났는데, 그는 컬럼비아대학교 학부 과정에 합격해 주목받고 있었고 미국과 중국 언론에 이름이 자주 오르내리는 스타였다. 나는 미국에 막 도착해 UC 버클리 근처의 가난한 동네에 살면서 생계를 위해 고군분투하던 중이었고 미래가 불확실했다. 그러던 중 한 지역 행사의 강연을 들으러 갔다가 연사로 참석한 그를 다시 만났고, 그날 이후 우리는 친구가 됐다.

나는 1994년 컬럼비아대학교 경영대학원의 MBA 프로그램에 합격했고, 우연하게도 리루와 동급생이 되어 컬럼비아에서 2년을 함께 보내고 함께 졸업했다. 그는 컬럼비아대학교에서 경제학 학사 학위, 경영대학원에서 MBA, 법학대학원에서 법학 박사 학위 등을 받았으며 컬럼비아대학교 역사상 최초로 세 개의 학위를 동시에 취득한 학생이 됐다.

졸업 후 그는 투자자가 됐으며, 1년 후 히말라야 캐피털 매니지먼트Himalaya Capital Management LLC를 설립하여 자신의 투자 펀드를 만들었다. 그리고 나는 보스턴의 경영 컨설팅 회사에 입사했다가 1999년에 인터넷 벤처를 창업했고, 사업에 실패한 후 신생 온라인 미디어 회사에 취직했다. 그즈음 그가 나를 파트너로 초빙하여 지난 13년간 함께 일해왔다. 그때부터 우리의 직업 경로는 많은 접점을 갖게 됐다. 그는 나의 첫 번째 에인절 투자자 중 한 명이자 나중에 내가 합류한 스타트업의 주요 주주였다. 학교를 졸업하고 비즈니스 세계에 뛰어든 이후 내 길은 그와 밀접하게 연결됐으며, 그는 항상 나를 도와줬다.

나는 종종 그가 내 인생의 '삼로三老(노우老友·노반老板·노사老师를 삼로라고 하며 오랜 친구·상사·스승이라는 뜻이다-옮긴이)'라고 말하는데 사람들은 이를 농담으로 여긴다. 물론 '늙을 로'는 내가 농을 섞어서 한 말이다. 사실 그는 젊은데도 성숙한 사람으로, 내가 '삼로'라고 한 건 진지한 마음에서 우러난 표현이다. 리루가 내 스승이라고 말하는 건 과장이 아니다. 그는 독서를 좋아하고 지식이 풍부하다. 그래서 생각이 매우 깊고 핀셋처럼 날카로운 질문을 던진다. 상대방의 생각이나 말에 허점이 있으면 대번에 적나라하게 파헤친다. 그는 또한 매우 직선적이고 감정을 배려하지 않는 사람이어서 친한 친구든 권위 있는 전문가든 상관없이 항상 핵심을 바로 때리기 때문에 종종 사람들의 반감을 사기도 한다.

처음 그를 만났을 때 이런 점이 나를 불편하게 했고 그가 너무 '잘난 척하며', 지나치게 날카롭고 가차 없다고 느꼈다. 하지만 그가 원래 그런 성격의 사람이고, 편견이 없으며, 잘못된 것을 봤을 때는 그냥 지나치지 못하는 사람이라는 것을 점차 이해하게 됐다. 그와 함께 있을 때 내가 열린 마음으로 자유롭게 이야기하면 설령 말다툼이 있더라도 논쟁은 끝났고, 그는 결코 그 일을 감정적으로 받아들이지 않았다.

나는 그가 항상 더 넓게 보며, 그의 관점은 시간이 지날수록 빛을 발한다는 것 역시 깨달았다. 특히 그와 함께 일하기 시작하고 초반에는 내가 그쪽 비즈니스에 서툴렀기 때문에 아이디어나 업무 수행 방식에서 수시로 지적을 받았다. 처음에는 저항했지만 이내 반성하고 받아들이게 됐고, 점점 더 열린 마음으로 그에게 많은 것을 배웠다. 그리고 그의 '지적 정직함intellectual honesty'이 배움에 대한 태도일 뿐만 아니라 투자를 개선하고 사고의 진실을 추구하게 하는 가치라는 것을 이해하게 됐다. 지금 돌이켜보면 그는 가치투자의 진정한 의미, 배움과 연구의 진정한 의미뿐만 아니라 인간으로서의 진정한 의미도 가르쳐줬다.

수년 동안 나를 인내해주고 배운 것을 아낌없이 전해준 리루에게 감사드린다. 내 경력이나 생각 중 평균 수준보다 조금 더 나은 것이 있다면 그의 가르침 덕분이므로 그를 스승님이라고 불러도 틀리지 않을 것이다.

리루가 나에게 그의 책에 추천사를 써달라고 부탁했을 때 나는 내심 걱정이 됐다(추천사는 저자보다 식견이 높거나 명망 있는 사람이 쓰는 게 보통이므로 리루를 스승으로 생각하는 자신으로서는 부족하지 않을까 생각했다는 의미—옮긴이). 이 글을 쓰게 된 것은 나에게 큰 영광이다. 직업적 측면에서든 지적 측면에서든 그는 우리 세대에서 보기 드문 인물이며, 특히 사업과 사상 모두에서 그런 경지에 도달한 사람은 내가 아는 세계에서는 찾을 수 없기 때문이다.

＊＊＊

　인생의 공통된 경험 덕에 리루와 나는 많은 관심사와 주제를 공유하고 있는데, 그중 하나가 중국과 관련된 문제다. 특히 중국이 과거에 왜 낙후됐고 어떻게 현대화할 것인가에 대한 질문이 대표적이다. 나는 이 질문에 수십 년 동안 매달렸지만, 완전한 이론적 체계는 말할 것도 없고 그럴듯한 답도 찾지 못했다. 대부분 사람이 그렇듯이, 나 역시 생각을 하다가 막히면 거기서 멈췄을 뿐 더 깊이 파고들거나 고민을 계속하지 않았다.

　다행히도 이 분야에 대한 리루의 생각은 나보다 훨씬 깊고, 기꺼이 나와 공유해줘서 큰 도움이 됐다. 지난 10여 년 동안 그와 나눈 대화와 토론을 돌이켜보면, 2008년과 2009년에 이 문제에 대한 이해가 질적으로 도약한 것 같다. 이 두 해는 그가 경력과 인생에서 큰 어려움과 도전에 직면했던 시기와 맞물려 있는데, 우리는 LA에 있는 도시 패서디나 시청의 정원을 산책하며 많은 대화를 나눴다. 당연히 그가 주로 말하고 나는 듣는 쪽이었는데 인류사 이야기부터 현대화, 문화, 경제에 이르기까지 중국에 대한 화제가 가장 많았다. 그는 엄청난 독서광으로 다방면에 걸쳐 지식이 풍부했으며, 내가 들어본 적 없는 대량의 정보를 가지고 있었다.

　2009년 4월, 리루는 『가난한 찰리의 연감Poor Charlie's Almanack』을 중국어로 번역하여 출판하자는 아이디어를 냈다. 이 책은 미국을 비롯한 서구 각국에서 가치투자의 바이블로 꼽히는 고전으로, 찰리 멍거의 사상과 인생의 핵심 연설이 담겨 있으며 투자·학습·사고·인생을 두루 다룬다. 리루의 아주 가까운 친구이자 유명 작가인 리우리우六六가 이 아이디어에 반색하면서 출판인 스훙쥔施宏俊을 소개해줬다.

스훙쥔은 중국 출판 업계에서 잘 알려진 인물이며 훌륭한 작품을 찾아내는 안목이 뛰어나다. 우리는 7월에 홍콩에서 만나 책의 번역과 출판에 대해 논의했다. 멍거는 백과사전 같은 인물이라 책에서 다루지 않은 분야가 없는 데다 학구적인 리우리우가 세상의 모든 것에 호기심을 가지고 질문하기 때문에 리루는 금융·비즈니스·경제·과학·기술·인문학·역사·철학·동서양 등 『가난한 찰리의 연감』과 관련한 많은 얘기를 했다. 고전을 자유로이 인용하고 자신만의 독특한 견해로 주제에 대한 깊이 있는 질문에 모두 답했다. 특히 중국 역사에 대한 그의 지식은 그 자체로 일가를 이룰 만큼 심오했다!

2009년 7월 중순부터 2010년 3월 말까지 중국어판 『가난한 찰리의 연감』 번역과 교정 및 수정 작업에 집중했다. 스훙쥔이 리지훙李继宏을 찾아 번역을 맡겼고, 그의 번역 원고가 나오면 내가 1차 교정을 하고, 리우리우가 2차 교정과 텍스트 수정을 했다. 그런 다음 리루가 최종 점검을 한 후 출판사에 보내 편집하게 함으로써 번역된 텍스트가 원작과 일치하고 원작자의 스타일을 최대한 반영할 수 있게 했다.

앞서도 말했지만, 멍거의 관심사는 투자·금융·비즈니스에 국한되지 않고 자연과학과 인문·사회과학 등 광범위한 전문 영역을 포괄한다. 이 책은 대량의 전문 용어, 역사적 인물의 고사와 어록, 재미있는 은유와 멍거의 독특한 언어 스타일, 특히 역발상과 위트로 가득 차 있다. 동서양의 사유 방식에는 소소한 차이가 있기 때문에 멍거를 제대로 이해하지 못하면 번역에 많은 착오가 발생하게 된다. 그래서 리지홍과 리우리우, 내가 사전 작업을 했음에도 리루는 문장과 표현을 고치는 데 많은 시간을 할애해야 했다. 사실 리루의 손길이 더해지지 않았다면 『가난한 찰리의 연감』 중국어 번역본은 지금처럼 좋지 않았을 것이다. 리루는 『가난한 찰리의 연감』 중국어판에 '책 속에 황금의 집이 있다'라는 제목의 추천사를 썼다. 이 글은 인터넷에서 오랫동안 인기를 끌었는데, 나는 그의 아이디어가 빅뱅을 시작한 계기가 바로 이것이라고 생각한다.

2010년 5월 5일, 리루는 『가난한 찰리의 연감』 중국어판 출판을 축하하고자 서던 캘리포니아 전역의 친구들을 집으로 초대해 파티를 열었다. 파티가 끝난 후 몇몇 친구가 남았을 때 리루가 인류 진화와 중국에 대해 이야기했다. 우리는 문화의 형성을 진화의 원리로 설명하는 그의 관점을 처음 접했다. 특히 당시 서던 캘리포니아대학교 건축학부 학장이었던 마칭윈馬淸運과 리루가 건축 디자인에 관해 토론한 내용이 인상 깊었는데, 리루는 건축 디자인에서 나무와 잔디를 사용하는 것을 지리가 인류 진화에 미치는 영향이라는 관점에서 설득력 있게 설명했다.

이후 그와 나는 거의 2년 동안 패서디나 시청의 정원을 산책하며 이야기를 나눴는데, 그는 투자를 비롯해 중국의 다양한 문제에 대해 진화론적 관점을 접목했다. 그는 네 권의 책에 영향을 받았다고 말했다. 즉 UCLA 교수인 재레드 M. 다이아몬드Jared M. Diamond의 『총 균 쇠: 인간 사회의 운명을 바꾼 힘』, 스탠퍼드대학교 교수인 이언 모리스Ian Morris의 『왜 서양이 지배하는가: 지난 200년 동안 인류가 풀지 못한 문제』,

영국 과학 작가 매트 리들리Matt Ridley의 『이성적 낙관주의자: 번영은 어떻게 진화하는가?』, 그리고 생물학자이자 인류학자인 에드워드 O. 윌슨Edward O. Wilson의 『지구의 정복자: 우리는 어디서 왔는가, 우리는 누구인가, 우리는 어디로 가는가?』 등이다. 그는 중국 문제를 연구하면서 몇 가지 중대한 발견을 했다고 말했는데, 특히 왜 중국에서는 일찍이 현대화가 일어나지 않았는가와 이런 문제에 중국이 앞으로 어떻게 대처해나갈 것인가에 대해 이미 독특하고 완벽한 이론 체계를 수립하고 있었다.

처음에는 미심쩍었지만 나도 점점 동의하게 됐고, 마침내 확신을 갖게 됐다. 나는 리루에게 그 아이디어를 책으로 써서 더 많은 사람과 공유하라고 권유했다. 그리고 2012년 8월 어느 날, 녹음기를 들고 그를 찾아가 인류 문명과 근대화의 역사에 대한 이론을 처음부터 끝까지 들려달라고 요청했다. 그 후 거의 8개월 동안 리루의 구술을 나와 히말라야의 동료들이 텍스트로 옮겼고, 그다음 리루가 직접 수정과 교정을 했다. 2013년 4월 초에 「리루가 현대화를 말하다」의 초판을 완성했는데, 때마침 리루의 47세 생일이었다.

5만 단어 분량의 긴 글을 친구들에게 돌렸는데, 모두의 반응이 뜨거웠다. 중국에 있는 친구들 중 일부는 이 에세이를 책자로 제본하여 지인들에게 선물하기도 했다. 얼마 지나지 않아, 이 글을 읽은 후슈닷컴(중국의 인터넷 매체-옮긴이)의 설립자 리민李岷이 리루에게 연락해 후슈닷컴에 게재해달라고 요청했다. 이 기사는 리루가 다시 수정하고 편집하여 2014년 5월에 「리루가 현대화를 말하다」라는 시리즈로 후슈닷컴에 공식적으로 게재됐다. 매주 1편씩 총 16편으로 나뉘어 연재됐으며,

리루의 웨이보 계정에도 올렸다. 이 시리즈의 기사들은 당시 가장 인기 있는 글이 됐다.

***

이 책의 첫 번째 파트인 '문명, 현대화와 중국'에는 「리루가 현대화를 말하다」 시리즈의 에세이 16편이 수록돼 있다. 이 책은 역사학의 새로운 과학적 방법론과 연구 결과에 30년 동안 축적된 리루의 개인적 성찰과 해석, 논증이 결합된 결과물이다. 인류 문명의 발전, 특히 현대화의 탄생과 발전에 대해 독창적인 관점과 이론을 제시하고 이를 바탕으로 중국의 미래, 중국 현대화가 서양에 미치는 영향, 인류의 공동 운명에 대한 그의 탐구 결과와 예측을 풀어놓는다.

사유와 글쓰기 과정에서 그는 여러 가지 독창적인 아이디어와 이론을 제시했는데, 나는 그의 첫 번째 독자가 되어 그와 깊이 있게 소통하고 브레인스토밍을 하는 특권을 누렸고 그의 사고 체계를 더 깊이 이해하게 됐다. 나는 또한 웨이보와 위챗을 통해 「리루가 현대화를 말하다」 시리즈의 글에 대한 느낌과 경험을 공유했다. 리루는 농축되고 간결한 문장과 전통적인 사고에서 벗어난 완전히 새로운 사상 프레임워크를 도입했다. 그 기초 위에 아프리카에서 출현한 이후 수만 년에 걸쳐 진행된 인류 문명사와 중국 사회 발전의 수많은 이슈를 논의했기에 일부 독자는 따라가기 어려워했다. 글에 인용되는 방대한 사료와 지식이 나의 지식 범위를 한참 벗어났기에 나 역시 힘겹다는 느낌을 지울 수 없었다. 한계에 다다를 때마다 관련 지식을 얻기 위해 더 열심히 공부해야 했다.

독자들이 인류 문명의 발전 과정에 대한 리루의 설명을 더 잘 이해할 수 있도록 나는 그가 과거 인터넷에 게재한 단편적인 이야기들을 정리하고, 리루와 직접 대화하면서 얻은 새로운 통찰과 경험을 추가했다. 나는 인류 문명과 중국 역사에 대한 그의 새로운 이해는 세계와 중국의 과거 및 미래에 대해 1960년대 이후에 출생한 세대의 가장 심오한 지적 탐구를 대표한다고 생각한다. 특히 현대화의 본질과 철칙에 대한 리루의 지식과 이해는 사상의 획기적인 도약이다! 현대화의 본질과 철칙을 이해함으로써 세계화의 추세가 멈출 수 없는 이유, 그리고 중국이 앞으로 수십 년 동안 계속해서 진정한 세계 강국으로 발전해나가리라는 사실을 이해할 수 있다.

먼저, 역사 현상을 연구할 때 리루의 접근 방식은 '거대사' 학자들의 거시 분석적 접근 방식이 아니다. 리루는 이언 모리스 교수가 만든 정량적 접근 방식인 사회발전지수●를 채택하여 역사 · 고고학 · 지리 · 기후 · 천문학 · 생물학 · 유전학 · 경제학 · 사회학 등 다양한 사회과학 및 자연과학의 최신 연구 결과를 바탕으로 역사 현상의 본질과 발전 규칙을 검토했다. 그럼으로써 인류 문명 발전 과정의 역사적 사건에 대한 합리적이고 믿을 만한 해석을 바탕으로 미래에 출현 가능한 사건들에 대한 합리적이고 신뢰할 만한 예측을 끌어냈다. 모리스의 사회발전지수는 인류의 에너지 섭취량, 사회 조직, 정보기술, 전쟁 동원 등 네 가지 영역

● 사회발전지수의 정의와 계산 방법, 추출된 데이터에 관심이 있다면 이언 모리스의 저서 『문명화의 척도The Measure of Civilization』를 참조하라.

의 능력을 구체적인 파라미터를 종합하여 만들어진 것이다. 이런 파라미터는 과학적 방법으로 인류 역사의 다양한 단계에서 추출하여 도표로 만들 수 있으며 인류 문명의 궤적, 특히 동서 양대 문명의 발전 궤적을 눈으로 보고 비교할 수 있게 해준다.

리루는 인간의 진화에는 생물학적 진화와 문화적 진화라는 이중성이 있다고 주장한다. 찰스 다윈Charles Darwin의 진화론은 생물학적 진화의 과정을 설명하는데, 인간의 진화는 생물학적 진화와 문화적 진화의 이중 결과라는 점에서 리루와 견해 차이가 있다. 문화적 진화는 한 세대의 지식이 글, 신앙, 예술 등의 형식으로 축적되며 진행된다. 그 승계와 발전의 속도가 생물학적 유전과는 비할 수 없이 빠르게 인간과 다른 종 간의 거리를 벌렸기에 이 책에서는 인간과 동물 간의 거리를 '문명'이라고 정의한다.

리루는 모리스의 사회발전지수를 바탕으로 인류 문명을 '1.0 수렵·채집 문명', '2.0 농업·목축업 문명', '3.0 과학기술 문명'의 세 단계로 나눌 것을 제안한다. 이는 우리가 익히 알고 있는 사회 발전 패턴이나 제도의 진화에 따른 전통적인 구분과는 다르다. 문화 및 사회 제도와는 직접적인 관련이 없으며, 오로지 모리스의 지수 곡선 증가 단계로 구분하여 성장 상태를 나타내는 것이다. 모리스의 사회발전지수에 따르면 인류 문명은 약 6만 년 전 크게 도약하여 아프리카에서 벗어나 수만 년 동안 전 세계로 퍼져나갔다. 이 과정에서 인류의 조상들은 다른 동물에게서는 전혀 찾아볼 수 없는 수준의 지혜, 상상력, 창조력, 진취적 마인드를 보였다. 생활 방식 자체는 아프리카에서의 그것과 크게 달라지지 않아 여전히 채집과 수렵에 의존하는 원시 상태였지만, 인구는 빠르게 증가하여 전 세계를 덮었고 멸종 가능성을 대폭 줄였으며 다음 문명으로 도약할 발판을 마련했다.

리루에 따르면 기원전 9600년경에 농업 문명이 탄생한 것은 지구 온난화가 인류에게 준 선물이었다. 이와 관련하여 리루는 재레드 다이아몬드의 연구를 받아들여 농업 문명이 최초로 나타난 것은 서양에서는 서남아시아의 초승달 구릉지대Hilly Flanks(메소포타미아와 요르단 사이의 반월형 구릉지대-옮긴이)이고, 중국에서는 2,000년 후 황허와 양쯔강 유역에서 나타나는 등 이른바 행운의 위도 지역이었다고 생각한다. 리루에 따르면 동서양의 농업 문명은 세 번의 돌파 사건을 겪으며 크게 도약했다. 즉 1776년 영국에서 애덤 스미스가 『국부론』을 출간하고, 그 후 미국 건국의 아버지들이 「독립선언문」을 낭독하고, 제임스 와트가 버밍엄에서 세계 최초의 증기기관을 발명하면서 3.0 단계로 도약했다. 리루는 3.0 문명을 일반적인 용어인 산업 문명이라고 부르지 않고 과학기술 문명이라고 명명했는데, 이는 남다른 주장을 하려는 것이 아니라 현대화의 개념에 대한 리루의 깊은 이해를 반영하는 심층적인 의미를 담고 있다.

리루는 1.0에서 3.0으로 이어지는 인류 문명의 진화와 그 메커니즘을 설명하기 위해 파트 1의 제3강부터 제10강까지 총 8강을 할애하여 인류 문명의 기원부터 19세기 현대화의 확산, 20세기 현대화에 이르는 투쟁까지의 역사를 회고한다. 그리고 인류의 조상인 지능을 지닌 유인원의 출현, 인간과 동물 간 생리와 지능상의 근본적 차이, 농업 문명의 한계, 과학혁명이 어째서 지금의 유럽에서 나타났는지, 현대화는 어떻게 탄생했는지, 왜 중국에서는 일찍이 현대화가 일어나지 않았는지 등을 망라한다.

제11강 '현대화의 본질과 철칙'은 현대화에 관한 리루의 16강 시리즈 중 매우 심오하고 독창적인 에세이 중 하나다. '현대화'는 동서양을 막론하고 널리 퍼진 개념이었으며 수많은 학자와 철학자가 정의를 내리기 위해 생각하고 연구하고 토론해왔다. 이제 현대화는 전통적인 농업 사회에서 산업 사회로 전환되는 과정이라는 인식이 널리 받아들여지고 있다. 이 개념과 관련하여 여러 질문이 제기됐다. 현대화의 핵심 동력은 무엇인가? 단방향인가, 아니면 쌍방향인가? 유일한 과정인가, 아니면 다른 선택지가 있었는가? 능동적인가, 아니면 수동적인가? 건설적인가, 아니면 파괴적인가? 이처럼 지금까지도 논란이 이어지는 여러 가지 질문이 있다. 최근 수십 년 동안 서구 사회에서 친환경 사상이 확산되면서 반현대화 경향, 전통으로의 회귀, 원시로의 회귀, 현대 과학기술이 없는 농업 시대로의 회귀 현상이 나타나고 있다. 이는 사람들의 현대화에 대한 이해가 여전히 산업화 수준에 머물러 있고 현대화의 본질을 제대로 이해하지 못했기 때문이다.

제2강 '문명은 어떻게 탄생하고 발전해왔을까?'에서 리루는 이언 모리스의 사회발전지수 연구를 통해 인류 문명의 발전 과정을 살펴본다. 모리스의 동서양 사회발전지수 도표를 보면 1800년 이후 서양은 급속한 발전기로 접어들었고, 20세기 이후부터는 동양이 도약하기 시작하면서 동서양의 사회가 모두 로켓이 날아오르듯 급성장하며 복리식 성장이 지속되고 있음을 알 수 있다. 그는 이 시기의 인류 문명을 3.0 과학기술 문명이라고 부른다.

리루가 1800년 이후의 인류 문명 3.0을 우리가 익히 알고 있는 산업 문명이 아닌 과학기술 문명이라고 부르는 이유는 무엇일까? 그는 제8강 '현대화의 탄생'에서 1776년 애덤 스미스의 『국부론』출판, 미국 「독립선언문」 발표, 제임스 와트의 증기기관 발명 등 같은 해에 일어난 세 가지 개별적 사건이 인류 문명사의 분수령이 됐다는 예리한 통찰을 제시한다. 이후 인류 사회의 현대화 과정은 돌이킬 수 없는 길로 들어섰고, 영국에서 시작되어 전 세계로 확산됐다. 이 세 가지 사건은 자유시장경제, 입헌민주주의의 권한 제한을 받는 정부, 현대 과학기술을 대표한다. 산업혁명이 시작된 이래 오늘날까지 세계에서 가장 성공적이고 선진화된 국가들은 모두 이 세 가지 관건 요소를 갖추고 있다.

그는 현대 기술과 자유시장의 결합을 인류 역사상 가장 위대한 제도적 혁신이라고 했다. 인간은 본질상 감정적으로는 결과의 평등을 추구하고, 이성적으로는 기회의 평등을 추구하기 때문에 인류 문명의 진보가 결국 지구촌 곳곳으로 확산될 수 있었고, 기회의 평등을 제공하는 시스템을 구축한 사회는 오랫동안 번영을 누려왔다고 지적했다. 그리고 자유시장경제는 모든 사람에게 진정으로 평등한 기회를 제공하여, 모든 사람이 저마다의 재능을 실현하고 그에 합당한 경제적 이익을 얻을 수 있게 한다. 그는 이 시스템을 '경제적 능력주의'라고 불렀다. 이런 시스템에서 현대 과학기술과 자유시장경제의 결합은 과학과 기술을 새로운 생산력으로 빠르게 전환하여 추상적인 아이디어를 가능한 한 가장 낮은 비용으로 신속하게 생산과 연결해 시장에 내놓을 수 있게 한다. 다시 말해, 모든 소비자가 사용할 수 있는 제품으로 빠르게 전환하여 자유시장의 메커니즘을 통해 부를 창출할 수 있게 한다. 한편 입헌민주주의하에 제한된 권력을 갖춘 정부는 개별 시민의 권리·자유·사유 재산을 보호하고, 과학과 기술 혁신에 필요한 자유를 제공하며, 자유시장경제가 규칙에 따라 작동하도록 기본 보장을 제공하여 기회균등의 원칙에 따라 공정한 경쟁의 자유시장 메커니즘을 통해 사회적 부를 분배할 수 있게 한다. 리루가 보기에 현대 과학기술과 자유시장경제의 완전한 결합이야말로 3.0 문명에서 가장 핵심적이고 가장 본질적이며 가장 성공적인 사회 형태다.

이런 기초 위에 리루는 창의적인 견해를 제시했는데 바로 현대화의 본질은 '현대 과학기술과 자유시장경제의 결합으로 인류 경제를 지속 가능한 복리식 성장 상태로 만드는 것'이다. 그리고 이 상태에 진입한 사회와 국가가 바로 현대화 사회와 국가다.

현대 과학기술과 자유시장경제의 결합이 인류 경제에 지속 가능한 복리식 성장을 가져다주는 이유는 무엇일까? 리루는 고전경제학의 대가인 영국의 정치경제학자 데이비드 리카도David Ricardo의 비교우위 이론을 적용해 이를 설명한다. 서로 다른 능력을 보유한 두 사람이 각자의 장점 분야에 집중하여 창출한 가치를 교환하면, 두 사람이 두 가지 일을 함께해서 창출한 가치보다 더 많은 가치를 창출한다는 것이다. 이는 '1+1 〉2'라는 수학 공식으로 표현할 수 있는데, 더 많은 사람의 능력이 교환될수록 시장이 커지고 더 많은 가치가 창출된다는 뜻이다. 리루는 여기서 더 나아가 자유시장 자체가 규모의 경제임을 의미한다고 말한다.

현대 경제학의 창시자인 애덤 스미스가 이미 『국부론』에서 분업과 자유로운 교환의 비밀을 체계적으로 밝혔기 때문에 '자유시장경제가 더 많은 사회적 부를 창출한다'라는 결론은 오늘날 그리 놀라운 일이 아니다. 데이비드 리카도는 자신의 저서 『정치경제학 및 조세의 원리On the Principles of Political Economy and Taxation』에서 애덤 스미스의 비교우위 이론을 바탕으로 국가 간 자유무역이 왜 더 많은 사회적 부를 창출하고 상호 이익이 되는지 설명했다. 하지만 '1+1 〉2'는 현대 경제의 장기적인 복리식 성장을 완전히 설명할 수 없다. 그 이유는 모든 사람이 자유로운 교환 시장에 참여하고 분업이 극대화되면 사회적 부의 성장이 한계에 도달하기 때문이다. 리루는 인간 지식의 축적이 사회적 분업과 교환의 점진적 성장에 미치는 증폭 효과에 주목하여 이 문제를 돌파한다. 그는 '1+1 〉4'라는 수학 공식을 사용하여 같은 점을 설명한다.

아이디어가 교환될 때 양 당사자는 자신의 아이디어를 유지하고 상대방의 아이디어를 얻을 뿐만 아니라 교환 과정에서 충돌을 통해 완전히 새로운 아이디어를 창출하기도 한다. 인간이 지식을 축적하는 바로 이런 특성이 현대 과학기술의 끊임없는 발전과 혁신으로 이어졌으며, 이것이 자유 시장과 결합하여 효율성과 부를 증가시키고 규모의 효과를 높여 인간의 무한한 욕구와 함께 지속적인 복리식 성장의 현대 경제를 형성한다.

영국의 과학 작가 매트 리들리는 『이성적 낙관주의자』에서 아이디어가 서로 섹스를 한다는 유명한 비유를 통해 아이디어의 교환이 혁신으로 이어진다고 주장했다. 리루는 리들리의 아이디어를 이론적 수준으로 끌어올려 '1+1 〉4' 방정식을 이용해 인간 지식이 기하급수적으로 성장한 이유를 간단한 용어로 표현하고, 현대 과학기술과 자유시장 경제가 결합한 상황에서 현대 경제가 지속적인 기하급수적 성장의 특성을 보일 수 있다고 설명했다.

리루의 가장 창의적인 면은 자유시장경제 자체의 규모의 효과와 이 효과를 증폭시키는 현대 과학기술의 효과에 대한 인식과 3.0 문명의 철칙을 추론한 것이다. 그는 자유로운 경쟁은 시장이 스스로 진화하고 발전하고 개선하기 위한 메커니즘이며, 이 과정은 현대 과학기술의 개입으로 가능해졌다고 주장한다. 가장 큰 시장이 아닌 모든 개인·사회·기업·국가는 이런 방식으로 경쟁하는 시장들 사이에서 뒤처지게 되고, 결국은 가장 큰 시장이 합류해야만 하는 유일한 시장이 된다. 그는 세계화는 3.0 문명의 철칙에 따른 필연적인 결과라고 주장한다. 세계화로 상품, 서비스, 기술, 금융 시장은 전 세계적으로 더욱 통합되고 확장되며 심화됐다. 이 시장을 떠나는 데 드는 비용은 점점 더 커지고 있다.

저명한 저널리스트 토머스 L. 프리드먼Thomas L. Friedman은『세계는 평평하다: 21세기 간략사The World Is Flat: A Brief History of the Twenty-first Century』에서 전 세계에서 발생하는 세계화의 급속한 확대를 설명하고 세계화의 원인을 심층적으로 규명하고자 했다. 다만, 해답을 내놓기보다는 문제 제기가 더 많았다. 물론 저자의 의도가 세계화의 발생 원인을 파헤치는 것이 아니었을 수도 있다. 리루의 '3.0 문명의 철칙'은 내가 이 책을 읽은 후 오랫동안 품어온 지적 문제를 해결해줬고, 세계화의 근본적인 원인에 대한 합리적인 설명을 제공했다.

제12강부터 제16강까지 마지막 다섯 개 강에서 리루는 인류 문명과 현대화에 대한 이론적 체계와 중국 문화와 동서양의 차이에 대한 깊은 이해를 바탕으로 앞으로 수십 년간 중국의 경제·문화·정치의 발전을 예측한다. 나아가 중국 현대화의 과정과 전망, 3.0 문명 시대의 중국과 서양의 관계, 인류의 미래 공동 운명에 대해 논한다.

중국 문화에 대한 논의에서 그는 중국 전통문화의 오륜五倫에 하나를 더 추가하여 낯선 사람 사이의 관계를 규율하는 '정직과 성실'을 여섯 번째 도덕규범으로 사용할 것을 제안한다. 그는 중·미 관계에 대한 논의에서 지리적 위치가 동서양 문명의 발전에서 문화적 차이를 형성하는 데 중요한 역할을 했다고 주장한다. 지리적 위치의 특수성 덕분에 중국에서 대제국이 출현하고 '정치적 능력주의'가 최초로 나타날 수 있었다. 서양은 또한 지리적 위치 덕분에 '경제적 능력주의'를 최초로 도입하고 현대 과학기술 문명을 가장 먼저 구현했다. 서양과 중국의 지리적 차이 때문에 서로 다른 문화적·문명적 전통이 생겨났을 뿐만 아니라 서로를 해석할 때의 편견도 자연스레 형성됐다. 이런 점을 이해하는 것은 중국과 서양의 현대화 과정 간 유사점과 차이점을 이해하는 데 매우 중요하다. 나도 오랫동안 중국이 어떻게 현대화해야 하는지 혼란스러웠지만, 리루가 요약한 '정치적 능력'과 '경제적 능력'을 통해 중국과 서양의 근대화 과정에서 나타난 유사점과 차이점을 더 깊이 이해할 수 있었다.

리루는 중국이 지난 100년 동안 많은 우여곡절을 겪었으며, 시장경제와 과학기술의 결합을 진정으로 달성하고 국내외에서 더 평화로운 환경이 조성된 후에야 중국에서 현대화가 대규모로 시작됐다고 믿는다. 그는 자신의 이론적 틀에 따르면, 동일한 조건일 때 앞으로 수십 년 동안 중국에서 현대화가 더욱 가속화되리라고 예측했다. 2.0 문명과 달리 3.0 문명에서는 세계 지배 질서의 주요 도구가 토지가 아니라 글로벌 시장 지배이며, 3.0 문명의 철칙 때문에 결국 가장 큰 시장이 유일한 시장이 될 것이다. 이 시대의 특성을 인식하는 것은 현재 세계 질서에서 중국의 선택에 특히 중요하다. 나는 현대화의 본질에 대한 리루의 이해와 문명 3.0의 철학적 법칙에 대한 논의가 나와 같은 일반 독자들에게 현대화에 대한 신화를 이론적으로 불식시킬 뿐만 아니라 사회, 정치, 경제, 문화 문제를 포함하여 인류 문명의 발전과 관련된 다양한 분야의 학자들에게 유용한 참고 자료가 되리라고 믿는다. 리루의 3.0 문명 철칙이 일단 광범위한 논증을 거쳐 받아들여지면 현대 문명에 대한 사람들의 새로운 이해와 인류 문명의 미래 진로에 대한 비전에 근본적인 변화가 일어날 것이다.

파트 2 '가치투자와 중국'에는 가치투자에 관한 리루의 강연과 인터뷰를 실었다. 특히 처음 세 편은 가치투자가 내포하는 의미와 중국에서 가치투자를 실천하는 데 대한 그의 사고와 논증을 잘 보여준다. 여기에는 가치투자의 기본 사상, 가치투자와 현대 경제의 관계뿐 아니라 중국 내 가치투자의 실행 가능성 등에 대한 리루의 사고, 이해, 인식, 그리고 그의 투자 인생을 바탕으로 한 경험과 깨달음이 담겨 있다.

가치투자라는 사상의 건물에 리루는 가치투자에 대한 이해와 인지, 실천 경험으로 기여했다. 가치투자의 합리성에 대한 그의 주장은 가치투자 이론의 새로운 토대를 마련했으며, 인류 문명과 현대화 과정에 대한 독특한 해석과 이론을 중국의 문화적·역사적 특성과 결합하여 가치투자 실천에 적용함으로써 이 장엄한 사상의 건축물에 유일무이한 풍경을 만들었다.

파트 3 '읽고, 생각하고, 깨닫다'에는 그동안 리루가 쓴 서평과 깨달음에 관한 글이 실려 있다. 인간의 본성과 금융위기, 금융감독, 능력 범위, 지적 정직함에 대해 이야기하고 멍거의 사상에 대한 자신의 이해와 미래의 과학기술, 시대, 그리고 인생에 대한 깨달음을 나눈다.

멍거와 마찬가지로 리루도 인간의 본성을 깊이 이해하고 있다. 그는 여러 번 죽음의 위기에 맞닥뜨렸으며, 이런 경험을 통해 인간 본성을 더 깊이 이해하게 됐다. 젊을 때부터 홀로 유난한 행동을 보이고 오만한 유전자를 가졌던 그는 일체의 현실 상황, 편견, 권위를 받아들이지 않아 종종 비난을 받았고 따돌림을 당하기도 했다. 그러다 보니 인간의 본성과 행동에 큰 호기심을 갖게 됐으며, 때로는 지나치다 싶을 정도로 파고들었다. 그는 가장 평범한 것에도 질문을 던지고 더 깊은 이유를 찾아내곤 했는데, 나는 늘 그의 통찰력에 감탄했다. 예를 들어 그는 시장의 존재가 인간 본성에 대한 시험이자 처벌이라고 주장했는데, 나로선 결코 그런 생각은 하지 못했을 것이다.

가치투자는 많은 사람이 이야기하지만 실제로 행동에 옮기는 사람은 거의 없는 틈새 영역이다. 리루는 가치투자에 대한 깊은 이해와 통찰력을 갖추고 있으며, 실전에서 탁월한 성과를 거둔 몇 안 되는 투자자 중 한 명이다. 잘 나서지 않는 성격이어서 대중 매체에 거의 모습을 드러내지 않기 때문에 그의 사업상 업적에 사람들은 별로 주의를 기울이지 않는다. 그러나 20년이 넘는 투자 성과와 개인 펀드 운용 규모를 고려할 때 그는 세계 최고의 투자자 중 한 사람이다. 그의 투자 성공은 찰리 멍거, 워런 버핏, 벤저민 그레이엄Benjamin Graham의 가르침뿐만 아니라 많은 독서, 학습, 사유 그리고 그 자신의 수양과 인품으로 빚어졌다.

나는 운이 좋게도 리루에게 다양한 가치투자 이론과 아이디어를 배웠고, 분석 과정에서 그의 지도와 연마를 받았으며, 일을 할 때 그의 신뢰와 지원을 받을 수 있었다. 그 덕에 가치투자 문외한에서 전문가로 성장했고, 심지어 최고의 대학 연단에 서서 학생들로부터 '선생님'이라는 호칭을 듣는 만족감을 누리고 있다. 하지만 내가 리루에게서 얻은 가장 소중한 것은 지식과 기술이 아니라 그의 가치관과 인생에 대한 태도, 그리고 사유 방식이다. 나는 수탁자의 신의성실 의무fiduciary duty에 대해 리루보다 더 진지하고 엄격한 사람을 보지 못했다. 그의 말에 따르면 수탁자의 의무는 우리 투자 사업의 생명선이자 우리가 인간으로서 지켜야 할 도덕적 마지노선이며 어떤 구실로도 소홀히 할 수 없는 사명이다. 우리가 하는 모든 일의 출발점이 바로 이것이며, 히말라야 캐피털의 핵심 가치관과 문화의 초석이다.

리루는 또한 지적 정직함이라는 가치를 중시했는데, 자주 언급했을 뿐만 아니라 자기 자신부터 치열하게 실천했다. 되는대로 배우고 사유하는 것은 우리 인생의 일부여서 우리는 자신이 무언가 알고 있다고 생각하길 좋아하고, 자신이 무엇을 모르는지 다시 생각해보지 않는다. 모르는 것에 대해서도 아는 척하며 자신이 알고 있는 것에 잘못된 것은 없는지 확인하려 하지 않는다. 이는 우리가 분석 작업에서 한 걸음 더 발전하는 것을 가로막는 중대한 장애물이다. 리루의 지적 정직함에 대한 요구는 일반적인 기준으로 볼 때 매우 가혹해서 모르면서도 아는 척하는 것을 절대 용납하지 않고, 심지어 이에 대해 본능적으로 반감을 가지고 있다.

나는 이전 직업상의 경험과 사유 습관상의 결함으로 아는 척하는 습관이 있었는데 매번 그에게 통렬한 지적을 받았다. 처음에는 그가 일부러 나를 괴롭힌다고 생각했지만, 시간이 갈수록 나의 단점과 맹점을 더 객관적이고 깊이 있게 이해하게 됐다. 지적 정직함을 염두에 두면서 그의 도움하에 점차 좋은 사유 습관을 쌓아갔고, 학습·업무·생활에서 이 개념의 중요성을 더 깊이 인식하게 됐다.

투자 업계에 리루만 한 사고력과 통찰력을 갖춘 사람은 많지 않다지만, 그보다 더 똑똑한 사람은 무수히 많다. 그런데 왜 그가 독보적인 성공을 거둘 수 있었으며, 인간성에 대한 시장의 잔인한 시험에서 몇 번이고 살아남을 수 있었는지 나는 궁금해하곤 했다. 후에 나는 점차 그것이 '기술'과 '도道'의 차이라는 것을 깨달았다. 대부분 사람은 기술을 배운다. 도를 추구하는 사람은 봉황의 깃털이나 기린의 뿔처럼 희귀하다. 리루는 도를 배운 사람에 해당하고, 그래서 그에게 많은 도움을 받을 수 있었다. 격동하는 자본 시장에서는 고도로 숙련된 기술뿐만 아니라 진정으로 당신을 신뢰하고 지지하는 자산 보유자, 즉 위탁자 그룹을 확보하는 것이 중요하다. 그들이 장기간 당신을 믿는 것은 단지 당신의 실적이 좋고 접근 방식에 설득력이 있어서가 아니라, 당신이 전문 분야의 신용에 문제가 없고 당신이 하는 모든 일이 자신의 이익과 완전히 일치하기 때문이다. 리루의 경력 초창기에 그에게 자금을 위탁했던 이들 대부분은 지금도 여전히 그에게 투자를 일임하고 있으며, 지난 21년 동안 투자금을 한 푼도 회수하지 않았다. 그런 상황은 아주 드물며 버핏과 멍거가 극소수 예에 속한다. 이 정도의 무한한 신뢰를 멍거는 '응당한 신뢰의 그물망a seamless web of deserved trust'이라고 불렀다.

무언가를 단기간 고수하기는 어렵지 않지만 20년 이상 고수한다는 건 일반인에게는 거의 불가능하다. 리루는 버핏과 멍거가 그랬던 것처럼 가치투자를 직업상 요구와 자신의 가치관 및 세계관, 그리고 추구하는 이상과 완전히 일치하도록 결합하여 '도'의 경지에 이르렀기 때문에 이를 달성할 수 있었다.

　내가 처음 히말라야 캐피털에 입사했을 때 리루가 여러 권의 책을 추천해줬는데, 그중 하나가 벤저민 프랭클린Benjamin Franklin의 『벤저민 프랭클린 자서전』이었고 그다음은 월터 아이작슨Walter Isaacson의 『벤저민 프랭클린 인생의 발견』이었다. 나는 『가난한 찰리의 연감』을 읽고 나서야 찰리 멍거가 벤저민 프랭클린의 삶을 모델로 삼았다는 사실을 깨달았다. 프랭클린은 참된 지식을 추구하며 지혜와 창의적인 사상으로 가득 찬 삶을 살았던 백과사전 같은 인물로, 미래 세대를 위해 등불을 밝혔다. 프랭클린과 멍거처럼 리루도 참된 지식을 추구하는 것을 평생의 취미이자 직업으로 삼았다. 그의 글, 연설, 통찰은 나를 흥분시키고 영감을 주는 사상으로 가득하다. 당신도 이 책을 읽으면 『가난한 찰리의 연감』 못지않은 인생의 지혜를 얻게 되리라고 확신한다.

2019년 4월

미국 시애틀에서

내 인생의 문을 열어준 스승님

_ 리우리우

리루는 내 인생의 문을 열어준 스승이다. 리루를 만나기 전까지 나는 나에게 공부할 능력이 있다는 사실을 몰랐다. 나는 어려서부터 좋은 성적을 받지 못했고 중요한 시험마다 낙방했다. 하늘이 리루를 나의 스승으로 보내주기 전까지는 '지식'을 얻는 것에 무슨 즐거움이 있다는 것인지 이해하지 못했다.

우선 그는 나를 칭찬하고 내 자존심이 장미꽃처럼 활짝 피어나게 하기 위해 노력을 아끼지 않았다. 그는 내가 금세기 최고의 여류 작가 중한 명이 될 것이라고 말했는데, 그즈음 나는 「왕귀와 안나王贵与安娜」라는 온라인 소설 한 편만 썼을 뿐이었다. 나는 그가 인터넷에서 흔히 접하는 빈말을 한 것이라고 생각했다. 하지만 20년이 지난 지금, 그가 가볍게 말한 것이 아니었고 그가 말한 모든 것이 사실로 다가오고 있다는 것을 알게 됐다.

리루는 최고의 스승이다. 그는 세상이 얼마나 다채로운지, 우주가 얼마나 광활한지, 좋은 지식이 얼마나 흥미로운 것인지를 내게 알려줬다. 그리고 배움은 시험을 위한 것이 아니라 지식 자체를 위한 것이며, 마음에서 우러나오는 진리를 추구하는 것임을 보여줬다. 그의 지도와 격려 덕분에 스물다섯 살 이후 내 인생은 완전히 달라졌다. 많은 고전을 읽었고, 자격증이나 승진을 위한 것이 아니라 순수하게 좋아하고 호기심을 느껴서 두 개의 석사 학위를 취득했다.

스승으로서 리루의 좋은 점은 하늘부터 땅까지, 과거부터 현재까지, 중국부터 외국까지 언제든 질문할 수 있어서 바이두(중국의 검색 엔진-옮긴이)보다 훨씬 낫다는 것이다. 게다가 중간에 광고창이 뜨지도 않는다. 그는 화려한 눈속임 따위는 한눈에 꿰뚫어 봤고, 순수 이과 이론도 흘깃 보고는 명쾌하게 이해했다. 심지어 나를 혼란스럽게 하는 계약서도 흘깃 보고는 "사기야!"라고 알려줬다. 나는 그가 가진 이성의 예리함에 매료됐고, 나아가 그라는 사람에게 매료됐다.

그는 만나자마자 친해질 수 있는 사람은 아니다. 오히려 천 리 밖에서부터 사람을 거부하는 모습으로 서 있는 쪽에 가깝다. 하지만 실력이 있는 사람은 많은 인연을 맺으려 애쓸 필요가 없다. 그는 기본적으로 말이 많은 사람이 아니지만, 그가 일단 입을 열어 말을 하기로 마음먹으면 기세 좋게 떠들어대던 사이비들은 꼬리를 내리고 물러나야 했다. 그에게 반박할 수 있는 사람은 거의 없었는데, 체면 때문이 아니라 그의 말 한마디 한마디가 진실이기 때문이다. 진짜 금은 불 구덩이에서 단련되는 것을 겁내지 않는 법이다.

그가 20년 전에 나에게 들려준 예언은 대부분 성취됐다. 그가 지금

펴내는 대부분의 책은 앞으로 20년은 지나야 대다수 사람이 제대로 이해할 수 있을 것이다. 나는 이해할 필요도 없다. 맹종하니까. 나의 또 다른 스승인 뤼스하오呂世浩는 "인생에서 가장 중요한 것은 무엇일까? 학력? 직업? 미래 예측? 모두 아니다. 바로 맞는 사람을 따르는 것이다!"라고 말했다. 전적으로 공감한다.

리루와 사귀는 것은 쉽지 않다. 리루의 스승인 찰리 멍거가 이런 말을 한 적이 있다고 한다. "좋은 아내를 만나고 싶다면 먼저 자기 자신이 훌륭해져야 합니다. 좋은 아가씨는 바보가 아니니니까요. 그 아가씨가 무엇 때문에 당신을 선택하겠습니까?" 그래서 리루의 제자이자 친구가 되기 위해 나는 때때로 자신을 돌아보고 모든 일을 스스로 해내면서 열심히 노력해야 했다. 그가 내 앞길에 큰 떡을 그려놓게 하고 나는 그가 가리키는 방향을 향해서 한 걸음, 한 걸음 성실하게 앞으로 나아갔다. 자본의 광풍에 휩쓸려 표류하지도 않았고, 거품이 꺼졌을 때 황망해하며 도망가지도 않았다. 나는 지금도 '금세기 가장 위대한 여류 작가'라는 떡을 향해 나아가고 있다. 스승의 인도로 마음속에 품게 된 염원인데, 최고의 재목이 되지 못하더라도 중간 정도는 되지 않을까?

리루는 최고의 스승일 뿐만 아니라 최고의 가족이기도 하다. 철학과 진리의 세계에서 위엄 있게 거닐다가도 처자식과 친구가 부르면 갑자기 풍진 세상으로 돌아온다. 한번은 암의 메커니즘에 대해 나와 토론 중이었는데, 딸이 부르자 아버지의 역할로 돌아가 아이들의 신발 끈을 묶어주고 아이들의 이상하고 어려운 질문에 자상하게 대답해줬다. 그 대조적인 모습을 보니 절로 웃음이 나왔다.

그의 가족 사랑은 뼛속 깊이 배어 있다. 어느 해 그는 워런 버핏이 매년 주재하는 콘퍼런스에 가족과 함께 참가했는데, 이 콘퍼런스에는 많은 유명인과 고위 인사들을 비롯해 중요한 고객과 사업상의 동료들도 참석했다. 나는 그가 사교 활동을 할 줄 알았는데 그냥 인사만 하고는 가족이 자리 잡은 테이블로 돌아와서 조금 의아했다. 그는 집안 문제에 대한 우리의 대화에 귀를 기울였으며 내내 큰 관심을 보여줬다. 나는 기실 그와 같이 깊은 사유를 하는 사람이 이처럼 인문, 철학, 과학과는 상관없는 화제에 얼마나 관심이 있을지 의문이었다. 그런데 그는 스승인 찰리 멍거와 마찬가지로, 이런 한가롭고 사소한 이야기를 좋아하는 것이 아니라 가족과 함께 나누는 행복하고 아름다운 시간을 좋아했다.

리루의 어린 시절은 일반인들은 상상하기도 어려운 것이었다. 역사적으로는 물론이고 정치 환경 면에서도 특수한 시기에 태어난 그는 갓난아기 때 부모와 이별하고 여러 위탁 가정을 전전하며 자랐다. 어려서부터 오랫동안 보육원에서 외로움, 두려움과 싸워야 했다. 나는 그가 바퀴벌레와 고기 껍질을 무서워하는 것을 보고 웃은 적이 있지만, 마음속으로는 어린 시절의 트라우마가 작은 나무에 새겨진 글씨처럼 해가 지날수록 점점 더 커졌으리라는 걸 알고 있다.

그는 이제 마음속에 두려움이 없을 정도로 성장했고, 뒤집힌 몽상과는 거리가 먼 사람이 됐으며, 세상의 실상을 분명히 볼 수 있게 됐다. 그러자 가슴에 사랑이 충만해졌다. 내가 그를 처음 알게 됐을 때 그는 마치 날카롭게 벼린 한 자루 강철 검과 같았고, 많은 책을 읽고 많은 일을 겪어 예리한 검기가 사람을 압박했다. 하지만 20년이라는 세월 동안 그는 끊임없이 발전해 이제는 너그럽고 온유한 사람이 됐다.

홍콩에 갔던 때의 일이다. 리루와 아침을 같이하기로 했는데, 호텔 로비를 오가는 사람들을 하나하나 살펴봐도 그는 보이지 않았다. 그러다가 한쪽 구석에 놓인 소파에 눈이 갔다. 야구 모자를 쓴 한 청년이 주변 소음과 섞이지 않고 따로 떨어져 조용하고 평화롭게 책을 읽고 있었다. 나는 무척 감탄하여 그 청년한테서 시선을 떼지 못했다. 소란스러운 사람들 사이에서 은은한 빛을 발하며 홀로 돋보이는 그 모습이 무척 아름다웠다. 리루를 기다리는 동안 다가가서 말이라도 걸어볼까 망설였다.

그 순간 그가 고개를 들었는데, 바로 리루였다. 그는 나를 향해 미소를 지었다. 눈을 가늘게 뜬 그 모습이 마치 호기심에 찬 소년처럼 보였다. 『논어』에 자공이 스승을 칭찬한 말이 있다.

공자님의 담장은 몇 길이나 되어서 문을 찾아 들어가지 못하면 종묘의 아름다움과 신하들의 많음을 보지 못합니다.

내 눈에는 리루가 이러하다. 우러러볼 수밖에 없다.

2019년 11월

진정하게 아는 것이야말로
의미가 있다

이유는 모르겠지만 나는 어렸을 때부터 사물에 대해 생각하는 것을 좋아했다. 불행히도 나는 문화대혁명 기간에 어린 시절을 보냈다. 당시에는 언론 통제가 심했고, 책도 많지 않았으며, 읽을거리라곤 지도자의 인용문이나 선전 자료가 대부분이었다. 그래서 중학교에 진학해 물리와 기하학을 처음 접했을 때 신세계를 발견한 것 같았다. 물리학과 수학(기하학)은 복잡한 자연 물질세계를 간단한 공식과 수학적 언어로 명료하게 설명할 수 있고, 증명과 반증을 모두 할 수 있으며, 지극한 예측 능력도 가지고 있기 때문이다. 물리학과 수학이 내게 안겨준 그때의 충격과 기쁨은 아직도 생생하다. 후에 대학에 지원할 때 나는 물리 계열 외의 분야는 전혀 고려하지 않았다.

그런데 열역학 제2 법칙인 엔트로피 법칙을 접하면서 불현듯 물질세계와 우주에 대한 절망과 고독을 느꼈다. 세상은 복잡하고 거대하여 끝이 없어 보이지만, 항상 큰 것이 작은 것을 억누르고 에너지는 높은 곳에서 낮은 곳으로만 흐르며 결국 모든 것이 무질서와 죽음의 정적으로 돌아간다. 우주가 존재하는 의미가 있을까? 우주라는 바다의 물방울 하나에 불과한 우리의 삶에도 의미가 있을까?

이때 카를 포퍼Karl Popper의 과학철학을 접하고 큰 영향을 받았다. 과학 자체는 의의를 설명할 수 없지만 과학적 방법의 영향을 받은 과학철학은 가능했다.

과학적 방법을 통해 세상과 사람, 사회를 이해하면서 나의 사고에 또 다른 문이 열렸다. 이때는 중국의 개혁개방이 시작되던 시기였고, 1980년대의 자유롭고 개방적이며 관용적인 문화 속에 새로운 사상이 속속 유입되면서 중국 사회에 큰 변화를 불러왔다. 나의 관심은 인문학, 역사, 종교, 문학, 사회과학, 경제학, 그리고 기타 분야로 옮겨 갔다. 하지만 나는 여전히 기본적인 과학적 방법만이 지식을 습득하는 데 신뢰할 수 있는 유일한 방법이라고 믿는다. 고대의 현자든 오늘날 정치·종교의 권위든, 과학적 방법의 관점에서 볼 때 이론이 끊임없이 시험되고 비판되고 수정되지 않으면 근원을 알 수 없는 강물이요, 뿌리 없는 나무다.

과학적 방법의 특성은 1980년대 중국의 사회 분위기와 매우 일치한다. 나라의 문이 열리면서 우리는 진정한 외부 세계를 봤고, 중국과 세계 사이의 격차를 더욱 인식하게 됐다. 당시 우리가 가장 크게 관심을 가진 질문은 100년 넘게 현대 중국 지식인들을 괴롭혔던 바로 그것이었다. 서양은 어떻게 그렇게 발전할 수 있었나? 중국은 또 왜 이렇게 뒤처졌을까? 중국은 서양을 따라잡을 수 있을까? 따라잡으려면 어떻게 해야 할까?

1990년대가 시작되던 즈음, 나는 중국을 떠나 미국 컬럼비아대학교에서 학부 공부를 다시 시작했다. 특이하게도 컬럼비아대학교는 모든 학부생에게 전공과 관계없이 호메로스의 찬가, 그리스 철학과 연극, 중세철학부터 르네상스, 계몽주의, 현대 과학혁명에 이르기까지 수천 년 동안 서양 문명의 토대가 된 고전 100권 이상을 읽어야 하는 '핵심 과정'을 이수하도록 요구했다. 당시 나에게는 말할 수 없는 설렘과 갈망을 동시에 느끼게 한 지식의 여정이었다. 마치 서양 문명의 전 과정을 내 머릿속에서 한번 돌려보는 것 같았으며, 가장 기본적인 개념과 이론 그리고 믿을 만하고 전승할 만한 지식을 한 차례 완벽하게 인식하는 기회가 됐다. 컬럼비아는 또한 같은 방식으로 유교와 이슬람 문명에 대해서도 추가적인 핵심 과정을 제공했다. 이를 통해 중국 문화사의 중요한 작품들을 (비록 영어 번역본이긴 하지만) 정독할 기회를 얻었다. 컬럼비아에서의 이런 경험은 내 사고에 큰 영향을 미쳤다.

지식 탐구는 항상 나의 지대한 관심사였지만, 사람의 운명과 사회를 변화시킬 수 있는 참된 지식이 어떤 것인지 판단하는 방법을 접해본 적은 아직 없었다. 이때 내 인생에 큰 영향을 미칠 또 다른 사건이 발생했다. 대학교 2학년 때 우연히 워런 버핏의 연설을 듣게 된 것이다. 그는 개인이 기업을 오랜 시간 연구하면 통찰력과 예측을 통해 돈을 벌 수 있다고 강조했다. 나는 그동안 개인적으로 관심을 가져온 지식 추구가 투자 분야에서도 유용하리라는 사실을 처음으로 깨달았다. 그 일을 계기로 일정 기간 연구 끝에 내 인생 첫 주식을 샀고, 지금까지 투자자의 인생을 살아왔다. 26년이라는 시간 동안 나는 책 속에 금으로 된 집이 있고 지식에는 정말 무궁무진한 현실적 힘이 있다는 것을 배웠다.

투자 경력 초기, 주식에 간접적으로 투자할 것이 아니라 직접 회사를 설립하고 싶었다. 그래서 초기 단계의 벤처 캐피털 업무를 수행하며 10여 개 회사의 성장을 도왔다. 이것은 나에게 또 다른 단계의 흥미로운 경험을 가져다줬다. 내가 벤처 캐피털에 몸담고 있을 때 인터넷 혁명이 시작됐기 때문이다. 1997년에 TED 콘퍼런스에 연사로 초대받았는데, 곧 다른 사람들의 강연에 매료됐다. 당시 인터넷 혁명을 이끈 주요 인물이 대부분 모인 자리였다. 나는 1997년부터 거의 매년 TED의 연례 미팅에 참석하여 인터넷 기술 혁명을 가장 앞자리에서 지켜봤고, 그 위대한 혁명에 직접 참여했다. 그러는 동안 초창기 이메일과 넷스케이프 브라우저는 인터넷으로, 이어서 모바일 인터넷으로 진화했으며 결국 모든 사람의 삶에 필수적인 부분이 되어 세상을 완전히 바꿔놓았다. 같은 시간 태평양 건너편에 있는 중국도 변하고 있었다. 나는 미국에 있지만 여전히 중국에서 일어나는 모든 일을 모니터링하고 있었으며, 지난 40년 동안 진행된 개혁개방의 전체 과정을 내 눈으로 목격했다.

이 모든 경험을 통해 나는 지식이 개인과 사회의 운명을 바꿀 수 있다는 사실을 절감했다. 예를 들어 컴퓨터와 인터넷 기술은 불과 20년 만에 인류 사회의 모든 면을 완전히 변화시켰다. 중국은 새로운 사회 조직 방식인 시장경제와 과학기술의 결합을 통해 14억 인구의 대국에 40년간 경천동지할 변화를 불러왔고, 역사상 전례 없는 기적을 만들었다. 개인적 측면에서 나는 가치투자를 접한 후 학습을 통해 약간의 통찰을 쌓고 무일푼으로 표류하던 타향에서 나의 투자 기업을 설립했다. 이 펀드는 몇백만 달러에서 출발해 현재는 100억 달러 이상으로 성장했으며, 같은 기간 시장 평균 수익률의 약 3배에 달하는 성과를 거뒀다. 이 과정에서 운이 큰 역할을 한 것은 분명하지만, 사람의 운명을 바꾸는 지식의 힘도 확인할 수 있었다. 그저 지식을 얻을 기회만 주어진다면 만족하는 개인적 취미 수준이었으나 우연히 투자 업계까지 들어오게 됐으니, 운명이 나에게 행운을 안겨준 셈이다. 가치투자의 철학과 방법론을 따르고 오랜 시간 열심히 노력해 비즈니스 통찰력을 개발한 결과 엄청난 사업 수익으로 이어졌고, 이런 비즈니스 활동을 통해 지난 수십 년 동안 일어난 전 세계적인 지식의 폭발을 직접 경험할 수 있었으며, 이런 폭발이 세상을 어떻게 변화시켰는지도 직접 볼 수 있었다. 이 모든 것이 나에게 사고와 지식에 더욱 강렬한 관심을 갖게 했다.

중국과 세계, 특히 중국은 항상 내 생각의 중심에 있었다. 무척 중요한 질문 중 하나는 현대화에 관한 것인데, 중국은 역사적으로 성공적인 나라였으면서도 근대에 와서는 왜 그토록 처절하게 실패했을까? 그리고 지난 몇십 년 동안 중국이 이토록 큰 발전을 이룰 수 있었던 원동력은 무엇일까? 중국의 미래는 어떻게 될까? 이런 문제들이 줄곧 내 머릿속을 맴돌았다. 지금도 나는 신뢰할 수 있는 유일한 지식은 과학적 방법으로 얻은 지식이라고 믿는다. 그렇다면 과학적 방법으로 이들 문제에서 명확하게 설득력 있고 예측력이 있는 새로운 통찰을 얻을 순 없을까?

지난 10년 동안 나는 이런 문제에 대해 몇 가지 초보적이고 개괄적인 아이디어를 떠올렸고, 나 자신의 생각을 점차 형성해왔다. 이 과정에서 여러 학자의 연구가 나에게 큰 영향을 줬다. 예를 들어 1997년에 출간된 재레드 다이아몬드의 저서 『총 균 쇠』는 현대사에서 매우 중요한 현상, 즉 유럽인들이 왜 그렇게 짧은 시간에 아메리카 대륙을 지배할 수 있었는지를 설명한다. 이 사건은 인류사의 발전에 헤아릴 수 없는 영향을 미쳤다. 『총 균 쇠』는 현대 과학적 방법을 사용하여 기나긴 역사 궤적을 해석한 최초의 책으로, 고전이라고 할 수 있다. 2010년에는 이언 모리스가 『왜 서양이 지배하는가』를 출간했다. 1만 년이 넘는 인류사의 문명 발전 과정에서 중국과 서양을 추적하고 비교했을 뿐만 아니라 미래의 발생 가능한 궤적을 설명하고자 한 책이다. 2011년에는 물리학자이자 철학자인 데이비드 도이치David Duetsch가 『진리는 바뀔 수도 있습니다: 옥스퍼드대 물리학자 데이비드 도이치가 바라보는 세상』에서 과학적 지식과 과학혁명이 인류 사회와 우주에 미치는 광범위한 영향을 제시했다. 그리고 2012년에는 생물학자이자 인류학인 에드워드 윌슨이 인류 문명 전체의 진화를 생물학적·문화적 진화의 관점에서 이해하려는 시도인 『지구의 정복자』를 출간했다. 이들은 자신들의 명제에 대해 보편적인 우주론적 관점을 취했지만, 여전히 서양의 현실에 초점을 맞추고 있으며 중국은 아직 주인공이 아니라는 점을 인정해야 한다. 그러나 이들 모두는 크든 작든 나에게 영감을 줬고, 나는 점차 중국에 관한 사상의 틀을 구축하기 시작했다.

물론 나와 찰리 멍거 회장의 잦은 토론과 교감에 대해서도 언급하지 않을 수 없다. 나는 2004년경부터 15년 동안 적어도 일주일에 한 번은 멍거와 저녁 식사를 함께했다. 우리는 학문 간 지식, 특히 과학 분야에 폭넓은 관심을 가지고 있다는 공통점이 있었다. 이 기간에 나는 수많은 사고의 불꽃이 튀는 혜택을 누렸고, 우리의 끊임없는 토론에서도 은 연중에 큰 영향을 받았다. 또한 나는 투자 분야에서 오랫동안 일했기에 경제활동과 기술 발전에 대한 이해를 쌓아갈 수 있었다.

2010년 무렵, 이 책에서 가장 중요한 사상 체계 몇 가지가 내 머릿속에서 처음으로 구체화됐다. 원래 나는 복잡한 문제를 오랫동안 반복하여 사고하고 명확하게 표현하는 것을 좋아하지만, 이런 사상을 널리 전파하는 데는 관심도 재능도 없었다. 창진·리우리우·스훙쥔 등 친구들의 격려로 소규모 살롱 토론을 통해 이런 아이디어를 소그룹 내에 공유한 후, 체계적인 글로 수정하고 또 수정했다. 2014년부터 후슈닷컴에 현대화 사고에 관한 에세이를 연재하기 시작했고, 이를 위해 개인 웨이보 계정도 개설했다.

많은 친구, 특히 젊은 친구들의 압도적인 반응에 매우 기뻤고 용기를 얻었다. 마침내 스훙쥔의 격려로 책의 첫 번째 파트가 완성됐다. 이 글을 통해 알 수 있겠지만, 나는 인류 문명 진화사의 관점에서 현대화를 인류 문명사상 세 번째 위대한 도약으로 해석한다. 중국의 현대화 과정을 인류가 농업 문명에서 과학기술 문명으로 진화해나가는 과정의 일부로 이해하고, 이런 배경에서 출발하여 지난 200년과 최근 40년 동안의 중국 역사를 풀어간다.

이 글들이 학술적 논문은 아니지만 현업에 종사하는 사람들만이 아니라 학계에도 유용한 자료로 쓰이고 그들에게 영감을 줄 수 있기를 바란다. 나의 직업적 관점에서 말하자면, 인류 문명과 역사에 대한 이런 성찰은 투자에도 매우 중요하다. 투자의 핵심은 미래를 예측하는 것이며, 특정 국가에 투자하려면 그 나라의 역사와 미래 트렌드에 대한 통찰력을 포함해 그 나라 자체에 대한 기본적인 지식을 갖춰야 한다. 이는 특히 경제위기 상황에서 더욱 빛을 발한다.

예컨대 만일 2008~2009년에 미국의 미래에 대한 기본적인 판단을 할 수 없었다면 가장 험난했던 경제위기의 제일 어두운 시기에 미국 증시에 투자하기는 어려웠을 것이고, 설령 투자를 한다고 하더라도 몇 개 기업에 불과했을 것이다. 중국에서의 투자도 마찬가지다. 여러 위기에 직면해 있는 상황에서 중국이 앞으로 수십 년간 어떻게 발전해나갈지에 대한 기본적 판단 없이는 투자 결정을 하기 어렵다.

이에 이 책의 두 번째와 세 번째 파트에서는 구체적인 현실 문제를 탐구한다. 앞서의 이론적 틀을 바탕으로 지난 40년간 진행된 중국의 개혁개방을 어떻게 이해할 것인가, 향후 수십 년간 중국의 발전 잠재력을 어떻게 예측할 것인가, 가치투자를 중국에도 적용할 수 있을 것인가, 적용할 수 있다면 어떻게 적용할 것인가, 동서양의 서로 다른 역사적 궤적과 문화의 차이가 서로에게 어떤 영향을 줄 것인가 등이 주요 주제다. 지난 20년 동안 국제 투자자로서 나의 투자 범위는 주로 북미와 중국이었고 따라서 이 지역에 관심을 집중했으며, 당연한 얘기지만 가치투자에 대한 나의 이해와 실천이 포함돼 있다.

개인적인 철학이든 직업상의 요구든, 나는 과학적 사고방식을 따르고 객관적이고 합리적이며 사실과 논리에 근거한 주장을 하고 싶다. 과거와 현재를 논하거나 미래를 예측하든, 중국이나 미국 또는 세계를 논하든, 인문·과학·역사·경제·정치를 논하든, 나는 정확하고 포괄적이며 중립적이고 사실에 기반하며 감정, 이념, 종교, 문화 등이 사고의 객관성에 영향을 미치지 않게 하려고 노력한다. 물론 인간은 감정적인 동물이기 때문에 편견을 완전히 피하려 하는 것은 비현실적이다. 나는 단지 과학적 방법과 이성, 객관적인 태도를 유지하면서 유용한 아이디어를 점진적으로 구축하고자 한다. 이 아이디어들이 현장에서 끊임없이 시험되고 반증되며, 그럼으로써 갈수록 충실해지고 개선될 수 있기를 바랄 따름이다.

나는 몸으로 쌓아온 경험과 지식을 추구하는 사고의 여정을 통해 점점 더 낙관적으로 변했다. 나의 낙관주의에 대한 정의는 물리학자이자 철학자인 데이비드 도이치의 정의와 매우 유사하다. 그는 "모든 악은 무지의 소산이다"라고 말한 적이 있다. 즉, 우리에게 충분한 지식이 있었다면 인류 사회는 악을 극복하고 발전했을 것이다. 인류는 진화의 역사에서 마지막으로 등장한, 창조 능력을 갖춘 종이다. 우리는 DNA를 통한 생물학적 진화와 병행하여 문화적으로도 진화해왔으며, 그 결과 인간의 진화 속도는 다른 생물과 비교할 수 없을 정도로 빨랐다. 문화는 우리가 비범한 창조력을 갖춘 데 기인하며, 창조력의 원천은 인류가 서로 모방하는 데 있다. 예컨대 고릴라 같은 여타 영장류와 달리, 우리는 서로를 모방할 때 단순히 행동을 기계적으로 복제하는 것이 아니라 행동의 의미를 해독하며 남겨진 공간을 재창조한다.

인간의 대뇌는 우리가 복잡하고 추상적인 물리 법칙을 이해하고 과학적 방법을 통해 참된 지식을 끊임없이 쌓아가며 발전할 수 있게 해준다. 그 덕에 우리는 크게는 우주부터 작게는 미생물과 원자까지, 그리고 인간 사회의 각종 문제 같은 복잡한 것들을 통찰하여 설명 가능한 이론과 매우 강력한 예측성을 주는 참된 지식을 얻을 수 있다. 이 참된 지식을 응용하여 인류는 작은 것을 크게 만들뿐더러 자연을 이용하면서 자연을 초월하는 창조의 여행을 시작했다. 물질세계와 인간세계는 모두 참된 지식을 기반으로 발전의 궤도를 바꿔왔다. 지구의 역사가 특히 그러하다. 생명이 시작된 이래 지구는 생명체에 의해 변해왔다. 인류가 출현한 이후 수십만 년 동안, 특히 지난 1만 년 동안 인간은 마치 지구를 재창조하다시피 했다. 충분히 상상할 수 있다시피, 앞으로 인간은 우주를 바꿀 것이다.

나는 젊었을 때부터 참된 지식과 의미라는 두 가지를 추구해왔다. 그러던 중 이 두 가지가 사실은 하나라는 것을 깨달았다. 참된 지식은 곧 의미다! 인생의 의미는 참된 지식을 습득하고, 이를 통해 개인과 사회와 세상을 더 풍요롭고 공정하며 진보적이고 더 나은 곳으로 만드는 것이다. 참된 지식은 100% 진리를 뜻하는 게 아니다. 세상에 100% 진리란 존재하지 않는다. 단 참된 지식은 유용하면서도 끊임없이 증명되고, 반증되고, 수정되고, 보완되며 진보할 수 있어야 한다. 성공적인 사회는 오류에 대한 관용과 비판, 실수를 포용하는 문화가 있는 곳이다. 그래야만 참된 지식이 존재하고 또 진보할 수 있다. 이런 해석적 지식이 기술로 변환되고 특정 형태의 사회 조직, 즉 능력주의(정치적 능력이든 경제적 능력이든)와 결합할 때 인류의 개인 창조력과 집단 창조력을 충분히 발휘할 수 있음을 우리는 인류 문명의 역사를 통해 목격해왔다.

인류의 문명은 엔트로피를 줄일 수 있게 됐고, 그로 인해 우주는 더 이상 엔트로피가 증가하는 무질서와 침묵의 단방향 길이 아니게 됐다. 물리학자 스티븐 호킹Stephen Hawking이 말했듯, 인류 역시 더 이상 우주 외딴 구석에 사는 화학적 부유물이 아니다. 우리는 자연을 초월하는 문명을 창조했고, 참된 지식의 무한한 축적을 통해 문명의 무한한 진보를 가능케 했다. 문명 세력은 반문명 세력보다 더 빠르게 지식을 축적하므로 항상 앞서나갈 수 있다. 문명의 횃불이 이어진다면 언젠가는 광활한 성간 우주를 탐험하고 미시적인 원자 세계를 들여다보며 텅 빈 죽음의 우주에 불멸의 빛을 만들어낼 수 있을 것이다. 그러므로 나는 마음 깊이 행복감과 즐거움을 느낀다. 이런 기쁨을 이 책을 통해 같은 길을 가는 이들과 함께 나누고 싶다!

2019년 10월

Civilization, Modernization, Value Investment and China

PART 1

문명, 현대화와 중국

중국의 오랜 문제와
새로운 역사학

1840년 아편전쟁으로 황폐해진 중국에서는 대다수 국민이 고통에 빠졌고, 그 과정에서 세 가지 문제를 고민하게 됐다.

- 어째서 중국과 서양의 격차는 그리도 큰가?
- 중국은 어떻게 서양을 따라잡을 수 있을까?
- 중국이 서양을 따라잡은 후에는 어떤 모습일까? 중국은 과거의 영광을 되찾을 수 있을까?

이 세 가지 질문은 오늘날까지도 중국인들의 머릿속에 맴돌고 있고, 각계의 엘리트들은 계속해서 깊이 있는 토론을 벌인다.

마찬가지로 약 250년 전부터 당대 가장 앞섰던 서양의 엘리트들도 당시 신세계라는 양상의 원인에 대해 깊은 사고를 했다. 서양은 이미 다른 지역보다 훨씬 앞서 있었으며, 이런 우위를 바탕으로 이후 200년 동안 신속히 전 세계를 지배했다.

- 서양은 어떻게 세계를 지배할 수 있었을까?
- 이런 지배는 지속될 수 있을까?

동양과 서양의 문제는 얼핏 '어떤 집은 즐겁고 어떤 집은 슬프다'처럼 보이지만, 사실 같은 문제의 양면이라고 할 수 있다. 200여 년 동안 동양의 쇠퇴와 서양의 발전은 중국과 서양을 막론하고 엘리트들의 핵심 관심사였고, 이에 대해 다양한 이론과 학설이 등장했다. 그렇지만 아직 합의는 도출되지 않았다. 지금까지 나온 학설들은 역사 해석과 미래 예측에 한계가 있어 보이는데, 이들의 가장 큰 공통점은 상대적으로 단기간의 역사에 근거하고 있다는 점이다. 그중 일부는 몇백 년 또는 길어야 1,000년을 거슬러 올라가는 수준이어서 역사적 시야의 폭이 좁다. 1840년에 이홍장李鴻章이 중국은 '3,000년 동안 겪어보지 못한 변화'에 직면했다고 한 것은 심오한 통찰이었다. 근대에 이르기까지 인류 역사는 주로 문자 기록에 근거하는데, 문자 기록은 서양은 5,500년, 중국은 3,300년 정도의 역사를 가지고 있어 인류의 진화사에서 차지하는 비율은 1%도 되지 않는다. 1%의 역사로는 인류의 전체 진화를 추적하고 설명하기에 충분하지 않으며, 전통 사학 자체도 편견과 국지성을 지니기에 기록된 역사만으로는 이런 질문에 완벽하게 답할 수 없다.

다행히도 전통 사학에는 지난 수십 년 동안 근본적인 변화가 발생했는데, 여러 과학 분야에서 획기적인 발전을 이뤄 더 장기적인 역사를 이해하는 데 완전히 새로운 도구를 제공할 수 있었다는 점이다.

1949년 탄소 동위 원소 연대 측정이라는 고고학적 기법이 발명되어 14C(탄소-14) 동위 원소의 반감기를 이용해 물질의 역사적 연대를 비교적 정확히 측정할 수 있게 됐다. 이 새로운 검출 기법은 유전자 기술과 함께 고고학자들이 문자 등장 이전 역사의 연대를 측정하는 데 비약적인 발전을 이루게 해줬고, 이후 전 세계에서 끊임없이 발굴된 유물은 문자보다 더 중요한 고고학적 근거가 됐다.

1950년대 이후 DNA 구조가 발견되면서 생물학이 급속도로 발전하여 분자생물학, 유전자생물학, 진화생물학 등의 학문이 꽃을 피웠다. 이런 학문이 다른 학문과 결합함으로써 과학자들은 인류의 진화 역사를 처음으로 비교적 완벽히 이해할 수 있게 됐다. 생물학자 에드워드 윌슨은 2012년 찰스 다윈 이후 인류 진화사에서 또 하나의 거대한 진보인 『지구의 정복자』라는 저서를 출간하면서 인간 기원에 대한 완전한 이론을 정식으로 제시했다.

그보다 앞선 1919년에는 세르비아의 지구물리학자 밀루틴 밀란코비치Milutin Milanković가 밀란코비치 주기론을 제시했다. 이 이론을 통해 그는 지구의 원심력·자전 각도·궤도 진동이 지구와 태양 사이의 거리에 영향을 미쳐 지구 기후의 장기적 대순환을 일으키며, 그 주기는 약 10만 년이라고 주장했다. 이후 과학자들이 수학적으로 입증함으로써 1970년대에 최종 증명됐다. 밀란코비치 주기 이론은 빙하기의 형성, 지속 기간, 대순환 기간 내에 앞으로 닥쳐올 빙하기를 인류가 처음으로 이해하는 데 도움을 줬다. 2004년 과학자들은 남극에 약 3킬로미터 깊이의 구멍을 뚫어 오랫동안 눈이 퇴적되어 형성된 얼음층을 추출해 지난 74만 년 동안의 기후 데이터와 이 기간에 인류 활동이 대기에 미친 영향을 분석했다. 그 결과 인류의 활동이 지난 수만 년 동안 대기 중에 남긴 궤적의 일부를 복원할 수 있었다.

1987년에는 미국의 유전학자 레베카 칸Rebecca Cann의 주도하에 과학계가 놀라운 결론을 제시했다. 인류 중 모든 여성은 약 20만 년 전 아프리카에서 살았던 '아프리카 이브African Eve'라고 알려진 공통의 조상으로 거슬러 올라갈 수 있다는 것이다(현생 인류의 미토콘드리아 DNA에 의한 가장 최근의 모계 공통 조상 '미토콘드리아 이브Mitochondrial Eve'를 말하며, 한 사람을 가리키는 것이 아니라 초기 인류 당시 동일한 미토콘드리아 DNA를 공유하던 여성 집단을 의미한다-옮긴이). 이 주장은 그 후 끊임없이 각종 검증을 받았는데, 이브의 출현 시기가 약 15만 년 전으로 수정됐을 뿐이다. 얼마 지나지 않아 과학자들은 모든 남성의 조상인 '아프리카 아담African Adam'도 발견했다(현생 인류의 Y염색체에 의한 가장 최근의 부계 공통 조상 'Y염색체 아담Y-chromosomal Adam'을 말하며, 한 사람을 가리키는 것이 아니라 초기 인류 당시 동일한 Y염색체를 공유하던 남성 집단을 의미한다-옮긴이). 이런 주요 발견은 오늘날 모든 인류가 동일한 조상으로부터 유래했음을 확인해준다. 지능, 근면성, 창의성, 이타적 성향과 같은 인간의 특성도 하나의 대집단 내에서 비슷한 분포를 보인다. 이런 결론은 전통적인 관점과는 크게 다른 것으로, 동서양의 발전 격차를 인종 및 문화의 차이를 기반으로 해석하는 이론을 무너뜨렸다.

각 학문의 급격한 발전이 예고한 것은 바로 '새로운 역사학'이었다. '새로운 역사학'이란 다양한 과학 분야의 최첨단 발전 성과를 활용하여 인류의 오랜 역사를 해석하는 방법론을 학문 간의 벽을 넘어 재구성한 것을 말한다. 그중 가장 큰 돌파점은 이제 더는 기록된 역사에 국한되지 않고 더욱 오랜 기간에 걸친 역사를 연구할 수 있다는 것이다.

생물학자이자 지리학자인 재레드 다이아몬드는 새로운 역사학을 적용한 첫 번째 인물이다. 그는 1997년 출간한 『총 균 쇠』에서 인류 농업의 기원을 처음으로 추적함으로써 지리적 위치가 인류 역사의 발전에 끼친 결정적인 영향을 제시했다. 그의 연구는 지난 1만 년의 인류 역사를 재조명했을 뿐만 아니라, 16세기에 유럽이 아메리카 대륙을 완전히 정복한 이유에 대한 견고하고 강력한 설명을 최초로 제시했다. 신대륙 발견과 아메리카 대륙 정복이 인류 역사의 발전에서 획기적인 사건이었던 것처럼, 그의 발견과 연구 역시 역사학계에 큰 획을 그은 사건이다.

새로운 역사학의 또 다른 실천가인 고고학자이자 고전학자, 역사가이자 스탠퍼드대학교 교수인 이언 모리스는 지금까지 발견된 모든 과학적 도구를 사용하여 지난 수만 년 동안 인류 문명이 진화해온 기본 궤적을 그려냈다. 그리고 동서양의 근대 시기 격차의 해석에 근거하여 인류 발전의 규칙을 발견하고, 인류 사회의 미래를 예측했다. 그의 2010년 저서인 『왜 서양이 지배하는가』와 2013년 출간된 후속 도서인 『문명화의 척도』는 이런 질문에 대한 최고의 해답을 제시한다. 문명의 기본 궤적을 정량화하는 모리스의 방법에 경제학·생물학 등 자연과학과 중국 역사의 전통에 대한 연구를 더하면, 오늘날 중국의 현대화 문제를 수만 년에 걸친 인류 문명의 진화사라는 맥락 위에 놓을 수 있다. 이로써 서두에 제기한 중국인의 근대 관심사 세 가지에 대해 이전보다 더 깊은 이해와 답을 제공할 수 있고, 이를 바탕으로 중국의 미래에 대해 비교적 믿을 만한 예측을 제시할 수 있다.

1960년대 중국에서 태어나 20년 넘게 중·미 양국에서 살아온 나는 젊은 시절부터 중국의 현대화 문제에 관심이 많았다. 지난 20년 동안 투자 업무를 하면서 중국의 미래를 예측해야 할 직업적 필요가 있었고, 이 기간에 많은 성찰을 축적해왔다. 「리루가 현대화를 말하다」 시리즈는 지난 30년 동안의 내 생각을 모아놓은 것으로, 우매한 의견이나마 다른 사람들의 고견을 끌어내는 데 작은 밑바탕이 되기를 바란다. 이 시리즈는 재레드 다이아몬드와 이언 모리스의 연구 결과에 나의 의견과 해석을 결합하여 중국인의 관점에서 1만 6,000년에 걸친 인류 진화의 정량적 도표를 분석하는 데 중점을 둔다. 다만 인류 역사의 주요 단계를 나누고 규칙을 규명하되, 현대화 탄생의 역사에 집중하고자 한다. 그런 다음 현대화의 본질, 중국 현대화의 경로, 중국의 미래 예측을 중점적으로 다룬다. 궁극적으로는 중국의 현대화가 서양에 미친 영향과 인류 미래의 공동 운명까지 논하고자 한다.

문명은 어떻게 탄생하고 발전해왔을까?

이언 모리스 교수는 인류 문명의 장기 역사 궤적을 정량적 방식으로 기록하는 방법을 제공하는데 이를 사회발전지수, 즉 한 사회가 과업을 완수하는 능력으로 표현했다. 사회는 사람으로 구성되며, 생물인 사람은 에너지를 소비해야 한다. 에너지 보존의 법칙에 따르면 한 사회가 과업을 완수하기 위해서는 에너지를 수용하고 사용하는 능력이 있어야 한다. 따라서 한 사회의 발전 정도를 나타내는 데 가장 중요한 지표는 에너지를 수용하고 사용하는 능력이다. 이를 측정 내용, 측정 방법, 측정 대상 등 세 가지 측면에서 살펴보자.

모리스는 한 사회의 에너지 수용 및 사용 능력을 첫째 에너지 섭취 능력, 둘째 사회 조직 능력, 셋째 정보기술 능력, 넷째 전쟁 동원 능력으로 구분한다. 우선 에너지 섭취 능력은 한 사회의 각 구성원이 매일 식량, 연료, 원재료를 섭취하는 능력으로 정의된다. 사회 조직 능력은 한 사회에서 가장 큰 영구 거주 단위의 인구수, 즉 장기간 가장 큰 도시에 거주하는 인구수에 해당한다. 인구가 많을수록 사회 조직 능력에 대한 필요성이 커진다. 사회 조직의 구성원들이 매일 다양한 정보를 교환하고 저장하고 기억해야 하기 때문에 정보기술은 인간이 에너지를 사용하는 중요한 방식이다. 그리고 전쟁이 인류에게 에너지 소비의 중요한 원천이라는 것은 말할 필요도 없다.

이 네 가지 영역이 인간 활동의 전부는 아니지만, 인간이 에너지를 섭취하고 사용하는 대표적인 방식이라고 할 수 있다. 더 중요한 것은 이 네 가지 기준을 모든 사회에서 수평적으로, 그리고 오랜 기간에 걸쳐 수직적으로 비교할 수 있다는 점이다. 인류 진화의 전체 역사는 사실 에너지 섭취와 사용의 역사이며, 사회의 조직, 인구 중심지의 형성, 정보의 교환, 전쟁의 수행 역시 모든 인류 사회가 수행한 가장 중요한 활동들이다.

측정 방법을 고려할 때 모리스는 지수 방식을 선택했고 측정의 기점을 기원전 14000년으로, 종점을 기원후 2000년으로 설정했다. 기원후 2000년을 1,000점으로 설정한 후 측정할 네 가지 지수의 합계를 균등하게 나누어 동서양 최고 수준의 사회발전지수를 각각 250점 만점으로 설정했다. 예를 들어 2000년 기준 1인당 하루 평균 에너지 섭취량을 보면, 서양에서 가장 발전한 지역인 미국은 약 22만 8,000킬로칼로리였다. 그리고 동양에서 가장 발전한 지역인 일본은 약 10만 4,000킬로칼로리였다. 비율로 따질 때, 미국이 250점이라면 일본은 114점이 된다.

이런 데이터는 시기가 앞설수록 얻기가 더 어렵지만, 인류 역사

초기에는 네 가지 지표의 증가 속도가 모두 느렸다. 게다가 기원후 2000년 시점의 사회 조직, 정보기술, 전쟁 동원 능력과 비교하면 초기의 인류는 상당 기간 이 분야에서 0에 가까운 점수를 받았다. 따라서 초창기 인류의 사회발전지수는 사실상 에너지 섭취 능력이었다. 여기서 초기의 측정 구간은 더 넓어도 된다. 예를 들어 기원전 14000년에서 기원전 4000년까지는 점수의 변화가 매우 적어 1,000년마다 데이터를 수집했다. 기원전 4000년부터 기원전 2500년까지는 더 많은 데이터를 수집할 수 있었기에 이 기간에는 500년마다 데이터를 수집했다. 기원전 2500년부터 기원전 1500년까지는 250년마다 데이터를 수집했고, 기원전 1500년부터 기원후 2000년까지는 100년마다 데이터를 수집했다. 현대에 들어와서는 과학자들이 1년에 한 번, 심지어 한 달에 한 번 정확한 데이터를 수집할 수 있다. 그러나 1만 6,000년 동안의 데이터를 비교적 정확하게 추정하려면 고고학, 기상학, 물리학, 생물학이 지난 수십 년 동안 이룩한 성과의 도움을 받아야 한다.

모리스는 농업 문명이 형성된 기원전 9600년 이후 유라시아에 등장한 두 개의 주요 문명 중심지와 그후 이 두 문명을 이어받은 다양한 문명 중심지를 측정했다. 역사의 단계에 따라 동서양의 주요 문명 중심지도 변하기 때문에 그는 당시 동서양 양대 문명 중 가장 선진적인 지역을 선택했다. 예를 들어 서양 문명은 요르단강 근처 두 강의 계곡과 초승달 구릉지대에서 시작하여 메소포타미아, 시리아, 이집트, 지중해, 로마, 발칸반도, 지중해, 남유럽, 서유럽, 그리고 마지막으로 미국으로 이동했다. 동양 문명의 중심은 황허 유역에서 시작하여 황허와 양쯔강 사이의 충적 평야 가운데로 이동한 후 양쯔강 유역으로 옮겨 갔고, 20세기 이후에는 중국 동남부 연안과 일본으로 이동하여 2000년 정도에는 일본을 대표 문명으로 삼았다. 사회 발전의 네 가지 정량적 지표는 동서양에 모두 잘 적용됐기 때문에 같은 데이터를 사용하여 오랜 기간에 걸친 인류 역사를 측정할 수 있다.

선사 시대 기록은 추정해야 하는 데이터로 가득 차 있으며, 따라서 고고학적 발견이 중요한 정보원이라는 점에 주목할 필요가 있다. 고고학은 매우 젊은 학문으로, 현재 널리 사용되는 지층학Stratigraphy은 1870년 이후에 등장했다. 1950년대 이후 과학자들은 방사성 탄소 연대 측정법을 사용하기 시작했고, 이는 고고학의 비약적인 발전을 가져왔다. 1970년대 들어서는 선사 시대 기록에 대한 체계적인 지식이 서서히 쌓이기 시작했다.

모리스와 그의 팀은 대량의 작업을 통해 인류 사회의 발전지수를 도표로 만들었다. 이를 통해 우리는 동서양 사회 발전의 역사적 궤적을 직관적으로 이해할 수 있다.

〈그림 1〉에서 볼 수 있듯이 기원전 3000년경까지 동서양은 발전 수준에 거의 차이가 없었고, 이후에는 양쪽의 발전 곡선이 다소 바뀌었지만 여전히 매우 완만하다. 그러다가 기원후 1800년경부터 사회 발전 궤적이 로켓처럼 치솟으면서 비약적인 변화를 보였다.

이 데이터를 로그log 스케일로 표현하면 차이를 더 뚜렷하게 볼 수 있다(〈그림 2〉 참조).

이번에는 기원전 1600년에서 기원후 1900년까지를 나타낸 〈그림 3〉을 보자. 역사가 비교적 잘 기록돼 있고 우리에게 친숙한 구간이다. 〈그림 2〉와 〈그림 3〉을 참고하면 기원전 14000년경부터 기원

그림 1 동서양의 사회발전지수(기원전 14000년~기원후 2000년)

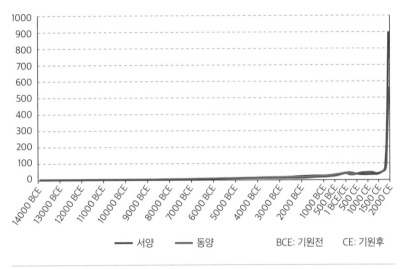

자료: 이언 모리스, 『사회 발전Social Development』

그림 2 동서양의 사회발전지수 선형 로그 모델(기원전 14000년~기원후 2000년)

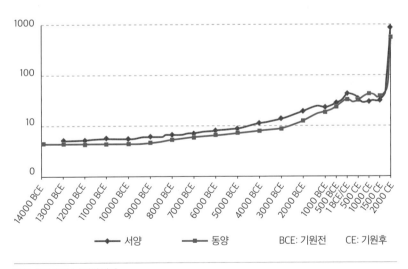

자료: 이언 모리스, 『사회 발전』

후 500년경까지 서양이 줄곧 동양보다 앞섰음을 알 수 있다. 그러다가 기원후 541년경부터 동양이 서양을 따라잡았고, 이후 1773년경까지 1,200년 이상 서양을 선도했다. 그러나 1800년경에 서양이 다시 동양을 따라잡았을 뿐만 아니라 급속한 발전의 시기에 먼저 진입하면서 동서양의 차이를 확대하여 세계를 지배했다. 20세기 이후에는 동양의 사회발전지수도 도약했으며, 오늘날 여전히 서양에 뒤처져 있지만 따라잡을 조짐을 보이고 있다.

그림 3 동서양의 사회발전지수 선형 로그 모델(기원전 1600년~기원후 1900년)

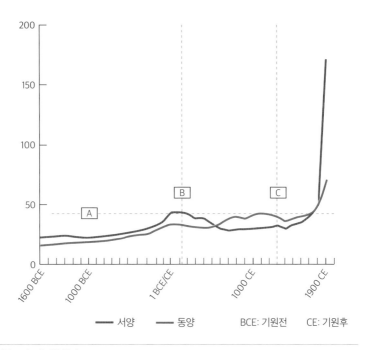

자료: 이언 모리스, 『사회 발전』

이것이 바로 약 1만 6,000년 동안 인류 문명이 동양과 서양에 그어온 궤적이다. 다음 몇 편의 글에서는 인류 문명의 궤적을 이루는 요인, 문명의 발전 과정에서 동서양의 유사점과 차이점, 기원후 1800년대부터 사회가 급격히 발전한 이유, 그리고 동서양의 차이를 비교하여 설명한 후 근대에 서양이 어떻게 세계를 지배할 수 있었는지와 중국이 근대에 와서 뒤처진 이유를 해석할 것이다. 역사적 궤적과 원인을 이해해야만 오늘날 중국이 어떻게 서양을 따라잡을 수 있는지에 대한 답을 얻을 수 있고, 중국 현대화의 특성을 종합하여 동서양의 미래를 전망할 수 있다.

제3강

인류 문명의 첫 번째 도약

: 아프리카에서 지구 곳곳으로

이언 모리스의 사회발전지수 도표는 인류 문명의 진화 곡선이 지속해서 상승한다는 점을 명확하게 보여준다. 곡선을 보면 시대마다 상승 속도가 다르다는 것을 알 수 있다. 사회 발전은 굴곡이 있지만 결국엔 상향 곡선을 그리며, 각 역사적 단계의 굴곡에는 서로 다른 법칙이 있다. 인류 사회의 발전사는 줄곧 상승 추세를 유지해왔지만, 각각의 단계에서는 서로 다른 속도로 고유한 특징을 보였다. 따라서 나는 인류 문명의 진화를 이해하기 위해서는 각 단계를 개별적으로 분석할 필요가 있다고 생각한다.

나는 문명을 '인류가 자신과 환경에 존재하는 자원을 이용하여 생존과 발전을 통해 이룩한 모든 성과'로 정의하며, 그 의미를 인류와 가장 가까운 동물 조상 간의 거리를 벌린 것에 둔다. 문명과 혼동하기 쉬운 또 다른 개념은 문화로, 오랫동안 여러 지역에서 살아온 사람들의 독특한 생활 방식·습관·신앙을 의미한다. 문화는 지역과 집단을 구분하는 데 적용되는 반면, 문명은 인류 발전의 공통점을 묘사하고 인간과 동물의 조상을 구분하는 데 적용된다.

오랜 인류사에서 산업 문명은 역사의 새로운 단계를 열었고, 농업 문명의 도래 또한 역사의 새로운 단계를 가져왔다. 농업 문명이 출현하기 전 인류의 생산 방식은 주로 채집과 수렵이었다. 인류의 서로 다른 생산 방식을 기준으로 나는 문명의 발전 단계를 크게 세 부분으로 나눈다. 수렵·채집 문명인 1.0 문명, 농업·목축업 문명인 2.0 문명, 산업혁명이 주도한 과학기술 문명인 3.0 문명이다.

1.0 문명 시대에는 인간이 에너지를 채집하고 사용하는 방식에 줄곧 별다른 변화가 없어 보이며, 살아가기 위해 사냥을 하는 여타 동물과 크게 다르지 않아 보인다. 그러나 이는 오해다. 실제로 6만 년 전에 일어난 인류 1.0 문명은 기후변화로 촉발된 거대한 도약이었다.

인간의 정체성을 이해하려면 인간이 살고 있는 환경을 이해할 필요가 있다. 지구의 나이는 45억 년이고 생물의 나이는 약 15억 년인 데 비해 인간은 15만 년밖에 되지 않았다. 자연환경은 모든 생명체에게 매우 중요하며, 그중에서도 기후가 가장 큰 영향을 미친다.

지구 기후의 주요 변화는 약 5,000만 년 전 대륙붕이 이동하면서 대부분의 육지가 북반구로 가고 남반구는 대부분 해양으로 남게 되면서 시작됐다. 또 다른 변화는 1,400만 년 전 대륙붕을 형성하던 화산 활동이 기본적으로 멈추고 지구의 온도가 내려가면서 남극에 만년설이 형성된 반면, 대륙붕이 없고 눈이 더 쉽게 녹는 북극은 275만 년 전까지 만년설이 형성되지 않았기 때문에 발생했다. 이런 배경에서 밀란코비치 주기가 오늘날 지구의 기후에 영향을 미치기 시작했다. 태양 주위를 도는 지구의 공전 궤도는 다른 행성의 중력에 영향을 받기 때문에 원형보다는 타원형에 가깝다. 또 지구의 자전축이 기울어져 있으며 지축이 진동을 한다. 이 세 가지 요인으로 지구의 기후는 2만 6,000년, 4만 1,000년, 9만 6,000년 주기의 세 가지 대순환을 형성하게 된다. 이에 따라 지구가 받는 태양열에너지가 달라지며 빙하기와 간빙기를 형성하게 된다.

빙하기는 역사상 40~50회 정도 발생했다. 가장 극심했던 빙하기는 19만~9만 년 전으로, 인류의 기원과 초기 발달을 결정하는 데 관건이 된 시기다. 빙하기가 절정에 달했을 때는 북극해의 빙하가 북유럽, 아시아, 아메리카 대륙을 덮었다. 지구 표면의 물이 대부분 빙하로 흡수됐고 지구는 매우 건조해져 해수면이 지금보다 약 90미터나 낮았다. 빙하가 햇빛을 대기로 반사하여 기온이 낮아지고 동식물의 수가 줄어들었으며, 온실 효과를 일으키는 공기 중 이산화탄소가 감소해 기온이 더욱 낮아졌다.

현대인의 조상인 호모 사피엔스Homo sapiens는 약 15만 년 전에 출현했고, 혹독한 기후 조건 탓에 적도 부근 아프리카의 매우 제한된 지역에서만 살 수 있었다. 대다수의 유전학자와 고고학자는 당시 인류의 총 개체수가 약 2만 명에 불과했으며, 인류가 지구를 정복할 것으로는 보이지 않았으리라고 추정한다. 이때는 인류 역사상 가장 암울한 시기였다. 하지만 약 7만 년 전에 이르자 밀란코비치 주기가 반대 방향으로 바뀌었다. 아프리카 동부와 남부가 더 따뜻하고 습해져 수렵과 채집에 더 좋은 자연조건을 제공했다. 식량이 증가하자 인구도 급격히 증가했다. 이때부터 인간은 급속도로 성장하면서 하나의 독특한 동물로서 진정한 강점을 드러내기 시작했다.

　처음 등장했을 때 인간은 다른 동물, 심지어 '가까운 친척'인 유인원과도 매우 달랐다. 이 차이는 기후가 따뜻해지기 전에는 완전히 인식되지 않았지만, 기후가 유리한 조건을 조성하자 인간이 엄청난 강점을 보이기 시작했다. 인류를 다른 동물과 비교할 때 가장 중요한 특징은 뇌 용량이 크고 계산 능력이 뛰어나다는 것이다. 인간의 뇌는 체중의 2%에 불과하지만, 신체 에너지의 20%를 소비한다. 만약 인간의 뇌가 완전히 성숙할 때까지 기다린 후 출생한다면 근본적으로 출산이 불가능할 것이다. 이 문제를 해결하기 위해 인간은 태아의 뇌가 완전히 발달하기 전에 분만할 수밖에 없는데, 이는 여타 포유류와 다른 점이다. 소, 말, 양, 사자, 호랑이 등 포유류는 출생 직후부터 스스로 서고, 성장하고, 생활하고, 심지어 사냥까지 할 수 있다. 그러나 인간은 성숙함이나 독립생활과는 거리가 먼 상태로 태어난다. 몇 년 정도가 지나야 뇌가 성숙해 서고, 걷고, 말할 수 있게 된다. 그 때문에 신생아 사망률이 매우 높지만, 성숙한 이후의 강점은 매우 분명하다. 기후가 생명체에게 유리해지던 당시, 이런 강점이 특히 두드러졌다. 이런 강점은 인류 문명의 첫 번째 도약, 즉 인류가 아프리카 바깥으로 진출한 비약적 사건에서 충분히 발휘됐다.

　한편으로는 기후변화, 다른 한편으로는 그들이 살던 환경의 영향으로 인류의 조상들은 원래의 생활 터전인 아프리카를 떠나 전혀 새로운 환경으로 향했다. 이런 문명의 도약은 태초부터 인간이라는 동물이 가진 독특한 진취성과 지적 능력의 산물이다. 기원전 60000년부터 인류는 아프리카 소말리아에서 아라비아·유라시아로, 북아프리카에서 유럽으로, 유라시아에서 동아시아로, 남아시아에서 호주로, 유라시아에서 알래스카를 거쳐 북미로, 북미에서 남미로 이동했다.

〈그림 4〉는 당시 인류의 일반적인 이동 경로를 보여준다. 약 4만 년에서 5만 년에 걸쳐 인류의 족적이 전 세계로 퍼져나갔다. 기후가 계속 따뜻해지면서 더 많은 동식물이 점점 더 많은 지역에 나타났고, 수렵과 채집을 하는 인류는 세계 곳곳에서 생존할 기회를 얻게 됐다. 비록 자연은 각종 생물에게 같은 조건을 만들어줬지만, 모든 종이 인류처럼 온

그림 4 인류가 아프리카를 떠난 경로와 세계 각지에 도달한 시점(기원전)

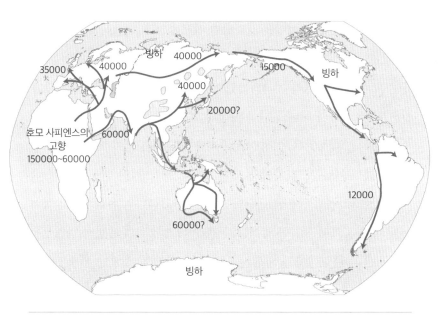

자료: 이언 모리스, 『왜 서양이 지배하는가』

갖 역경에 맞서며 지구 곳곳으로 나아가려는 강렬한 진취성을 가진 것은 아니었다. 걸어서 세계로 퍼져나간 것인데, 이는 오늘날에도 상상하기 어려울 만큼 놀랍기 짝이 없는 여정이었다. 우리 조상들이 미래나 목적지에 대해 아무것도 모르는 상황에서 거대한 빙하와 바다를 건너 다음 세대, 그리고 또 다음 세대로 대를 이어가며 전 지구를 점령해나간 장면들을 상상해보라. 기원전 60000년부터 기원전 12000년에 이르기까지 인류는 수만 년의 시간을 들여 아프리카를 떠나 남아메리카 최남단에 도달했다.

당시 인류는 매년 평균 1.6킬로미터의 속도로 지구 전역으로 퍼져나 갔다. 주요 도구는 석기였으며 이동 수단은 두 다리였다. 농업도, 목축도, 의지할 동물이나 기타 도구도 없었기 때문에 그들은 그저 가는 길에 사냥과 채집을 하며 목숨을 잇고, 소수가 작은 그룹을 이뤄 이동했다. 이들의 험난했을 여정을 생각하면 감동에 겨워 가슴이 떨린다.

'아프리카에서 벗어난 호모 사피엔스가 인류의 조상인가?'라는 의문은 오랫동안 학계의 논쟁거리였으나, 1990년대에 완전히 해결됐다. 1987년 유전학자 레베카 칸이 자신의 연구팀을 이끌고 처음으로 획기적인 결론을 내놓았다. 여성만이 가지고 있고 여성만이 유전적으로 전할 수 있는 미토콘드리아 유전자에 대한 전 세계적인 연구를 통해 레베카 칸은 몇 가지 결론을 내렸다. 첫째는 아프리카의 유전적 다양성이 세계 어느 곳보다 크다는 점이고, 둘째는 다른 지역의 유전적 다양성은 아프리카의 다양성에서 파생된 것이라는 점이며, 셋째는 과학자들이 찾을 수 있는 가장 오래된 미토콘드리아 유전자가 아프리카에서 발견됐다는 점이다. 이 세 가지 발견은 모두 같은 결론을 가리킨다. 전 세계는 모두 공통의 여자 선조를 두고 있으며, 그 여자 선조는 아프리카에서 살았다는 것이다. 앞서 언급했듯이, 그 여자 선조를 '아프리카 이브'라고 부른다.

그 후 많은 후속 연구에서 칸의 연구 결과를 다양하게 검증했는데, 아프리카 이브의 출현 시기가 약 15만 년 전으로 수정되는 정도의 문제점만 찾아냈을 뿐이다. 1990년대에 이르러 또 다른 유전학자들이 남성에게만 유전되는 DNA인 Y염색체를 검사하여 모든 인간 남성이 아프리카 조상으로부터 왔다는 같은 결론을 얻었으며, 그 조상을 '아프리카 아담'이라고 불렀다. 즉, 호모 사피엔스가 인류의 조상인지에 대한 논쟁의 해답이 나온 것이다. 오늘날 인류의 공통 조상은 아프리카에서 나와 전 세계에 후손을 남긴 호모 사피엔스다. 그 밖의 원시적 화석 인류는 인류가 아프리카를 떠난 후 수만 년이 지나는 동안 대부분 멸종했다.

아프리카를 벗어난 이후 인류는 문명의 흔적을 남겼는데, 그중 가장 유명한 것이 1만 8,500년 된 알타미라 동굴Cueva de Altamira 벽화다. 이 벽화는 높은 예술성과 풍부한 독창성을 갖추고 있다. 파블로 피카소Pablo Picasso가 "오늘날 누구도 이 정도 수준으로 그릴 수 없을 것"이라고 외칠 정도였다. 심지어 그는 이 벽화에 비하면 이후 인류의 모든 작품은 퇴보한 것이라고 여겼다.

이후의 고고학적 연구에서도 인류가 전 세계를 다니며 남긴 회화, 석기, 여성의 장신구 등이 수없이 발견됐는데, 모두 뛰어난 창의성과 지혜를 보여준다. 인류는 탄생 초기에는 그저 채집과 사냥을 했고 여타 동물의 조상과 크게 달라 보이지 않았지만, 시간이 갈수록 막강한 진취성과 창의성을 보여줬다. 다른 유인원들은 인류처럼 몇만 년이라는 시

그림 5 알타미라 동굴의 벽화

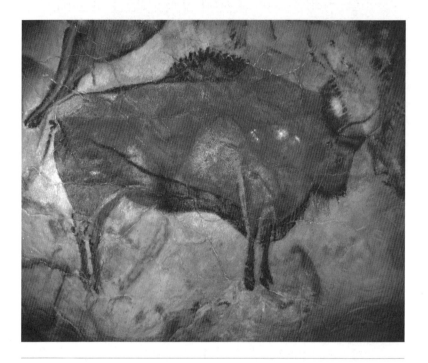

자료: 위키피디아

간 동안 빙하와 바다를 넘어가 전 지구에 족적을 남기지 못했고, 상상력과 창의력을 곳곳에 남기지도 못했다. 이런 결단력과 추진력, 의미추구, 예술 표현을 다른 유인원들은 갖추지 못했다. 강렬한 추진력과 뛰어난 지력은 이때부터 인간을 어떤 동물과도 다른 존재로 만들었다.

인류가 아프리카를 벗어나 전 세계로 뻗어나갔다고 해서 생활 방식이 극적으로 변화한 것은 아니다. 그렇지만 초기 약 2만 명에 불과했던 인구는 빠르게 증가했고, 더 중요한 것은 전 세계 모든 지역으로 퍼져나갔다는 점이다. 지구의 기후가 변화하기 시작하면서 생물이 발전할 새로운 기회가 생겼을 때, 인류는 이미 이런 기회를 붙잡을 준비가 돼 있었다. 아프리카에서 벗어난 것은 인류가 첫 번째 문명의 대도약을 시작할 수 있게 한 것으로, 멸종 위기에 처할 가능성이 크게 줄었다. 더불어 유전적 다양성과 적응력이 크게 증가했으며, 인류 발전에 가장 적합한 생존 조건을 전 세계에서 찾을 수 있었다. 지구의 일부 지역에서 이런 조건이 처음 나타났을 때, 인류는 기회를 활용할 능력이 철저하게 갖춰져 있었고, 새로운 도약을 위한 토대 역시 확고히 마련돼 있었다.

인류 문명의 두 번째 도약

: 농업 문명의 탄생

지구의 마지막 빙하기는 기원전 20000년경에 끝났다. 빙하가 녹아 바다로 흘러들어 해수면이 상승하기 시작했고, 기원전 14000년에 이르자 해빙이 멈췄다.

기원전 12700년경 지구의 온도는 현재보다 불과 몇 도 낮은 수준까지 상승했는데, 식물과 동물이 생존하기에 매우 적합한 온도였다. 지구상 동식물의 종류와 수가 빠르게 늘어나면서 채집과 사냥에 의존해 생계를 유지하던 우리 조상들에게는 식량 공급원이 크게 증가했다. 기원전 18000년에서 기원전 10000년 사이에 지구의 총인구는 50만 명 이하에서 무려 10배 이상 증가했다. 이 시점부터 인류는 지구를 지배하기 시작했고 지구가 인류에게 주는 선물을 받기 시작했다.

기후가 따뜻해진 것은 지구가 인류에게 주는 선물이었지만, 지리적 위치에 따라 이런 행운을 누리지 못하는 사람들도 있었다. 가장 운이 좋은 사람들은 '행운의 위도 대역'인 유라시아의 북위 20~35°와 아메리카의 북위 15~20° 사이에 사는 이들이었다. 기원전 12700년부터 유라시아 대륙의 동서 양쪽에 다양한 야생 곡물이 나타나기 시작했다. 이들 곡물 알갱이가 매우 컸기에 이를 섭취해서 얻는 에너지가 채집하는 데 소비한 에너지의 50배에 달했다. 식물에서 얻는 효익이 풍부해지자 인류 군락의 규모도 확대됐고, 점차 문명의 중심을 형성하기 시작했다. 머지않아 행운의 위도에서 가장 발달한 지역에 인접한 초승달 구릉지대, 즉 메소포타미아와 요르단 하류 유역의 아치형 언덕으로 이뤄진 구릉지대에서 인류 문명의 두 번째 도약이 나타났다.

오늘날에는 이런 문명의 도약이 당시 여성들의 채집 경험에서 비롯됐으리라고 추정한다. 여자들은 과일을 채집하면서 생각했을 것이다. '만일 비옥한 땅에 야생의 과일을 심으면 수확하기가 훨씬 더 쉽지 않을까?' 고고학자들은 이 시기에 인류가 식물을 심었고, 더 나아가 우량한 품종을 선택하여 교배하고 비료를 줬으며 잡초를 제거해주는 등 여러 가지 농업 행위를 했다는 증거를 찾아냈다. 이렇게 생산된 과일은 더 이상 원시적인 야생 상태가 아니었으며 사람과 일종의 상호 의존 관계로 변했는데, 이는 현대 농업의 출현을 의미한다.

비슷한 과정을 통해 목축업도 출현했으며 동물도 점차 인간에게 길들어갔다. 처음에는 야생 동물들을 가두어 키우다가 짝짓기를 시키는 방법으로 발전했는데, 이때는 가장 좋은 품종을 선택해 교배했다. 갓 태어난 새끼들을 사람이 먹이를 주어가며 키웠기 때문에 이렇게 사육된 동물은 독립하여 야생 환경에서 생존하기 어려워졌고 인류와 상호 의존할 수밖에 없었다.

농업과 목축업이 출현한 곳은 전 세계적으로 고르게 분포돼 있지 않은데, 지리적 환경과 자연 자원이 근본적으로 다르기 때문이다. 농업 문명에서 지리의 결정적인 역할을 처음으로 밝혀낸 인물이 생물학자 재레드 다이아몬드다. 그는 전 세계 20만 종의 꽃식물 중 식용이 가능한 것은 몇천 종에 불과하며, 이 중 인공적으로 재배할 수 있는 것은 몇백 종에 불과하다고 지적했다. 오늘날 우리가 섭취하는 에너지의 절반은 곡물, 특히 밀·옥수수·쌀·보리·수수에서 나오는데, 이런 곡물의 발생지는 매우 편중돼 있다. 자연계에는 알갱이가 굵고 영양이 풍부하며 식용 가능한 야생 식물 56종이 있었다. 서남아시아의 초승달 구릉지대에 32종, 동아시아에서는 중국 부근에 6종, 중앙아메리카에 5종, 사하라사막 이남 아프리카에 4종, 북미에 4종, 호주와 남미에 각각 2종, 서유럽 전체에는 단 1종만이 있었다. 그렇기에 초승달 지역에서 농업이 처음 나타날 가능성은 다른 곳보다 비교할 수 없을 정도로 컸던 것이다.

이제 가축 쪽을 보자. 전 세계에서 45킬로그램 이상 크기의 포유류 148종 중 1900년까지 인간이 길들인 동물은 14종에 불과했다. 이 중 7종은 서남아시아, 5종은 동아시아에 있었다. 남아메리카에는 1종밖에 없었으며 북미·호주·사하라사막 이남 지역에서는 단 1종도 없었다. 오늘날 세계에서 가장 중요한 가축은 양·염소·소·돼지·말이며, 말을 제외한 나머지 동물의 발생지는 모두 서남아시아다. 아프리카에는 많은 동물이 있지만, 사자나 기린처럼 길들지 않는 동물이 대부분이다. 따라서 농업 자원의 분포 측면에서 보면 초승달 구릉지대가 최고의 행운 지역이며, 중국의 황허와 양쯔강 유역이 그다음이다. 황허와 양쯔강 유역은 초승달 지역만은 못하지만 천연자원 조건이 세계에서 두 번째로 좋은 지역이다. 세계의 나머지 지역들은 이곳들과는 비교할 수도 없는 수준으로 열악하다.

사실상 모든 농업 문명의 출현과 전파는 천연자원과 지대한 관련이 있다. 농업은 기원전 9600년경에 초승달 구릉지대에서 나타났으며, 중국에서는 기원전 7500년경에 나타났다. 호주에서는 기본적으로 농업은 아예 출현하지 않았고, 아메리카 대륙의 농업 발전도 매우 뒤처졌다. 아메리카 대륙에 자생하는 식물은 옥수수의 원종인 테오신테Teosinte라고 불리는데, 테오신테를 옥수수로 개량하기까지는 수십 세대의 유전적 변이를 거쳐야 했다. 또한 아메리카 대륙에는 사육할 수 있는 가축이 없었기 때문에 이곳의 농업 문명은 매우 결핍이 심한 자연조건에서 시작됐다.

아메리카 대륙의 농업 문명이 낙후된 또 다른 이유는 지리적 고립이었다. 인류의 조상은 기원전 15000년부터 대륙 간의 다리를 통해 유라시아에서 아메리카 대륙으로 이동했다. 그런데 기원전 12000년 이후 아메리카 대륙은 바다를 사이에 두고 유라시아와 분리됐기 때문에 그후 유라시아에서 발생한 농업 문명이 아메리카 대륙으로 확산될 수 없었다. 즉 아메리카 대륙은 농업 문명이 발달할 수 있는 모든 자연조건이 열악했고, 다른 지역에서 이룩한 농업 문명과의 교류도 불가능했다. 똑같이 자연조건이 열악했던 서유럽은 중동과의 접근성이 상대적으로 좋아서 기원전 4000년경에 농업을 배울 수 있었다. 아시아에서는 기원전 7500년에 농업이 시작됐는데, 중국에서 기원하여 사방으로 퍼졌다. 오늘날의 동남아시아를 거쳐 기원전 1500년에는 한국과 일본에 이르렀으며, 기본적으로 아시아 전역에 농업이 확산됐다.

농업을 하는 사람들이 채집과 수렵에 의존해 살아가는 사람들의 지역으로 진입하면 불가피하게 충돌이 발생한다. 농업 자체가 인류 문명의 진보이며, 이 발전 단계에 도달한 사회는 1.0 문명보다 훨씬 더 많은 에너지를 섭취하고 사용할 수 있어 사회 조직 능력 역시 우월하다. 힘이 현격히 차이 나는 두 문명이 만나면 선진 문명이 후진 문명을 정복할 수밖에 없다. 문명의 전파는 두 가지 방식인데 하나는 선진 문명이 후진 문명을 식민지화하는 것이며, 다른 하나는 후진 문명의 사람들이 선진 문명의 새로운 생산 방식을 모방하는 것이다. 둘 중 어떤 방식이든, 새로운 문명은 결국 세계 각지로 퍼져나가고 인류의 생활 방식은 서로 다른 종족들 간에 점차 동화되기 마련이다. 오늘날 유럽인 4~5명 중 1명은 농업 문명이 가장 먼저 등장한 서남아시아와 중동에 조상을 두고 있다. 아시아에는 이와 유사한 연구가 없지만, 아시아 인종에 대한 설문 조사든 직관적인 관찰을 통해서든 중국계 조상을 가진 사람들의 비율도 비슷할 것으로 생각한다.

인류는 공통의 특성을 공유하지만, 두 번째 문명 도약 당시를 보면 자연조건이 다르고 새로운 문명과 교류할 기회 역시 달랐기 때문에 발전의 속도와 상태에 차이가 있었다. 지리적 위치는 한편으로는 해당 지역의 자연적 조건을 결정하고, 다른 한편으로는 가장 발전된 문명과 교류할 기회를 결정하여 각 지역의 발전에 차이를 만들었다.

오늘날 세계에서 가장 발달한 문명은 모두 서남아시아 및 중동 지역, 그리고 중국의 황허 및 양쯔강 유역이라는 가장 운이 좋았던 두 중심지에서 발전했다. 동서양이라는 개념도 이때 만들어졌다. 지리적 위치는 농업 문명 시대부터 매우 중요해졌다. 다른 지역과 교류가 가능한 지역, 예를 들어 초승달 지역과 중국 및 유럽 등을 보면 문명의 발전 방식, 속도, 궤적 등이 무척 비슷하며 문명의 전파 속도 또한 매우 유사하다. 예를 들어 가장 초기부터 경작, 육종, 대규모 촌락의 출현, 야생 동물의 가축화, 생활양식과 가족 조직의 재구성, 조상 숭배, 도기의 출현, 종교의 형성 같은 현상들의 출현 순서가 매우 흡사하다. 서로 다른 지역에서는 서로 다른 생활 습관과 문화가 나타나지만, 문명 자체의 발전이라는 면에서 충분한 시간만 주어진다면 선진 문명은 결국 식민지화나 모방 또는 동화 등의 방식으로 모든 곳에 전파된다. 실제로도 기원전 1500년경이 되면 기본적으로 아시아, 중동, 북아프리카, 지중해, 유럽 모두가 문명 2.0 단계로 들어섰다. 다만 아메리카 대륙과 호주는 천연자원의 부족과 지리적 고립 탓에 발전하지 못하고 여전히 문명 1.0 단계에 머물러 있었다. 사하라사막 이남의 아프리카에서는 목축이 제한적으로 이뤄졌지만, 지리 조건의 제약 때문에 경작을 발전시킬 수 없었다.

전체 농업 문명의 기원·탄생·발전·전파는 지리적 위치와 밀접한 관련이 있으며, 초기의 자연조건 및 다른 문명 중심과의 교류 난이도가 해당 농업 문명의 발생 시기와 발전 정도를 결정한다. 아프리카는 적도 근처라는 지리적 조건으로 인류의 탄생을 촉발했고, 지구 온난화는 전 세계 대부분 지역에서 1.0 문명이 발전할 수 있게 했다. 그러나 2.0 문명이 등장했을 때 1.0 문명에 유리했던 지리적 조건이 항상 장점으로 작용한 것은 아니었으며, 많은 지역에서는 오히려 단점이 되기도 했다. 예컨대 아프리카와 아메리카 대륙이 누렸던 1.0 문명의 장점은 2.0 문명의 가장 큰 장애물이 됐다. 중동과 서남아시아처럼 농업 여건이 더 좋은 곳에서 2.0 문명의 발전은 자연스럽게 더 빨랐고, 2,000년이라는 시간을 선행한 것은 큰 강점을 가져다줬다. 하지만 이것이 영구적인 강점은 아니었다. 중국과 유럽이 서서히 중동을 따라잡았는데, 이는 크게 볼 때 사람들이 성과를 내는 양상은 같아도 지리적 위치가 발전의 조건을 달리하여 선후의 차이를 가져온다는 것을 보여준다.

역사 과정 전체를 바라볼 때 인간의 동물적 본성이 매우 중요한 작용을 했는데, 모리스는 이를 모리스의 정리Morris Theorem라고 불렀다.

> 역사는 게으르고 탐욕스럽고 두려움이 많은 인류가 자신도 의식하지 못한 채 삶을 더 편하고, 안전하고, 효율적인 방식으로 만들고자 노력한 결과물이다.

동시에 인간은 강력한 학습 능력을 갖추고 있었고, 일단 자연조건이 기회를 제공하자 이를 자신의 생존과 발전의 원동력으로 매우 빠르게 전환했다.

농업 문명의 한계를
세 차례에 걸쳐 돌파하다

농업 문명의 발달로 인구가 크게 증가했다. 기원전 10000년경부터 인구가 장기간에 걸쳐 늘어났고, 토지 개간과 이용 역시 끊임없이 확대됐으며, 농업 기술이 개선됨에 따라 단위 면적당 산출량도 꾸준히 증가했다.

기원전 5000년경 중동의 메소포타미아 평원에서 처음으로 집중식 수리·관개 기술이 등장했다. 이후 동서양을 막론하고 순환 경작, 종자 선택, 육종, 휴경, 농기구 개량, 가축 이용 농법, 철제 농기·물레방아·풍차 같은 농업 도구 이용 등 경작 기술이 고도로 발전했다. 이런 새로운 기술을 더 잘 활용하기 위해 인류는 스스로 조직 능력을 높여 도시나 국가 또는 더욱 거대한 제국을 만들기 시작했고, 국가 간에는 인구의 이동을 비롯하여 약탈과 전쟁이 나타났다. 사람과 가축의 접촉, 그리고 인구의 이동은 세균과 전염병을 전파했고 새로운 전쟁을 촉발했다. 이와 동시에 인구 이동과 새로운 지리적 발견은 무역과 사회적 분업을 촉진하여 대제국이 안정적이고 통합된 시장을 형성할 수 있게 했고, 이에 따라 선진 기술이 넓은 지역에 더 빠르게 확산됐다.

　조직 능력, 제도·기구·기술 혁신 등을 주도한 지역은 더욱 많은 강점을 얻었다. 이들은 기존의 문명 중심지에 도전하고, 지리적 강점을 약점으로 바꾸면서 오래된 문명 중심지를 대체하는 새로운 문명 중심지가 됐다. 2.0 농업 문명은 앞으로 두 걸음 나아갔다가 한 걸음 후퇴하는 양상을 반복하며 발전했다. 산업혁명에 이르기까지 농업 문명사회의 발전 궤적은 '성장, 돌파, 쇠퇴'의 순환 법칙을 따랐다. 시간이 지남에 따라 정점에 도달한 사회는 필연적으로 쇠퇴하고, 후퇴하고, 다시 성장하고, 최고점에 도달하고, 쇠퇴하기를 반복했다.

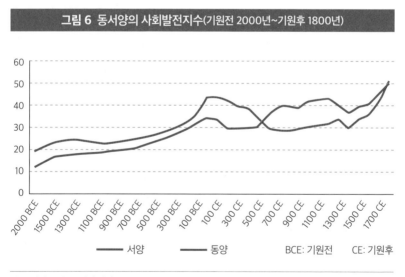

그림 6 동서양의 사회발전지수(기원전 2000년~기원후 1800년)

─── 서양　　　─── 동양　　　BCE: 기원전　　CE: 기원후

자료: 이언 모리스, 『사회 발전』

근본적으로 농업 문명의 사회 발전에는 한계가 있다. 왜냐하면 선천적인 병목현상이 있기 때문이다. 인간이 길들여 키우는 동물은 식물을 소비하고, 식물은 광합성을 통해 성장하기 때문에 인간이 획득할 수 있는 에너지의 양은 결국 식물에 좌우될 수밖에 없다. 따라서 최대 에너지의 양은 토지의 면적과 단위 면적당 생산량으로 제한되며, 이 두 가지 한계 탓에 천연자원에는 상한선이 존재하게 된다. 이 시기의 인류는 인구를 통제할 방법이 없었고, 더 많은 아이가 태어나는 것은 새로운 에너지를 더 필요로 하게 되는 중대한 일이었다. 한정된 자원하에 인구가 무한에 가깝게 증가한다는 것은 결국 인구수가 자연재해가 아닌 방식으로 제거되고 제약될 수밖에 없었다는 얘기가 된다. 기원전 10000년경부터 이 근본적인 병목현상은 농경 사회가 줄곧 극복할 수 없는 문제였다. 2.0 문명의 역사를 통틀어, 특히 최근 수천 년 동안 파이를 만드는 것과 파이를 나누는 것 사이의 갈등은 줄곧 존재했을 뿐만 아니라 점점 더 심각해졌다.

　전반적으로 농업 문명 시대의 인류가 직면하는 재난은 기근, 인구 이동으로 인한 전쟁, 전염병, 기후변화, 정치권력의 실패라는 다섯 가지 원인으로 발생했다. 토지로부터의 수확은 날씨에 좌우되며, 기후의 변화는 농작물 수확량에 크고 작은 영향을 끼쳤다. 작은 변화는 수확이 줄어들어 국지적인 기근으로 이어지는 것이다. 그리고 장기적이고 큰 변화는 특정 지역 일대의 토지 수확을 구조적으로 감소시켜 필연적으로 대규모의 인구 이동을 유발한다는 것이다. 이는 정치권력을 차지하려는 전쟁으로 이어질 수 있다. 동물을 키우려면 식물이 많이 필요하기 때문에 유목민은 날씨 변화에 더 큰 영향을 받을 수밖에 없고, 이동성이 높아 약탈과 전쟁에 더 취약하다. 수천 년 동안 유목 민족과 농경 민족 간의 전쟁은 토지가 주요 원인이 되어 일어났다. 유목 민족의 이동이 농경 민족에게 가져온 또 다른 직접적인 결과는 박테리아·세균의 전파와 그로 인한 심각한 전염병이었으며, 이는 역사상 인구 감소의 가장 중요한 원인이었다.

이런 도전에 대응하기 위해 동서양 문명의 중심에 있던 인류는 조직 역량을 강화하기 시작했고, 그 결과 도시·국가·제국이 탄생했다. 사회 조직의 혁신은 한편으로는 평화로운 환경을 조성하여 국토 범위 내에서는 기술의 확산과 무역의 확대를 촉진하여 공동 시장을 형성하고 사회 발전을 촉진했다. 반면 선진 지역과 후진 지역 간의 격차는 전쟁, 자원 약탈, 정복의 주요 원인이 됐다. 기후변화로 종종 일부 지역의 강점이 드러나 문명의 중심지가 바뀌었지만, 새로운 문명 중심지의 발전은 또다시 새로운 도전을 불러일으켜 문명의 중심이 다시금 바뀌는 결과를 낳기도 했다.

지리적 장점과 단점은 끊임없이 변화하며, 사회 전체는 두 걸음 전진하고 한 걸음 후퇴하는 방식으로 나아간다. 역사적 궤적을 보면, 서구 사회의 발전은 기원전 1300년경 한 구간의 고점에 도달하여 사회 발전지수가 농업 문명 시작 당시보다 6배 정도 증가했고 동양도 4배 정도 증가했다. 그러나 이 시기에 서양 문명의 중심에서 처음으로 지역 전체가 파괴되는 대재앙이 발생했다. 이는 다섯 가지 대재앙 중 몇 가지가 동시에 발생한 것으로, 괴멸에 가까운 결과를 가져왔다.

이 첫 번째 좌절로 서양은 600년 이전의 수준으로 되돌아갔고, 이후 200년 동안 그 수준을 벗어나지 못했다. 동양은 이 기간에 계속 발전하여 처음으로 동서양의 양대 문명 중심이 서로 근접하기 시작했으며, 이후 발전에서 놀라울 정도로 일치하는 모습을 보였다.

이 시기에 유라시아의 두 주요 문명은 북방 유목민들의 침략을 받기 시작했다. 북방 유목민들은 스텝 하이웨이Steppe Highway, 즉 동북부 만주 지역에서 몽골과 서헝가리까지의 길고 긴 유라시아 대륙 루트상에서 활약했는데 길게는 수천 년에 걸쳐 동서양 농업 문명의 가장 중대한 적이었다. 농업 문명과 유목민 간의 전쟁은 끊이지 않았지만, 유라시아 대륙은 스텝 하이웨이상의 유목민으로 연결돼 있었다.

농업 문명이 직면한 도전에도 불구하고 수천 년 동안 적어도 세 차례의 돌파가 있었고 도전에 대응하여 혁신이 계속됐다. 농업 문명 단계의 제도적 혁신은 무엇보다 주로 기원전 1000년경부터 기원전 200년경까지 완성된 하급 관리 국가에서 고급 관리 국가로 진화한 것이다. 서양의 하급 국가는 다리우스의 시리아를 거쳐 고급 정치권력을 대표하는 트라키아의 페르시아제국에 도달했고, 다시 그리스의 도시 국가를 거쳐 로마제국에서 집대성되어 명실상부하게 서양을 대표하는 최고 수준의 정치권력이 수립됐다. 로마제국은 지중해 내륙에 자리하고 있어서 내륙 교통 루트가 매우 편리했다. 이에 제국 판도 안에서는 유라시아 전역을 아우르는 거대한 무역 제국을 형성했고, 자원이 최적으로 분배돼 사회 발전이 처음으로 농업 문명의 절정에 다다르게 됐다. 기원전 200년경부터 서기 원년까지 로마제국은 전성기를 보냈다. 이 시기 사회발전지수는 농업 문명이 시작되던 때와 비교해 10배 정도 증가했다. 한편 중국은 하·상·주 등 하급 국가를 지나 춘추전국의 고급 국가를 향한 과도기를 겪었다. 진나라와 한나라에서 처음으로 중앙집권화가 이뤄져 하나의 지역을 아우르는 대제국이 세워졌다. 비록 사회발전지수는 로마보다 낮았지만 당시 동양에서는 가장 앞선 지위를 영유했다.

농업 문명 최초의 돌파 이후 동서양에서 거의 동시에 다섯 가지 주요 도전이 발생했는데, 특히 유목민의 침입이 그러하다. 여기에 정치권력 자체의 실패가 겹치고 전염병이 창궐하여 동서양의 두 제국은 첫 번째 돌파 이후 차례로 실패했고, 문명 지역 전체에 괴멸적인 퇴보가 일어났다. 이 퇴보는 서양에서는 1,000년 넘게, 동양에서는 대략 400년간 지속됐다. 400년 후 동양에는 당나라와 송나라로 대표되는 황금시대가 도래했고, 송나라에서 두 번째로 농업 문명의 정점에 도달하여 심지어 로마제국의 업적을 능가하는 성과를 거뒀다. 그러나 이번 돌파 후 농업 문명은 또다시 철기로 무장한 몽골의 유목 민족에게 패했고 그들에게서 전파된 전염병까지 유행하여 송 왕조의 정점은 또다시 후퇴로 접어들었다. 몽골의 대군은 유라시아를 휩쓸며 중국에서 헝가리, 러시아, 중동에 이르기까지 문명 중심부의 대부분 국가를 정복하고 전 세계 구석구석에 전염병을 퍼뜨렸다. 이 일로 송 왕조의 성과가 파괴됐지만, 송 왕조로 대표되는 고도로 발달한 동양 문명을 당시 상대적으로 낙후된 서유럽에 전파하는 계기가 되기도 했다. 송 왕조는 문명의 절정기에 연간 10만 톤 이상의 주철을 생산했다. 1700년까지 유럽 전체의 생산량을 모두 합해도 이에 미치지 못한다. 주철, 화약, 나침반, 물레, 풍차, 수차, 농업 기술 등 당시 중국의 가장 중요한 발명품들이 모두 유럽에 전해졌다.

몽골 대정복의 또 다른 결과는 그들이 하지 못한 일에서 비롯됐다. 몽골 기병대는 헝가리에 도달한 후 돌연 멈췄다. 그래서 몽골의 파괴

행위가 서유럽까지 이어지진 않았지만, 그들의 기술은 전파됐다. 이는 서유럽이 다음번 화약고가 될 수 있는 좋은 조건을 제공했다. 당시 봉건 영토 전쟁의 한가운데 있던 유럽은 로마제국 이후 여러 차례 통일 시도가 있었지만 모두 실패했다. 유럽은 수천 년 동안 크고 작은 수백 개의 봉건 왕국 간에 그리고 교황과 왕국 간에 끊임없는 전쟁을 치렀기 때문에 중국의 총기가 도달하자 총과 대포가 빠르게 발전했다. 그리고 이 총과 대포는 다시 동양으로 전해졌다.

수백 년 후 총과 대포의 도움으로 동서양은 청나라와 러시아의 공동 노력하에 수천 년간 농경 민족의 토지를 짓밟던 유목 민족을 완전히 진압했다. 러시아와 중국 간의 1689년 네르친스크 조약으로 스텝 하이웨이는 완전히 차단됐다. 스텝 하이웨이의 절대 부분은 러시아에 귀속됐고 중국에도 상당 부분이 귀속됐다. 중국의 영토 또한 원래 황허와 양쯔강 유역이었던 것이 만주, 몽골, 신장, 티베트까지 확대됐다. 이로써 중국은 새로운 영토를 확보했고, 또다시 새로운 사회 발전을 이룰 수 있는 기반을 마련했다. 이 새로운 토지의 산출량이 양쯔강과 황허 유역의 토지에서 산출되는 것과는 비교도 되지 않았지만 말이다.

한편 서양에서는 15세기 이후 몽골의 영향권에서 벗어나 있던 서유럽이 활력을 보이면서 베네치아와 피렌체에서 르네상스가 시작됐다. 중국의 기술이 유입되면서 서유럽 전역에서 새로운 사회 발전이 일어났다. 이와 더불어 마르코 폴로Marco Polo가 중국을 찬양하면서 서양에서 처음으로 진정한 중국 열풍을 불러일으켰고, 이는 동양의 부를 찾고자 하는 열망으로 이어져 다음 대항해 운동의 근본적인 원동력이 됐다. 서양은 1500년부터 점차 발전하기 시작했고, 17세기와 18세기에 이르러서는 동서양 모두 다시 한번 농업 문명이 이룰 수 있는 정점을 향해 돌진했다. 그러나 이번에는 정점에 도달하는 과정에서 동양과 서양이 맞닥뜨린 도전과 기회가 매우 달랐고, 그로 인해 이후 몇 세기 동안 동양과 서양의 운명은 완전히 달라졌다. 이는 인류의 운명에 완전히 새로운 길을 부여하게 된다.

농업 문명 시대의
사상 혁명과 제도 혁신

1798년 토머스 로버트 맬서스Thomas Robert Malthus는 인구 증가가 항상 인간의 식량 생산 능력을 초과할 것이라는 내용의 『인구론』을 발표했다. 이후 산업혁명이 일어나면서 맬서스는 역사상 가장 실패한 예언자가 됐다. 그러나 '맬서스의 함정'은 의도치 않게 농업 문명 시대를 요약하는 아주 적절한 표현이 됐다.

농업 문명의 철칙은 병목현상이다. 문명이 정점에 도달한 후 쇠퇴로 접어들면 사람들은 고통을 겪게 된다. 하지만 고통은 종종 사상 혁명의 원천이 된다.

제2차 세계대전 이후 독일의 철학자 카를 테오도르 야스퍼스Karl Theodor Jaspers는 이 전쟁이 독일과 세계에 불러일으킨 재앙을 되돌아보며, 인류에게 닥친 모든 재앙은 사상 혁명을 가져온다고 지적했다. 그는 기원전 5세기경에 일어난 한 차례의 사상적 혁명을 최초로 언급하고 이를 '축의 시대Axial Age'라고 명명했다. 당시 중국은 공자가 자신의 학설을 설파하는 등 제자백가諸子百家의 시대였다. 서양 문명이 기원한 중동에서는 선지자들이 세계와 신에 대한 성찰을 구약 성경으로 기록하기 시작했다. 인도에서는 가우타마 싯다르타가 왕족의 삶을 포기하고 궁핍한 이들과 살면서 고통을 함께 나누고 그 고통에서 벗어나는 방법을 설파했다. 그리스에서는 소크라테스부터 플라톤, 아리스토텔레스에 이르기까지 위대한 사상가들이 개인, 사회, 국가의 의미를 전면적으로 고찰했다.

이런 사상 혁명은 그 후 수천 년에 걸쳐 인류의 발전을 이끈 사상의 기초를 마련했으며 오늘날까지도 영향을 주고 있다. 이 사상가들은 거의 같은 시기에 유라시아 문명의 모든 중심지에서 등장했으며, 그들의 사상은 놀라울 정도로 흡사했다. 이들의 공통점은 자신이 속한 시대 문명의 변두리에 있었다는 점과 그들이 고민한 문제는 문명이 괴멸한 후 평범한 사람들의 고통, 소외된 사람들의 투쟁, 하층민의 고통이었다는 점이다. 노나라의 공자나 사캬국 카필라바스투의 석가모니는 말할 것도 없고, 아테네의 소크라테스, 고향을 잃고 유랑하던 이스라엘의 선지자 예수 등 이들 모두의 공통된 출발점이자 핵심 관심사는 약자의 무리, 평범한 민중이었다. 이들의 공통된 적은 부패하고 야만적이며 백성을 기만하는 통치자와 나쁜 정부였다. 따라서 이들의 사상은 매우 혁명적이었지만, 그들 자신은 혁명가가 아니었다. 그들의 사명은 주로 인간, 사회, 국가에 대한 궁극적인 질문들을 탐구하는 것이었다. 즉 '인간의 의미는 무엇인가?', '정부의 존재 이유는 무엇인가?', '좋은 정치권력이란 무엇이며, 좋은 사회란 무엇인가?' 등이다.

그들은 또한 자신을 초월해 인간 삶의 의미와 승화를 추구했다. 공자가 말한 인仁, 석가모니의 열반, 구약성서의 신, 소크라테스를 비롯한 그리스 철학자들의 명상이 모두 그렇다. 이들은 인간관계에서의 황금률을 제시했다. 공자는 "남이 나에게 하기를 원치 않는 일을 남에게 행하지 말라"라고 했고, 성경은 "네가 남에게 대접받고자 하는 대로 남을 대접하라"라고 했으며, 석가모니는 "세상 만물에 자비를 가지라"라고 했다. 그들이 말하는 좋은 사회는 모두 이런 인간관계에 바탕을 두고 있다. 공자와 맹자가 "사람을 가장 무겁게 생각하고, 사직은 가볍게 여기며, 임금은 그다음이다"라고 말한 것처럼, 정치는 사람을 가장 우선으로 해야 한다.

이 사상가들 중 누구도 자신이 살던 시대에 성공하거나 인정받지 못했다. 소크라테스는 민주주의 아테네에서 사형 선고를 받았고, 공자는 추방당해 평생 그의 사상이 받아들여지지 않았다. 유대인들은 고향을 잃고 수천 년 동안 전 세계를 떠돌아야 했으며, 석가모니 역시 생전에는 별다른 영향력을 발휘하지 못했다. 그러나 그들 사상의 풍요로움과 굳건함은 그들의 삶을 초월하여 오늘날까지도 사람들의 마음과 정신에 자양분을 공급하고 있다.

첫 번째 축의 시대의 사상은 인류가 농업 문명의 정점에 도달하고자 하는 최초의 시도에 반영됐다. 동서양 모두 거의 동시에 한계에 부딪혀 돌파에 실패했고, 수백 년에서 1,000년이 넘도록 암흑시대가 이어졌다. 이 시대에 받은 고통은 두 번째 축의 물결을 일으켰다. 중국에서는 불교가 단순화된 후 널리 퍼져 거의 국교가 됐고, 서양에서는 기독교가 로마제국의 국교가 되면서 서양 전역에 급속히 퍼졌다. 아라비아반도의 사막 유목민들 사이에서는 이슬람교가 등장했다.

이슬람은 매우 독특한 현상이다. 유목민들이 스스로 만든 유일한 종교이자 문화적 도약이다. 이슬람의 창시자 무함마드는 문맹이었고 젊은 시절에 뛰어난 업적을 남긴 적도 없으며, 딱히 비범한 미래를 보여주는 어떤 징후도 없었다. 그러나 40대가 되자 꿈에서 정기적으로 천사 가브리엘을 만나 메시지를 받기 시작했다. 처음에는 자신의 꿈을 전혀 이해할 수 없었지만 아내의 격려로 자신이 선지자로서 하느님의 선택을 받았다고 믿게 됐고, 천사가 꿈에서 들려준 말을 다른 사람들에게 전하기 시작했다. 그의 말은 지극히 시적이고 설득력이 있었기 때문에 거대한 신자 집단이 빠르게 형성됐다. 그는 사막 끝자락에 작은 유목 국가를 조직해 남은 생애 불과 20~30년 동안 중동, 이집트, 지중해 전역을 정복했다. 그와 그의 후손들은 세계에서 세 번째로 큰 종교를 창시하고 이슬람제국을 세웠다. 중국식 표현으로 이것은 전형적인 운명의 역전이다. 요샛말로 하면 '찌질이의 역습'이라고 할 만하다. 유목 민족의 문화가 상대적으로 뒤늦게 발전했기 때문에 무함마드와 그의 후계자들이 통치하는 동안 이슬람은 성숙한 문화를 보유한 모든 민족에 대해 최대한의 존중과 관용, 그리고 겸손히 배우려는 태도를 보였다. 서양의 그리스·로마 문화는 이슬람 시대에도 보전될 수 있었고 스텝 하이웨이를 통해 동양으로 전해졌다. 인도의 향신료, 중국의 도자기와 비단도 그들이 통제하는 스텝 하이웨이에 형성된 이른바 실크로드를 통해 동서양 간에 교역됐다.

두 번째 축의 시대는 영혼의 위로에 초점을 맞췄으며 대부분 종교라는 방식으로 구현됐다. 불교, 기독교, 이슬람교는 내세의 해탈, 현세에서의 고통에 대한 위로, 영혼의 위안에 중점을 뒀다. 두 축의 시대는 인류가 하급 정치권력에서 고급 정치권력으로 이동하는 과정에서 등장했으며, 나중에 고급 정치권력을 세우기 위한 사상적 토대를 마련했다. 고급 정치권력은 서양에서는 로마제국이 대표적이고, 중국에서는 한나라에서 시작됐다.

축의 시대 사상에서 가장 중요한 유산은 고급 정부 정치 제도의 구축이다. 중국을 보자면, 당대의 사상이 중국 역사상 가장 위대한 정치 제도 혁신인 과거 제도의 탄생으로 이어졌다. 나는 과거 제도가 2.0 농업 문명 시대 전체를 통틀어 가장 위대한 제도적 혁신이었으며, 인류 역사상 두 번째로 위대한 제도적 혁신이라고 생각한다.

모든 제국은 농업 문명이 직면한 도전을 해결해야 했다. 제국들은 모두 평화와 발전을 원했을 뿐 아니라 무역도 필요로 했는데, 무역을 통한 분업만이 자원 배분을 최적화할 수 있게 해줬기 때문이다. 특히 농업 문명의 선천적인 병목현상과 제한된 자원이라는 제약하에서 자원의 최적 분배는 더욱 중요했다. 국가가 클수록, 인구가 많을수록, 지역이 다양할수록 문제 해결 능력은 강해졌고 이에 따라 인류의 정치체제는 필연적으로 저급 정치권력에서 고급 정치권력으로 나아갔다.

그러나 일단 수립된 모든 고급 정치권력은 권력 관리라는 문제를 해결해야 했다. 전통적인 권력 계승 방식은 혈연에 기반했으며, 다른 나라를 정복했을 때는 혈연관계를 바탕으로 권력을 분배하는 것이 가장 기본적인 방법이었다. 그러나 혈연이 능력을 보장하는 것은 아니며, 세대가 거듭될수록 그 문제는 커질 수밖에 없기에 이런 정권은 지속될 수 없다. 정권을 잘 관리하기 위해서는 스마트하고 유능한 자를 임용하는 엘리트 체제가 필요하다. 그러나 스마트한 자를 임용할 때의 문제는 충성과 정권 안정을 보장할 방법이 없다는 것이다. 특히 유능한 군인이 권력을 잡으면 자연스럽게 정권을 위협하게 된다. 인류는 농업 문명의 다섯 가지 도전에 대응하기 위해 대제국을 건설해야 했고, 대제국을 효과적으로 운영하는 것은 줄곧 골치 아픈 문제였다. 중국이 축의 시대 사상에 기반하여 혁신적인 제도, 즉 과거 제도를 발명하기까지는 말이다.

과거 제도는 학습 능력, 지식수준, 행정 능력을 시험의 기본으로 삼고 모든 사람에게 기회를 주어 사회 각계각층의 인재를 공정하고 투명한 방식으로 선발하는 시스템이다. 출신 배경이나 혈연을 따지지 않고 오로지 시험 결과에 따라 정치권력을 분배하며, 정부 고시 제도라는 방식으로 관료들의 이데올로기를 통일함으로써 채용된 인재들이 정권에 충성하도록 보장한다. 또한 이런 심사·선발 제도는 선발된 인재들이 종합적인 능력을 갖추고 백성을 섬길 수 있을 뿐만 아니라 정권에 충성할 수 있음을 보장한다. 게다가 문관이 무관을 관리하게 함으로써 정권이 도전받지 않게 했다. 이데올로기 측면에서 사대부는 황실 체제에 충성했고 유가儒家의 정통성을 추종했다. 이는 백성과 황제를 위한 것이기도 했지만, 개인적인 이상과 포부를 실현하는 것이자 가족을 부양하기 위한 것이기도 했다. 이는 거의 완벽한 제도였다.

과거 제도는 한나라 때 인재를 추천하던 방식에서 유래했으며, 수세기에 걸쳐 다듬어진 끝에 수나라에 이르러 정식 제도로 확립됐다. 그후 1,000~2,000년이 지나는 동안 이 거대한 제국을 통치하는 가장 굳건한 제도가 됐으며, 한제국 이후 400년간의 전란을 딛고 중국이 부흥할 수 있는 기초를 제공했다. 또한 로마제국과 한제국의 쇠퇴 이후 동서양이 서로 다른 운명을 맞이하게 된 이유가 되기도 했다. 500년부터 1770년경까지 중국은 서양보다 앞서 있었는데, 가장 중요한 원동력이 과거 제도였다. 이 제도가 확립됨으로써 중국은 거대 제국의 행정 문제를 상당 부분 해결하고, 장기간의 평화를 보장하고, 대규모 무역 시장을 형성하고, 기술의 교류와 광범위한 응용을 촉진하고, 문화를 발전시키고, 기아와 전염병과 외세의 침략에 대처할 수 있었다. 그 덕에 중국은 이후 1,000년이 넘도록 세계의 어떤 국가보다 앞설 수 있었다. 심지어 산업 문명 시대에 대영제국은 중국의 문관 제도를 본떠 자국의 문관 시스템을 만들기도 했다. 오늘날 미국 군대는 물론이고 문관 시스템을 채용한 정부 또는 비정부 조직들은 많든 적든 모두가 중국 과거 제도의 영향을 받은 것이다.

과거 제도는 제국의 정치권력 문제를 대부분 해결했지만, 황제를 최고 영도자로 정해두고 있다는 핵심적인 단점이 있었다. 문관 시스템의 근본 목적은 제국 통치가 지속되게 하는 것이다. 그러나 황제는 반드시 혈통을 기반으로 계승되어야 했다. 황제가 유능하면 제국의 힘을 최대한 발휘할 수 있다는 사실은 한나라의 문제文帝와 경제景帝만이 아니라 당나라의 태종太宗, 송나라의 태조太祖 시대에도 거듭 증명됐다. 그러나 혈연이 능력을 보장하진 않으며, 무능한 자식에게 황위가 넘어가는 것을 피할 수 없기 때문에 약하고 우매한 황제가 나타나는 것을 막지 못한다. 이런 황제가 권좌에 오르면 정권은 내부 권력 투쟁과 부패를 면할 길이 없다. 실제로, 불안정한 권력 계승이 왕조의 흥망성쇠에 영향을 미치기도 했다. 그러나 어떤 왕조가 어떤 관리 체계의 혁신을 시도하더라도 과거 제도라는 이 기본적인 정치 제도는 유지했다. 이 제도는 한제국과 당나라 때부터 오늘에 이르기까지 중국 정치에 계속 영향을 미치고 있다.

축의 시대가 남긴 하나의 중요한 유산은 사상의 다양성이다. 중국에는 백가쟁명하는 다양한 이념이 있었고, 그리스의 아리스토텔레스는 과학·형이상학·법학·정치학·논리학 등 다양한 분야의 연설을 했다. 다양한 사상의 출현, 그중에서도 특히 이성이라는 한 가닥은 또 다른 중요한 사상적 궤적을 발전시켰다.

사상은 단순히 공평한 사회와 정권을 만들고 영혼을 위로하는 수단에 그치지 않고, 사상 자체가 인간이 추구하는 목적이 됐다. 인류의 이념적 진보는 점차 현대 과학을 발전시켰고, 인간은 이때부터 진정으로 세계를 지배하기 시작했다. 합리적 사고는 인류의 발전을 위한 또 다른 위대한 방향을 가리켰다.

제7강

아메리카 대륙의 발견과
범대서양 경제의 형성

농업 문명 시대에는 지리적 위치가 서유럽의 약점이었다. 당시 서양의 중심이 중동에서 지중해와 남부 유럽으로 이동했는데, 북서부 유럽은 여전히 낙후돼 있었다. 또한 풍요로운 중국과 인도로부터도 거리가 매우 멀었다. 15세기 유럽인들은 마르코 폴로가 묘사한 천국과도 같은 중국을 동경했고, 인도·중국과의 무역로를 열 수 있기를 열망했다. 당시 서양과 동양을 잇는 무역로는 주로 중동을 경유하는 육로였는데, 중동은 이미 이슬람교도가 점령하고 있었고 기독교와 이슬람 간의 전쟁으로 통과하기가 어려웠다. 이 무역로를 통과할 수 있었던 것은 유럽에 흩어져 있던 몇 안 되는 상인들, 예컨대 베네치아의 상인들이었으며 상품은 주로 인도의 향신료였다.

인도와 중국으로 향하는 항로를 찾기 위해 서양에서는 대항해 시대가 시작됐다. 포르투갈의 바르톨로메우 디아스Bartolomeu Diaz가 최초로 아프리카의 희망봉에 이르는 항로를 개척했다. 그리고 크리스토퍼 콜럼버스Christopher Columbus는 대서양을 건너 아시아를 직접 찾겠다는 희망을 품고 항해를 떠났다가 우연히 신대륙을 발견했다. 그는 자신이 인도에 도착했다고 착각하고 현지인들을 인디언이라고 불렀다. 이 발견은 유럽의 역사뿐만 아니라 인류 역사의 흐름을 완전히 바꿔놓았다.

인류가 아메리카 대륙에 최초로 진입한 것은 기원전 15000년으로, 당시 아프리카를 떠난 조상들은 시베리아 대륙붕을 통해 걸어서 넘어갔다. 그런데 기원전 12000년 이후 빙하기가 끝나고 지구 온난화와 해수면 상승이 이어지면서 이 대륙붕 다리는 더 이상 존재하지 않게 됐다. 그 후 1만여 년 동안 아메리카 대륙 전체는 태평양과 대서양에 가로막혀 다른 문명권으로부터 고립됐다. 기후 조건은 유리했지만 농업과 목축업에 적합한 야생 식물과 동물이 거의 없어 자원이 매우 부족했다. 가축화할 수 있는 동물은 전혀 없었고, 농업이 가능한 식물은 4종에 불과했다. 가장 생산성이 높은 이 지역 농산물인 옥수수는 육종이 쉽지 않아 수십 세대에 걸쳐 개량해야 했다. 이런 상황인 터라 아메리카 대륙의 농업 조건은 극도로 열악했고 다른 곳보다 낙후할 수밖에 없었다. 파종 농업의 발전 속도는 매우 느렸고 목축은 아예 발전하지 못했다. 그러니 사회 조직의 발전 수준도 매우 낮을 수밖에 없었다.

유럽인들이 도래할 당시 아메리카 대륙에는 멕시코를 포함해 남미에 비교적 큰 두 개의 정권이 있을 뿐이었는데, 그마저도 비교적 초기 단계의 정권이었다. 유럽에서 온 사람들의 상대적 우위는 매우 명확했다. 이 무렵 유럽은 몇 년을 이어온 전쟁으로 풍부한 전투 경험과 강대한 전쟁 조직 능력을 갖추고 있었을 뿐만 아니라 주철과 총포까지 보유했기 때문에 토착 원주민의 저항은 실패할 수밖에 없었다. 그러나 유럽인들이 아메리카 대륙에 가져온 가장 강력한 무기는 주철과 총포가 아니라 그들의 몸에 붙어서 온 병균과 그들이 데리고 온 가축의 몸에 있던 병균이었다. 인류는 지난 수천 년 동안 세균과의 전쟁에서 점차 우위를 점하게 됐지만, 그 대가는 매우 참혹했다. 예컨대 흑사병은 단번에 유럽 인구 3분의 1의 목숨을 앗아갔고, 천연두 등 그 밖의 질병 또한 중세 유럽 인구의 10% 가까이가 사망에 이르게 했다. 생존자들의 몸에는 항체가 만들어졌지만, 바이러스와 세균은 사라지지 않고 인간과 동물에게 줄곧 남아 있었다. 즉 항체를 가지고 있던 유럽인에게는 더 이상 위협이 되지 않았지만, 병균을 경험해본 적이 없는 북미 인디언들은 이런 병균에 완전히 무방비 상태였다. 콜럼버스가 아메리카 대륙에 도착한 후 불과 몇 세대 만에 아메리카 원주민 인구의 75%가 세균 때문에 사망했다. 가뜩이나 인구가 적고 정권의 형태가 저급했던 아메리카 대륙은 유럽인들이 도착한 후 철저히 파괴됐고, 원주민들은 세균에 전멸당하시피 했다.

16세기 초 유럽인들은 자신들이 완전히 새로운 대륙을 발견했다는 사실에 축배를 들었다. 더 반가운 사실은 이 신대륙의 자연조건이 농업과 목축업에 너무나 적합하다는 것이었다. 신대륙의 면적은 서유럽의 거의 9배에 달했고, 은과 기타 광물 등 천연자원도 풍부했다. 이 신대륙은 유럽의 경제 상황을 철저히 바꿔놓았다. 스페인이라는 한 나라만 하더라도 16세기부터 18세기까지 남미에서 가져온 은이 50톤에 달했다. 또한 아메리카 대륙의 발견은 서유럽의 토지 병목현상을 단번에 해결하고 인구 이동의 새로운 가능성을 열어줬다. 특히 자국에서 박해를 받고 가문의 상속권을 상실한, 소외되고 절망에 빠져 있던 사람들에게는 더할 나위 없는 탈출구가 됐다. 아메리카의 비옥한 땅은 어떤 작물이든 재배하기에 적합했다. 그래서 유럽인들은 아프리카 대륙에 소량의 사치품을 가져가서 노예와 교환했고, 노예를 아메리카로 데려가 사탕수수·목화·나무를 재배한 다음 이를 유럽으로 보냈다. 동시에 공산품을 유럽에서 아메리카로 들여왔다. 이 과정에서 대서양을 횡단하는 거대한 무역의 고리가 형성됐고, 이는 유럽 경제에 활력을 불어넣어 16세기 이후 유럽이 농업 경제의 병목현상을 돌파할 수 있는 여건을 만들었다.

아메리카 대륙의 정착민에 대한 유럽 여러 식민국의 태도는 서로 달랐다. 초기 식민국인 스페인과 포르투갈은 상공업이 발달하지 않았고, 중앙집권적인 군주가 상인들을 현금 인출기처럼 이용했기 때문에 신대륙은 왕실이 은을 약탈하고 획득하는 수단이 됐다. 그중에서도 스페인 왕실은 아메리카 대륙의 어느 지역을 정복하는 경우 수확의 20%만 왕실에 납부하면 된다고 규정했다. 왕실이 긁어모은 은은 수 세기 동안 지속된 유럽 내부 전쟁에 군비를 조달하는 데 주로 사용됐다. 그러나 동시대 북서 유럽의 일부 국가, 특히 네덜란드와 영국은 새로운 범대서양 경제에 다른 방식으로 접근했다.

영국은 1215년 마그나 카르타Magna Carta를 시작으로 군주제를 약화시켰고, 의회가 황실로부터 끊임없이 권력을 이전해 갔다. 15세기 이후에는 일정 규모 이상의 재산이 있는 시민은 선거를 통해 하원 의원이 될 수 있었으며, 이로써 하원은 점차 성공한 상인들을 대변하는 기구가 되어갔다. 17세기에 이르자 하원과 국왕 간에 빈발한 내전을 거쳐 오늘날의 의회 제도가 점차 모습을 갖추기 시작했다. 1688~1689년에는 네덜란드 왕자가 무혈 혁명을 통해 명목상 황위에 올라 권리장전에 서명하면서 인류 역사상 최초의 입헌군주제라는 기념비적 사건이 일어났다. 상업을 중시하는 입헌 국가가 최초로 출현한 것이다. 이 정부의 권력은 주로 상인의 이익을 대변하는 하원에 있었고, 부르주아들은 자기 사람을 하원에 집어넣을 수 있었다. 이에 따라 영국은 자연스레 중상주의 국가가 됐다.

이 시기 영국이 북미에서 경영하는 방식은 남미에서 스페인과 포르투갈이 경영하는 방식과 완전히 달랐다. 영국은 상인의 이익을 대변하고 개인의 재산을 보호하는 것을 근본 목표로 하는 식민지를 건립했고, 신대륙에 이민 오는 자들은 주로 부와 종교의 자유를 궁극적 목표로 했다. 범대서양 경제는 영국과 새로 설립된 이민자 국가들의 참여로 특수하고 전례 없는 형태를 띠게 됐다. 이때 입헌 정부의 지원과 보호 아래 범대서양 권역을 아우르는 글로벌 자유시장경제가 형성됐고, 자유로운 상인과 자본가들이 이를 전적으로 장악했다.

아메리카 대륙과 범대서양 경제의 형성은 유럽 대륙 전역의 지식인들에게 새로운 질문들을 제기했다. 항해 시대의 도래와 신대륙의 발견으로 당대 사람들은 지리학, 지질학, 생물학, 항해술, 천문학을 비롯해 정부의 기원, 경제의 본질 같은 가장 근본적인 문제를 대면하게 됐다. 모두 새로운 문제들이었다. 당시 유럽의 지식인들은 이런 문제의 근원에 다가가기 위해 일종의 기계적인 관점에서 이 세계를 이해하고자 했다. 200년 전 르네상스 시기에는 사람들이 과거 성인들의 경전에서 해답을 찾으려 했다면, 이 시기의 계몽주의 운동에서는 기존의 지식에 안주하지 않고 새로운 지식 체계와 세계관을 제시하고자 했다. 신대륙이 가져온 새로운 문제를 해석하기 위해 관찰과 실험을 기반으로 반복 검증하고 예측할 수 있는 보다 견고한 지식이 필요해졌다. 이처럼 강력한 사회적 요구에 부응하여 아이작 뉴턴Isaac Newton이 1687년에 출간한『자연철학의 수학적 원리』는 현대 과학혁명의 시발점이 됐고, 유럽인들에게 새로운 세계관을 가져다주어 완전히 새로운 시대를 열었다. 이는 세상을 예컨대 시계 같은 기계처럼, 예측 가능하며 원리와 법칙으로 통제되는 세계로 이해하게 했다. 이런 세계관에 따라 사람들은 경제, 정치, 인문, 종교, 문화, 사회 등 인류 문명의 대부분 영역에 대해 이성적이고 과학적인 접근 방식을 사용하여 비판적으로 사고하고 숨겨진 법칙을 찾기 시작했다. 이렇게 해서 한 세기 이상 지속된 계몽주의가 시작됐다.

범대서양 권역에 만들어진 새로운 형태의 자유시장경제는 과학혁명과 함께 현대화의 탄생에 근본적인 조건을 제공했다.

현대화의 분수령, 1776년

역사라는 도도한 강에는 때로 특별한 해가 있어서 중요한 사건이 집중적으로 일어나 하나의 분수령을 만든다. 1776년이 바로 그런 해였다. 그해에 겉보기에는 서로 아무 상관도 없는 세 가지 일이 일어났다. 애덤 스미스가 영국에서 『국부론』을 출판했고, 미국 건국의 아버지들이 「독립선언문」을 발표했으며, 제임스 와트가 버밍엄에서 세계 최초의 증기기관을 만든 것이다. 이 세 가지 사건이 함께 일어남으로써 1776년은 인류 문명의 분수령이 됐고, 이후 모든 인류 문명이 새로운 단계로 도약했다.

애덤 스미스의 『국부론』에서 탐구한 핵심 질문은 범대서양 경제의 본질에 관한 것이었다. 범대서양 경제가 100년 넘게 계속된 후, 애덤 스미스는 이렇게 정부의 통제를 전혀 받지 않는 경제가 지속 가능하고 성공할 수 있는지 알고 싶었다. 이런 경제 형태는 역사상 전례가 없었다. 만약 아메리카 대륙이 원래 완전한 무정부 상태가 아니었다면, 영국의 독특한 역사가 없었다면, 영국 상인들이 범대서양 경제를 발판으로 빠르게 힘 있는 사회 구성원이 되지 않았다면 17세기 영국 의회가 그렇게나 강대한 힘으로 정치를 주도할 수 있었을까?

이 새로운 경제의 본질은 영국, 네덜란드와 대서양 맞은편의 북미 대륙에서 입헌 제도하에 범대서양 권역에 걸쳐 완전히 자본이 주도하는 자유무역 경제가 형성된 것이었다. 애덤 스미스는 한 사람의 도덕철학자로서 문제를 사유할 때 항상 도덕, 특히 사회적 공익의 관점에서 출발했다. 그래서 그는 사회적 복지의 관점에서 자유시장의 '보이지 않는 손'에 대해 생각했다. 그는 고귀한 동기 없이도 오로지 자신의 이익이라는 동기에서 출발한 개인이 자유경쟁을 통해 제품을 더 풍부하게, 원가를 더 낮게, 사회적 자원 배분을 더 효율적으로 함으로써 사회 전체의 부가 늘어나게 된다는 것을 증명하고자 했다. 이 과정은 마치 보이지 않는 손이 사회 전체를 더 합리적인 방향으로 이끄는 것과 같다. 이 보이지 않는 손은 정부의 '보이는 손'에 대응하는 것으로, 정부가 경제활동에 간섭을 하지 않아도 사회의 경제는 최선의 결과를 낸다는 걸 사실상 증명한 것이다. 따라서 그는 경제활동에서 정부가 해야 하는 역할은 간섭하지 않고 인위적인 일을 벌이지 않는 것이며, 정부의 주요 기능은 개인 재산의 보호, 자유경쟁의 보장, 독과점 및 불공정 행위의 단속, 자유시장 질서의 보장, 국제적으로는 자유무역의 추진이라고 결론을 내렸다.

애덤 스미스의 후계자인 데이비드 리카도는 사회적 분업에 대한 분석을 바탕으로 자유무역의 장점을 더욱 정교하게 설명했다. 자유무역과 분업을 실행하는 사회에서 누군가가 상대방보다 모든 면에서 우위를 점하고 있다고 해도 분업과 교환은 쌍방 모두에게 이익이 된다는 것이다. 이는 무역이 번영과 부를 가져다주는 이유와 시장이 커질수록 무역에 따른 부의 증가가 가속화되는 이유를 설명하는 심오한 통찰이다.

애덤 스미스의 이론이 발표될 당시 범대서양 경제는 100년 이상 존재했지만 정부가 이런 경제에 어떻게 접근해야 하는지, 특히 향후 시스템은 어떠해야 하는지에 대한 합의가 없었다. 유럽 대륙에서 가장 영향력 있는 학파는 여전히 중상주의였고 무역에 대한 제로섬 분석에 기반하여 높은 관세 장벽을 주장했다. 하지만 애덤 스미스의 이론은 영국과 미국에 오랫동안 지속적인 영향을 끼쳤다. 영국과 미국은 정부의 기능, 특히 식민지에 대한 태도에서 여타 식민국의 강권 통치와는 매우 다른 행보를 보였다. 이들 나라는 전 세계에 자유무역과 자유시장을 장려하기 시작했고, 이런 정책은 3.0 문명이 세계로 전파되고 발전하게 했을 뿐 아니라 오늘날 글로벌 시장의 형성에 깊고 큰 영향을 끼쳤다.

당시의 다른 정치경제학자들은 노동의 관점에서 가치 창출을 설명했는데, 가장 영향력 있는 학자는 카를 마르크스Karl Marx였다. 그는 인간의 노동이 궁극적으로 모든 가치를 창출하지만, 노동의 결실을 자본가들이 부당하게 착취하고 있다고 주장하면서 이런 착취가 결국 자본주의 경제의 위기로 이어져 세상은 새로운 형태의 경제, 즉 공산주의로 진입하게 될 것으로 예측했다. 그러나 마르크스가 『자본론』을 완성한 이후 영국, 유럽의 기타 국가, 미국 등 거의 전 세계 자본주의를 포괄하는 범대서양 권역 경제의 노동자 임금은 2세기 동안 상승했다. 애덤 스미스가 예측한 대로 자본주의는 결국 자본가, 노동자, 생산 자원의 소유자, 소비자 등 대부분 사람에게 혜택을 줬다.

1776년 미국의 독립은 인류에게 계몽주의 시대의 사회, 자연, 인간, 경제의 기원에 대한 과학적 이해를 바탕으로 완전히 새로운 정권을 만들 수 있는 또 한 번의 기회를 줬다. 미국 건국의 아버지들은 계몽주의 시대의 인물들이기 때문에 새로운 정권의 경제 규범은 애덤 스미스의 영향을 많이 받았고 정치 규범은 존 로크John Locke의 영향을 많이 받았다. 1776년 미국은 헌법에 따라 집행하는 정부를 수립했다. 이 정부의 근본 목적은 재산을 보호하는 것이고, 정부의 합법성은 국민에게 이양받은 권한에서 비롯되며, 주권이 국민에게 있고 정부는 매우 작아서 목표·수단·권한이 모두 큰 제약을 받는다. 오로지 자유시장의 질서를 유지하고 시장을 확대하며, 상인의 이익을 보호하고 개인 재산과 시민 개인의 자유를 보호하기 위해 존재한다. 예를 들어 초대 대통령 조지 워싱턴George Washington이 이끌었던 제1차 연방 정부는 그저 몇십 명의 인력과 네 개의 부서로 시작됐다. 각 부 장관은 사실상 대통령의 해당 부서 수석 비서관이었다. 그래서 미국식 영어에서는 '장관'과 '비서'가 같은 단어다. 이런 원칙을 가진 정부가 그렇게나 넓은 국토를 통치했는데, 이는 새로운 범대서양 경제가 미래 인류 문명이 발전하는 데 토대가 되도록 보증했다.

『국부론』과 미국 독립 역시 인류 역사를 어느 정도 변화시켰지만, 세 번째 사건은 더 거대한 변화를 불러왔다. 바로 증기기관의 발명이다. 증기기관은 열을 운동에너지로 거의 손실 없이 변환할 수 있는 최초의 기계였다. 이미 아이작 뉴턴이 에너지는 이상적인 조건에서 손실 없이 모든 형태로 변환될 수 있음을 증명했다. 그러나 당시까지는 에너지 변환 효율이 1%를 넘지 못했는데, 제임스 와트의 증기기관이 이를 단번에 대폭 높였다. 그 무렵 화석 연료가 발견됐다. 이는 지구가 수억 년 동안 인류를 위해 보존해온 것으로, 자연계에서 식용 가능한 농작물이나 가축화할 수 있는 동물보다 위력이 더욱 막강하고 내포한 에너지는 거의 무궁무진한 것이었다. 증기 엔진은 에너지가 풍부한 석탄 자원을 최고 효율로 거의 손실 없이 운동에너지로 변환했다.

인간이 장악한 이 운동에너지는 사람 근육의 몇 배에서 신속하게 수백 배, 수천 배, 심지어 무한대로 변화해갔다. 석탄에서 운동에너지를 얻게 되자 인간이 기계를 다루는 수준은 미증유의 상태에 도달했다. 산업혁명은 이 한 차례의 동력혁명에서 시작되어 과학과 기술이 선순환하며 서로 영향을 주고받아 인간의 자연에 대한 장악 능력을 삽시간에 전례 없는 수준으로 끌어올렸다. 과학기술과 현대 범대서양 자유시장경제가 결합하면서 또다시 놀라운 힘이 발휘돼 급속히 부를 이루고, 새로운 생산력으로 급속히 전환되고 급속히 제품화됐으며, 이전에는 왕궁에서나 사용할 수 있었던 제품들을 최저 비용으로 생산해 모든 사람에게 공급했다. 이에 따라 매우 짧은 시간에 소비자 사회가 형성됐다.

현대 과학기술과 현대 자유시장경제의 결합은 인류 역사상 가장 위대한 제도적 혁신을 가져왔으며, 이를 통해 모든 사람이 재능을 실현하고 마땅한 물질적 부를 얻을 수 있게 됐다. 과거 제도는 지적 능력과 관리 능력에 기반한 정치권력 분배를 실현하게 해줬는데, 통상 사람들은 정치권력보다는 경제적 부를 추구했고 따라서 정치 엘리트들은 정치권력을 이용해 경제적 이익을 얻으려 했다. 과거 제도하의 정치권력은 비교적 공정하지만, 정치권력이 경제적 부의 분배로 전환되면 보통 사람들은 이를 불공평, 즉 부패로 인식한다. 반면 자유시장경제는 모든 사람이 경제적 성과를 공평하게 분배받을 수 있는 진정 평등한 기회를 제공함으로써 인간의 가장 큰 욕구를 완전히 해결해준다. 인간은 본성적으로는 결과의 평등을, 이성적으로는 기회의 평등을 추구한다. 결과의 평등은 이룰 수도 없고 포기할 수도 없는 꿈인 만큼, 인간이 진정으로 받아들일 수 있는 것은 기회의 평등이다. 따라서 기회의 평등을 실현하는 모든 제도는 가장 위대한 제도적 혁신이다. 결과의 평등에 대한 추구는 인류 문명의 모든 진보가 궁극적으로 지구 구석구석까지 전파되게 할 것이며, 기회의 평등을 제공하는 제도를 수립한 사회는 번영하고 진보하며 오래도록 평안할 것이다.

지금까지 보면 인류의 두 번째 위대한 제도 혁신은 학문, 지식, 능력을 기반으로 정치권력을 분배한 과거 제도였다. 그리고 더욱 위대한 제도 혁신은 현대 과학기술의 기초 위에 자유시장경제를 세운 것이다. 이 제도 혁신은 인류가 완전히 새로운 문명 단계로 들어서게 했다.

중국이 놓친 현대화의 기회

수 세기에 걸친 중국의 역사를 되돌아보면 두 주먹을 불끈 쥐게 하는 순간이 많다. 어째서 중국에서는 현대화가 일어나지 않았을까! 이는 중국인들에게 아쉬움일 뿐만 아니라 중국 역사를 이해하는 많은 외국인이 곤혹스러워하는 일이다. 영국 케임브리지의 중국 과학기술사 전문가인 조지프 테런스 몽고메리 니덤Joseph Terence Montgomery Needham은 평생을 중국 과학기술 문명사를 연구하며 중국 역사 전반에 걸친 과학기술의 진보를 깊이 이해했고, 그 결과 '현대 과학기술은 어째서 중국에서 처음 탄생하지 않았는가?'라는 질문을 던지게 됐다.

근대 서양의 발전 역사는 르네상스와 함께 시작됐으며, 많은 재능을 가진 사람을 르네상스 맨Renaissance Man이라고 불렀다. 중국에도 역사적으로 이런 르네상스 맨이 하나 있었다. 물리학, 수학, 지리학, 지질학, 천문학, 의학, 화학, 농학, 기상학을 포함해 그 밖의 여러 분야에서 그가 이룬 성취는 세계에서도 앞선 것이었다. 그의 가장 중요한 과학적 업적은 지구의 자기 편차를 발견하고, 역사상 가장 진보된 나침반을 발명하여 위대한 항해 시대에 가장 정확한 지침을 제공한 것이다. 그는 당대 최고의 과학자 중 한 명일 뿐만 아니라 엔지니어이자 발명가이며 실천가이기도 했다. 그가 발명한 수로의 중요 부분은 지금까지도 사용되고 있다. 그는 100제곱킬로미터가 넘는 늪지대를 비옥한 곡창지대로 만들었을 뿐 아니라 중국 전체의 지도를 만들었고, 바람이나 물의 흐름 때문에 토양이 유실된다는 개념을 바탕으로 옌탕산 봉우리가 형성된 원인을 정확하게 해석했다. 또한 석유를 발견했고 미래 경제에서 석유가 얼마나 중요한 작용을 할지도 예측했다. 그는 국립천문대 소장으로서 달력을 새로이 개편했고, 재무부 장관으로서 전국 범위의 경제 개혁에 참여했으며, 뛰어난 외교관이기도 했다. 르네상스 시대의 레오나르도 다빈치Leonardo da Vinci나 미국의 벤저민 프랭클린과 비교해도 손색이 없는 인물이었다. 이탈리아 르네상스보다 500년 앞서 중국에 살았던 그는 바로 송나라의 심괄沈括이다. 그의 당대가 바로 중국의 르네상스 시대였던 것이다.

심괄이 살았던 송나라 시대에는 사대부들이 불교가 가져온 세상에서 은둔하는 생활을 뿌리치기 시작했다. 인생의 의미는 현생에 있으며 진정한 선비라면 먼저 천하를 걱정하고 세상의 즐거움은 그다음이어야 한다고 믿었다. 이 시기에 뛰어난 문학가, 과학자, 사회운동가, 개혁가들이 대거 등장했다. 과학기술이 돌연 비약적으로 발전했고 중국의 4대 발명품 중 세 가지가 이때 등장했다. 바로 인쇄술, 화약, 나침반이다. 이 시기 주철의 생산량이 매우 많아서 유럽은 700년 후인 1700년경에 와서야 그 생산량을 따라잡을 수 있었다. 이 무렵 중국에는 방직 기계에 풍력과 수력이 사용되고 있었고, 사람들은 기계식 피스톤 운동을 알고 있었다. 그래서 니덤은 왜 중국에 증기기관이 등장하지 않았는지 항상 궁금해했다. 당시 중국에서는 이미 현대 과학이 가능했고, 따라서 중국에서 일어났을 가능성이 가장 컸다. 그러나 서양에서 르네상스 이후 대항해가 한창이던 시기 송나라 초기의 신유학은 100년이 지난 후 명리학으로 옮겨 갔고, 이에 따라 중국은 보수적인 사상의 감옥 시대로 바뀌었다. 여자들은 전족을 하기 시작했고, 과거시험에는 더 이상 왕안석王安石 시대처럼 천문·역사·지리·경제가 포함되지 않았으며 고전 탐구에만 집중하게 됐다. 중국 역사를 읽는 사람이라면 누구나 한탄할 수밖에 없는 대목이다.

이렇게 사상의 제한을 받았지만 송나라의 사회 발전은 그래도 계속 진행됐다. 처음으로 인구가 1억 명에 이르렀고 수도는 100만 명에 달하여 당시 로마의 영광을 능가했다. 이런 태평성대는 명나라 시대에도 계속되어 주원장朱元璋이 정적을 상대하기 위해 세계 최대 규모의 해군을 조직했다. 정화鄭和는 240여 척의 배에 2만 7,400명의 선원을 태우고 일곱 차례에 걸쳐 항해했는데, 콜럼버스가 네 번의 항해에서 단지 30척의 배와 1,940명의 선원을 데리고 항해한 것과는 차원이 다르거니와 시기적으로도 콜럼버스보다 70년이나 앞선 일이다. 심괄 시대에는 대서양 수천 킬로미터를 횡단할 수 있는 기술이 충분하지 않았으나, 정화의 시대에 이르자 기술적으로는 전 세계 어디든 항해할 수 있었다. 그렇다면 정화는 왜 미국을 발견하지 못했을까? 아니면 적어도 남태평양, 태평양, 인도양의 서안에 걸쳐 범대서양 경제와 유사한 범태평양 경제권을 형성할 수도 있었을 것이다. 하지만 콜럼버스가 신대륙을 발견한 1492년, 명나라는 바다 여행을 금지하고 쇄국을 선포했고 정화의 항해 기록은 파괴됐다는 것이 역사적 사실이다.

명나라 때의 중국이 또다시 현대화의 기회를 잃은 상황에서 뒤를 이은 청나라엔 희망을 품을 수 있을까? 명나라 말기에 서양 선교사들이 서양의 과학기술을 중국에 전파하기 시작했다. 강희제康熙帝는 수년의 시간을 들여 선교사들로부터 선진 수학을 배웠고 심지어 프랑스 왕립 과학아카데미를 모방한 몽학관蒙学馆을 설립하기도 했다. 안타깝게도 강희제가 최종적으로 내린 결론은 서양의 수학이 비록 청나라 수학보다 더 나은 측면이 있긴 하지만, 수학의 원리는 결국 『도덕경』에서 파생된 것이므로 그들의 지식은 그저 우리가 가지고 있던 지식의 일부에 불과하다는 것이었다. 『강희자전康熙字典』은 80만 권이 넘는 책을 종합한 세계 최대의 백과사전으로, 강희제의 중국 학문에 대한 믿음을 단적으로 보여준다.

건륭제乾隆帝 시대에 이르렀을 때 신대륙은 이미 발견됐고 범대서양 경제도 이미 형성됐다. 중국이 당시의 범대서양 경제에 참여하여 최첨단 과학기술을 배울 수 있었을까? 역사는 확실히 중국에 기회를 줬다. 1793년 마르코 폴로처럼 동양의 고대 제국에 대한 환상을 품고 있던 영국 조지 3세George III는 사촌 조지 매카트니George Macartney 경을 전권대사로 하는 특별 사절단을 중국에 파견했다. 사절단은 광저우를 통해 중국으로 대표단을 이끌고 들어와 건륭제를 만나기 위해 1년간의 여행을 거쳐 베이징에 도착했다. 그들은 국왕의 친서와 함께 19가지 총 590개의 선물을 가지고 왔는데 여기에는 당시 세계에서 가장 진보된 천문 지리 관측 기기, 총포, 증기선의 모형과 유리 돋보기 등이 있었다. 이 만남을 통해 중국은 원래 역동적이고 활기찬 범대서양 경제에 참여할 수 있었지만, 건륭제는 답신을 통해 다시 한번 이 기회를 외면했다.

기실 천조의 덕과 위엄은 멀리까지 펼쳐져 만국과 내왕하며 온갖 귀중한 물건이 운집하니 없는 것이 없느니라. 너희가 직접 보지 아니했느냐. 그러니 귀하지 않고 기교 부린 물건들을 굳이 너희 나라가 가져올 필요가 없었느니라. 너희 국왕이 사람을 보내 수도에 머물게 하려는 일은 천조의 체제에 부합하지 않으며 너희 나라에도 무익한 일이다. 특별히 상세히 제시했으니 사절들에게 명을 내려 귀국길에 올라야 할 것이니라. 너희 국왕은 짐의 뜻을 응당 잘 헤아려 성의껏 공손히 짐의 뜻에 따라 우호의 뜻을 보존하며 태평성대의 복을 함께 누리도록 하라. 정사와 부사 이하 각급 관리 및 사무원 등에게 정규 포상 및 추가 포상을 내리고 사신의 귀국 칙령을 내리며 너희 국왕에게 평소와 같이 진귀한 물건을 하사하노라. 비단, 진귀한 문방구, 그 외 목록상의 물건을 하사하니 왕은 공손히 받고 짐의 보살핌에 감사하도록 하라. 특별히 명을 내린다.

한마디로, '청나라의 체제에 부합하지 않아 행할 수 없다'는 것이다. 매카트니 경은 이 여행 후 청나라에 대해 다음과 같은 결론을 내렸다.

이 정부의 모양새를 보니 엄밀히 말하면 소수의 타타르인(청나라를 세운 만주족을 말한다-옮긴이)이 억만 명의 한족을 통치하는 것이다. 북방 민족 또는 만주족이 정복한 이래 최소 100년 동안 개선되거나 진보하지 못했다. 아니, 정확하게 말하자면 오히려 퇴보했다. 전 세계가 과학 영역에서 앞으로 나아가는 동안 그들은 실질적으로 야만인에 가까워지고 있다.

중국 근현대사를 읽을 때 중국인들은 종종 왜 애초에 중국에서 현대화가 탄생하지 않았는지 궁금해하며 스스로 수긍할 만한 설명을 찾으려고 노력한다. 내가 보기에 이런 문제들은 모두 인위적이고 가식적이어서 실상 명제로 성립할 가치가 없는 가짜 명제에 불과하다. 진실은 3.0 과학기술 문명이 중국에서 탄생하기는 불가능했다는 것이다. 앞서 언급했듯이 3.0 과학기술 문명이 탄생한 가장 근본적인 이유는 범대서양 경제의 형성이었고, 그중에서도 가장 큰 특징은 거의 무정부 상태에서 발전한 자유시장경제였다. 이런 경제 시스템에서는 개인 자본이 핵심이었다. 입헌 정부는 개인의 부와 개인 자본, 자유시장경제 작동의 기본 규칙을 보장하는 역할을 하므로 이전의 어떤 문명이나 국가에서 탄생한 경제 시스템과도 달랐다.

17세기 이후 범대서양 영역에서 이런 경제가 형성된 것은 전적으로 역사적 안배였다. 대서양 한편의 아메리카 대륙에서는 원주민이 전멸했고, 새로운 이민자들이 새로운 터전이 제공하는 거대한 상업 규모에 이끌려 고향을 떠나 돈을 벌러 와서 신속히 상업 활동에 뛰어들었다. 대서양 맞은편 유럽에는 전통 군주의 권력이 가장 취약한 영국이 있었고, 이 나라에서는 상인들의 대표가 상인들의 정부를 발전시키고 있었다. 이는 중국에서는 상상도 할 수 없는 일이었다. 한제국이 세워진 이후 수나라의 제도적 혁신인 과거 제도가 등장하면서부터 중국의 왕권은 전 세계에서 가장 발달하고 가장 안정적인 정치권력 체제였고

2,000년이 넘는 세월 동안 변화 없이 오늘까지 이어져 왔다. 심지어 오늘날에도 정부가 자신의 정치적 의도 없이 경제활동에 참여하지 않게 하는 것은 불가능하다.

상대적으로 미국의 정치권력은 내우도 없고 외환도 없었다. 대서양과 태평양이 기본적으로 어떤 외적도 막아주고 있었고, 본토의 원주민은 세균 때문에 거의 전멸했다. 따라서 정부는 사유 재산을 보호하는 것 외에 어떤 책임도 질 필요가 없었다. 반면 중국의 정치권력은 외래 유목민의 침략에 줄곧 대처해야 했고, 재정 문제가 발생할 때마다 상인 계층은 정부의 현금 인출기가 됐으며, 상업 활동은 항상 국가의 존립과 목적을 위해 일해야 했다. 범대서양 경제 모델과는 완전히 반대되는 방식이었다.

신대륙의 발견이 없었다면 범대서양 경제도 없었을 것이다. 세계의 작동 원리를 기계적 관점으로 파악하고자 하는 시도가 없었다면 계몽주의를 통해 낡은 사상을 비판하고 새로운 사상을 수용하는 일도 없었을 것이다. 이런 사조가 없었다면 과학에 대한 욕구가 나타나지도 않았을 것이며, 시장경제의 발전이 없었다면 직업적 과학자와 기술 발명가들이 나타나 경제 발전의 필요를 충족시키지도 않았을 것이다. 현대 과학의 출현이 없었다면 산업혁명은 일어나지 않았을 것이고, 산업혁명의 출현과 전파가 없었다면 범대서양 경제가 신속히 세계를 지배할 힘을 형성할 수도 없었을 것이다.

자유시장경제와 현대 과학기술은 당시 중국이 갖추지 못한 조건이었다. 특히 중요한 것은 자유시장경제가 없다면 정부가 주도할 수밖에 없다는 점이다. 서양이 우연히 아메리카 대륙을 발견한 것은 사실 중국을 찾기 위해서였는데, 당시 가장 발전된 문명의 중심지였던 중국은 서양을 찾아다닐 동기가 전혀 없었다. 게다가 태평양을 통해 아메리카 대륙으로 간다면 직선거리로 대서양보다 2배나 되는 데다, 태평양의 조류 때문에 직선거리의 2배 가까운 거리를 이동해야 했기 때문에 항해는 더욱 어려웠다. 따라서 지리적으로 서유럽이 아메리카 대륙을 먼저 발견할 가능성이 컸다. 아메리카를 먼저 발견하면 범대서양 경제를 형성할 수 있고, 범대서양 경제가 생기면 현대 과학기술에 대한 수요가 생기고, 그에 따라 현대 과학기술이 등장할 수 있다. 그리고 마침내 현대 과학기술과 범대서양 경제가 결합하면 현대 문명이 나타날 가능성이 만들어진다. 영국과 미국이 현대 문명을 탄생시킬 수 있었던 것은 역사의 혜택을 받은 것이다. 그들의 정부는 헌법의 제약을 받는 국가로서 상인을 위해 일한 반면, 중국은 한제국 이래 그런 정부가 존재할 수 없었다.

이처럼 모든 지리적·역사적 현상은 서유럽이 3.0 문명의 발상지가 될 것을 가리키며, 중국에서 3.0 문명이 탄생할 가능성은 지극히 작았다. 이는 농업에 적합한 동물과 식물이 많았기에 2.0 문명이 메소포타미아에서 발생할 가능성이 가장 컸던 것과 마찬가지다. 요컨대 중국이 현대화를 이루지 못했다는 문제가 근대 중국인의 정서에 무수한 파문을 일으키긴 했지만, 이는 사실상 잘못된 명제인 것이다.

제10강

현대화의 전파와
현대화로 가는 길의 투쟁

19세기 세계 역사를 통틀어 모든 국가의 운명을 시작부터 끝까지 관통하는 맥락이 있었다. 이 맥락은 다름 아닌 이 세기의 주제, 즉 주동적으로 현대화를 했는가 아니면 피동적으로 현대화됐는가다. 문명의 중심에서 영국이 주도하는 현대화 과정은 고속 발전 시기로 들어섰다. 제임스 와트가 증기기관을 발명한 지 100년이 채 지나지 않아 증기기관 1대의 힘은 이미 4,000만 명의 근력을 합친 것보다 더 강력해졌고, 그 한계는 영원히 도달하지 않을 것처럼 보였다. 석탄과 결합한 증기기관의 힘은 방직에서 시작하여 철강, 선박, 철도를 거쳐 무선 통신, 전보, 전화에 이르기까지 다른 분야에서도 연쇄적인 혁명을 일으켰다. 19세기 말과 20세기 초에 독일과 미국은 2차 산업혁명을 주도했고, 내연기관과 석유가 결합돼 자동차와 비행기가 등장했다. 이후에는 화석 에너지가 주요 동력원이 됐다. 자동차, 비행기, 선박, 철도, 전화, 전보, 무선 통신, 라디오는 지구를 한순간에 작은 세상으로 만들었다. 사람과 상품, 정보가 전 세계적으로 이동하고 상품과 함께 시장이 전 세계로 확산되면서 세계가 하나의 큰 시장을 이뤘다.

애덤 스미스와 데이비드 리카도의 영향을 받은 많은 정부는 19세기 내내 자유무역을 장려하는 대외 정책을 채택하여 전 세계에 새로운 시장을 개척하고, 국가·지역의 무역 장벽을 허물고 자원을 통합하여 영국을 중심으로 한 글로벌 시장 시스템을 처음으로 구축했다. 금으로 뒷받침되는 파운드화가 세계 기축통화가 됐고, 다른 나라들도 자국의 통화를 금과 파운드화에 연동하여 글로벌 금융 시스템을 형성했다. 19세기는 과학기술 문명의 중심에 있던 영국, 미국, 서유럽의 황금시대였다.

하지만 현대화 문명의 변방에 있던 국가와 민족에게 19세기는 완전히 다른 모습이었다. 농업 문명의 확산과 마찬가지로 과학기술 문명의 확산 방식 또한 선진 지역이 후진 지역을 식민지화하거나 후진 지역이 선진 지역을 모방하는, 또는 두 가지가 공존하는 형태로 이뤄졌다. 이런 과정은 낙후 지역에 사는 사람들에게 진보만 가져온 것이 아니라 재앙도 가져왔다. 북미와 호주의 원주민은 유럽인들이 가져온 세균으로 거의 전멸했고, 아프리카·인도·남아메리카는 완전한 식민지로 전락했으며, 중국도 반쯤 식민지가 됐다. 동양의 기존 문명 중심지 중 일본만이 19세기 이후 현대화를 주도하며 식민 지배의 운명에서 벗어나 자력으로 현대화하는 길을 선택했다. 산업화를 통해 현대화 문명의 중심에 편입되지 못한 주변 국가들은 현대화 과정이 가져다주는 생활의 개선보다는 그로 인한 고통이 훨씬 컸고, 결국 선택의 여지 없이 세계 경제의 일부가 됐다. 예를 들어 1876년과 1896년부터 1902년까지 인도의 문순이 갑자기 약해지면서 재난 수준의 흉작이 이어졌고 인도·중국·아프리카에서 약 5,000만 명이 기아와 전염병으로 사망했다.

현대화 문명의 전파에는 두 가지 현저한 특징이 있다. 첫 번째는 원래부터 사회 발전 수준과 문명 정도가 높은 농업 중심 지역의 산업화 속도가 빨랐다는 것이다. 두 번째는 완전히 식민지화된 지역이 식민지화되지 않았거나 반식민지화된 지역보다 발전 속도가 느렸다는 것이다. 예를 들어 일본은 원래부터 사회 발전 수준이 높았고 식민지가 되지도 않았기 때문에 가장 먼저 산업화를 이뤘다. 중국은 원래 발전 수준이 높았지만 부분적으로 식민 지배를 받았기에 발전 속도가 일본만 못했다. 그리고 식민지화된 인도와 사하라사막 이남의 아프리카는 오늘날에 이르러서야 산업화가 시작됐다.

지리적 위치 탓에 3.0 문명이 동양에서 가장 먼저 탄생할 수 없었다고 해서 확산되고 복제되는 것조차 불가능했다는 의미는 아니다. 역사의 중요한 시기에 각국이 처한 서로 다른 상황과 국가 지도자의 선택에 따라 저마다 매우 다른 결과를 얻었다. 일본과 중국의 극명한 대비가 가장 좋은 예다. 메이지 유신 이후 일본은 전면적인 서구화 운동을 시작해 문화, 경제, 기술, 과학, 정치 등의 분야에서 서양을 철저히 모방했다. 한편으로는 서양과 안정적이고 평화로운 관계를 유지하면서 다른 한편으로는 사회의 자본을 총동원해 전면적인 산업화 운동을 펼쳤다. 선진국의 경험을 이렇게 전면적으로 학습한 것은 일본 역사상 두 번째로, 첫 번째는 당나라 시대에 일어난 완전한 중국화였다.

아편전쟁 직후 중국에서는 거의 20년 동안 태평천국의 난에 휘말려 2,000만 명 가까운 사망자가 발생했고, 국고는 거의 고갈됐다. 그 후 일어난 자강운동과 양무운동은 끊임없이 내외 요인의 방해를 받거나 중단됐다. 예컨대 의화단 운동, 팔국 연합군의 침략, 청프전쟁, 그리고 막 만들어진 중국 해군을 철저하게 괴멸해버린 중일전쟁 등이 그렇다. 그에 비해 1868년 이후 30년이 넘게 진행된 메이지 유신으로 일본은 기초적인 산업화를 완성했다. 1889년에 입헌 개혁을 완료했고, 산업화 시작 이후 30년도 채 되지 않은 1895년에 청나라 군대를 격파했으며, 1905년에는 서구 열강 중 하나인 러시아를 격퇴했다. 일본은 40년이 채 되지 않아 산업화 과정을 완성한 반면, 중국은 1861년부터 1908년까지 현대화의 가장 중요한 시기 동안 모두 자희황태후慈禧皇太后, 즉 서태후의 우둔한 통치하에 있었다. 1840년 영국의 강철 전함이 돌연 중국의 문을 열면서 중국은 3.0 문명의 도래에 강제로 눈을 떠야 했지만, 중국의 현대화 과정에서 진정한 강적은 일본이었다. 산업화 이후 일본은 자국이 기존의 동양 문명 중심 전역을 통일할 능력이 있다고 생각했고, 이를 기반으로 서양과 맞설 수 있다고 봤다. 그래서 전면적인 식민 전쟁을 일으켰고, 결국 1945년 제2차 세계대전에서의 패전으로 막을 내렸다.

1895년부터 1945년까지 중국은 줄곧 일본의 위협하에 있었다. 1861년부터 1945년까지 중국은 거의 한 세기 동안 졸렬한 내정, 외부의 우환, 일본의 침략에 시달렸고 1949년에야 자신의 운명을 책임질 기회를 얻게 됐다.

19세기가 현대화한 자와 현대화당한 자의 세기였다면, 20세기는 현대화로 가는 노선 투쟁의 세기라고 할 수 있다. 이 논쟁은 원래 현대화 중심부의 실패에서 시작됐다. 20세기 말, 주식 시장의 대붕괴와 재정·

금융 정책의 실패로 미국은 수년간 불황을 겪었고 인구의 최대 25%가 실직하는 대공황을 경험했다. 당시는 무역·금융·경제가 세계화돼 있었기에 대공황의 여파가 전 세계로 향했다. 애덤 스미스의 『국부론』과 범대서양 경제의 확산 이후 처음으로 '보이지 않는 손'이 실패한 것처럼 보였다. 새로 선출된 프랭클린 루스벨트Franklin Roosevelt 대통령은 새로운 정책들을 도입하여 기능을 상실한 자유시장의 보완을 시도했다. 영국의 경제학자 존 메이너드 케인스John Maynard Keynes도 자유시장경제에서 정부 정책의 역할인 '보이는 손'에 대한 포괄적인 이론적 설명을 내놓았다.

범대서양 경제에 도전하는 또 다른 목소리는 3.0 문명 중심부의 몇몇 국가에서 나타났다. 독일과 일본은 모두 보이지 않는 손보다 보이는 손이 현재의 위기에 대한 더 직접적인 해결책이라고 생각했다. 마르크스 사상을 계승한 이들은 심지어 보이지 않는 손은 존재하지 않기 때문에 보이지 않는 것이라고 주장했다. 그래서 소련의 계획경제와 독일과 일본의 국가자본주의 경제는 시장경제 외의 대안을 모색했다. 이 두 모델 간의 투쟁은 결국 인류 역사상 가장 크고 폭력적인 세계대전으로 치달았고, 3.0 문명의 중심부는 물론 주변에 있던 국가들마저 전쟁에 휘말리게 됐다.

제2차 세계대전과 그 이후 냉전은 궁극적으로 영미식 경제 모델의 철저한 승리로 이어졌다. 소련 붕괴 이후 구소련과 동유럽 국가들이 글로벌 시장에 합류했고, 중국은 1970년대 후반부터 시장경제를 수용하기 시작했다. 범대서양 경제의 출현 이후 처음으로 자유시장경제 모델이 전 세계에 거침없이 확산됐다. 제2차 세계대전과 냉전의 또 다른 결과는 영국과 미국의 입헌민주주의 모델이 서유럽, 동아시아, 동유럽, 남미, 심지어 인도에서도 널리 수용되고 모방됐다는 것이다.

1840년 이후 전쟁과 불안한 정치의 이중적 영향을 받은 중국은 1970년대 말에 이르러서야 시장경제와 과학기술 개발을 병행하는 시대로 접어들었다. 이후 40년 동안 GDP가 100배 이상 비약적으로 성장하며 미증유의 속도로 산업화와 현대화를 이룩했다. 선진국과 비교하면 오늘날에도 다소 뒤처져 있긴 하지만, 전면적으로 따라잡고 있다.

현대화의 본질과 철칙

영국의 정치경제학자 데이비드 리카도는 사회적 분업과 교환이 이뤄질 때 궁극적으로 창출되는 가치가 더 크다는 사실을 발견했다. 그는 이를 두 사람이 서로 교환하는 것과 비교했다. 예컨대 두 사람이 두 가지 일을 한다고 해보자. 첫 번째 사람이 두 번째 사람보다 두 가지 일을 모두 더 잘할 수 있다고 하더라도, 자신이 더 잘하는 일에 집중하고 두 번째 사람이 상대적으로 더 잘하는 나머지 일을 해서 서로 교환하면 창출되는 가치가 더 커진다는 것이다. 그의 법칙은 분업과 사회적 교환이 이익을 창출한다는 것으로, 고대부터 현재까지 무역이 부를 창출하는 중요한 원천이었던 이유를 근본적으로 설명해준다. '1+1 〉2'라는 법칙을 더 추론해보면, 동일 시장이더라도 더 많은 사람이 참여하고 교환할수록 시장은 더 커지고 더 많은 가치가 창출된다는 것이다. 따라서 자유 시장은 그 자체로 규모의 경제다.

분업과 교환에 따른 양적 증가는 현대의 3.0 문명에서 더욱 확대됐는데, 이는 인간의 지식이 축적될 수 있기 때문이다. 단순한 상품·서비스의 축적은 쉽지 않지만, 인간의 지식 축적은 비교적 쉽다. 지식이나 아이디어가 교환되면 '1+1 〉 4'가 된다. 서로 다른 아이디어가 교환되면 양 당사자는 자신의 아이디어를 보유한 상태에서 상대방의 사상을 얻을 수 있을 뿐만 아니라 교환 과정에서 불꽃이 일어나 완전히 새로운 사상을 창출하기도 한다. 3.0 문명의 최대 특징은 바로 과학기술 지식과 상품의 완벽한 조합이다. 지식 자체가 축적이 가능하다는 성질을 가지고 있으므로 현대 과학기술 및 자유시장과 결합할 때 효율의 증가든 부의 증가든 규모의 효과가 배가된다. 지식의 성장 범위는 거의 무한하며 줄곧 폭발적인 증가세를 보여왔다. 지난 100여 년 동안 인간 지식의 양은 약 10년마다 2배가 됐다. 지식이 무한히 그리고 폭발적으로 증가하므로, 최신 과학기술이 제공할 수 있는 제품은 거의 무한대에 가깝고 비용을 절감할 여지도 거의 무한대다. 그리고 이 점이 사람의 수요와 완벽하게 결합하여 끊임없이 복리식으로 성장하는 현대화 경제를 형성했다.

현대 과학기술은 자유시장의 메커니즘을 통해 제품의 종류를 무한대로 늘리고 비용을 무한대로 낮추며, 인간의 무한한 욕구와 결합하여 3.0 과학기술 문명을 탄생시켰다. 점진적인 방식으로 성장하기 시작한 경제는 상한선이 없는 것처럼 보였고, 이는 인류 역사상 전례가 없는 현상이었다. 경제 전체가 지속 가능한 점진적 성장 상태에 접어들었는데, 이것이 바로 3.0 과학기술 문명 상태, 즉 우리가 보통 '현대화'라고 일컫는 것이다. 사회는 현대 과학기술의 학습, 보급, 혁신을 장려한다. 경제 시스템은 아무 장애 없이 현대 과학기술과 통합될 수 있으며, 따라서 과학기술 주도의 경제는 점진적인 성장을 계속할 수 있다. 이것이 바로 현대화의 본질이며, 이런 사회·국가를 현대화된 사회·국가라고 부른다.

20세기의 이른바 노선 전쟁은 바로 3.0 문명의 철칙에 대한 반증이었다. 소련의 바르샤바 조약 기구Warsaw Treaty Organization는 큰 시장을 가지고 있었지만 자유시장 메커니즘이 아니었고, 당시 미국과 전후 유럽이 구축한 공동 시장보다 훨씬 효율성이 떨어졌다. 불과 30년 만에 소련 체제는 주류 글로벌 시장에서 점점 더 뒤처져 결국 냉전에서 패하고 거대한 글로벌 시장에 합류할 수밖에 없었다. 마오쩌둥 시대 중국의 자력갱생 정책도 마찬가지다. 이란, 미얀마, 쿠바 등 국제적 경제 제재 때문에 글로벌 공동 시장에서 퇴출당했던 국가들의 경제적 성과 역시 좋은 반례다. 만일 독일이 제2차 세계대전에서 승리하여 국가자본주의가 주도하는 또 다른 유럽 경제 시스템을 구축했다고 하더라도 더 나은 성과를 거두지는 못했을 것이다. 큰 시장을 가졌을지라도 자유시장이 없기 때문에 과학기술과 시장이 완벽하게 결합하지 못했을 것이고, 미국과 영국 시장만큼 계속해서 자생적으로 발전하지 못했을 테니 말이다. 시간이 흘러 종국에는 소련의 바르샤바 조약 기구와 별 차이가 없는 결과를 냈을 것이다.

최초의 자유시장이 일단 영국, 범대서양, 미국 사이에 형성되자 시장은 끊임없이 스스로 개선하고 진화하는 태세를 보여 효율이 계속 향상되고 규모도 갈수록 커졌다. 그리고 가장 큰 자유시장이 만들어지자 다른 모든 국가는 사실상 이 시장에 합류해야만 했다. 제각각 만들어진 다른 모든 시장 체제는 최대 시장보다 효율성이 떨어지고 시간이 지남에 따라 낙후돼 결국 모든 사람이 원하든 원하지 않든 이 최대 시장에 합류할 수밖에 없었다. 이런 과정은 1990년대 초 냉전이 종식되고 소련과 동유럽이 해체되어 글로벌 자유경제에 편입되고 중국이 글로벌 시장에 완전히 합류하면서 오늘날 우리가 세계화라고 부르는 통합된 국제 자유시장이 형성될 때까지 발전했다. 이는 예측됐던 결과이며, 3.0 문명의 철칙에 따른 필연적인 결과다. 세계화 이후 상품, 서비스, 과학기술, 금융 시장은 전 세계적으로 더욱 통합·확장·심화되어 이 시장을 떠나는 대가는 점점 더 커졌다.

한 가지 흥미로운 문제는 시장 교환에 따른 규모의 효과는 2.0 농업 문명에서도 똑같이 존재했지만, 왜 그 시대에는 이렇게 극단적인 세계화라는 결과가 없었는가 하는 것이다. 2.0 시대에는 현대 과학기술이 없었고, 제품이 매우 제한적이었으며, 비용 절감의 여지가 매우 제한적이었다는 점이 가장 큰 이유다. 정부의 통제를 받지 않는 민간 무역이 발생했을 때 부와 분업이 증가했는데, 이런 증가량이 무한한 것은 아니었다. 토지·화폐와 같은 생산 수단의 집중이 일정 수준에 도달하고 분업이 심화되면, 사회에는 소요와 불안정 상황이 나타날 수 있다. 그러면 보통 정부가 사회 안정과 국민의 뜻이라는 명분으로 개입한다. 예를 들어 중국에서는 종종 국유화·독점 같은 각종 방식을 통해 인민 및 기업과 이익을 다투며 빈부 차이를 줄여 사회를 안정시키는데, 이는 국고를 충당하면서도 실제 정무를 집행하는 공무원들의 주머니를 채우는 일석삼조의 조치다. 이런 양상은 중국의 역사에서 자주 볼 수 있다.

2.0 농업 문명은 광합성을 통한 에너지 전환의 내재적 한계 탓에 5대 난제를 돌파할 수 없었다. 5대 난제에 대한 효과적인 해결책은 고

급 정부를 수립하는 것이므로, 고급 정치권력이 민간 경제를 통제하는 것은 거의 필연이라고도 할 수 있었다. 예를 들어 과거 수천 년 동안 중국의 민간 경제는 종종 '자유, 번영, 정부 규제, 다시 자유'라는 사이클을 반복해왔다. 상인들의 이익과 부는 이 눈에 보이는 손과 굴곡을 함께 겪어왔기 때문에 운을 믿는 것은 중국 상인들의 집단적 강제 기억이 됐고 심지어 중국 문화에 깊이 스며들었다. 마찬가지로 정부의 관점에서는 중국 정부가 경제에 개입하는 것 또한 전통적인 관행의 일부가 됐으며, 오늘날까지 중국 정부가 경제활동을 직접 관리하는 것은 수천 년의 중국 역사에서 만들어진 조건반사식의 선택이다.

그렇다면 오늘의 중국은 정확히 어떤 상태일까? 앞서 언급한 것처럼, 발전하는 과학기술과 자유시장의 결합으로 경제 전체가 지속 가능하고 복리식으로 성장하는 상태에 진입한 사회를 3.0 문명 시대에 접어들었다고 말한다. 오늘날 중국의 시장경제는 형태는 갖췄지만 완전히 자유롭지는 않으며, 보이는 손과 보이지 않는 손이 여전히 서로 싸우고 있다. 현대 과학기술은 널리 학습되고 전파되고 있지만 창의적인 혁신은 아직 부족하다. 과학기술과 경제의 완벽한 통합은 아직 완전히 달성되지 못했으며, 지난 40여 년 동안 경제 성장이 지속됐지만 아직 자동적이고 지속 가능한 성장 상황에는 도달하지 못했다. 즉, 아직 현대화 단계에 도달하지 못했지만 그 원형은 갖추고 있다. 따라서 오늘날 중국은 2.5 이상의 문명 상태에 있으며 3.0 문명을 향해 나아가는 중이라고 볼 수 있다.

제12강

중국의 미래 예측
: 경제 측면의 변화

오랜 역사를 자랑하는 중국은 지난 40년간 개혁개방 정책을 통해 중국 공산당의 신중하고 실용적이며 유연하고 강력한 리더십을 바탕으로 경제적 도약을 이뤄냈다. 이런 상황이 지속된다는 전제하에 앞으로 수십 년 동안 과학기술 문명을 향해 나아가는 과정에서 가장 필요한 일, 가장 일어나야 할 일, 흔히 일어날 수 있는 일이라는 논리를 바탕으로 다음 몇 장을 할애하여 중국의 미래 경제, 문화, 사회를 예측해보고자 한다. 앞으로 수십 년, 심지어 100년 이상을 내다보는 초장기적 예측이라는 점을 먼저 밝혀두고 싶다. 실제 과정에서는 단기 또는 중단기에 이뤄지는 현실 세계의 발전이 이 초장기적 전망의 궤적과 다를 수 있다.

지난 40년 동안 중국은 거의 전례 없는 수준으로 장기간에 걸쳐, 대규모로, 빠른 속도로 경제 성장을 달성했다. 이 기간에 경제 성장의 두 가지 주요 동력은 대외무역과 투자였다. 개혁 초기에 중국은 한편으로는 대규모의 훈련된 값싼 노동력을 보유하고 있었고, 다른 한편으로는 강력한 집행 능력과 우수한 인재를 갖춘 집권당을 보유하고 있었다. 한때 단점이었던 이것들이 개혁개방에서는 후발 주자로서 엄청난 강점이 됐다. 중국 정부는 강력한 행정력을 바탕으로 외환·자금에서 토지와 노동에 이르기까지 유리한 정책 조건을 제공하여 중국 노동력을 세계 경제 시장에 투입함으로써 마침내 중국을 세계의 공장으로 만들었고, 이로써 대외무역이 최대의 경제 동력이 됐다. 다른 나라들은 특허와 디자인이라는 요소를 가지고 있었지만 중국은 중간 가공이라는 단계에서 독자적인 우위를 보유했다.

이 기간에 중국 경제의 주요 모델은 정부 주도의 시장경제, 즉 눈에 보이는 손이 이끄는 시장경제였다. 이는 대외무역과 투자라는 양대 동력에서 분명하게 드러난다. 예를 들어 중국식 신형 도시화 정책(농촌 또는 도시 등 날 때부터 거주지가 정해지는 후커우戶口 제도에 따라 주거가 제한되던 농민들이 도시로 이주할 수 있게 하여 개혁개방의 과실을 나누고, 농촌의 현대화를 추구하여 도시화율을 높이고자 하는 정책-옮긴이)은 지방 정부의 주도하에 진행되며 지방 정부는 통상 핵심적인 부동산 개발 업체의 역할을 한다.

이런 일종의 혼합 경제 시스템이 그토록 큰 성공을 거둘 수 있었던 이유는 무엇일까? 한편으로 대외무역은 사실상 대규모 글로벌 자유시장의 작은 한 부분이며, 전체 글로벌 자유시장은 보이지 않는 손이 지배하는 자유시장경제다. 중국은 글로벌 자유시장 메커니즘의 일부에만 참여하고 있으며, 자국 내에서는 눈에 보이는 손을 사용하여 통제할 수 있다. 결국 아이폰을 디자인하거나 판매하는 것과 아이폰을 생산하는 것은 다른 문제이기 때문이다. 그리고 후진 경제가 선발 주자를 따라잡는 것은 일반적인 상황과 다르다. 도로가 포장돼 있고 방향과 목표가 명확하기 때문에 부지런히 선발 주자를 따르거나 지름길을 택하면 따라잡을 수 있으며, 더욱이 정부의 눈에 보이는 손이 경제가 더 빨리 돌아가게 할 수 있다.

그러나 이런 경제 발전 모델에는 한계가 있으며, 그 한계가 어디일지 정확히 아는 사람은 아무도 없다. 중국이 미국을 제치고 세계 최대 수출국으로 부상하자, 중국의 대외무역이 더 이상 세계 무역보다 훨씬 높은 속도로 성장할 수 없다는 것이 분명해졌다. 마찬가지로 투자가 GDP의 절반에 육박하고 '유령 도시'가 곳곳에 생겨나면서 투자 주도의 GDP 성장도 병목현상에 부딪혔다. 장기적으로 중국 같은 규모의 경제가 진정으로 지속 가능한 장기 성장을 달성할 수 있는 유일한 방법은 내수에 의존하는 것이다. 내수 시장은 글로벌 자유시장과 별개이며 정부와 시장, 보이는 손과 보이지 않는 손이 서로 간의 조정을 통해 효율적으로 작동해야 한다.

3.0 과학기술 문명에서 자유시장의 주요 역할은 창조적 파괴를 통해 자원을 가장 효율적으로 배분하는 것인데, 이는 정부의 기본 기능에 반하는 것이다. 정부는 방대한 관료 체계로, 합의와 상하 협조 관계를 통해 업무를 추진한다. 정부는 예측 가능한 목표를 가지고 있어야 하며, 예산·계획을 통해 늘 건설적인 일을 해야 한다. 정부가 선진국을 따라잡고자 할 때는 명확한 목표가 앞에 있고, 이미 길이 나 있으며, 해야 할 일이 무엇인지 알고 있고, 사회적 역량을 충분히 동원할 수 있다면

매우 유용할 것이다. 예를 들어 고속도로, 고속철도, 공항, 항만 같은 인프라를 건설하거나 석탄, 석유, 화학 등 전통 산업을 육성하는 것도 다 그 때문이다. 현대 경제는 인프라와 전통 제조업을 떠날 수 없으며, 성공한 모든 국가는 이런 식으로 발전해왔다. 개발도상국이 선진국을 추격하기 시작할 때 정부는 인프라 건설을 주도하여 추격 속도를 높일 수 있으며, 이는 정부의 기본 기능이다.

그러나 일단 따라잡고 나면 정부는 미래를 예측해야만 한다. 이때가 되면 눈앞의 시장 경쟁이 급변하며, 승자와 패자를 가려내려 한다. 시장은 정부에 비해 분명한 우위를 가지고 있다. 자유경쟁 시장은 외부의 개입이 없고 수많은 개인이 자본의 이해관계에 따라 위험을 기꺼이 감수하며 새로운 시도를 하는 곳이다. 최종 승자는 필연적으로 시장이 가장 필요로 하고 미래 사회의 자원을 가장 효과적으로 분배하는 자가 될 것이다. 하지만 정부가 나선다면 이는 마치 '아무리 재주 있는 부인이라도 쌀이 없으면 밥을 지을 수 없다'라는 말처럼 정부의 기본 기능과 특성에 반하는 것이다.

예를 들어 사진과 비디오 기술을 발명한 역사상 위대한 기업 중 하나이자 한때 미국에서 가장 가치 있는 기업으로 꼽혔던 이스트먼 코닥Eastman Kodak은 이제 존재하지 않는다. 제록스Xerox 역시 복사 기술을 발명하고 많은 특허를 받았지만(그중 일부는 애플Apple의 성공에 핵심적인 역할을 했다), 현재는 겨우 명맥을 이어가는 작은 회사로 전락했다. 인류 역사상 매우 중요한 발명품 중 하나인 전화기를 발명한 AT&T는 산하에 세계 통신 기술의 요람이자 가장 많은 노벨상 수상자를 배출한 벨연구소Bell Lab를 보유한 회사였다. 그러나 벨연구소는 결국 사라졌고 계측기 사업부문도 더는 존재하지 않게 됐다. AT&T도 다른 회사에 인수되어 원래의 이름만 유지하고 있다. 이와 같은 창조적 파괴는 정부의 근본 기능과 완전히 모순된다. 만약 정부가 결정권을 행사했다면 AT&T를 버리고 파산 직전의 컴퓨터 회사 애플을 선택하여 시가총액 세계 최대의 기업으로 만들었으리라고는 상상하기 어렵다. 중국식으로 말하면 중국 정부가 차이나모바일과 차이나텔레콤을 파산시키고 스통四通컴퓨터가 중국 최대의 IT 기업이 되도록 만드는 것이나 마찬가지다. 정부가 경제의 미래 방향을 선택할 경우 가장 가능성이 큰 결과는 옛 규칙을 고집하거나 잘못된 선택을 하는 것이다. 아니면 둘 다일 수도 있다. 이것이 바로 자유시장경제에서 장기간 벗어난 경제 모델들이 실패하는 이유다.

앞으로 수십 년 동안 중국 경제의 가장 큰 변화는 정부 주도의 시장경제에서 정부의 지원을 받는 완전한 자유시장경제로 전환하는 일이 될 것이다. 내수와 서비스가 GDP의 주요 부분을 차지하게 될 것이며, 경제 자원이 민간에 완전히 개방될 것이다. 금융, 에너지, 토지 자원이 더 이상 대외무역과 국유 기업에 치우치지 않고 민간에 완전 개방되어 공평한 가격으로 전국에 유통될 것이다. 국유 기업의 특권은 점차 해체되고 민간 기업과의 자유경쟁이 확립될 것이다. 국유 기업의 소유와 운영이 점차 분리되고 민간 자본이 유입되며, 관리는 철저히 시장화되고 국유 기업 주식은 점차 사회보험 체제에 편입될 것이다. 사회보험 제도가 점진적으로 개선됨에 따라 민간 저축도 점차 규범화되는 주식 시장, 은행, 기타 금융 매체를 통해 실물 경제에 효과적으로 진입하여 자본, 기업, 소비의 유기적 선순환을 형성할 것이다. 도시와 농촌의 이분법이 무너지고 모든 시민이 점차 국민으로서 동일한 권리를 누리게 될 것이며, 도시화가 빠른 속도로 이뤄지고 정부는 이전의 중심적인 역할에서 점차 벗어날 것이다.

중장기적으로 정부는 경제의 주요 플레이어가 아니라 규칙을 정하고 게임의 공정한 심판이 되는 데 집중할 것이다. 경제에 대한 정부의 관리 방식은 허가 목록 방식에서 금지 목록 방식으로 서서히 전환될 것이다. 중국은 정부 주도의 시장경제에서 정부가 보조적인 역할을 하는 본격적인 자유시장경제로 전환해가는 과정에서 글로벌 경제 발전 속도의 수준을 넘어서는 속도로 장기 성장을 하여 대체로 선진국의 수준을 따라잡을 가능성이 크다.

제13강

중국의 미래 예측
: 문화 측면의 변화

이성적 사유와 과학적 방법으로
전통문화 재건

중국 문화의 미래는 전통문화의 부흥과 현대화의 진전일 가능성이 크다. 우선, 중국에서는 전통문화의 정통성을 회복하는 것 외에 별다른 대안이 없기 때문이다.

모든 문화는 역사와 지리가 만들어낸다. 지리적 위치 때문에 각기 다른 지역의 사람들은 각기 다른 역사를 가지고 있으며, 서로 다른 역사는 서로 다른 신앙 체계·생활 방식·생활 습관을 만들며, 이런 환경에서 편안함을 느끼는 것이 문화다. 문화는 뼛속 깊이 뿌리내린 일종의 신앙이다. 지리적 대발견을 하기 전, 그리고 현대의 교통수단이 등장하기 전 인류는 수만 년 동안 각기 흩어져 살았다. 이렇게 오랫동안 형성된 문화, 기본 신앙, 생활 습관, 생활 방식은 바꾸기가 매우 어렵다.

중국인들이 자국 문화를 버리고 서양의 비주류 문화를 전폭적으로 수용하는 것은 전적으로 중국 근대사 중 특수한 시대의 산물이다. 오늘날의 평화로운 상태에서 중국인들이 자국 전통문화를 선택하는 것은 중국식 위장을 가진 사람이 중국식 요리를 선택하는 것과 같아 논쟁의 여지가 없다. 따라서 중국인들은 자신의 문화를 통해 자신의 정체성을 회복하게 되는데, 이것이 문화 부흥의 첫 번째 요소다. 중국의 현대 문자 개혁은 국민의 전통문화에 대한 학습 단절을 초래했다. 그렇지만 경제 수준이 높아지고 사람들의 정신적 수요가 꾸준히 증가함에 따라 중국식 르네상스가 일어날 가능성이 크다. 이를 통해 국민들은 자국 문화의 정수를 재발견하고 자신과 단절돼 있던 문화유산의 가치를 재인식하게 될 것이다. 국민들은 어째서 중국 문화가 과거 2,000~3,000년이라는 시간 동안 세대를 거듭하여 엘리트들에게 완전한 정신적 양식을 제공해왔는지 다시 이해하게 될 것이다. 나의 개인적 관점에서 말한다면 중국 문화의 정수는 사대부들의 '수신, 제가, 치국, 평천하'라는 인격 도야에서 찾아볼 수 있다. 사회적 관점에서 말한다면 중국 문화의 부흥은 중국인과 사회에 함께 존중하고 따를 도덕률과 더 나은 삶을 추구할 수 있는 공통의 믿음을 제공하는 것이다. 이런 기초가 없다면 어떤 사회도 오랫동안 번영하고 발전하며 안정을 유지하기 어려울 것이다.

다음으로 전통문화 자체도 과학기술 문명의 요구에 적응하기 위해 현대화 과정을 거칠 필요가 있다. 서양의 현대화 과정에서도 문화 분야의 르네상스, 종교개혁, 계몽주의를 거치며 오늘날의 문화가 3.0 과학기술 문명의 밑거름이 됐다. 중국 전통문화 중의 많은 개념, 예를 들어

근면, 교육, 가족 중시 등은 2.0 농업 문명에만 적합한 것이 아니라 과학기술 문명 시대에도 똑같이 빛을 발할 수 있다. 동아시아 유교 문화권 국가들이 경제적 성공을 거두면서 이런 전통적 가치 관념이 다시금 중시되고 있다. 다만 3.0 과학기술 문명은 전통문화에 새로운 질문과 도전들을 제기하고 있으며, 새로이 검토하고 더욱 발전시킬 필요가 있다. 문화의 부흥과 발전은 길고 지난한 과정이며 이성적 사유, 과학적 방법, 장기간에 걸친 지속적인 축적을 통해서만 가능하다.

이성적 사유, 과학적 방법, 특히 사회학적·인문학적 문제에 대한 이성적 사유는 과학기술 문명의 큰 특징이다. 과학기술을 혁신하는 데는 사상의 자유가 필요하다. 사고의 속박에서 벗어나면 사람들은 필연적으로 이성적 사유를 하여 전통 사회의 모든 결론을 비판적으로 사고하고 검증하며 권위와 도그마를 사실과 논리로 대체하게 된다. 서양에서는 이런 과정이 17세기와 18세기의 계몽주의에서 시작됐다. 그 핵심 동력은 한편으로는 아이작 뉴턴과 같은 자연과학자들이 주도한 현대 과학혁명에서 비롯됐으며, 이는 사람들에게 이성적 사고와 과학적 방법에 대한 전례 없는 자신감을 안겨줬다. 다른 한편으로는 그 시대 유럽이 범대서양 경제와 식민지 운동 등 급격한 변동에 직면하고 있었는데, 축의 시대에 형성된 전통 사상으로는 이런 새로운 도전에 대응할 수 없었다는 것이다. 유럽의 계몽주의는 인생, 사회, 정치, 종교, 철학, 예술, 인문학과 관련된 모든 문제를 이성적 사고로 재검토하고 처음부터 다시 사고하는 것이었다. 이 브레인스토밍은 명목상 100년 동안 지속됐지만 어떤 의미에서는 결코 멈추지 않았다. 오히려 이성적 사유, 과학적 방법, 사상의 자유가 과학기술 문명의 표준이 됐고 자연

과학 자체의 끊임없는 발전으로 이성적 사유와 과학적 방법이 인문·사회에 더욱 지대한 영향을 미치게 됐다. 그 결과 보편적 사실과 논리 하에 지식이 축적되어갔고 사회적 합의가 지속적으로 깊어져 갔다. 200~300년에 걸친 근대화 과정에서 서구 사회는 끊임없는 문화적 노력을 통해 사회와 경제의 큰 변화로 인한 사람들의 마음의 상처를 치유할 수 있는 견고한 정신적 힘을 얻었다.

중국의 과거시험은 원나라 이후 성리학으로 고착됐다. 주자의 『사서집주』(『대학』, 『중용』, 『논어』, 『맹자』 등 4서에 주희가 해설을 붙인 것-옮긴이)가 관료 세계의 이데올로기가 되어 과거시험의 유일한 내용이 됐고, 심지어 청나라에 와서는 과거 답안의 포맷을 팔고문八股文(답안을 여덟 부분으로 나누어 각 부분에 적어야 하는 내용과 소재, 형식을 정해놓은 것-옮긴이)으로 고정하여 사상적 공간을 극도로 제한했다. 이는 중국 지식인의 사유를 경직시키는 결과를 가져왔다. 명·청 대에도 유교는 여전히 발전하고 있었지만 당·송 대의 활기차고 혁신적이며 웅대한 기상은 약화됐고, 진나라 이전까지의 시대에서 보여준 자유분방하고 백가쟁명하는 번영은 찾아볼 수 없게 됐다. 1840년 이후 중국에서도 잠시 계몽주의 운동이 일어났지만, 내우외환으로 국가의 존망이 위태해지자 '계몽'은 곧 '구국'의 수단이 됐다. 문화 계몽 역시 전통을 비판하는 데만 적용됐을 뿐 문화를 재건하기 위해 더욱 많은 것을 제공할 시간을 갖지 못했다.

사실 오늘에 이르기까지 중국에서는 상황이 근본적으로 개선되지 않았고, 이성적 사유와 과학적 방법은 사회문제를 논의하는 데 주류가 되지도 못했다. 오늘날의 학자들은 자신의 전문 분야에서는 그래도 객관적이고 전문적일 수 있지만, 사회와 인문 등 공공 영역에 이르면 그리 이성적이지 못하다. 보편적으로 인정되는 사실과 논리가 없고 합의의 근거가 없기 때문에 논쟁이 일어나도 평행선을 달리듯 한다. 게다가 종종 이상한 관점이 사회를 흔들고 사람들을 혼란스럽게 한다. 이런 상황은 많은 문제를 가져오는데, 그중 사회에 가장 큰 손해를 끼치는 것은 지식이 축적될 수 없다는 것이다. 특히 인문·사회 영역에서 지식이 장기간 축적되지 않아 사상 시장에서 자유로운 선택의 메커니즘이 작동하지 않게 된다. 그러면 사회의 구성원들이 기댈 수 있는 참된 통찰을 만들어낼 수 없다. 사람들이 함께 존중하고 지키며 마음 놓고 살아갈 수 있도록 사회적 합의를 도출하는 일이 시급하다.

현대화 과정에서 서양이 그랬던 것처럼 중국 사회도 오랜 기간의 노력과 축적, 성실한 작업을 거쳐 사회의 정신적 토대를 재건해야 한다. 중국을 계몽한다는 건 단순히 서양의 글을 번역해 소개하는 것이 절대 아니며, 중국의 전통을 거부하는 것은 더더욱 아니다. 계몽은 무엇보다 중국의 현재 상황에 대한 객관적이고 이성적인 인식이 바탕이 돼야 한다. 답안을 가지고 있지 않다는 것을 인정하는 데서 시작하여 이성적 태도로 역사를 재해석하고 장기간의 축적을 통해 중국의 전통 중 오늘날에도 여전히 빛을 발할 수 있는 가치를 발견하는 것이다. 우리 전통의 견고한 토대 위에 올라설 때만 외래문화를 비판적으로 수용하고 사회적 합의를 점진적으로 구축해갈 수 있다. 이성적 사유와 과학적 방법은 사회와 인문 영역에서 신뢰할 만한 합의를 점진적으로 구축할 수 있는 효과적이면서도 유일한 방법이다.

새로운 도덕규범으로
제6륜 도입

실천적인 관점에서 볼 때, 문화 발전의 가장 큰 원동력은 과학기술 문명 중 비즈니스 사회의 문화에 대한 현실적 요구다. 예를 들어 비즈니스 사회에서 가장 흔한 관계는 낯선 사람들 간의 관계인데, 전통문화에서는 이 관계를 어떻게 규율할 것인지가 명확하지 않다. 중국 전통문화에는 아버지와 아들, 군주와 신하, 남편과 아내, 노인과 젊은이, 친구 사이라는 다섯 가지 인간관계가 있다. 각 관계에는 각각의 도덕 준칙이 있는데 부자유친, 군신유의, 부부유별, 장유유서, 붕우유신이다. 오륜은 기본적으로 아는 사람들 간의 관계를 말하고, 그렇기에 중국 문화는 인정의 문화다. 아는 사람들 간의 관계에 대해서는 모든 사람이 지키는 완전한 규칙 세트가 있지만 낯선 사람 간의 관계에 대한 규칙은 없다. 전통 사회에서는 낯선 사람과 왕래할 기회가 거의 없었기 때문에 규칙이 필요하지 않았을 것이다.

농경 사회에서는 오륜으로 충분했지만 3.0 과학기술 문명의 시대, 자유시장경제의 시대에는 그렇지 않다. 대부분이 낯선 사람들 간의 관계이며, 이로 인해 많은 문제가 발생하고 있다. 인정이 법보다 우선인 사회에서는 질서를 유지하기가 지극히 어렵다. 또한 인간관계에 너무 얽매이는 것은 사회적 자원의 낭비이기도 하다. 더 심각한 문제는 자유시장경제의 윤활유인 타인 간의 도덕적 규범이 없으면 기업의 신용을 유지할 수 없다는 것이다. 낯선 사람을 속이면서 어떤 죄의식도 느끼지 않는다면, 오륜을 충실히 지키는 사람이라고 하더라도 비즈니스 사회에서는 범죄자가 될 수 있다. 신용의 상실은 비즈니스상의 질서뿐만 아니라 전반적인 과학기술 발전에도 해를 끼친다. 과학기술의 발전은 지속적이고 점진적인 과정으로, 장기적이고 광범위한 협력이 필요하다. 정직과 성실이 바탕이 되지 않으면 신용과 협력의 시스템을 구축하기 어렵다. 이것이 오늘날 중국이 과학기술과 인문과학 분야에서 선진국들의 수준에 크게 뒤처지는 이유이며, 이는 중국의 현대화 과정에 큰 부담이 된다. 정직과 성실의 결핍이 오늘날 중국 사회와 인간관계에 큰 피해를 주고 있다는 사실은 세상이 다 안다.

문화 부흥의 중요한 측면은 전통문화를 3.0 과학기술 문명의 가치 체계에 적합하게 재구성하는 것이다. 다시 말해, 제6륜의 개념을 도입하여 낯선 사람들 간의 관계를 규율하고 정직한 사회의 기초를 재구성해야 한다.

정직과 성실은 모든 진실을 말하는 것이라기보다는, 거짓을 말하지 않고 의도적으로 상대방을 오도하거나 속이지 않는 것을 의미한다. 낯선 사람들이 서로에게 정직한 것은 기본적인 도덕적 기초로서 해낼 수 있으며 많은 장점이 있다. 정직하다는 전제에서는 낯선 사람끼리 신뢰를 쌓기가 더 쉬워지고, 그 신뢰를 바탕으로 교환을 하는 것도 쉬워져 부가가치를 창출할 수 있다. 성실은 믿음을 낳고, 믿음이 있으면 친구처럼 가까워져 오륜의 관계가 되므로 인정의 일부가 될 수 있다. 낯선 사람들의 관계가 모두 이렇게 변한다면 엄청난 시너지를 발휘할 수 있다. 예컨대 페이스북과 위챗으로 대표되는 SNS 경제는 이런 시너지 효과의 긍정적 사례다.

제6륜, 즉 정직과 성실의 시너지 효과가 커진다면 사회와 정부의 강력한 추진력하에 앞으로 중국 문화의 핵심 이념으로 자리 잡을 수 있을 것이다. 그러면 중국은 3.0 과학기술 문명으로 더 빨리 진입하고 국제 사회의 공통 비즈니스 준칙에 더 잘 부응할 수 있을 것이다. 서구 사회에서는 기독교의 규범이 낯선 사람 사이의 도덕적 원칙을 규율하지만, 인적 네트워크의 시너지 효과는 없다. 중국 사회에서 낯선 사람 사이의 정직과 성실이라는 제6륜이 확립되면 전통적인 오륜의 인적 네트워크와 결합하여 과학기술 경제에 더 큰 추진력을 행사할 수 있을 것이다.

과학기술 문명이 요구하는 문화적 진화의 또 다른 측면은 개인의 지위와 관련이 있다. 전통 사회는 기초 단위가 가족이었고, 개인의 희생과 헌신을 강조했다. 또한 과거 제도가 존재했기에 대부분의 지식인이 좁은 범위의 학문에 관심을 집중했다. 과학기술 문명의 시대에는 창의와 혁신 능력이 성공의 가장 중요한 요소다. 창의와 혁신은 개성의 확장이므로, 미래의 문화는 개인 간의 차이를 존중하며 개성의 개발을 장려하여 개인주의를 가속화할 것이다.

또한 3.0 과학기술 문명은 글로벌 공동 시장을 기반으로 발전하므로, 중국 문화의 현대화 과정에서는 언어적으로도 영어와 더욱 밀접하게 연결돼야 한다. 3.0 문명 시대에 지식과 정보의 세계적 확산이나 국적이 다른 사람들 간의 소통에는 공통의 언어가 필요하다. 자유시장과 마찬가지로 언어에도 규모의 효과가 있어서 먼저 사용하는 언어가 모든 사람이 사용하는 언어가 된다. 현재 영어는 마이크로소프트Microsoft 나 안드로이드Android 플랫폼상의 애플리케이션이 가장 많은 언어다. 오늘날 혁신적 지식, 기술, 자연과학, 사회과학, 비즈니스, 문화, 예술, 기타 영역의 최신 사상은 모두 가장 먼저 영어로 발표된다. 영어는 더 이상 미국이나 영국의 전유물이 아니며 이제 전 세계 비즈니스 및 창의적 직업을 가진 이들의 공통 언어가 됐다. 중국어를 비롯한 다른 모든 언어는 이런 기회를 잃어버렸다. 따라서 문화 현대화에는 영어 수용도 포함하여 최신 지식이 중국어와 실시간으로 원활히 연결되게 해야 한다. 더 나아가 단순한 사용자에서 창의·혁신의 기여자로 차근차근 나아가야 한다.

전통에 깊은 뿌리를 둔
문화유산 전승과 현대화 진전

현대 과학기술, 시장경제, 비즈니스 커뮤니티는 상호작용하며 급속도로 발전하고 있으며 이에 따라 문화 발전의 필요성도 절실해졌다. 하지만 문화적 진보는 항상 상대적으로 느린 과정이었다. 더 신뢰할 수 있고 지속 가능한 진화는 일반적으로 이미 형성된 문화적 전통을 기반으로 해야 한다.

중국의 문화는 유구한 역사를 가지고 있어서 많은 분파와 유파가 존재한다. 그들이 중요하게 생각했던 영역은 시대에 따라 큰 차이를 보였고 이는 전통을 창의적 혁신적으로 빛내는 데 풍부한 토양을 제공했다. 이들 중에는 과학기술 문명과 서로 어울리는 요소도 있지만, 개선해야 하는 영역이나 아예 재발견해야 하는 부분도 있다. 예를 들어 도가道家에서는 정부는 일을 벌이지 말고 백성들이 이익을 얻고 부를 늘리도록 다스려야 한다고 주장하는데, 이는 시장경제의 요구와 부합한다. 유가에서는 가정과 교육을 중시하고 근검절약의 도덕관과 적극적이고 진취적인 삶을 장려하는데, 이는 현대 비즈니스 사회의 초석이다. 가족과 국가에 대한 유가의 정서는 유능한 정부와 큰 시장을 통합하는 사고의 원천이기도 하다. 물론 공동체에서 개인의 위치에 대한 유교적 관점은 시간이 지남에 따라 바뀔 수 있다. 선진先秦 시대 제자백가 중 중요한 학파였던 묵가墨家는 개인이라는 개념의 존중, 평화, 겸애, 정의를 강조했고 논리적 사고와 소박한 과학 정신을 탐구했다. 과학기술 문명 시대에 유가 사상과 마찬가지로 중요한 사회·정치사상의 원천이 될 가능성이 크다.

역사적으로 불교는 인도에서 유입돼 중국 고유의 문화와 격렬하게 부딪히고 상호작용하여 중국 문화의 중요한 유기적 구성 요소가 됐다. 중국이 과학기술 문명으로 진보해나감에 따라 중국 문화는 마찬가지로 외래문화 흡수와 자국 문화 개선 사이에서 균형점을 찾아 이를 다시 발전시킬 가능성도 크다.

종합하면, 중국 문화의 부흥과 진보는 과학기술 문명이라는 커다란 맥락에서 이성적 사유와 과학적 방법을 통해 전통문화를 재정리하고 재평가하여 발전시키는 것이다. 장기간에 걸쳐 사회적 합의를 이뤄나가고, 모두가 존중하고 준수해야 할 도덕적 규범을 부여하여 사람들이 안심하고 삶을 추구할 수 있는 공동의 신념을 추구하게 하는 것이다. 이런 기초 위에 우리는 과학기술 문명사회에서 가장 앞선 창의·혁신의 주자들을 긴박하게 따라잡아 세계 인구 5분의 1을 차지하는 대국에 걸맞은 기여를 해야 한다.

중국의 미래 예측
: 사회와 정치 측면의 변화

현대 정치에 대한
과학기술 문명의 요구

인류 사회는 농업 문명에서 과학기술 문명으로 진보하면서 사회·정치적으로 큰 변화를 겪었다. 그러나 축의 시대부터 지금까지 정치, 도덕, 그리고 핵심적인 관심사는 결코 변하지 않았다. 즉 좋은 삶, 좋은 사회란 무엇이며 어떻게 실현할 수 있는가라는 문제다. 다만 (개인적으로) 좋은 삶과 (집단을 고려하는) 좋은 사회 사이에서 어느 쪽이 더 중요한지, 또는 어느 쪽이 양보해야 하는지와 같은 우선순위 문제가 있다. 이는 인류가 처한 경제 시대와 깊은 관련이 있으며 시대적 배경에 따라 달라져 왔다. 농업 문명에서 과학기술 문명으로의 진화는 여기에 근본적인 변화를 일으켰다. 농업 문명은 결함이 있는 경제로, 앞서 얘기한 맬서스의 함정이 존재한다. 즉 사회 인구의 일정 비율이 주기적으로 부자연스럽게 사망하는 것이다. 개인의 운명은 아주 큰 틀에서 보면 자신이 속한 집단이 생존 경쟁에서 이기느냐 지느냐에 좌우되므로, 좋은 사회는 좋은 삶의 필요조건이며 좋은 삶은 좋은 사회 안에서만 실현될 수 있다. 유가의 윤리에서는 인간관계가 가족을 기초 단위로 출발해 외부로 확장해가는데, 여기에는 경제 측면의 원인이 있다. 같은 시기 서구 사회는 전통적인 국가와 민족의 구분 외에도 가톨릭, 유대교, 동양정교, 이슬람교, (근대의) 개신교 등 다양한 유일신 종교로 분열됐다. 농업 문명 전반에 걸쳐 안과 밖, 우리와 그들을 구분하는 집단 정의는 생존을 위한 필수 요소였으며, 각 문화에서 정치는 자신들이 정의한 좋은 사회를 폐쇄적으로 건설하는 데 중점을 뒀다.

과학기술 문명의 본질은 풍족함으로, 경제의 복리식 성장이 최종적으로 모든 사람의 생존 문제를 해결하는 것이다. 그뿐 아니라 과학기술 문명은 지식 교환을 통한 '1+1 〉 4'에 기초한다. 창의·혁신은 개인의 능동적인 참여를 필요로 하며, 개인이야말로 과학기술 문명의 중요한 참여 요소이자 원동력이며 궁극적인 목표이기도 하다. 따라서 과학기술 문명 시대에는 좋은 삶이 좋은 사회를 대체하여 정치적 목표에서 가장 중요한 고려 사항이 됐다. 농업 문명에서 과학기술 문명으로 진화할 때 집단 중심에서 개인 중심으로 바뀌는 것은 3.0 문명 시대의 정치 진보에 대한 핵심적 요구다. 현대 사회에서 지속 가능한 정치체제는 개인을 집단과 동등하게 또는 더 중요한 위치에 두어야 할 것이다.

서양의 실천 경험: 입헌민주주의

서양의 정치 현대화 과정에서 탄생한 위대한 제도적 혁신은 입헌민주주의다. 군주의 권력은 국민이 부여했다는 계몽주의 사상을 기반으로 한 것이며, 정부의 권력은 국민의 동의와 위임에서 비롯된다는 것이다. 이는 국민이 왕보다 더 중요하다는 축의 시대 사상이 발전한 것이다. 입헌주의는 제한된 정부를 의미한다. 즉, 정부의 권력이 헌법으로 제한된다. 한 나라에서 누구도 헌법보다 큰 권한을 가지는 사람은 없다. 동시에 개인의 권리와 자유는 헌법으로 보장되며 정부는 임의로 간섭할 수 없다. 입헌민주주의는 국민이 정부의 선거와 정치권력의 배분에 참여하는 제도를 말한다. 실제 정치 발전과 진보의 역사를 볼 때 입헌민주주의는 3.0 문명의 출현으로 사회에서 상업인의 지위가 높아지고 경제에서 개인의 중요성이 커졌다는 점을 반영한다. 새로운 자유시장경제를 대표하는 세력들이 정부로 진입하면서 정부의 기능은 경제활동을 통제하거나 개입하는 것이 아니라 도와주는 역할로, 시민의 재산권을 충분히 보호하고 과학기술 혁신이 필요로 하는 사상과 언론의 자유를 보장하는 것으로 점차 변화했다.

역사상 성공한 입헌민주주의 국가에서는 일반적으로 입헌주의가 민주주의에 앞서고, 재산권과 경제적 자유가 선거권과 정치적 자유보다 앞서 이뤄졌다. 입헌민주주의를 가장 먼저 도입해 성공한 영국을 예로 들어보겠다. 1830년 영국은 이미 3.0 시대에 접어들었고 헌정이 시행된 지 100년이 넘어 시민들은 충분한 자유를 누렸지만, 당시 영국 시민은 하원 의원 선거에서만 투표할 수 있었고 투표권을 가진 사람은 전체 인구의 2% 미만이었다. 군주의 권력은 국민이 부여한다는 인식이 일반적으로 받아들여졌다고 해도 권력 위임은 점진적으로 이뤄졌다. 정치권력의 배분은 처음에는 황권에서 제후로, 그다음에는 유산계급의 선거권으로 이어졌다. 선거권은 유산계급 중에서 부호들에게 부여한 것을 시작으로 점차 중산층과 서민으로 확대됐고, 나중에는 백인 남성, 여성, 유색 인종으로까지 확대됐으며 최종적으로는 모든 성인이 투표를 할 수 있게 됐다.

영국과 미국의 사례를 보면 시민의 정치 참여 정도는 경제 발전 수준과 직접적인 관련이 있으며 경제 발전과 함께 점차 확대됐다. 선거권의 평등은 자격의 평등에서 시작하여 점차 개방됐고, 마침내 서구 사회가 일정 수준으로 발전하여 대부분 사람이 중산층이 되고 모두 기초 교육을 받은 시점에 도달한 후에야 성인 1인 1표의 선거권을 갖게 됐으며 피선거권도 갖게 됐다. 이런 결과는 제2차 세계대전이 끝난 1940년대 말에 이르러서야 진정한 의미로 실현됐다. 사회의 정치권력 배분은 누구나 참여할 수 있고, 공개되고, 투명하고, 기회가 균등하게 주어지는 선거 결과에 따라 결정됐기 때문에 제도의 정당성이 확보되고 공정하며 지속 가능한 생명력을 가질 수 있었다.

영국과 미국 입헌민주주의의 가장 큰 공헌은 이들 사회가 3.0 문명으로 비교적 순조롭게 나아가는 데 도움이 됐다는 점이다. 정부는 시장 활동에 대한 간섭을 자제하고 국제적으로 자유무역을 장려했으며, 시민은 충분한 자유를 누리고 재산권을 보장받았다. 시민의 참정권은 경제 소득의 증가에 따라 점진적으로 개방됐다. 영미식 자유시장경제와 입헌민주주의가 함께 경제적·정치적 기회의 평등을 구현했고, 3.0 문명의 서양 모델을 구축해 당시 가장 효과적이고 규모가 큰 시장 체계를 만들어냈다. 3.0 문명의 철칙인 규모의 효과에 따라 이 시장은 오늘날 글로벌화된 거대 시장이 됐다.

유럽 대륙의 정치적 진보는 영국·미국보다 훨씬 더 복잡하고 굴곡이 많았다. 수백 년 동안 내전과 국가 간 전쟁이 끊이지 않았다는 게 가장 큰 이유다. 유럽 대륙의 국가들과 영국·미국은 전 세계에 영향을 준 식민 침략, 두 차례의 세계대전, 그리고 이후의 냉전을 주도했다. 서양의 주요 국가들은 마침내 비교적 안정적인 입헌민주주의를 확립했는데, 특히 유럽 대륙 국가들의 정치 현대화 역사는 미래 세대에게 직접 경험한 것보다 더 큰 교훈을 줄 것이다.

오늘날 입헌민주주의가 비교적 발달한 국가에서도 이 제도가 단점이 없는 것은 아니다. 완전한 민주주의의 경우 여론정치는 지역적·단기적 이익을 더 잘 대변할 수 있지만, 사회 전체의 전반적·장기적 이익과 충돌하는 경우가 많다. 선거 과정에서 금전이 개입하는 부패가 일어나면 문제를 더욱 가중시킨다. 의견 충돌을 조율할 수 없게 되면 사회 전체의 이익을 보장하는 장기 정책은 (마치 지금의 미국 의회처럼) 무력해진다. "민주주의는 우리가 시도한 모든 정치 체제 중 최악이다"라고 한 전 영국 총리 윈스턴 처칠Winston Churchill의 명언은 단순한 우스갯소리가 아니다.

중국의 전통 정치사상, 실천과 진보

서구 정치 현대화의 성과는 주로 작은 나라의 정치에서 이뤄졌다. 미국의 예를 봐도 식민지 시대 건국 당시에는 인구가 몇백만에 불과한 작은 나라였다. 물론 250년이 지난 지금 미국 인구는 3억 명이 넘고, 이 제도가 왕성한 생명력을 갖추고 여전히 건재하다는 것은 대단한 성과다. 미국에 비해 중국은 인구가 4배 이상 많아 정치적 복잡성이 기하급수적으로 증가한다.

역사적으로 중국은 거의 항상 세계에서 가장 인구가 많은 나라였다. 거기에 더해 정치적 안정, 오랜 평화, 개인적 형평성 측면 등은 농업 문명 시대라면 최고봉이라고 할 수 있다. 그러나 세계가 3.0 과학기술 문명 시대에 접어들면서 중국 전통 정치가 어떻게 진화해야 하는지를 고민해야만 하게 됐다.

사상적 근원을 살펴보면 중국 전통 정치에는 대체로 유가, 법가法家, 도가 등이 혼재돼 있었다. 유가는 도덕·윤리·사회 질서를 강조하고, 법가는 상벌의 집행을 강조하며, 도가는 정부와 사회 그리고 관료와 국민 사이에서 이익의 균형을 잡는다. 수천 년 동안 기록된 중국의 역사는 정치적 실천의 성패를 보여주는 일종의 실험실이었다. 여기에서 얻는 경험과 교훈은 국내외 모든 미래 세대에게 큰 의미가 있다.

유가, 도가, 법가의 혼합 정도는 정치의 성패를 좌우하는 중요 요소였다. 중화제국 초기에 진시황秦始皇은 법가를 중시하고 유가를 폐지했다. 이는 전쟁 시에는 탁월한 성공을 거뒀지만, 평화로운 시기가 되자 상은 가볍고 형벌은 무겁게 여겨졌다. 경천동지할 변혁의 시기에 도가

처럼 속도를 조정해주는 역할을 하는 사상이 없었기에 진나라는 극단으로 치달아 한 세대 만에 멸망하고 말았다. 수년간 전쟁을 지속한 후 중국을 재통일한 수나라의 문제文帝와 양제煬帝 두 황제는 도가를 치국의 기본 이념으로 삼았다. 천하가 휴식하고 활력을 되찾아 국가와 백성이 원기왕성해져서 시간이 지남에 따라 '문경지치文景之治'를 이뤘다. 무제武帝에 이르러 법이 엄격해지자 사회가 황폐해졌고, 선제宣帝는 또다시 도가의 이념으로 되돌아가야 했다. 이 세 가지 전통적 정치 문화를 결합하고 도량을 파악하면 정치의 최고 경지에 도달할 수 있다.

과학기술 문명은 개인이 주체이며 개인의 창의·혁신과 각자의 차이가 사회 경제가 발전하는 데 주요 원동력이 된다. 이는 농업 문명 시기 개인에 대한 문화적 기대와는 매우 다르다. 앞서 얘기했듯이, 중국은 역사가 오랜 만큼 전통문화도 복잡다단하므로 그중에서 현대화에 적용할 부분과 개선하고 발전시킬 부분을 찾아내야 한다. 종합한다면 과학기술 문명에 대응하는 현대 정치는 도가의 색채를 가지고 백성을 쉬게 하고 이익을 얻게 해야 하며, 벌을 가볍게 해주고, 개인과 집단의 이익이 균형을 이루도록 노력해야 한다.

불교는 위진남북조 시대에 한나라에 대규모로 들어와 이후 수백 년 동안 유가·도가와 교류하며 서로 영향을 미치고 유교·불교·도교 3자가 대립하는 통일체를 이뤘다. 훗날 유가는 송대 명리학의 발전에 영감을 불어넣었다. 1840년대 이후 서양의 학문이 중국으로 전해져 다시 한번 화하華夏(중국과 한족漢族에 대한 옛 명칭-옮긴이) 문명에 강력한 영향을 끼쳤다. 청나라 말기와 민국 초기의 많은 지식인은 열정을 쏟아 옛 전통을 재발견하기 위한 학술 연구를 했고, 중국판 르네상스 운동을 통해 중국의 정치 현대화에 새로운 원천과 동력을 제공하고자 했다.

중국은 양무운동 이후 정치 현대화를 다양한 각도로 실험하기 시작했다. 현대 정당 체제는 서양에서 먼저 도입됐다. 이는 제도적 측면에서 최고 황실의 단일 혈통이 권력을 계승하는 문제를 해결하여 최고 지도자를 더 많은 사람 중에서 선출할 수 있게 했다. 집단적 힘을 조직한다는 측면에서 현대 정당은 전통적인 유가와 법가의 결합이 사대부에 대해 갖는 것보다 구성원에 대해 더 많은 통제력을 가지고 있다. 덩샤오핑鄧小平 시대, '검은 고양이든 흰 고양이든 쥐를 잘 잡는 고양이가 좋은 고양이다'라는 흑묘백묘론의 실용주의와 돌다리도 두들겨 보고 건넌다는 신중한 개방 태도는 이 시기의 정치가 도가의 색채를 띠게 했다. 개인을 위해 사회는 더욱 큰 공간을 제공했고, 이것이 과학기술 문명의 요구에 잘 부합하여 중국 경제는 40년에 이르는 전례 없는 고속 성장을 이뤘다.

풍요로운 경제 시대에 개인은 정치의 출발점이자 중요한 종착점이며, 개인의 이익은 집단의 이익만큼이나 중요하다. 따라서 지속 가능한 정치는 모두 인간 본성을 완전히 존중해야 한다. 물론 인간 본성을 존중하려면 이기심, 나약함, 불완전 또한 포함해야 한다. 시장경제와 기술 혁신은 모든 불완전한 개인에게 무한한 공간과 의의를 부여한다. 이윤 추구, 이기심, 심지어 탐욕조차 시장경제를 활발히 돌리는 원동력이다. 나약함과 게으름은 과학기술 탐구와 대중화를 위한 풍부한 토양을 제공하며, 심지어 비교와 과시도 소비를 증가시키는 밑거름이 된다.

동서양 각자의 독특한 경로

권력의 목적, 원천, 분배 방식을 논하자면 서양은 농업 문명 시대에 혈통과 일부 군사적 능력에 따른 제도를 주로 시행했다. 그리고 과학기술이 발달한 현대 사회에 와서는 인권이라는 개념에서 출발하여 개인의 자연권을 바탕으로 '시민권'의 목적과 분배를 정의했다. 그에 비해 중국은 역사적으로 권력 분배의 기회 평등을 기반으로 정치적 능력주의를 시행해왔다.

제도적 측면에서 볼 때, 전통적인 과거 제도는 본질적으로 정치권력의 개방성, 보편성, 배분을 위해 자격을 평가하는 시스템이다. 이 시스템은 개방적이고 투명하며 공정한 심사와 경쟁 메커니즘을 기반으로 한다. 정부는 학습 능력과 통치 능력을 평가하여 최고의 인재를 선발하고, 가장 유능한 인재를 가장 중요한 자리에 배치한다. 사회 구성원 모두가 정부에 진출할 기회를 공평하게 가지고 있으며, 민간인 중에서 선발된 다수의 정치 엘리트는 정부에 실질적인 문제에 대한 통찰력과 장기적 안목, 실행력을 제공한다. 이런 위대한 제도적 혁신을 통해 중국은 과거 1,000년 이상 서양을 앞서 나갈 수 있었으며 오늘날에도 여전히 강한 생명력을 갖추고 있다. 오늘날 중국을 비롯한 전 세계 국가의 성공적인 문관 시스템과 직업 군대는 모두 어떤 식으로든 과거 제도의 영향을 받았다. 일부 취약점이 있음에도 과거 제도는 2.0 문명의 가장 위대한 제도적 혁신이었으며, 중국이 오랜 역사에 걸쳐 많은 인구와 광활한 국토, 상대적으로 안정적인 사회를 유지할 수 있었던 근본적인 이유 중 하나다. 오늘날 중국 정치는 여전히 과거 제도의 영향을 받고 있으며, 정치권력에 대한 자격 개념은 여전히 사람들의 마음속에 깊이 뿌리내리고 있다. 이런 개념을 출발점으로 하여 점차 현대적 성격의 제도적 장치를 발전시켜나갈 것이다.

자격이라는 개념에서 서양과 비교해보면, 미래의 시민이 정치에 참여하는 방식은 선거권과 피선거권 모두 획득 자격이 필요한 중국의 문화적 전통이 더 부합할 수 있다. 예를 들어 한 가지 가능한 방식은 직위가 높을수록 자격 요건이 까다로워지고 선거인과 피선거인 수가 계단식으로 줄어드는 것이다. 시골 마을의 장을 뽑는 일이라면, 1인 1표 자치 방식으로 성인 누구나 후보로 나설 수 있고 자유롭게 투표할 수 있을 것이다. 그에 비해 국가 공무원이라면 더 엄격한 시험을 통과해야 한다. 고위직에는 학력·정치적 성과·도덕성·여론 등에서 요구가 더 엄격해지고, 국가 지도자의 경우 최고의 자격을 갖춘 극소수의 사람 중에서 선출한다. 이는 일종의 자격 선거, 즉 고시, 심사, 제한 선거의 조합을 통해 유능한 인재를 선택하는 방식이다. 역사적 경험으로 보면 정치 참여에 대한 시민들의 열정은 경제 발전 정도와 직접적인 관련이 있다. 경제 발전 수준이 낮을 때는 경제 발전이 우선적 요구이고, 중간 수준일 때는 환경 보호나 생명과 안전에 대한 요구가 높다. 그리고 고도로 발달한 수준에 도달하면 정치 참여에 대한 요구가 커진다.

현대 정당으로서 집권당은 가장 우수한 인재를 더 잘 흡수하고 모든 시민에게 동등한 기회를 제공하기 위해 권력을 점진적으로 사회 전체에 개방할 것이다. 고시, 심사, 공평한 경쟁을 통해 누구나 능력에 따라 정당 내부의 권력 분배에 참여할 수 있게 할 것이다. 그 외 일부 선진국, 특히 동아시아에서 공무원을 대상으로 시행하고 있는 '고액 청렴

급여' 정책도 참고할 만하다. 적절한 시점에 정부 고위 간부의 급여 수준을 사회 및 기업의 동급 급여 수준으로 높여 청렴을 지키게 해야 한다. 동시에 경제 분야에서 정부의 권한을 축소하고, 관리 방식을 허가 목록에서 금지 목록으로 점차 전환해야 한다. 이를 바탕으로 부패에 대한 무관용 원칙을 시행해야 한다. 엄격한 법률, 엄격한 당 기율, 언론의 감독, 민간의 신고 등 다양한 수단과 채널을 통해 부패를 최대한 억제해야 한다.

이런 자격 기반의 정치 개방은 시민의 정치 참여를 점진적으로 확대하고 정치권력의 합리적 배분을 이루는 좋은 방법이다. 개인의 '자연권'이라는 개념에 기반한 서구의 시민 참여 방식과는 다르지만, 궁극적으로 같은 목표를 달성하고 폭력적인 사회 격변을 피하고 원만한 과정을 거치는 방법이다. 물론 이런 접근 방식이 유일한 해법은 아니며, 앞으로 다양한 해법이 나올 것이다. 다만 중국의 문화적 전통에 비교적 부합하는 방식이라는 점은 분명하다.

공권력의 집행, 범위, 감독 측면에서 서구 사회에 확립된 사법부의 독립성과 입헌주의는 참으로 위대한 혁신이다. 이는 과학기술 문명 시대 비즈니스 사회의 가장 중요한 문제들을 해결하는 데 도움이 됐다. 복잡한 비즈니스 활동에서 필연적으로 발생하는 분쟁, 정부와 민간 간 이해관계의 정립, 시민의 사유 재산 보호, 정부 공권력의 제한, 관료의 부패에 대한 공정한 처벌 등이 그 예다.

서구의 독립적인 사법부와 헌정은 부분적으로 초기 로마 공화국 및 로마제국의 실천 경험과 중세 영국의 코먼로common law에서 유래한 것으로 가히 유구한 역사를 가지고 있다. 선진 시대 중국 법가의 실천, 특히 진나라 효공孝公 때 상앙商鞅의 실천은 오늘날 사법부 독립에 유용한 경험을 남겨줬다. 그러나 이런 전통은 진나라와 한나라의 통일된 정치 체제가 확립된 이후에는 더 이상 존재하지 않게 됐다. 권력과 법 중 어느 것이 더 강력한지는 사람마다 사건마다 다르다. 그러므로 법체계를 구축하는 데 중국이 서구와 같은 길을 가지는 않을 것이다. 이 방면의 진보는 아직 상당한 시간이 걸릴 수 있다. 다만 희망적인 사실은 중국의 집권당이 법체계 구축에 큰 결심을 했고, 이에 대한 사회의 기대와 요구도 높아지고 있다는 점이다.

한편 한국과 일본은 미국의 영향을 많이 받았지만, 여전히 동아시아 문화의 흔적이 강력하게 남아 있다. 싱가포르에서 리콴유李光耀가 이뤄낸 성과는 중국의 정치 현대화에 모델이 될 가능성이 크다. 창당 이래 정권을 놓쳐본 적이 없는 집권당인 인민행동당은 역사상 여러 차례 자체 진화를 거듭하며 점차 성숙한 정치 시스템과 독립적인 사법 제도를 갖추고 부패 문제를 해결하는 동시에, 시민의 참여 공간을 충분히 발전시키고 권리와 재산을 보호했다. 정부와 도가가 서로를 보완하고 지원한 결과다.

중국 정치가 직면한 문제는 늘 인구가 많았다는 것이다. 인구가 일정 규모에 도달하면 작은 나라에서의 성공적인 실천 사례가 적용되지 않을 수 있기 때문이다. 그들의 성공 경험을 중국은 참고만 할 수 있을 뿐이며, 중국의 정치 현대화는 스스로의 실천을 통해 조금씩 배우며 전진하는 수밖에 없다.

일련의 개혁이 완료되면 중국 사회는 장차 경제와 정치 두 분야가 전 인민에게 개방되고, 기회의 형평성이 높아지며, 대량의 사회 인재가 시장경제 영역으로 진입하여 공정히 경쟁하게 될 것이다. 동시에 공익 정신에 불타는 수많은 인재가 자격 선거제를 통해 선발돼 정부로 유입 되면 헌법의 테두리 안에서 엘리트에 의한 정치가 이뤄질 것이다. 앞서 말했듯이 인간은 본성적으로는 결과의 평등을 추구하며, 이성적으로는 기회의 평등을 추구한다. 기회의 평등을 제공하는 모든 사회는 지속 가 능하고 오래도록 평안하다.

1840년 아편전쟁 이후 중국은 대부분 기간에 걸쳐 전쟁과 정치 운 동의 소용돌이 속에 있었다. 1970년대 후반에 대내외 정세가 변화하 면서 중국은 처음으로 현대화에 주력할 수 있는 국내외 환경을 갖추게 됐고, 그 후 40년 동안 역사상 전례 없는 성과를 거뒀다. 2.5 문명에서 3.0 문명으로 나아가는 과정에서 앞서 언급한 여러 영역의 도전에 맞 닥뜨릴 것이다. 그러나 1840년부터 현재까지 170여 년을 돌이켜볼 때 중국은 현재 최상의 환경과 조건하에 있다. 세계에서 가장 인구가 많은 국가로서 중국은 도전에 직면하고 문제를 해결하여 마침내 3.0 문명으 로 진화하고 완전한 현대화를 이룰 것이다.

오늘날의 중·미 관계와 기술 문명 시대의 동서양 관계

축약 인류 문명사

호모 사피엔스는 지구상에 마지막으로 출현한 대형 종으로, 수십만 년 전 적도 부근의 아프리카 사바나에서 등장했다. 호모 사피엔스는 뇌가 비상하게 발달한 동물이자 사회적 동물이었다. 이 종은 개성과 사회성 이 모두 고도로 발달했다는 특성이 있어 지구상 어떤 종도 비견될 수 없었다. 인류는 이런 특성을 바탕으로 짧은 역사 속에서 전례 없는 문 명의 정점을 이루며 영장류 조상과의 격차를 크게 벌렸다. 나는 여기서 문명을 '인류와 그들의 동물 조상 간 거리'로 정의한다. 인류 문명의 역 사는 에너지를 섭취하고 이용하는 경제사인 동시에 사회 단위를 조직 하는 정치사이기도 하다. 인류는 경제와 정치의 상호작용 속에 다른 동 물과 구별되는 복잡한 문명을 탄생시켰다.

이 책에서 나는 인류 문명의 역사를 크게 세 개의 도약 단계로 나눴다. 1.0 수렵·채집 문명, 2.0 농업·목축업 문명, 3.0 과학기술 문명이다. 이 장에서는 인류가 농업 문명에서 기술 문명으로 도약하는 과정중 사회·정치 조직의 진보에 초점을 맞추고, 이를 통해 중·미 관계와 동서양의 관계를 해석할 것이다.

농업과 목축업은 거의 전적으로 자연조건에 좌우됐기 때문에 1.0 문명은 대부분 유라시아 대륙에서 발생했다. 유라시아 대륙은 세계의 지붕인 히말라야산맥과 끝없이 펼쳐진 얼어붙은 대초원을 경계로 둘로 분리돼 있다. 농업 문명의 역사 동안 이 두 부분은 서로 직접적인 관계가 거의 없었으며, 각각 독립적으로 발전해왔다(13세기 몽골제국에 의해 잠시 연결됐던 것을 제외하면). 그래서 전통적으로 이 양쪽을 각각 동양과 서양이라고 부른다.

서기 원년을 전후로 동서양에서는 비슷한 시기에 두 개의 강력한 제국이 등장했다. 로마제국과 한제국이다. 두 제국 모두 방대한 인구와 거대한 영토, 제국의 구석구석까지 쉽게 도달할 수 있는 발달된 교통체제를 갖추고 있었다. 문명의 수준이 매우 높았으며, 각각 농업 문명 시대의 정점을 찍었다.

로마제국과 한제국은 건국 후 약 400년이 지나자 연이어 혼란의 시기를 맞이했다. 중국 땅에서는 약 300년간의 혼란 끝에 제국의 통치가 거의 회복됐고, 수나라와 당나라를 거쳐 송나라에 이르러 새로운 정점을 맞이했다. 중화제국 체제는 2,000년 동안 지속됐으며 농업 문명 시대의 일대 위업을 이뤘다. 반면 로마제국이 멸망한 이후 서양에서는 기본적으로 다시는 위대한 통일 제국이 등장하지 않았다. 비록 나중에 이슬람이 일어나 비교적 넓은 영토를 구축했지만 문명 발전 수준이나 인구, 기술, 사회 조직 등의 측면에서 로마제국의 영광과 같은 위업을 이루지는 못했다. 이것은 동서양 문명의 궤적에서 처음으로 큰 분수령이 된 사건이다.

그러나 1,000여 년이 지나 중세 시대에 이르자 로마제국 시대에 북방 야만인들이 살았던 유럽에서 매우 활동적인 민족국가가 몇몇 등장했고, 이들은 대항해 시대에 아메리카 대륙을 발견하며 엄청난 활력을 분출했다. 지리적 대발견, 르네상스, 계몽주의 운동, 종교개혁, 과학혁명, 산업혁명, 식민지 전쟁 같은 변화를 통해 이들 국가는 세계 무대에서 가장 역동적인 중심지가 됐고, 내가 3.0 과학기술 문명이라고 정의하는 인류 문명의 새로운 단계에 먼저 진입했다. 이것은 동서양 문명의 발전에서 두 번째 분기점이었다. 과학기술 문명의 출현으로 동서양의 가장 활발한 중심지가 최초로 한데 합쳐졌으며, 이후 동서양은 더 이상 독립적으로 발전하지 않고 오히려 강력하게 결합하고 함께 발전하여 오늘날 모든 인류에게 깊은 영향을 미치는 새로운 세계 질서를 형성했다.

중국 농업혁명 시대의 제도 혁신:
동서양 문명의 첫 번째 분기점

동양과 서양의 문명 궤적에서 두 번에 걸친 분기점은 경제 현실과 사회·정치 조직의 상호작용이라는 심오한 배경하에 일어났다. 2.0 농업 문명 시대의 기본적인 특징은 인간이 에너지를 섭취하는 주요 방식이 광합성 메커니즘을 통한 것이었기 때문에 토지가 매우 필요하다는 점이었다. 토지를 둘러싼 투쟁은 2.0 농업 문명 시대의 핵심적인 문제였고, 따라서 2.0 문명 자체에는 극복할 수 없는 병목현상이 늘 존재했다. 토지가 많은 시기에는 인구도 증가하며, 인구가 일정 규모에 다다르면 토지가 더는 감당할 수 없어 맬서스의 함정에 빠지고 만다. 결국 다양한 '자연재해와 인재'로 인구가 급격히 감소하게 된다. 2.0 문명 시대는 결핍경제(공급이 매우 부족하여 수요를 충족하지 못하는 경제-옮긴이)의 시대이며 토지를 둘러싼 투쟁이 가장 핵심적인 문제였다. 그리고 토지를 차지하기 위한 투쟁은 지리 조건에 제약을 받으며 정치 조직의 사회 동원력에 승패가 좌우됐다.

중화 문명의 지리적 환경을 보자면 서쪽으로는 히말라야산맥, 북쪽으로는 얼음에 덮인 광활한 초원, 동쪽과 남쪽은 바다에 접해 있다. 이 땅에는 양쯔강과 황허라는 두 개의 큰 강이 서쪽에서 동쪽으로 흐르고, 이 두 강 사이에는 광활하고 비옥하여 농업에 적합한 충적 평야가 있다. 이 두 개의 큰 강에는 여러 지류가 있어 평원 여러 지역 간의 교통이 비교적 편리하다(수로 교통 비용이 적게 든다). 따라서 이런 국토에서는 어떤 지역에서 충분히 많은 힘을 모을 수만 있다면, 이 강성한 국가는 저렴한 운송 수단을 통해 권력 범위를 중국 땅 전역으로 확장할 수 있다. 그리고 강성한 국가의 부상은 주로 내부 조직 방식의 혁신에 달려 있다.

중국 5,000년 역사 중 처음 3,000년은 정치 제도 혁신의 실천이 특히 중요한 시기였으며, 이후 2,000년 동안의 안정을 위한 굳건한 기초가 됐다. 그중 가장 큰 혁신은 진나라 효공의 통치 기간에 일어난 상앙의 법제 개혁이었다. 상앙이 추진한 변법變法의 핵심은 기존 혈연관계를 개인의 능력으로 대체하여 정치권력의 분배를 결정하는 것이었다. 인간은 동물에서 진화해온 것이기에, 처음에는 혈연을 근간으로 출발하여 인간관계를 외부로 확장했다. 전장에서는 개인의 능력이 필요했지만, 개인이 능력을 발휘해 공을 세운다고 해도 전쟁에서 승리한 이후의 분배는 여전히 혈연 중심으로 이뤄졌다. 부와 마찬가지로 공로 또한 다음 세대로 물려줄 수 있었는데, 전쟁에서 공을 세운 신하에게는 땅이 주어졌고 씨족의 수령이 됐다. 군주도 토지를 분봉하여 자신과 혈연관계에 있는 자에게 줬고 이것이 바로 고대와 현대, 중국과 외국을 막론하고 봉건 시대의 기본적인 권력 및 경제 분배 형태였다. 그러나 상앙의 변법은 전대미문의 것으로 이 제도를 완전히 뒤엎었다. 그는 황제를 제외하고, 개인의 능력과 공에 따른 정치권력의 분배는 한 세대 안에서만 가능하다고 규정했다. 즉 재산은 물려줄 수 있지만 정치권력은 물려줄 수 없다는 뜻이다. 전통적인 봉건 조직에 일대 혁명을 일으킨 진나라는 상대적으로 외딴 낙후 지역에서 들고일어나 모든 사회 구성원을 적극적으로 동원했고, 결국 전국의 모든 제후를 물리쳤다. 그리고 이 방식을 진나라의 모든 영토에 적용했다.

한제국에 와서 이런 조직 방식은 효성이 지극한 사람과 청렴한 하급 공무원을 추천하는 제도로 만들어져 더욱 공고해졌다. 이것이 과거 제도의 원형으로, 수나라 이후에 완전한 과거 제도로 자리 잡았다. 과거 제도는 개인의 능력(정무뿐만 아니라 지식의 수준 등)을 심사함으로써 정치권력 배분에서 사회의 모든 구성원에게 더 공정한 길을 제공했다. 상앙의 변법은 이후 2,000년 동안 중국에 상대적으로 안정적인 정치 제도를 가져다줬다. 왕조가 바뀌더라도 기본 제도는 그대로 유지되어 중화제국은 농업 문명 시대의 정점으로 올라갈 수 있었다. 그리고 역사는 여기에서 종결되는 것 같았다.

한편 서양에는 농업에 적합한 충적 평야가 상대적으로 많지 않고 곳곳에 분산돼 있지만, 교통 측면에서는 호수와도 같은 지중해가 있다. 지중해는 바다로 들어가는 두 곳의 입구가 단단히 막혀 있기 때문에 바람이 잔잔했고 이동하기가 쉬웠다. 지중해 연안을 따라 가장 큰 농경지는 이집트에 있고 다른 하나는 스페인과 포르투갈이 자리한 이베리아반도에 있는데, 이집트 쪽이 주였다. 하지만 이들의 규모는 중국에 비할 바가 아니었다. 당시 유럽 본토는 아직 삼림 벌채가 이뤄지지 않아 야생 그대로였다. 초기 로마 공화국은 현재 이탈리아 중부 지역에서 등장했는데, 이 지역의 농경지는 그다지 넓지 않았기 때문에 주로 외국과의 전쟁으로 확장해갔다.

로마의 정치체제는 군사적 능력주의와 정치적 가문(원로원은 처음에는 몇십 명이었는데 200명으로 늘어났다)이 결합한, 혈연과 분봉제가 혼합된 형태였다. 제국 내에서 가장 큰 곡창지대는 이집트에 있었지만 이집트는 중국의 양쯔강과 황허의 충적 평야와 비교할 수 없는 규모였다. 로마의 경제적 분배는 불공평해서 줄곧 노예제를 실시했으며, 상대적으로 풍요로운 상류 사회의 생활은 많은 수의 노예를 기반으로 해야 했기 때문에 정치 제도상 획기적인 돌파구를 마련하기 어려웠다. 이는 경제 현실이 초래한 필연적인 결과였다. 로마제국 인구의 약 3분의 1이 노예였고 정치적으로는 봉건 분봉제와 군사적 능력주의가 혼합돼 있었다. 따라서 로마제국은 사회 전체를 한마음 한뜻으로 통합할 수 없었다. 진·한 왕조 이후의 중국 사회와 비교하면 로마제국은 귀족과 평민간 갈등, 자유민과 노예 간 갈등 같은 몇 가지 선천적인 난제를 안고 있었다. 또한 경제적 기초가 아주 안정적이라고 볼 수 없었고, 사회를 유지하기 위해 노예제와 끊임없는 정복 전쟁에 의존해야 했다. 하지만 정복이 한계에 부딪히자 문명은 내리막길을 걸을 수밖에 없었다.

로마제국과 한제국 모두 북방 야만족의 위협을 받았지만, 두 제국은 북쪽 지리적 조건이 달랐다. 한제국 북쪽 몽골 대초원의 기후는 농업에 전혀 적합하지 않았고 오직 목축만 할 수 있었다. 그러나 로마제국 북쪽의 유럽은 위도는 높았지만 멕시코만에서 유입되는 따뜻한 북대서양 해류로 기후가 더 따뜻하고 농업에 적합했다. 그럼에도 1,000년 후에야 농업이 발전한 것은 울창한 삼림 때문이었다. 북유럽의 야만인들이 서서히 숲을 개간하고 농사짓는 법을 배우면서 농업 문명이 발달하기 시작했을 때, 로마제국과 게르만 야만인 간의 갈등이 표면화됐다. 로마제국은 5세기에 북부 야만족의 침략을 받았다. 멸망 이후 로마제국 정치체제 자체의 모순으로 로마의 제도가 유럽에서 다시 도입되진 않았는데, 2.0 문명 시대에 가장 완벽한 정치 제도는 아니었기 때문이다.

로마제국이 멸망한 후 원래 제국 영역 내의 작은 국가들과 북유럽의 신흥 제후국들이 1,000년 이상 전쟁을 벌였지만, 다시는 통일된 대제국을 형성하지 못했다. 이 시기 중세의 역사는 중국의 춘추전국 시대를 닮았지만, 진·한 이후 중화제국은 2,000년간 하나의 역사를 가지게 됐으니 동서양 문명의 첫 번째 분기점이라고 할 수 있다. 이 시기 중국은 정치 조직의 혁신으로 농업 문명의 정점에 서게 됐다.

과학기술 문명의 출현:
동서양 문명의 두 번째 분기점

1500년 이후 동양과 서양 사이에 또 하나의 커다란 분기점이 찾아왔다. 이는 이후 유럽의 역사와 춘추전국 시대 이후 중국의 역사에 서로 다른 변화를 불러왔다. 이 큰 차이의 출발점은 위대한 지리적 발견이었다. 해양 기술의 발달로 유럽인들은 아메리카 대륙이라는 신대륙을 발견할 수 있었고, 대서양은 로마제국 시대의 지중해가 됐다. 유럽은 비교적 비용이 저렴한 운송 방법인 항해를 통해 지구상 가장 큰 농경지인 북미와 남미를 빠르게 점령해갔다. 아메리카 대륙은 자연환경 때문에 농업 환경이 열악했고 유라시아에서 동떨어져 있었기 때문에 농업이 발달할 수 없었다. 게다가 인구 밀도가 낮았으며 목축을 거의 하지 않았고 유럽인의 면역 유전자 또한 없었다. 아메리카 대륙의 원주민들은 유럽인들이 가져온 세균에 대한 저항력이 없었기에 대부분이 세균 감염으로 사망했다. 그래서 농작물의 생장에 적합한 이 광활한 평원은 곧바로 유럽인들의 손으로 넘어갔다. 유럽의 작은 제후국인 이들이 거대한 아메리카 식민지와 결합하면서 그들의 국토는 더 이상 유럽에 국한되지 않았고 단번에 중국의 내륙보다 더 큰 곡창지대를 얻게 됐다. 여기에서 수확한 농산물로 경제에서 첫 번째 거대하고 지속적인 성장이라는 돌파가 나타났다.

정상적인 상황에서 농업 문명의 경제 성장은 일정 시점에 도달하면 맬서스의 함정에 직면하게 된다. 그러나 서양이 한계에 도달하기 전에 또 다른 획기적인 사건, 즉 과학기술 혁명이 일어났다. 지리적 대발견은 유럽인들에게 엄청난 물질적 풍요를 가져다줬을 뿐만 아니라 과학과 기술에 대한 강력한 수요를 창출하여 사상과 정신 측면의 혁명을 일으켰다. 유럽의 사상에는 한 차례 극적인 변화가 일어나 르네상스부터 종교개혁, 계몽주의 운동에 이르렀고 바로 이런 배경하에 과학기술 혁명이 촉발됐다.

과학기술 혁명, 범대서양 자유무역, 아메리카 대륙의 독립, 여기에 이 시기 봉건 영지를 나누어 가진 유럽 각국이 합쳐져 인류 문명의 도약을 가져왔다. 과학기술 혁명과 자유시장경제는 동시에 출현했고 상호작용하며 수백 년에 걸친 지속적이고 복합적인 경제 성장을 만들어냈다. 이런 성장의 결과로 농업 문명의 한계를 돌파하자 토지는 더 이상 경제를 제한하는 요소가 되지 않았다. 이 시기에는 경제 규모가 100배 넘게 성장해 인구가 어떤 규모로 증가하더라도 뒷받침할 수 있었으며, 지금까지도 우리는 이런 성장의 한계를 알지 못한다. 이후 인류는 3.0 과학기술 문명의 시대로 접어들었으며, 현대 과학기술과 시장경제의 이중 작용하에 경제가 지속적이고 복합적이며 무한하게 성장하기 시작했다.

사람들이 자유시장에서 자율적으로 상품과 서비스를 교환하면 양쪽 모두에게 더 많은 이점이 있다. 바로 '1+1 〉 2'다. 지식이 교환되면 양 당사자는 자신의 지식을 잃지 않고 상대방의 지식을 얻으며, 교환을 통해 추가적인 아이디어를 얻음으로써 '1+1 〉 4'의 가속도를 얻게 된다. 따라서 기술 지식이 제품과 서비스에 통합되고 자유시장에서 교환되면, 상호 강화의 장기적인 긍정적 순환이 이뤄진다. 이렇게 과학기술 지식이 제품과 서비스에 통합되고 다시 자유시장에서 교환되면 장기간에 걸쳐 상호 강화되는 선순환이 일어난다. 사람들의 필요와 욕구가 무한히 확대되고 사람들은 이런 욕구를 충족하려 하며, 따라서 제품과 서비스를 제공하는 능력도 무한히 성장한다.

이런 상호 강화의 선순환은 끝없이 계속될 수 있으며, 시장은 '1+1 〉 4'를 만드는 증폭기 역할을 한다. 시장이 커지고 참여하는 사람이 많아질수록 그 사이의 승수는 더 커진다. 시장이 클수록 효율성이 높아지고, 효율성이 높을수록 시장 수요를 더 잘 충족할 수 있다. 시장의 요구를 더 많이 충족할수록 새로운 수요를 더 많이 자극할 수 있다. 이렇게 지속적인 성장의 선순환을 만들어낸다. 이런 선순환을 경제의 복리식 성장이라고 부른다. 자유시장경제와 과학기술을 누구나 자유롭게 이용할 수 있는 상황에서 경쟁은 양측의 시장 규모를 중심으로 이뤄진다. 상대적으로 큰 시장은 효율성이 높아지고, 효율성이 높아지면 더 큰 생산 능력을 갖추게 되고, 생산 능력이 커지면 경제 규모가 커지고, 경제 규모가 커지면 더 큰 군사력을 제공할 수 있게 되고, 그러면 경쟁에서 더 쉽게 이길 수 있다. 토지 쟁탈에서 시장 쟁탈로의 전환은 농업 문명에서 과학기술 문명으로 전환하는 과정으로 쟁탈의 초점이 바뀌는 것을 의미하며, 이것이 바로 지난 500년 동안 우리가 목격한 변화다.

처음에 유럽은 여전히 2.0 농업 문명에 머물러 있었고, 제후국 간의 전쟁은 봉건 시대와 마찬가지로 토지와 국경이 핵심 목표였다. 그러나 전쟁을 하던 국가는 경제적 측면에서 봉건 시대 토지의 한계를 돌파하기 시작했고, 서서히 새로운 동력을 형성했다. 참여자들도 더 이상 귀족과 평민에 국한되지 않았고 많은 상인, 자본가, 신흥 산업가 등이 참여했다. 경제가 2.0 농업 문명에서 3.0 과학기술 문명으로 발전함에 따라 전쟁 중의 정치 조직 방식과 요구에도 변화가 생겨났다.

처음 유럽 국가들 간의 상호 경쟁은 곧 식민지를 차지하기 위한 투쟁으로 바뀌었다. 식민지가 종주국에 가져다준 가장 중요한 이익은 원자재 공급, 제품 판매, 노동력 공급을 포함한 시장의 규모였다. 최초의 진정한 글로벌 제국으로서 대영제국이 확립한 가장 중요한 질서는 영국 식민지 제국과 영국 파운드화를 기반으로 한 글로벌 자유시장 시스템이었으며, 이 시장 체계는 영국이 강대국 간의 경쟁 초기에 결정적인 우위를 점할 수 있게 해줬다. 따라서 2.0 농업 문명에서 3.0 과학기술 문명으로 발전하는 초기 단계는 식민지 침략 전쟁과 유럽 열강 간의 전쟁이 교차하여 진행됐고, 그 중심에는 토지와 시장 둘 다가 있었다.

경제가 2.0 농업 문명에서 3.0 과학기술 문명으로 가속 발전하면서 전쟁을 벌이던 유럽 열강들은 3.0 문명에 가장 적합한 정치 조직을 모색하기 시작했다. 그리고 여러 가지 제도적 혁신이 등장하여 20세기에 이미 세 개의 진영을 형성했다. 독일·일본·이탈리아의 파시즘, 소련이 주도하는 공산주의, 영국·미국이 주도하는 자유주의다. 거의 한 세기가 걸린 경쟁과 전쟁에서 파시즘은 제2차 세계대전 패배로 몰락했고, 냉전으로 소련 공산주의가 무너졌다. 1990년대 초가 되자 자유주의가 결정적인 승리를 거뒀고, 미국은 세계 질서의 손색없는 주도자가 되어 이른바 '팍스 아메리카나Pax Americana'의 시대를 열었다. 역사는 다시 한번 끝나는 것 같았다.

미국 질서하의
글로벌 시장 체계

제2차 세계대전에서 승리한 후 얼마 지나지 않아 미국은 유럽과 일본 등의 점령지에서 철군했다. 미국은 인류 역사상 영토 전쟁에서 승리한 후 자발적으로 영토를 포기한 최초의 국가다. 이전의 로마제국, 중화제국, 대영제국과 분명히 달랐다. 이때부터 시작된 팍스 아메리카나는 너무도 분명한 3.0 문명의 특징을 지니고 있었다. 2.0 농업 문명 시대의 핵심 요건이 토지였다면, 내가 볼 때 3.0 과학기술 문명의 핵심 요건은 바로 시장의 규모다. 경제 시스템이 진정한 장기적 성공을 거둘 수 있느냐 아니냐는 해당 경제 시스템의 시장 규모에 따라 결정된다.

시장경제는 개인과 소규모 조직(기업)으로 구성된 분산된 조직으로, 시장 규모에 따라 에너지 방출량이 달라지고 국경의 제약을 받지 않는다. 토지와 국경이 중심이었던 2.0 농업 문명과는 분명히 다른 점이다. 전승국이자 세계 질서의 주도자로서 점령한 토지를 포기하는 것은 미국이 승리의 과실을 포기하는 것과는 달랐다. 제2차 세계대전에서 승리한 후 미국은 국제연합UN, 세계은행, 국제통화기금IMF, 브레턴우즈 체제 같은 국제기구를 설립해 글로벌 시장이라는 엄밀한 체계를 구축했다. 그리고 글로벌 시장의 규칙 제정권, 시장 접근권, 제재·퇴출권을 모두 차지했다. 미국은 마셜 플랜Marshall Plan을 통해 전후 유럽 동맹국들을 신속하게 이 단일 시장의 주요 구성 국가로 만들었고, 패전한 독일과 일본에 헌법을 바꾸게 한 후 똑같이 이 체계에 집어넣었다. 북대서양조약기구NATO, 한미군사동맹, 미일군사동맹을 통해 전 세계에 완전한 군사기지 네트워크를 만들어 미국이 주도하는 글로벌 시장의 물류와 안정적인 원재료 공급망을 확보했다. 이 질서의 창시자로서 미국은 줄곧 글로벌 시장의 규칙 제정 권한, 시장 진입권, 제재·퇴출권을 보유했고 글로벌 시장의 주요 군사 및 경제적 비용을 부담했다. 이것이 바로 팍스 아메리카나의 핵심이다.

이 외에도 미국은 또 하나의 이데올로기를 구축하고 추진해왔는데, 바로 소프트 파워soft power(군사력·경제 제재 등의 하드 파워hard power에 대비되는 용어로, 정보과학·문화·예술 등을 기반으로 하는 힘을 뜻한다-옮긴이)다. 2.0 문명 시대의 중화제국이 법가 위주의 제국 체제를 수립한 것 외에 공자와 맹자의 가르침을 받들어 유학자들이 정신적·문화적으로 정통성을 설파하게 함으로써 제국의 민중이 기꺼이 추종하게 한 것과 같은 일이다. 미국의 이데올로기에는 자유, 민주, 인권, 헌정, 법치, 자유 시장, 자유경쟁, 자유무역, 사유 재산의 신성불가침 등이 포함돼 있다. 이 이데올로기는 오늘날 세계 대부분 사람이 받아들일 정도로 충분한 힘을 가지고 있다. 이런 소프트·하드 파워의 상호작용하에 미국의 제도는 엄청난 성공을 거뒀고, 세계적 규모의 '열전'을 피하고 대체로 평화를 유지해왔다. 이를 바탕으로 미국은 특히 냉전 이후 전 세계 대부분 사람이 참여할 수 있는 인류 역사상 가장 큰 글로벌 시장을 만들어 막대한 부를 창출하고, 인류가 전례 없이 높은 수준의 풍요로움에 도달할 수 있게 했다. 이 시기 과학과 기술이 비약적으로 발전하여 통신과 인터넷이 지구상의 대부분 사람을 연결했다.

인류는 교육, 여성과 소수 민족의 평등, 빈곤으로부터의 해방, 인권 등에서 전대미문의 성과를 거뒀다. 인간의 수명도 극적으로 증가했다.

식민지 시대가 종식되고 대부분 국가가 독립하여 자주국이 됐으며, 전쟁으로 인한 사망과 폭력이 크게 감소했다. 제2차 세계대전 이후 70년, 특히 냉전 이후 근 30년은 기본적으로 모든 면에서 인류 역사상 최고의 시대라고 할 수 있다. 그리고 미국이 숭배하는 이데올로기, 즉 '미국 이야기'는 전 세계에 널리 퍼져 사람들의 마음에 뿌리를 내렸다. 미국의 문화와 브랜드는 점점 더 글로벌 문화와 브랜드가 됐다.

그러나 이데올로기와 권력의 실체 간에는 차이가 있다. 예를 들어 중국에서는 '도통道統'과 '정통政統' 사이에 항상 논쟁이 있었다. 도통은 유가의 이데올로기이고 정통은 황제·군주의 권력으로, 둘의 차이가 계속 존재해왔다. 미국에서도 이데올로기와 현실 권력 사이에는 차이가 있다. 이데올로기상으로 미국은 전 세계 모든 사람의 평등과 보편적 인권의 향유를 강조한다. 그러나 미국의 대내 정책과 대외 정책은 매우 달라 타국·타국민을 자국·자국민과 다르게 대하며, 특히 여러 가지 이유로 미국과 대립하고 있는 국가에 대해서는 국제 관계 정책과 국내 정책이 때때로 매우 다르다. 예를 들어 미국은 쿠바와 북한을 국제 시장에서 완전히 배제할 수 있다. 특히 쿠바는 예외적인데 쿠바는 미국을 제외한 많은 주요 국가와 외교 관계를 맺고 있지만 미국의 제재를 받아 국제 시장에 접근할 수 없었고, 지금도 여전히 가난한 나라에서 벗어나지 못하고 있다. 미국은 또한 이란과 같은, 과거에는 동맹이었지만 이제는 적국인 국가를 국제 시장의 핵심으로부터 추방할 수 있다. 소련 붕괴 이후 동유럽은 정치적 민주화를 진행했고 그 결과 국제 시장의 중심에 진입할 수 있었다. 그러나 러시아는 블라디미르 푸틴Vladimir Putin이 집권한 이후 배제되어 계속 주변부에 머물고 있다. 중국은 미국과 완전히 다른 정치체제를 가지고 있으면서도 미국 주도하의 글로벌 시장에 거의 완전히 융합돼 있다는 점에서 특별한 경우다. 그러나 현재 미국 대부분 당파의 중국에 대한 정책을 보면 세계무역기구WTO와 중국은 현실적으로 전혀 양립할 수 없다는 입장이다.

미국의 강력한 경제적 하드 파워 중 하나는 달러 중심의 국제무역·금융·투자결제시스템을 구축한 것이다. 이에 따라 미국은 이론상 서비스, 투자 등 국경을 넘어 이뤄지는 모든 거래를 단 1페니까지 모니터링할 수 있다. 전 세계 모든 은행의 국제 업무는 보기에 따라 모두 미국의 통제하에 있다고 할 수 있으므로 미국의 제재는 확실히 유효하다. 2019년 도널드 트럼프Donald Trump가 일방적으로 이란 핵 협정을 파기한 이후의 상황이 이를 증명한다. 이때 중국의 통신장비 업체 ZTE와 화웨이Huawei가 제재 정책의 희생양이 됐다. 미국의 하드 파워는 전 세계에 퍼져 있는 군사기지와 미국 경제 자체의 무게감, 내부의 광대한 시장, 개방적인 투자 환경, 경쟁력 넘치는 과학기술, 세계 일류 대학 등이 뒷받침한다. 따라서 글로벌 금융위기가 닥쳤을 때도 미국 달러와 미국 자산은 전 세계 투자자들에게 안전한 피난처였다. 이런 상황은 2008년 금융위기 이후에도 변하지 않았다.

미국은 군사적으로든 경제적으로든 필요할 때 하드 파워의 사용을 주저하지 않았다. 이라크에서 벌어진 두 차례의 전쟁과 2008년 금융위기 이후 달러 발행이 크게 증가하고, 국제 자본이 미국 국내 위기를 완화하는 데 사용된 것이 대표적인 예다. 오늘날의 글로벌 시장도 실제로는 미국과 친한 정도에 따라 세 가지 수준으로 나누어 볼 수 있다. 핵심 시장 구성원(대체로 WTO 참여국), 주변 시장 참가국, 전면적 제재를 받는 국가다. 즉 오늘날의 글로벌 시장은 여전히 미국 질서하의 글로벌 시장이다. 앞서 말했듯이 3.0 과학기술 문명의 철칙은 결국 가장 큰 시장이 유일한 시장이 되리라는 것이다. 미국이 부여한 시장 접근 권한이 사실상 전 세계 국가의 번영과 빈곤의 정도를 결정한다. 미국이 지배하는 효율적인 단일 시장에서 벗어나 독립적으로 운영되는 다른 모든 시장은 효율이 낮고 경쟁력이 떨어지기 때문이다.

리센지李愼之(20세기 후반 중국의 자유주의 사상을 대표하는 인물로, 덩샤오핑이 미국을 방문했을 때 대표단의 고문으로서 동행했다-옮긴이)의 회고에 따르면, 덩샤오핑이 집권 후 미국을 방문했을 때 자신에게 왜 중·미 관계를 가장 중요하게 생각하는지에 대해 이렇게 말했다고 한다. 그간 관찰한 바에 따르면 제2차 세계대전 이후 미국과 잘 지낸 나라는 부유해졌고, 소련과 잘 지낸 나라는 모두 가난해졌다는 것이다. 덩샤오핑의 통찰은 오늘날 국제 질서에서도 여전히 유효하다.

물론 미국은 역사적으로 강대국일 때는 질서를 유지하기 위해 주로 소프트 파워에 의존했다. 다만 소프트 파워로 포장했지만 그 이면에는 항상 하드 파워라는 핵심이 존재했다. 그러다가 미국의 자신감이 떨어지면 겉치레를 벗어던지고 적나라한 방식으로 하드 파워에 의존했다. 미국의 강력한 힘에 당해본 나라라면 미국이 대내적으로는 민주적이지만 대외적으로는 패권국이라는 사실을 잘 알고 있을 것이다. 다른 국가에 대해 시장 접근권과 진입 자격을 허가하거나 선별적 제재와 처벌을 하는 것은 질서를 만든 자로서의 특권이고 그 하드 파워의 일부다.

취임 이후 트럼프의 많은 행동은 사실상 미국이 전통적인 이데올로기의 외투를 벗어버리고 권력의 본질로 돌아간 것이다. 그가 행사하는 권력은 미국이 항상 가지고 있던 권력이다. 마치 유가의 도, 윤리와 도덕의 길을 내팽개쳤던 중국 왕조의 몇몇 황제가 역사적으로는 비난을 받고 '폭군'이라고 불릴지 모르지만 당시에는 그를 막을 수 있는 사람이 없었던 것과 같다. 마찬가지로 미국의 모든 무역 파트너가 트럼프의 불합리한 무역 요구에 큰 소리로 항의했지만, 곧 중국을 제외한 대부분 국가가 미국에 더 유리한 새로운 무역 협정에 서명했다. 따라서 트럼프의 집권은 미국 질서하에서 권력의 본질을 모두에게 더욱 명확하게 보여준 것이다.

미국 질서하의 중·미 관계

중국이 국제 시장에 진입한 것은 근대에 와서다. 1840년 이전까지 중국은 기본적으로 국제무역과 관계가 없었다. 아편전쟁 이후 중국은 당시 유럽 열강이 지배하던 국제무역 체제에 반식민지라는 신분으로 참여를 강요당했다. 1949년 중화인민공화국 건국 후 경제 운영체제는 계획경제였고 대외 관계에서는 미국과 소련에 모두 대립했다. 그 결과 미국과 소련이 지배하는 세계 양대 시장으로부터 고립되어 폐쇄된 상태에 있었다. 개혁개방 시대에 이르러 중국은 경제 분야에서 시장경제 개혁을 실시했으며, 정치적으로는 사회 안정 보장이라는 전제하에 개인과 사회에 대한 통제를 크게 완화하여 개인·사회·민간 기업에 점점 더 많은 공간을 제공했다. 대외 관계 측면에서는 미국과 우호적인 관계를 맺고 미국과의 협상을 통해 WTO에 가입했으며, 결국 미국 주도의 글로벌 시장에 전면적으로 섞여 들어가 정식 구성원이 됐다. 동시에 미국의 질서를 지켜야 한다는 것을 의식하면서 역량을 감추고 때를 기다리며 경제 도약을 실현했다.

그러나 최근 몇 년 동안 이런 상황이 바뀌었다. 중국의 힘이 커지면서 미국과 양립할 수 없는 측면이 더욱 두드러졌고, 국제 관계에서는 미국 주도의 경쟁에서 필연적으로 갈등이 발생했다. 이에 중국은 미국 외에 자신을 중심으로 하는 국제 경제 조직을 수립하고자 했다. 전 세계 GDP의 25%를 차지하는 미국은 글로벌 시장을 유지하기 위한 군사 비용 대부분을 부담하고 있다. 반면 중국은 전 세계 GDP의 15%를 차지하지만 미국 입장에서 볼 때 국제 시장 유지에 드는 비용은 거의 부담하지 않는다. 심지어 국제 문제에서 미국과 마찰을 일으켜 미국의 질서 유지 비용을 증가시키고 있다.

미국은 중국과의 관계에 대한 태도 측면에서 크게 다음 네 가지 진영으로 나뉜다. 몇 년 전까지만 해도 융합파가 비교적 주류였다. 이들은 중국의 시장경제 개혁이 미국과 국제사회 전체에 이익이 될 것이며, 경제 자유화는 필연적으로 정치 자유화로 이어질 것이고, 중국이 서서히 미국을 닮아갈 것으로 봤다. 즉 미국의 소프트 파워가 잠재적 영향을 미칠 것으로 믿었다. 이 주장을 지지하는 진영은 기본적으로 미국 개신교의 이상주의적 색채를 띤다. 이들 융합파에 대응하는 것이 매파로, 공산당이 집권하는 한 중국과 미국의 이데올로기는 결코 양립할 수 없으며 경제력이 하루하루 성장함에 따라 중국이 미국의 경쟁 상대에서 잠재적 적국으로 변했다고 본다. 세 번째는 실익파로, 대부분 비즈니스맨이며 중국의 부상이 미국의 기업에 많은 사업 기회를 창출해줬다고 믿는다. 중국과 미국은 모두 핵무기 보유국이기 때문에 중국을 국제 경제의 커다란 사이클에 진입할 수 있게 해야 하고 이로써 핵전쟁을 피해야 한다고 주장하는 진영이다. 동시에 글로벌 금융위기, 핵무기 확산, 기후변화, 극단주의 이슬람 테러리즘과 같은 글로벌 이슈에 대해 중국의 협력과 지지를 얻어야 한다고 본다. 마지막 세력은 트럼프를 지지하는 포퓰리즘 세력이다. 주로 미국의 중·하층 계급이며, 세계화가 진전되고 중국이 부상하는 과정에서 혜택을 누리지 못했을 뿐만 아니라 실업과 산업 공동화 등으로 희생자가 된 사람들이다.

이 네 가지 진영의 서로 다른 견해는 항상 존재해왔지만, 최근 몇 년 동안 중국의 일부 변화에 따라 각 진영의 견해가 서서히 통일되고 있다. 중국을 WTO에 가입시킨 일은 실수였으며 중국의 경제력 상승이 미국 질서에 가장 커다란 도전이라는 공감대가 확산되고 있다. 융합파는 이미 중국 경제의 급속한 발전이 정치 개혁을 촉발할 수 있다는 환상을 버렸고 서서히 매파 쪽으로 기울고 있다. 이제 그들은 중국 경제의 급속한 부상이 중국을 미국의 경쟁국에서 적국으로 바꿀 것으로 본다. 또한 포퓰리즘 세력은 세계화와 과학기술 발전이 미국 사회에 가져온 급속한 부의 양극화, 중산층의 침체를 전적으로 중국 책임으로 본다. 원래 중국의 글로벌 무역 체제 진입을 가장 지지했던 실익파는 최근 몇 년 동안 중국이 외국과 민간 기업에 제약·규제 정책을 실시함에 따라 중국에 적대적으로 변하기 시작했다. 미국에는 진정한 '지화파知華派'가 부족했고, 오랜 기간에 걸쳐 완전히 객관적이고 역동적인 관점에서 중국을 이해할 수 있는 사람은 거의 없었다. 반면 중국은 미국을 훨씬 더 깊이 이해하고 있다.

어쨌든 현재 중·미 관계의 상태를 보면, 중국에 대한 미국의 시각은 점점 더 러시아에 대한 미국의 시각에 가까워지고 있다. 러시아는 냉전 이후 미국과 짧은 밀월 기간을 가졌지만 푸틴이 집권한 후 다시 서양의 라이벌이자 잠재적인 적이 됐다. 러시아는 국제무역 체제에 가입했지만 서양의 다양한 제재 정책, 특히 최근 몇 년 동안 크림반도 합병으로 인한 제재로 줄곧 체제 밖에 머물러 있으며 글로벌 시장의 가장 핵심적인 영역에는 진입하지 못했다. 러시아 경제는 줄곧 에너지와 천연자원으로 유지돼왔다. 군대를 제외한 모든 분야에서 상대적으로 개발이 덜 됐으며 인구도 감소하고 있다. 어쩌면 20년 후에는 러시아가 더 이상 강대국이 아닐 수도 있다. 하지만 중국의 상황은 다르다. 미국 시각에서 중국은 구소련의 위치를 대체할 상당한 잠재력을 갖추고 있다. 트럼프의 무역 전쟁은 미국 사회 각계각층의 지지를 받았다. 정계 엘리트, 경제계 엘리트, 보통 사람들, 사업가, 정치인 등의 관점이 대체로 일치한다. 매파는 심지어 중국을 WTO에서 퇴출해야 한다고 주장하기도 하며, 중국이 없는 새로운 WTO를 수립하고 중국에만 적용되는 별도의 무역 조건을 만들어야 한다고 목소리를 높이는 이들도 있다. 이것이 오늘날 미국 질서하에서 중·미 관계의 큰 배경이다.

중국은 이미 세계 경제와 무역 체제의 핵심부에 진입했으며, 이는 지난 20~30년 동안 지속돼온 과정이다. 그리고 중국 경제의 비중은 전 세계 GDP의 15%에 도달했다. 만일 미국이 매파가 주도하는 디커플링decoupling 정책을 추진한다면 커다란 저항에 직면하게 될 것이며, 그 과정에서 막대한 사업 손실이 발생하고 심지어 미국과 전 세계가 경기 침체에 빠질 수도 있다. 장기적으로 디커플링 정책을 추진하려면 미국과 중국 간 갈등을 더욱 부추겨야 하기에 매파로서는 중국을 이용해야 한다. 이 관점은 최근 미국의 화웨이 제재를 설명하는 데 매우 큰 도움이 되는데, 이 제재는 깊이 생각하고 따져본 끝에 목표를 정밀히 조준한 것이었다. 화웨이는 중국 첨단 기술 발전의 정점에 있으며 중국에서 무척 존경받는 기업이다. 이 기업은 보안에 가장 민감한 산업에 제품과 기술을 제공한다. 이 분야는 현재 중국이 첨단 기술 측면에서 미국과 세계를 능가하는 유일한 분야이며, 이런 주도권은 모든 국가의 안보 불안을 자극할 수 있다. 미국은 이런 우려를 부채질해 갈등을 유발하고 중국이 격렬하게 반응하도록 유도하여 갈등을 빠르게 극단으로 몰아갈 수 있다. 중·미 관계를 적대적 또는 준전쟁 상태로 몰고 가야만 중국을 국제 시장에서 퇴출했을 때 발생할 막대한 손실과 경제적 피해를 대중이 수긍할 수 있기 때문이다. 타이완, 홍콩, 티베트, 남중국해와 같은 다른 이슈들도 모두 중·미 간 대결의 도화선이 될 수 있다.

오늘날의 상황은 중국이 지혜로운 대응을 할 수 있는지에 대한 커다란 시험이다. 중국의 선택지는 얼마나 존재할까? 앞으로 나아갈 길은 어디일까? 내 생각에 현대화와 3.0 과학기술 문명이 여전히 중국의 주요 목표라면 선택의 여지가 많지 않다.

우선 중국은 몇 가지 큰 실수를 피해야 한다. 첫 번째 가능한 실수는 미국 매파와 정면으로 맞서 싸우다가 의도치 않게 그들의 유도에 넘어가 러시아처럼 기존 미국 질서에 대한 도전자가 되는 것이다. 이 경우 대체로 예측 가능한 결과는 매파가 미국 주류를 빠르게 결집하고, 미국은 중국 경제로부터 분리를 시작하는 것이다. 그 대열에 영국·호주 등 파이브 아이즈Five Eyes(미국을 중심으로 상호 첩보동맹을 맺고 있는 영어권 5개국으로 미국, 영국, 캐나다, 호주, 뉴질랜드를 말한다-옮긴이)와 유럽 나라들, 일본 등을 포함하며 천천히 전 세계로 확장할 것이다. 중국 경제를 세계 무역의 중심에서 주변부로 밀어내 오늘날 러시아와 같은 위치로 가져다 놓는 것이 목표다. 이 과정은 단기적으로 세계 경제에 막대한 피해를 주지만 달성이 불가능한 것은 아니며 장기적으로 미국에 이익을 가져다줄 수 있다. 예를 들어 화웨이의 경우, 이 기업이 실제로 세계 주요 시장에서 완전히 배제된다면 세계 주요 시장은 5G 기술 측면에서 단기적으로 중국 및 중국과 협력하는 소규모 국가에 뒤처지게 될 것이다. 동시에 세계 주류 시장에서 배제된 화웨이는 상대적으로 작은 시장에서만 계속 혁신하고 움직일 수 있을 것이다. 그에 반해 단기적으로 뒤처졌던 서구 통신회사들은 더욱 큰 시장에서 자유시장의 교류를 통해 5년이나 10년, 아니면 20년 후에는 틀림없이 선진 기술을 창출해낼 것이다. 그러면 화웨이는 아마도 선도적 위치를 유지하기 어려울 것이다. 또한 중국이 적극적이든 수동적이든 폐쇄적인 상태로 후퇴한다면, 상당 기간은 자급자족할 수 있겠지만 시간이 지날수록 작은 시장은 결국 큰 시장에 압박당할 것이며 큰 시장의 나선형 선순환에 비해 중국 경제는 계속 위축될 것이다.

두 번째 가능한 실수는 경제 정책에서 포퓰리즘으로 나아가는 것이다. 좋든 나쁘든 정부의 개입을 늘리고 외국인 투자를 배제하며, 기술이 우수하든 아니든 자국 기업을 우선하면서 폐쇄적으로 자력갱생을 도모해나가는 것이다. 이러면 글로벌 시장에서 분리된 것은 아니지만 원래의 정책 기조 위에 민족주의 쪽으로 더 기울어가는 것이다. 결과가 나타나는 시간을 지연하고자 하는 선택이긴 하지만 예측이 가능하다.

최종적으로는 중국 모델을 서양 자유 자본주의 모델과 대결시키는 길로 나아가는 것이며, 결국 서로 죽음을 각오하고 싸우다가 양쪽 다 큰 상처를 입게 될 것이다.

인류가 2.0 농업 문명 시대를 산 기간은 수천 년에 달하지만, 3.0 과학기술 문명은 200년밖에 경험하지 못했다. 그리고 미국 질서하의 3.0 문명은 짧디짧은 몇십 년에 불과하다. 그래서 우리는 여전히 무의식적으로 2.0 문명의 관점에서 생각하며, 2.0 문명 시대의 목표를 3.0 문명 시대의 목표로 삼곤 한다. 예를 들어 2.0 문명에서는 토지가 매우 중요했다. 역사에 이름을 남긴 대부분 사람은 조국의 땅을 지키거나 영토를 넓힌 사람들이다. 그러나 지난 몇 세기 동안에는 토지가 아니라 시장이 더 중요해졌고, '3.0 문명의 역사'와 '2.0 문명의 역사'를 판단하는 기준이 더는 같지 않다는 것을 분명히 보여줬다. 그래서 나는 특별히 이 두 문명을 2.0과 3.0으로 구분하고 사람들이 이들 문제를 생각할 때 자주 빠지는 맹점을 상기시키려고 노력한다.

오늘날 어떤 관점에 따르면 중국의 경제 규모가 이미 너무 커져 이젠 역량을 숨기고 때를 기다리고자 해도 이미 불가능하다고도 한다. 이들은 다음과 같이 주장한다. 미국은 더 이상 중국의 지속적인 경제 성장을 용인할 수 없다. 중국의 정치체제가 변한다는 것은 불가능하고 미국과의 갈등 또한 불가피하기 때문에 앞으로 전쟁이 일어날 가능성이 있다. 따라서 현재의 국제 정세를 잘 활용하여 중국 중심의 국제 경제 및 무역 체제를 구축하여 앞으로 미국 질서하에서 국제 시장에 맞서 싸우거나 심지어 대체하기 위해 노력해야 한다. 하지만 내가 볼 때 이런 견해는 미국의 질서를 잘못 읽고 중국의 국내 및 국제적 실력을 오판한

데서 비롯된 것이다.

미국 질서하의 국제 시장은 자유롭고 경쟁적인 시장으로 남아 있으며, 모든 WTO 회원국에 경쟁하고 발전할 기회를 동등하게 제공한다. 독일과 일본은 제2차 세계대전 이후 미국의 적대국에서 세계 GDP의 약 5%와 6%를 차지하는 국가로 성장했다. 중국은 개혁개방 이후 세계 GDP에서 차지하는 비중이 1.75%에서 현재 15%로 증가했다. 이 모든 것은 미국의 질서 아래 있다는 조건이어서 달성할 수 있었다. 반면, 미국이 세계 GDP에서 차지하는 비중은 제2차 세계대전 이후 약 50%에서 현재 25%로 감소했다. 그럼에도 미국은 여전히 국제 시장의 안전한 운영을 위한 주요 비용을 부담하고 있으며, 미국의 질서가 전반적으로 더 관대하고 공정하며 합리적이라고 할 수 있다. WTO 가입국 중 이렇게 중요한 경제 시스템에서 진심으로 탈퇴할 의향이 있는 나라는 없을 것이다. 규칙을 따르는 한 중국이 경제적으로 부상할 여지는 여전히 크며, 미국 경제 역시 여전히 세계에서 가장 역동적이다. 미국은 아직 자신의 경쟁력에 대한 자신감을 잃지 않았다.

세계 질서의 경쟁자가 되려면 내부적으로 강대해야 할 뿐만 아니라 국제사회의 대다수가 받아들일 수 있는 이데올로기를 가져야 한다. 현재 세계 주류 문화에서 '중국 이야기'를 받아들이는 수준을 고려할 때 중국은 아직 그런 소프트 파워를 가지고 있지 않다.

정치적으로 볼 때 오늘날의 미국 질서하에서 각국은 여전히 상당한 재량권을 가지고 있다. 미국의 질서는 주로 국제 시장의 규칙과 진입·퇴출에 관한 것이며, 사실 각국의 정치에 대해 그렇게 엄격히 간섭하진 않는다. UN은 주권국들의 동등한 관계를 전제로 하며, 따라서 실제로 미국의 질서하에 다양한 정치체제가 발전할 수 있다. 물론 미국의 지위에 직접적으로 도전하지 않는다는 전제다. 중국이 매우 작게 출발해서 전 세계 GDP의 15% 비중으로 성장했다는 사실 자체가 이를 증명한다. 지속 성장할 여지는 아직도 충분히 크다.

서로 다른 정치체제가 반드시 3.0 과학기술 문명의 경제와 연관돼 있는 것은 아니다. 3.0 문명 시대에는 경제가 발전하는 과정에 정치 또한 계속해서 변화하기 때문이다. 경제가 비약하는 시기에는 대부분 국가가 상대적으로 중앙집권적인 체제를 가지고 있었고, 민주주의도 극소수자에 의한 공화제식 민주주의였다. 예를 들어 산업혁명 초기 영국에는 입헌군주제가 있었고 글로벌 시장을 만드는 과정에서는 식민 통치라는 수단을 썼는데 이는 매우 잔인한 정치라고 할 수 있다. 미국도 크게 다르지 않다. 초창기 경제가 비약하기 시작했을 때 투표권을 가진 인구는 10%도 되지 않았고, 식민지를 두진 않았지만 당시 노예 제도를 최대 규모로 시행한 국가였다. 파시즘과 침략의 길을 걸었던 일본과 독일 같은 나라는 말할 것도 없다. 그러나 경제가 발전하고 생활이 점차 풍요로워지자 서구의 주요 국가들은 서서히 입헌주의, 민주주의, 인권, 자유의 길로 나아갔다. 이런 정치적 진화는 3.0 문명 시대 경제 발전의 원인이 아니라 결과다. 이런 이유로 미국의 질서는 개발도상국의 정치적 상황에 대해 획일적으로 경직되게 적용할 수 없다. 기본적으로 각국의 선택을 존중하고 각국의 주권을 존중하는 UN에서는 모든 국가가 평등하며, 꼭 중국과 갈라서야 할 정치적 이유가 없다. 중국이 기존 국제 시장의 규범에 도전하기보다 존중하면서 이런 기회를 잡을 수 있다면 경제적으로 더 도약할 수 있는 공간은 무척 크며, 투키디데스의 함정Thucydides trap(신흥국이 부상하면 기존 강대국이 견제하면서 전쟁이 발생한다는 뜻-옮긴이)에 빠질 이유가 없다.

신형 강대국 관계(중국의 국력이 성장한 만큼 미국과 중국이 영향력을 나누어 행사해야 한다는 시진핑習近平 주석과 중국공산당의 주장-옮긴이)에서 중국이 투키디데스의 함정을 피하려면 미국을 3.0 문명 국제 질서의 주도자로서 존중하고 현재의 국제 규칙을 준수해야 한다. 또한 국내 경제에서는 개방을 더욱 가속화하여 경제의 시장화와 국제화를 진행하고 국유 기업을 점진적으로 개혁해야 한다. '자산관리형'에서 '자본관리형'으로 전환해 국유 기업에 대해 진정한 의미의 시장화를 진행하고, 내수를 신속히 확대하여 중국 시장이 글로벌 경제에 더 많은 이익을 줄 수 있게 해야 한다. 동시에 국제 관계에서 중국은 세계 GDP의 15%에 달하는 위상에 걸맞게 글로벌 시장 체계를 유지하는 데 드는 비용을 더 많이 부담하고, 미국이 주도하는 국제기구들을 지원함으로써 비용을 분담하기 위해 노력해야 한다. 2008~2009년 금융위기 당시 중국이 시행한 일들은 이런 측면에서 모범적인 사례였다. 위기에 대면하여 중국은 국내에서 4조 달러 규모의 경기 부양 정책을 시행했고, 이를 통해 당시 세계 경제 성장의 절반 이상을 담당했다. 동시에 국제적으로는 미 연방준비제도Fed의 통화 정책에 따라 수천억 달러 규모의 미국 국채를 매수했고, 미국과 함께 G20을 결성해 세계 주요국 간 통화 및 재정 정책 공조를 통해 금융위기 확산을 효과적으로 억제했다. 그 결과 1930년대 대공황의 재발을 막았다는 평가와 함께 주요 경제 대국으로서 국제적인 역할을 수행했다는 평가를 받았다.

미국 질서 자체도 진화하고 있다. 경제 질서는 상대적으로 더 강하며, 군사적으로는 NATO, 한미군사동맹, 미일군사동맹, 전 세계에 구축된 군사기지 등과 같은 선택적 군사동맹을 통해 비교적 강력한 질서를 만들었다. 반면 정치적으로는 주로 소프트 파워에 의존한다. UN은 주권국들을 평등한 관계로서 존중하며, 각국은 경제적으로 제재를 받더라도 정치적으로는 독립적이고 평등하다. 미국과 그 동맹국들의 관계는 미국 건국 초기 느슨한 연방 체제와 다소 유사하며, 여기에는 유럽, 파이브 아이즈, 한국, 일본 등이 포함된다. 한편 유럽연합EU은 성숙한 연방 체제를 점진적으로 발전시켜왔다. 3.0 문명의 철칙에 따르면, 장기적으로 볼 때 결국 가장 큰 시장이 유일한 시장이 될 것이다. 이란, 북한, ISIS(이라크·시리아 이슬람국가) 등과 같이 글로벌 시장의 핵심에서 제외된 국가나 조직도 마찬가지다. 그들은 미국의 가치관에는 반대할지라도 달러의 가치를 인정하고 받아들이지 않을 수 없다. 글로벌 시장이 절대적으로 통합되는 추세이므로 모든 국가는 결국 정치적으로 점점 더 가까워질 것이며, 몇십 년 또는 몇백 년 안에 여러 국가가 정치적으로 점점 더 긴밀하게 연결될 것이다. 현재 인류가 직면한 세계적 문제들이 이런 추세를 더욱 가속화할 것이다.

오늘날의 글로벌 이슈들은 더 이상 특정 국가에만 국한된 문제가 아니다. 예를 들어 지구 기후변화는 모든 국가, 특히 경제가 급성장 중인 국가들의 기여를 필요로 하는 문제다. 중국은 이런 분야에서 다른 모든 국가가 기꺼이 따르도록 하는 부유하고 책임감 있는 세계의 리더가 되는 데 부족함이 없다. 하루하루 발전하는 첨단 과학기술은 현재의 경제 질서에 문제를 제기한다. 예를 들어 인공지능AI이 고용에 미치는 영향을 비롯해 유전자 편집, 생명공학, 정보기술 혁명 등으로 인류는 다양한 도전에 직면해 있으며 이 영역에서도 중국은 유익한 도움을 제공할 수 있다. 그 외에 핵무기의 위협과 강대국 간 충돌로 인한 핵의 공포 등 누구도 감당할 수 없는 위험도 있다. 이 모든 분야는 중국이 기존 체제에서 발전할 수 있는 많은 여지를 제공한다.

중국 자신도 현재 몇 가지 문제를 안고 있다. 국제 정치에서 우려되는 '투키디데스의 함정' 말고도 국내 경제의 '중산층 함정' 등이 있다. 국내 문제에 대한 해결책은 지속적인 경제 발전을 기반으로 해야 한다. 이런 문제들을 잘 해결하면 발전을 지속할 수 있지만, 그 반대라면 발전의 함정에서 벗어나지 못할 것이다. 그리고 중국이 발전하고자 한다면 절대로 미국 질서하의 글로벌 시장을 떠나선 안 된다.

오늘날 우리는 넓은 의미에서 미국 질서하의 시대에 살고 있다. 이 시대는 현재도 여전히 발전 중이며 아직 최종 형태에 도달하지 않았다. 중국을 비롯한 전 세계 기타 국가들의 상황으로 말하면 사회·정치 조직의 구성은 아직 대부분 2.5 단계에 있으며, 경제 또한 이와 같이 점진적으로 진화하는 과정이다. 이런 의미에서 역사는 아직 종결되지 않았다. 시장이 고도로 통합돼 있기 때문에 이 시장 안의 국가와 사람들은 모두 사회·정치 조직적으로 상호 협조 관계를 형성하고 있다. 현재 상황에서 예측하긴 어렵지만, 전 세계가 최종적으로는 느슨한 연방 또는 긴밀한 연방처럼 연방의 형식으로 나아갈 수도 있다. 이런 사회·정치적 조직 형태는 모두 2.0 문명 시대의 산물이며, 3.0 문명 시대에서도 여전히 활용될지 어떨지는 알 수 없다. 이런 방향을 염두에 두면 각국의 정치 제도에 더 유연하게 대응할 수 있다.

중국은 농업 문명 시대에 최고의 정치권력 배분 제도를 만들었고,

가장 이른 시기에 공평한 정치권력 분배를 이뤘다. 중국은 3.0 문명으로 진입하는 과정에서 이런 정치적 전통을 잊지 말아야 한다. 미국은 3.0 문명 시대에 국제 질서의 정점을 이룩했다. 중국은 자국의 경험을 바탕으로 미국의 유용한 경험을 흡수하여 앞서 언급한 주요 목표를 달성해야 한다. 즉 투키디데스의 함정을 피하고, 국내 경제에서 중산층의 함정을 해결하며, 글로벌 시장을 유지하는 데 드는 비용을 더 많이 분담하고, 궁극적으로 전면적인 현대화를 달성하는 것이다.

과학기술 문명 시대의 동서양 관계

동서 관계에서는 물론 중·미 관계가 초석이지만, 이것이 유일한 것은 아니다. 중국과 여타 선진국 간의 관계도 똑같이 중요하며, 특히 미국과 중국 간의 갈등이 발생할 때는 더더욱 중요해진다.

우선, 3.0 문명 시대의 동서양 관계는 중·미 관계와 마찬가지로 몇 가지 근본적인 한계를 가지고 있다. 어떤 정부, 국가, 지도자도 이런 제약 조건에서 벗어날 수 없다.

첫 번째 제약은 3.0 문명의 철칙으로, 일단 강력한 글로벌 시장이 형성되면 어떤 국가도 이 시장을 떠날 수 없다는 것이다. 세계 유일의 시장을 떠나는 국가는 반드시 뒤처질 것이며, 떠나 있는 시간이 오래될수록 뒤처지는 속도가 빨라져 결국에는 그 시장으로 돌아갈 수밖에 없을 것이다.

두 번째 제약은 핵무기 시대에 각 강대국은 다른 강대국을 여러 번 소멸시키거나 심지어 지구상의 모든 생명체를 소멸시킬 타격 능력을 보유하고 있다는 것이다. 따라서 이런 시대에는 강대국 간의 관계에 상호 확증 파괴Mutually Assured Destruction, MAD 메커니즘이 존재한다. 핵공격을 받으면 똑같이 핵으로 복수한다는 의미인데, 이 메커니즘하에서는 이성적인 강대국들이 서로 철저한 전면전을 벌이기란 불가능하다.

세 번째 제약은 3.0 문명에서는 모든 인류가 직면한 일부 특별한 도전 과제는 국제적인 협력을 통해서만 해결할 수 있다는 것이다. 특히 강대국 간의 협력을 통해서만 대응할 수 있다. 전 인류의 생존을 직접적으로 위협하는, 이산화탄소의 온실 효과로 인한 지구 기후변화가 단적인 예다. 모든 국가의 공동 대응, 특히 중국과 미국의 적극적인 참여 없이는 효과적으로 대처할 수 없다. 자살 테러를 감행하는 극단주의 테러리스트, 특히 대량 살상 무기(핵, 생화학 무기)를 사용하는 조직과 개인에 대한 대처도 마찬가지다. 더욱이 오늘날의 세계화된 경제는 세계화된 공동 관리가 필요하다. 특히 2008~2009년 금융위기 같은 상황이 발생했을 때는 국제적 협력, 특히 경제 대국들 간의 협력이 필수적으로 요구된다. 더 장기적으로 보면 화석 연료에 대한 전적인 의존에서 3.0 문명을 해방하고 화석 연료만이 제공할 수 있는 농업용 비료를 확보하는 것은 인류의 생존을 위한 근본적인 요건이며, 이 역시 모든 국가의 공동 노력을 필요로 한다.

이런 엄격한 제약들이 있기 때문에 강대국 간의 전면적이고 장기적인 전쟁은 일어날 가능성이 거의 없다. 어떤 나라도 글로벌 시장을 떠나고 싶어 하지 않을 것이며, 강대국은 자국의 이익을 위해 기존 글로벌 시장 체계를 보호하려고 노력할 것이다. 강대국들은 그들 자신과 전체 국가들의 공동 이익을 위해 긴밀히 협력할 것이다.

그러나 평화와 협력이 경쟁이 없다는 것을 의미하지는 않는다. 객관적으로 볼 때 오늘날 동서양 관계는 여전히 불확실성으로 가득 차 있다. 미국뿐만 아니라 서양 전체가 중국의 부상에 깊은 불안을 느끼고 있으며, 동서양 간에는 여전히 불신이 존재한다. 일정 조건하에서 이런 불안과 의심은 전면적인 적의, 충돌, 대립으로 악화될 수도 있다. 중국은 거의 한 세기 동안 서양의 압제를 받아왔으며, 이런 역사가 초래한 서양에 대한 불신은 충분히 이해할 만하다. 서양인 입장에서 동서양 관계를 불확실하게 만드는 여러 가지 이유가 있다. 표면적으로는 문화와 심리가 그 이유 중 하나다. 중국과 서양은 인종이 다르며 서로 다른 문화와 역사와 풍습을 가지고 있다. 중국의 인구는 서양 각국을 합친 것보다 많다. 따라서 중국의 국제적 지위가 상대적으로 올라가고 미국을 비롯한 서양의 입지가 상대적으로 좁아질 때 서양이 느낄 심리적 불안과 거부감 역시 충분히 이해할 만하다. 중국의 GDP가 미국을 능가하여 세계 1위가 된다면 이런 심리적 반응은 더욱 강해질 것이다. 심층적으로 보면 서양의 불안감은 동서양의 정치·경제 시스템과 가치관의 차이에서 비롯된 것이다. 오늘날 중국 정부는 여전히 경제에서 상당한 역할을 하고 있으며 일부 분야에서는 눈에 보이는 손이 주도적 위치에 있기도 하다. 이런 상황에서 서양은 최악의 시나리오를 가정하고 오늘날 중국을 제2차 세계대전 이전의 독일·일본과 자연스럽게 연관 짓기 쉽다. 이 두 가지 원인이 서로 얽혀 동서양 간의 불신을 더욱 키운다.

심리적으로 서양의 두려움은 이해할 수 있지만 이런 최악의 시나리오는 본질적으로 발생할 수 없다. 왜냐하면 역사는 늘 변화하며, 같은 강물에 두 번 들어갈 수는 없기 때문이다. 오늘날 우리는 이미 독일과 일본의 성과를 봤으며, 3.0 문명의 철칙도 알고 있다. 중국이 글로벌 시장을 떠나는 것은 불가능하다. 구소련의 예가 보여주듯이, 당시 독일과 일본이 전쟁에서 승리했더라도 마지막에는 경제 측면에서 실패했을 것이다. 중국 스스로도 쇄국의 길을 걸어왔기 때문에 이 길이 통하지 않는다는 것을 잘 알고 있으며, 중국인들은 총명하므로 결단코 이 길로 되돌아가는 일은 없을 것이다. 더 중요한 것은 중국의 현재 경제·정치 제도가 과도기적 제도라는 점이다. 전통적인 과거 제도와 입헌민주주의가 결합한 중국 고유의 정치 제도가 발전해나가고 있다. 중국이 경제적·정치적·문화적으로 현대화 과정을 완성한다면, 그중 많은 실천 사례가 서구 사회에도 매우 유용한 대안을 제공할 것이다.

이런 맥락에서 불안, 의심, 오해, 심지어 적대감과 충돌은 역사의 장기적 관점에서 볼 때 모두 일시적인 현상이다. 중국이 현대화로 전환하는 과정에서 동서양의 지도자가 이성과 지혜로 갈등에 대처하고 협력과 상생의 관계를 지속할 수 있다면, 앞으로 수십 년간에 걸친 개혁이 성공한 후 동서양의 관계는 자연히 더욱 가까워지고 협력도 강화될 것이다.

중국의 관점에서 볼 때, 바야흐로 중국은 앞으로 수십 년 동안 현대화를 전면적으로 실현할 수 있는 최고의 기회를 맞이했다. 중국이 현대화를 실현하는 데 가장 중요한 요건은 최선의 국제 환경이다. 따라서 글로벌 자유시장경제의 질서를 유지하고, 세계 평화를 수호하며, 주요 경제 강대국과의 직접적인 충돌을 최대한 피하고, 인류 공동의 과제를 해결하기 위한 국제 협력에 적극적으로 참여해야 한다. 국제적으로 충돌해서 무언가를 얻는다고 할지라도 현대화 실현을 위한 최선의 국제 환경을 얻는 것에 비한다면 모두 미미할 뿐이다.

중국의 이익을 최대화하는 데는 무엇보다 중·미 관계가 중요하다. 양국은 공통의 이익을 공유할 뿐만 아니라 공통의 도전에 직면해 있고, 경제를 비롯한 많은 영역에서 강력한 상호 보완성을 가지고 있다. 상당히 긴 시간 동안 과학기술이 3.0 경제의 가장 큰 원동력일 것이므로 글로벌 경제에서 미국의 리더십은 당분간 변하지 않을 것이다. 중국이 글로벌 경제 생산량에서 1위를 달성할 수 있을지는 모르겠지만, 1인당 GDP와 첨단 기술 개발에서는 여전히 미국이 앞서 있다. 그리고 중국의 제조 역량과 시장의 깊이는 미국과 상호 보완적인 관계에 있다. 중·미 협력은 지역 평화와 지속 가능한 글로벌 경제 발전의 초석이다.

그럼에도 중·미 관계는 단기적 또는 중장기적으로 갈등과 대립으로 치달을 수 있으며, 국지전의 위험이 없는 것도 아니다. 이런 상황이므로 중국이 그 밖의 주요 선진국과 좋은 관계를 유지하는 것이 특히 중요하다. 중국이 계속해서 시장경제를 유지하고 대외적으로 개방하며 국제적 의무를 이행하고 기후변화 대응, 에너지 절약 및 탄소 배출량 감축과 같은 국제적 책임을 적극적으로 공유해나간다면, 유럽과 일본이 중국과 미국 사이에서 완전히 한쪽 편을 선택할 가능성이 줄어든다. 그러면 중국이 최신 기술 개발의 최전선에서 많이 뒤처지지는 않을 것이다. 중·미 간에 전면적인 무역 금지 조치가 취해지더라도 미국과 중국은 제3국을 통해 사실상 교역을 계속할 것이다. 단지 철저한 쇄국이나 전면적인 봉쇄 또는 소련의 경우처럼 서양 선진국의 참여 없이 폐쇄적이고 작은 별도의 국제 시장을 만들지 않는 한 모든 분쟁, 갈등, 대립은 화해로 마무리할 수 있다. 국제적 도전에 직면한 중국의 가장 중요한 대응은 개혁개방을 고수하고 시장경제를 유지하며 글로벌 공동 시장을 떠나지 않는 것이다.

공동의 이해관계, 3.0 문명의 철칙, 인류가 직면한 공동의 도전, 역사가 주는 교훈 등의 이유로 동서양의 차이나 충돌 또는 오해는 국지적·단기적으로 지나갈 것이고 충분히 통제할 수 있을 것이다. 그런 후에는 동서양 간의 신뢰, 협력, 공동 이익, 발전이 가장 큰 흐름이 될 것이다.

제16강

인류 미래의 공동 운명

무한히 진화하는 과학기술과 끝없이 증가하는 인간의 욕구가 유기적으로 결합하는 것이 3.0 문명의 근본적인 원동력이다. 오늘날의 발전 속도라면 몇백 년 후에는 이런 기술 발전이 인류를 전혀 예상하지 못한 방향으로 이끌 수도 있다.

예를 들어 사람들이 추구하는 외모나 패션을 생각해보자. 성형 수술 기술이 발전하여 사람들은 이미 외모에 대한 다양한 선택권을 가지게 됐다. 그런데 미래에 과학기술이 더 발전하면 사람과 사람 사이의 구별은 일종의 개인 취향이나 선택에 따른 것이 될 수도 있다. 예를 들어 피부색이라면 어떤 사람은 하얀 피부를, 어떤 사람은 갈색 피부를, 어떤 사람은 검은 피부를 선호하는 등 완전히 개인적인 선택이 될 수 있다. 외모는 물론 성별까지도 자유롭게 선택할 수 있다. 과학기술과 시장의 결합 덕분에 수요만 있다면 모든 것이 이뤄질 수 있다.

기타 문화 방면에서도 다양한 변화가 생길 수 있다. 문화는 인류가 아프리카를 떠난 후 6만 년 동안 세계 각지에 분포하며 현지의 기후 조건에 적응하기 위해 발전시켜온 독특한 신앙 체계이며, 생활 방식의 총화다. 현재는 문화를 기반으로 서로 다른 지역의 사람들을 구분하지만, 이런 구분 역시 미래에는 개인의 선택과 기호가 될 것이다.

미래에는 언어도 즉시 통역되어 전 세계 사람들이 자신의 언어를 사용하면서 서로 소통할 수 있을 것이다. 그러나 언어 발전 측면에서 보면 언어 자체에도 규모의 효과가 있다. 앞서도 말했듯이 영어는 마이크로소프트나 안드로이드 플랫폼상의 애플리케이션이 가장 많은, 가장 창의적인 사람들이 사용하는 언어다. 따라서 공동 창작 같은 작업은 아마도 계속 영어를 사용해 이뤄지기가 쉬울 것이다. 그와 병행해서, 어쨌든 시간이 갈수록 다른 언어로 번역하는 것도 더 쉬워질 것이다. 음식도 마찬가지이며 습관도 바뀔 것이다. 예를 들어 많은 아시아인이 유당분해효소결핍증을 가지고 있는데, 기술의 발전에 따라 누구나 유제품을 즐길 수 있게 될 것이다.

이런 구체적인 예를 열거한 이유는 지난 수만 년 동안 사람들을 갈라놓았던 가장 근본적인 구분이 미래에는 모두 개인의 선택이 되어 더 이상 역사를 통해 전승되지 않을 수 있음을 보여주기 위해서다. 이런 식으로 민족, 문화, 종교 등 국가의 전통적인 기초에도 변화가 발생하고 원래 존재했던 많은 기반이 점차 사라질 것이다. 특히 종교는 과학이 발전함에 따라 부정되는 측면이 늘어나고는 있지만 기본적인 의의는 여전히 존재할 것이다. 종교는 궁극적으로 세계관 문제를 해결하고자 하기 때문이다. 인간은 어디에서 왔는가, 인간의 본성은 무엇인가,

인간이 살아가는 의미는 무엇인가, 인간이 죽은 후에는 어디로 가는가 등이다. 과학은 이 모든 질문에 점점 더 나은 설명을 제공할 것이며, 심지어 미래에는 종교적 설명을 대체할 수도 있을 것이다. 그러나 종교의 또 다른 기능은 인간의 영혼을 위로하고 고통을 달래주고, 삶에 의미를 부여하고, 미래에 대한 믿음과 희망을 주는 것이다. 이것은 종교뿐만 아니라 전통 예술이나 철학 모두에서도 점점 더 일종의 추세가 될 것이다. 예술, 신앙, 철학, 사랑과 연민에 대한 인류 공통의 경험은 더욱더 강해질 것이다. 살아남은 모든 종교의 공통 분모는 사람과 사람 사이의 연민과 공감이 될 것이고, 예술은 인류 공통 정신의 원천이 될 것이다.

동시에 3.0 문명의 사회는 그 철칙으로 인해 유일한 글로벌 공동 시장을 형성하며, 따라서 우리는 이 시장을 관리해야 하는 과제를 안게 된다. 이에 따라 기존 2.0 문명 시대에 발전했던 국가 체계는 유용성을 잃고, 원래의 국가 기초에도 변화가 발생할 것이다. 그 결과로 원래의 민족국가라는 기반 위에 새로운 글로벌 정부 관리 체제가 등장할 가능성이 있을 뿐만 아니라 어쩌면 필연일 수도 있다. 글로벌 정부는 글로벌 공동 경제 시장을 관리하고 금융 정책과 재정 정책을 공조해나간다. 또한 전 인류가 직면한 도전인 핵무기, 생화학 테러, 기후변화, 화석 연료의 고갈에 더욱 잘 대응할 수 있다. 점점 더 극심해지는 기후변화와 인간이 만들어내는 이산화탄소로 인한 온실 효과는 모든 인류, 모든 국가, 모든 지역에 거대한 변화를 일으키고 있다. 밀란코비치 주기는 앞으로 훨씬 더 오랫동안 지속될 것이며, 인위적인 활동 때문에 더욱 심각해지고 있다. 인류는 현재 지난 70만 년 동안의 기후 기록을 가지고 있으며 기후가 오랜 기간에 걸쳐 매우 극적으로 변화할 수 있다는 사실을 알게 됐는데, 글로벌 정부만이 이에 대처할 수 있다.

또 하나의 장기적인 과제는 자원 문제다. 석탄과 증기기관의 결합으로 산업혁명이 시작된 이후 내연기관과 석유가 결합했으며, 이어서 화석 연료와 전력이 결합해 전력을 기반으로 오늘날의 문명에 이를 수 있었다. 3.0 문명 전체가 화석 연료의 사용에 기반을 둔다고 말할 수 있는데, 3.0 과학기술 문명이 강력한 이유는 화석 연료의 에너지가 이전 문명 시기의 에너지원이었던 광합성보다 훨씬 더 크기 때문이다. 화석 연료도 처음에는 광합성을 통해 형성됐지만 유기물 잔해로 지하에 저장됐다가 수백만 년, 수억 년에 걸쳐 축적된 화학 반응을 통해 농축됐기 때문에 단위당 막대한 에너지 밀도를 가진다. 지구가 인류에게 남긴 소중한 유산이다. 하지만 이 유산에도 한계가 있다. 지금처럼 낭비한다면 머지않아 고갈될 것이 분명하다. 몇백 년이 될 수도 있고 1,000년을 넘길 수도 있겠지만, 언젠가는 틀림없이 고갈된다. 그렇다면 미래의 에너지원은 무엇일까? 석유화학 자원으로 만드는 비료 없이는 농업을 할 수 없는 상황에서 인류는 식량 문제를 어떻게 해결할까? 이것은 전 인류에게 거대한 도전이다.

과학기술이 공동체라는 인식을 더욱 깊게 하여 사람과 사람 사이의 구분, 전통적인 국가와 국가 간의 구분은 점차 약화되다가 결국 사라질 것이다. 그리고 3.0 문명의 글로벌 공동 시장은 사람들의 공동 이익을 증가시켜 인류 공동의 문제들에 함께 대처하게 해줄 것이다. 따라서 글로벌 정부는 합리적 선택이 될 것이다. 사실 인류 역사상 이를 위한 다양한 시도가 있었다. 예를 들어 중국은 초기에 100개 이상의 민족을 정복하고 식민지로 삼아 동화시켜 결국 중화민족을 형성했다. 그리고 미국은 다양한 민족과 문화가 어우러진 거대한 용광로로, 지난 2세기 동안 성공적으로 발전해왔다. 또 다른 예로는 수 세기에 걸친 전쟁 끝에 결국 공동 시장에서 공동 정부로 전환 중인 EU가 있다. 이들은 모두 매우 성공적인 사례다. 제2차 세계대전 이후 수십 년 동안 인류가 발전시킨 국제기구인 UN, 세계은행, IMF, WTO, 그리고 G20 등은 모두 국가 간 성공적인 협력의 예다. 그러므로 언젠가는 글로벌 정부가 탄생하리라는 예측도 충분히 가능하다.

더욱 긴 안목으로 볼 때 인류가 대면하게 될 또 다른 큰 도전은 지구가 인류의 부양 한계에 도달하는 일이다. 50년 전 실리콘 기반 컴퓨터 칩이 발명된 이래 실리콘 칩의 컴퓨팅 속도는 18개월마다 2배씩 향상됐다. 이 속도라면 수십 년 안에 실리콘 소재의 지능적인 컴퓨팅 성능이 인간 뇌의 성능과 동등하거나 심지어 능가하게 될 것이다. 이런 식으로 인간의 뇌는 처음으로 기계 뇌와 호환되거나, 인간 뇌에 있는 모든 기억과 DNA를 기계에 입력해 뇌의 수명을 연장할 수도 있다. 물론 뇌는 탄소 소재를 기반으로 한 유기적 슈퍼컴퓨터일 뿐만 아니라 오늘날 우리가 아직 거의 알지 못하는 유기적 신호 전달 센터이기도 하다. 하지만 우리는 이미 인간의 일부 장기에서 이를 적용하고 있으며, 앞으로 더욱더 완벽해질 것이다. 예를 들어 생체공학은 혈액이 전달하는 신호를 통해 의수나 의족을 원래의 팔다리처럼 움직이게 할 수 있다. 과학이 연구해낸 기계의 힘으로 근력을 무한대로 확장할 수도 있다. 만일 기계 뇌가 연산 속도 면에서 인간의 뇌와 비슷하거나 더 빠르다면, 그리고 우리가 뇌의 유기화학적 부분에 대해 더 많이 알게 된다면, 기계 뇌가 인간 뇌를 대신할 수도 있을 것이다. 또한 원래 개성을 훼손하지 않고 뇌를 연결·수리·교체할 수 있게 될지도 모른다. 실리콘과 탄소, 무기물과 유기물의 가장 기본적인 차이점은 수명이다. 유기물 탄소 뇌는 수명이 제한돼 있지만 무기물 실리콘 뇌는 수명이 훨씬 더 길다는 얘기다. 따라서 인간의 수명에도 어느 정도 변화가 발생하고 새로운 함의를 부여받게 될 것이다. 인간과 기계가 하나가 되거나 인간이 장기를 고치거나 보충하는 능력을 갖추게 된다면, 적어도 어떤 의미에서는 거의 무한히 살 수 있게 되는 것인데 그렇다면 언젠가는 인구가 지구의 수용력을 초과하게 될 것이다. 지구상 인구는 호모 사피엔스 출현 초기 2만 명에서 오늘날 70억 명으로 증가했다. 이미 엄청난 변화다. 앞으로 몇백 년, 몇천 년 안에 인간의 수명이 무한정 늘어날 수 있다면 지구는 포화상태에 도달할 것이고, 그날이 오면 인류는 6만 년 전 아프리카를 떠났던 것처럼 지구를 떠나 다른 행성에서 새로운 삶의 공간을 찾아야 할 것이다.

인류는 아프리카를 제 발로 벗어난 이래 수많은 도전에 직면했고 무수한 변화를 겪었다. 하지만 그런 도전을 겪는 과정에서 인류는 매번 위대한 창의력과 진취적 정신을 보여줬으며, 이는 문명 발전의 가장 중요한 원동력이었다. 인간에게는 분명 동물적 본능이 있으며, 모리스가 말했듯이 역사는 이 게으르고 탐욕스럽고 두려움 많은 동물이 더 안전하고, 더 쉽고, 더 효과적으로 일할 방법을 창조해왔다는 것을 알려준다. 물론 모든 동물이 그런 노력을 했겠지만, 인간은 도구를 사용했다는 점이 다른 어떤 동물과도 비교할 수 없을 정도로 특별하다. 인간의 두뇌에서 발휘되는 위대한 창의력과 진취 정신, 예술로 표출되는 비범한 정신적 힘은 우리가 최초의 아프리카 조상으로부터 먼 길을 갈 수 있게 했다. 그리고 인류는 수십만 년에 걸쳐 지구를 완전히 정복했다. 그러니 머지않은 미래에 다시 지구를 벗어나 새로운 보금자리를 찾아 광활한 우주로 떠날 수도 있을 것이다. 미래는 정말 기대해볼 가치가 있다.

Civilization, Modernization, Value Investment and China

PART 2

가치투자와 중국

중국에서의 가치투자 전망
: 2015년 10월 베이징대학교 광화관리학원 강연

먼저, 가치투자의 개념을 가르치는 데 중점을 둔 강좌를 개설해주셔서 감사합니다. 현시점에 이런 강좌를 개설한 것은 무척 의미가 있다고 생각합니다. 제가 아는 한 중국에서 처음이자 유일한 강좌입니다. 컬럼비아대학교에 이런 강좌가 있는데, 워런 버핏의 스승인 벤저민 그레이엄이 80~90년 전에 처음 개설했습니다.

히말라야 캐피털이 이 강좌를 지원하게 된 것을 자랑스럽게 생각하며, 오늘 이 자리에서 여러분과 이야기하고 싶은 주요 이슈는 네 가지입니다.

첫째, 이 과목을 수강하는 학생들 중 상당수가 금융 서비스 및 자산관리 업계에 진출할 것으로 예상되는 만큼 이 업계의 기본 특성과 종사자에게 요구되는 윤리적 마지노선에 대해 이야기하는 것으로 시작하고 싶습니다.

둘째, 자산관리업에 몸담은 사람이라면 어떤 금융 자산이 장기적으로 부를 지속 가능하고 효율적이며 안전하고 믿을 수 있게 성장시킬 수 있을지 알아야 하겠지요.

셋째, 당신이 열심히 노력하여 우수한 수탁자가 되고, 고객에게 진정으로 도움이 되는 서비스를 제공해 그의 재산을 보호하고, 그들의 자산이 지속 가능한 방식으로 성장할 수 있게 하는 효과적인 방법이 있을까요? 이 질문에 답하기 위해 투자의 정도正道와 대도大道, 즉 바른길과 큰길에 대해 이야기해보겠습니다.

넷째, 성숙한 선진국에서 효과적인 것으로 입증된 금융 자산 투자 방법들이 중국에도 적합할까요? 아니면 중국은 특수하니 다른 방법을 써야 할까요? 요컨대 가치투자를 중국에도 적용할 수 있을까 하는 문제입니다.

이 네 가지는 제가 수십 년 동안 고민해온 질문인데요, 오늘 여러분과 함께 의견을 나눠보고자 합니다.

자산관리 업계의 독특성과
종사자에 대한 최저한의 요구

자산운용은 일종의 서비스 산업인데, 여타 서비스 산업과 비교하여 어떤 특징이 있을까요? 다시 말해 어떤 부분이 다를까요? 저는 두 가지 점이 다르다고 생각합니다.

첫 번째, 이 업계의 고객은 절대적인 시간 동안 상품이 좋은지 나쁜지 알 수도 없고 판단할 방법도 없다는 것입니다. 이는 여타 대부분 산업과 다른 점입니다. 자동차를 예로 들어보면, 고객은 자동차가 좋은지 나쁜지 알 수 있습니다. 식당에 가서 식사를 한 후에는 그 식당의 음식이 어떤지, 서비스가 어떤지 알 수 있습니다. 호텔에 가거나 옷을 사거나 등 대부분 산업에서 제품이 좋은지 나쁜지 판단하는 것은 대개 고객의 사용 경험을 통해 이뤄집니다. 하지만 자산관리 업계의 고객들은 특정 상품이 좋은지 나쁜지, 또는 자신이 받고 있는 서비스가 우수한지 열등한지 판단할 방법이 없는 경우가 대부분입니다.

소비자와 위탁자뿐만 아니라 오늘 이 자리에 모인 업계의 대가들을 포함하여 종사자들마저도 자산관리 업계의 상품 또는 서비스의 질적 수준을 판단하는 것은 지극히 어렵습니다. 이것이 금융업, 특히 자산관리업이 대부분의 서비스 산업과 완전히 다른 부분입니다. 예컨대 펀드 매니저의 실적 보고서가 있다고 해봅시다. 만일 1~2년 정도의 실적 데이터라면 그가 우수한지 아닌지 판단할 방법이 전혀 없습니다. 5년이나 10년 치의 데이터가 주어져도 마찬가지입니다. 실제 투자 대상을 살펴봐야 하고, 그렇다고 하더라도 오랜 기간이 지나서야 판단을 내릴 수 있습니다. 쉽게 말해 (상품 또는 서비스의 퀄리티에 대한) 판단 기준이 없다시피 하다는 것이고, 대부분의 판단 기준은 그저 '자신의 이해관계'를 합리화하기 위한 방편일 뿐입니다.

두 번째이자 더욱 중요한 특징은 이 업종은 총체적으로 대부분 업종보다 보수가 높으며, 종종 고객 재산의 증가에 기여하지 못한다는 점입니다. 실제로 고객에게 진정성 있게 제공되는 서비스는 매우 제한적이며 종종 종사자 자신에게만 높은 수익을 가져다줄 뿐입니다. 가격 구조는 기본적으로 이 업계에 종사하는 사람들의 이익을 반영하고 고객의 이익은 거의 반영하지 않습니다. 일반적으로 업계는 항상 서비스의 품질을 높은 수준으로 끌어올려 소비자가 명확히 인식할 수 있게 하고, 이를 바탕으로 가격에 프리미엄을 얹습니다. 그러나 자산관리 업계는 순자산의 백분율로 가격을 매기는 방식이기에 모든 사람에게 동일한 방식의 보수를 취합니다. 실제로 수익을 내든 그렇지 못하든 고객에게 보수를 받는 거죠. 특히 사모펀드는 보수가 훨씬 높아서 터무니없다고 할 정도입니다. 이곳에서는 고객이 돈을 벌었을 때 돈을 받아낼 뿐만 아니라 돈을 잃었을 때도 돈을 받아냅니다. 고객은 어느 때건 직접 투자를 할 수 있지만, 일단 펀드에 투자한 이상 수익률이 지수 수준에 못 미칠 때도 많은 보수를 내야 합니다. 매우 불합리하지 않은가요?

사람들이 이 직업에 뛰어들고 싶어 하는 이유는 한편으로는 지적 도전 때문이고 다른 한편으로는 보수 때문이라고 생각합니다. 이 업계의 보수가 좋은 것은 사실이지만, 업계 종사자들이 그만큼의 가치를 고객에게 제공하는지는 큰 의문입니다.

이 두 가지 특징이 함께하면서 이 업계에는 명백한 폐단이 만들어졌습니다. 예를 들어 종사자들은 수준이 들쭉날쭉하여 옥석이 섞여 있고, 능력도 없으면서 머리 수만 많습니다. 업계 표준은 혼란스럽고 불투명하며, 곳곳에 그럴싸한 표현과 사용자를 오도하는 그릇된 논리로 가득합니다. 이 중 일부는 자신들도 제대로 이해하지 못하는 내용입니다. 이런 특성이 있기에 이 업계 모든 종사자에게는 가장 근본적으로 윤리가 요구됩니다.

제가 오늘 이 이야기를 먼저 하는 이유는 여기 계신 많은 분들이 앞으로 이 업계의 종사자가 될 분들이기 때문입니다. 이 강좌의 궁극적인 목표는 중국 자산관리 산업의 미래 리더를 양성하는 것입니다. 따라서 여러분이 업계에 진출할 때는 먼저 두 가지를 명심하시길 바랍니다.

첫째, 진정한 지식과 지혜를 추구하는 것을 자신의 도덕적 책임으로 여기고 '자신의 이해관계에 따라 모든 사안을 결정한다'라는 관행을 의식적으로 철저히 멀리해야 합니다. 직장에서 일하기 시작하면 대부분 이론이 '자신의 이해관계에 따라 사안을 결정한다'와 밀접한 연관이 있다는 것을 알게 될 것입니다. 충분히 깊이 생각하지 않으면 여러분은 고객의 이익보다 자신의 이익을 우선하게 될 것입니다. 이는 인간의 본성이며 누구도 막을 수 없습니다. 이 업계는 복잡하기 때문에 그럴듯한 견해가 무척이나 많습니다. 이 업계는 과학 분야도 아닌 데다 많은 판단을 해야만 합니다. 따라서 이 직업에 종사하기로 결심한 모든 젊은이가 이런 도덕적 마지노선을 지키는 소양을 양성하기를 바라며, 지식·진리·지혜를 자신의 도덕적 책임으로 여기고 끊임없이 추구하기를 바랍니다. 이 업을 이해하는 사람이라면 고객에게는 불리하지만 자신에게는 유리한 이론을 의도적으로 퍼뜨리지 않을 것이며, 터무니없으면서 그럴듯한 또 다른 이론에 휘둘리지도 않을 것입니다. 이 점은 무척 중요합니다.

둘째, 수탁자의 신의성실 의무에 대한 의식을 확립해야 합니다. 신의성실 의무란 무엇인가요? 고객이 여러분에게 맡긴 돈은 여러분의 부모님이 평생 열심히 일하고 절약하면서 한 푼 두 푼 모아 여러분의 손에 맡긴 돈이라고 생각해야 합니다. 비록 큰돈은 아닐 수 있지만 한 가족이 평생 열심히 일하고 근검절약하며 모은, 그 가정의 모든 것입니다.

만일 고객의 돈을 자신의 부모님이 평생 근검절약하여 모은 돈이라고 생각할 수 있다면, 수탁자가 된다는 것이 무엇을 의미하는지 이해했다고 할 수 있습니다.

수탁자의 신의성실 의무라는 개념에는 마치 유전자처럼 어느 정도 타고나는 영향이 있다고 생각합니다. 제가 아는 분들 중에 어떤 사람들은 이 유전자를 가지고 있고 어떤 사람들은 그렇지 않습니다. 이 업계에 종사하고 있는 사람은 자신이 그 유전자를 가지고 있는지 확인해야 하고, 앞으로 이 업계에 돈을 맡기려고 하는 모든 사람은 그런 유전자를 가진 사람을 찾아가야 합니다. 이 유전자가 없는 사람은 어떤 방법을 사용해도 기본적으로 유전자를 가질 수 없을 것입니다. 힘들게 모은 돈이 이런 사람들의 손에 들어가는 건 큰 비극입니다. 따라서 이 업계에 뛰어들고 싶다면 먼저 자신을 테스트하여 이 유전자가 있는지 없는지, 이런 책임감이 있는지 없는지 확인해야 합니다. 만일 이 유전자가 없다면 이 업계에 들어오지 말 것을 권합니다. 유전자가 없는 사람이 이 산업에 뛰어들면 수많은 가족의 부를 파괴하고 끝장낼 것이 분명하기 때문입니다. 2008년과 2009년의 경제위기는 대부분 수탁자로서의 의무감이 없는 사람들이 장기간에 걸쳐 이른바 성공적 행위를 끝까지 한 결과였습니다. 결국 그들의 성공이 사회를 파국으로 몰아가지 않았습니까?

이상은 제가 이 업계에 들어오고자 하는 분들에게 당부드리는 도덕상의 두 가지 마지노선입니다.

부를 지속 가능하고
효과적으로 성장시키는 금융 자산

그렇다면 어떤 금융 자산이 정말 신뢰할 수 있고, 투자자에게 장기적으로 안정적인 수익을 제공할 수 있을까요? 최근 주식 시장이 폭락하면서 많은 사람이 현금이 가장 안정적이라고 생각하게 됐으며, 심지어 금이 매우 안정적이라고 생각하는 사람들도 많습니다. 앞으로 이런 자산의 장기적인 성과가 실제로 어떨지 측정할 방법이 있을까요? 그리고 장기적이라는 것은 얼마나 오래라는 의미일까요?

먼저 기간부터 얘기하자면, 길면 길수록 좋다고 생각합니다. 우리가 찾아볼 수 있는 데이터는 기간이 길면 길수록 좋으며, 되도록 장기간에 걸쳐 지속적인 데이터가 좋습니다. 왜냐하면 그런 데이터만이 진정으로 설득력을 가질 수 있기 때문입니다. 현대 사회에서 서구 선진국들은 현대 경제의 초기 발원지이자 현대 시장이 가장 먼저 성숙한 곳입니다. 그들은 가장 큰 시장 데이터를 보유하고 있고 그들의 경제 규모가 가장 크기 때문에 가장 많은 문제를 설명해줄 수 있습니다. 그래서 우리도 미국 데이터를 인용하는데, 그중에서도 200년 전으로 거슬러 올라갈 수 있는 데이터를 선택했습니다.

펜실베이니아 주립대 와튼스쿨의 제러미 시겔Jeremy Siegel 교수는 과거 수백 년에 걸친 미국 금융 자산의 주요 범주별 성과를 수십 년 동안 세심하고 신중하게 수집하여 도표로 작성했습니다. 그 덕분에 우리는 매우 신뢰할 수 있는 데이터를 점검해볼 수 있습니다. 지난 200여 년 동안 각 유형의 자산들이 어떤 성과를 거뒀는지 살펴보겠습니다(〈그림 7〉 참조).

첫 번째 주요 자산군은 현금입니다. 최근 주식 시장이 급등락을 거
듭하면서 많은 중국인이 현금의 중요성을 더 많이 인식하게 된 것 같
고, 현금이 가장 가치 있다고 생각할 수도 있습니다. 지난 200년 동안
현금이 어떤 성과를 거뒀는지 살펴봅시다. 1802년에 1달러가 있었다
면 오늘날 그 1달러의 가치는 얼마일까요? 구매력은 어느 정도일까요?
〈그림 7〉에서 볼 수 있듯이 정답은 5센트입니다. 200년이 지난 지금
1달러의 현금은 그 가치, 즉 구매력의 95%를 잃었습니다! 그 이유는
모두가 짐작할 수 있듯이 인플레이션 때문입니다.

이제 다른 유형의 금융 자산을 살펴봅시다. 전통적으로 중국인에게

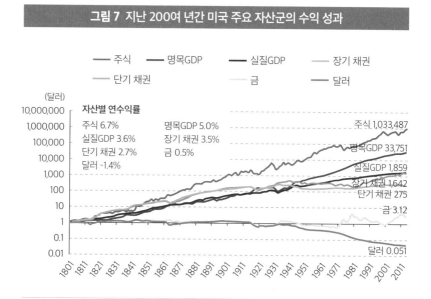

그림 7 지난 200여 년간 미국 주요 자산군의 수익 성과

자료: 제러미 시겔, 『투자의 미래』, 미국 상무부, 메저링워스MeasuringWorth

는 금, 은과 같은 귀금속이 매우 좋은 가치 보존 방법이었습니다. 선진 서구 세계는 상당 기간 금본위제를 유지해왔습니다. 금 가격은 확실히 상승했지만, 20세기에 들어서면서는 지속적으로 하락했습니다. 가장 중요한 귀금속인 금이 지난 200년 동안 어떤 성과를 거뒀는지 살펴봅시다. 200년 전에 구입한 금 1달러어치의 구매력은 오늘날 얼마나 될까요? 3.12달러죠. 가치가 상승한 것은 맞지만, 상당히 의외일 것입니다. 생각만큼 많이 상승하진 않았으니까요.

이번에는 채권을 볼까요? 우선 국채의 이자율은 무위험 이자율과 동일하며 줄곧 별로 높지 않았고 물가 상승률보다 약간 높은 수준입니다. 그에 비해 채권의 상승률은 대단합니다. 그림을 보면, 단기 채권은 200년 동안 275배 상승했죠. 장기 채권은 그보다 더 높아서 1,600배가 넘게 상승했습니다.

다음으로 주식을 살펴보겠습니다. 주식은 또 하나의 대형 자산 유형입니다. 많은 사람이 주식은 리스크가 크고 원금 보장이 안 된다는 점에서 위험 자산이라고 생각하죠. 특히 지난 8개월 동안 큰 폭의 상승장과 큰 폭의 하락장을 모두 경험했고 그중에서도 최근 3개월은 부침이 더 심해서 주식의 위험성을 더 잘 이해하게 됐습니다. 그러면 과거 2세기 동안 주식은 어떤 성과를 거뒀을까요? 1802년에 미국 주식 시장에 1달러를 투자했다면 오늘날에는 얼마가 될까요?

성과를 계산해본 결과, 인플레이션 영향을 조정한 후에도 100만 배나 상승했습니다. 1달러짜리 주식이 200년 만에 103만 달러가 된 겁니다. 주요 자산군 중에서 가장 높은 비율입니다. 어떻게 이처럼 놀라운 결과가 나왔을까요? 인플레이션 효과를 제외하고 연간 수익률로 계산해보면, 사실 연수익률 6.7%에 불과합니다. 이것이 바로 복리의 힘입니다. 알베르트 아인슈타인Albert Einstein이 복리를 세계 8대 불가사의라고 칭했는데, 저도 전적으로 동감입니다.

이 수치는 왜 현금이 가장 안전한 자산으로 간주되는지에 의문을 제기합니다. 어째서 가장 안전하다고 여겨지는 현금은 200년 동안 가치의 95%를 잃었고, 모두가 가장 위험한 자산으로 여기는 주식의 가치는 100만 배나 상승했을까요? 더욱이 이 100만 배는 인플레이션 영향을 조정한 후의 상승률입니다. 200년 동안 현금과 주식 수익률의 성과가 이렇게 큰 차이가 나는 이유는 무엇일까요? 자산관리 업계에 종사하는 사람 모두가 진지하게 고민해야 할 질문입니다.

이 현상에는 두 가지 원인이 있습니다. 한 가지 이유는 인플레이션입니다. 지난 200년 동안 미국의 인플레이션은 연평균 약 1.4%였습니다. 인플레이션이 매년 1.4%씩 증가한다면, 실제로 구매력이 매년 1.4%씩 감소하는 것입니다. 200년이 지나면 1.4%의 인플레이션이 1달러를 5센트로 바꿔버립니다. 95%의 손실이 발생하며 현금의 가치는 거의 사라지게 됩니다. 이 점은 순전히 수학적 관점에서 매우 잘 이해할 수 있죠.

또 다른 이유는 경제의 성장입니다. GDP는 지난 2세기 동안 3만 3,000배 이상 증가했습니다. 경제 성장을 이해할 수 있다면 다른 현상도 이해할 수 있습니다. 주식은 시장에서 일정 규모 이상의 기업을 대표하며, GDP 성장은 이들 기업의 재무제표상 매출 증가가 반영된 것으로 볼 수 있습니다. 일반적으로 기업에는 약간의 비용이 발생하지만, 이는 상대적으로 고정비에 해당하며 매출 성장만큼 크지 않습니다. 그러면 순이익의 증가율이 매출의 증가율을 초과하게 됩니다. 매출이 명목상 4~5%의 성장률을 보일 때 순이익은 거의 6~7%의 성장률을 보이며, 회사의 현금 창출 가치도 같은 비율로 성장합니다. 우리는 실제로 이런 결과를 보고 있습니다. 주식 가치의 핵심은 현재가치에 반영된 이익 자체의 성장입니다. 지난 2세기 동안 평균 주가수익비율Price Earning Ratio, PER은 약 15배였으며, 주당순이익Earnings Per Share, EPS은 15의 역수인 약 6.7%로 시장 가치의 수익성을 반영합니다. 따라서 주가도 6~7% 정도 성장하고, 그 결과 200년 동안 100만 배나 상승한 것입니다. 이처럼 우리는 GDP가 장기간 지속적으로 성장할 때 대부분 주식의 총지수가 그런 비율로 성장하는 이유를 수학적으로 이해할 수 있습니다.

이것이 첫 번째 결론입니다. 인플레이션과 GDP 성장은 현금과 주식의 성과 차이에 대한 가장 근본적인 설명입니다.

그보다 더 중요한 질문은 왜 200년 동안 미국 경제에서 그토록 길고 지속적이며 복합적인 GDP 성장이 가능했는가 하는 것입니다. 인플레이션이 계속되는데 어떻게 그렇게 길고 지속적이며 복합적인 GDP 성장률이 가능했을까요? 어떻게 경제가 매년 성장할 수 있었을까요? 물론 어떤 해는 불황이었고 어떤 해는 성장했습니다. 하지만 지난 200년 동안 미국 경제는 끊임없는 상승 궤도에 있었다는 것을 알 수 있습니다. 1년을 단위로 잡아보면, GDP는 거의 매년 성장했고 그야말로 장기적이고 점진적이며 복합적인 성장을 보였습니다. 이 현상을 어떻게 설명할 수 있을까요? 지난 200년 동안 미국에서만 나타난 현상일까요? 아니면 역사적으로 늘 그래왔던 것일까요? 분명한 것은 지난

3,000년 또는 5,000년간의 중국 역사 기록을 보면 이런 일이 없었다는 것입니다. 이는 확실히 현대의 현상이며 심지어 중국에서는 30년 전까지만 해도 없었던 일입니다.

그렇다면 지난 수천 년 동안 인류 GDP의 성장이 기본적으로 어땠는지 정량화할 방법이 있을까요? 지속적인 성장이 있었을까요?

이 질문에 답하려면 다른 그림이 필요합니다. 인류 역사에서 문명이 출현한 이래 전체 GDP, 소비, 생산 수준이 어떤 추이를 보였을지 이해할 필요가 있습니다. 좀 더 시간을 거슬러 수렵·채집의 시대나 농업 문명의 시대로 가본다면, 당시 인류의 전체 GDP 성장은 얼마나 됐을까요? 이것은 매우 흥미로운 문제입니다.

제가 바로 그런 그림을 한 장 가지고 있습니다. 스탠퍼드대학교의 다재다능한 학자인 이언 모리스가 이끄는 연구팀이 지난 10여 년 동안 현대 과학기술을 이용하여 1만 년이 넘는 역사 동안 인류가 섭취하고 사용한 에너지를 측정하여 만든 차트입니다. 이 작업은 지난 20~30년 동안 각 분야의 기술이 발전한 덕분에 가능했습니다. 인류 역사의 대부분 기간에 기본적인 경제활동은 그저 에너지를 섭취하고 사용하는 것이었습니다. 이 기본적 측정은 오늘날 우리가 GDP라고 부르는 것과 매우 밀접한 관련이 있습니다. 자, 지난 1만 6,000년 동안 인류 사회의 기본 GDP는 어떤 추이를 보였을까요?

〈그림 8〉은 스탠퍼드대학교의 대표적인 학술적 성과로, 가장 중요한 것은 동양과 서양 문명을 비교했다는 점입니다.

〈그림 8〉은 1만 6,000년 동안 인류가 이룩한 경제적 성과를 보여줍니다. 회색 선은 초승달 구릉지대에서 시작해 그리스와 로마, 그리고

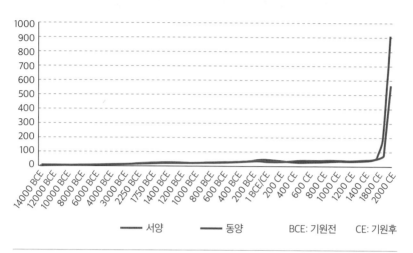

그림 8 인류 문명 과거 1만 6,000년의 사회발전지수

서양　　　　동양　　　　BCE: 기원전　　　CE: 기원후

자료: 이언 모리스, 『사회 발전』

마지막으로 서유럽·미국 등으로 이어지는 서양 사회를 나타냅니다. 파
란색 선은 동양을 나타내며 최초에는 인더스강 유역이었고, 중국 황허
유역에서 양쯔강 유역으로 이어지며, 그 후 다시 한국·일본 등으로 이
어집니다. 왼쪽은 1만 6,000년 전, 오른쪽은 현대입니다. 실제로는 동
양과 서양 간에 미세한 차이가 있는데, 수학적 처리를 해보면 그 차이
를 볼 수 있지만 1만 년이 넘는 세월 동안 거의 평탄한 성장세를 유지
해왔습니다. 1만 6,000년이라는 오랜 세월 동안의 농업 문명에서 인류
사회는 발전하기는 했지만 매우 느렸고, 자주 풍파가 나타났으며, 때로
는 고점에 도달하기도 했지만 항상 돌파하기 어려운 한계를 가지고 있
었습니다. 그래서 고점을 찍으면 곧바로 미끄러져 내려갔고, 그런 정점

이 서너 번 있었습니다. 그런 후에는 비교적 좁은 영역에서 위아래로 흘러갔습니다. 그러나 근대에 들어 인류 문명에 완전히 다른 상황이 나타납니다. 거의 하키 스틱과 같은 모습으로 급속한 상승세를 보였죠. 로켓처럼 솟아오른 이 시기에 주식 1달러가 100만 달러가 될 정도로 성장한 겁니다.

〈그림 8〉의 일부를 확대하여 이 200~300년 기간을 조금 더 늘려서 보겠습니다(〈그림 9〉 참조). 이 그림이 사실 〈그림 7〉과 매우 유사하다는 것을 알 수 있습니다. 200년 동안의 GDP와 200년 동안의 주식 성과는 매우 유사합니다. 이 기간을 줄여보면 마지막 결과는 거의 수직으로 상승하는 직선이 됩니다. 수학적으로 말하자면 당연히 복리의 마술이죠. 이렇게 장기간에 걸쳐 경제가 복리로 성장하는 것은 1만 6,000년

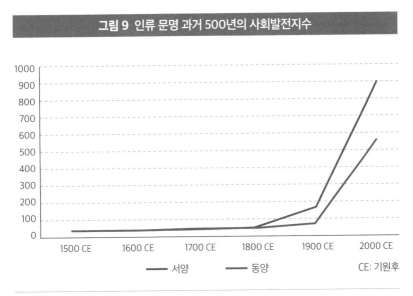

그림 9 인류 문명 과거 500년의 사회발전지수

자료: 이언 모리스, 『사회 발전』

의 인류 역사에서 단 한 번도 일어난 적이 없으며 매우 현대적인 현상이기도 합니다.

역사적으로 상당 기간에 인류의 GDP는 제자리걸음을 했습니다. 중국의 GDP 역시 그렇습니다. 지난 500년간의 그래프를 보면 분기점에서 서양이 갑자기 부상한 반면 동양은 거의 100년이나 뒤처져 있었다는 것을 더 명확하게 알 수 있습니다. 이 100년 동안 동양에서 부상한 나라는 일본이었습니다.

지난 200년 동안 주식이 어떻게 움직였고 앞으로 20년 동안 어떻게 움직일지 이해하려면 과거 인류 문명의 기본 차트인 이 한 가닥 선을 이해하고 해석할 수 있어야만 합니다. 이를 이해하지 못하면 주식 시장이 폭락할 때마다 이성적인 판단을 유지하기가 어렵습니다. 그러면 2008년이나 2009년과 같은 위기가 닥칠 때마다 매번 세상이 끝나는 것처럼 느껴질 것입니다. 투자의 핵심은 미래를 예측하는 것입니다. '예측은 어렵다. 특히 미래에 대한 예측은 더더욱 어렵다'라는 유명한 우스갯소리도 있죠. 지난 200년 동안 인류 문명의 경제적 성과가 어떻게 나왔을까? 이 질문을 이해하지 않고 예측하기란 참으로 어렵습니다. 저는 거의 30년 동안 이 질문을 숙고해왔습니다. 저는 나름대로 장기간 숙고한 결과를 매체에 시리즈로 연재한 적이 있습니다. 이 문제에 흥미가 있는 분은 참고하시기 바랍니다.

인류 문명의 진화 과정:
1.0에서 3.0까지

저는 인류 문명을 크게 세 부분으로 나눕니다. 첫 번째 부분은 15만 년 전 진정한 의미에서의 인류가 출현한 이후 시작된 초기 수렵 시대로, 저는 이를 1.0 문명이라고 부릅니다. 꽤 오랫동안 인류 문명은 기본적으로 나머지 동물과 크게 다르지 않았습니다.

기원전 9000년경에 거대한 변화가 발생하여 메소포타미아에서 농업과 목축업이 처음 등장했고, 기원전 6000년에서 기원전 5000년경 중국 황허 유역에서도 같은 변화가 시작돼 인류 문명의 두 번째 도약이 이뤄졌습니다. 이 무렵에는 수렵 시대에 비하여 상당히 강력한 GDP 창출 능력을 갖췄는데 바로 제가 문명 2.0이라고 부르는 농업과 목축업 문명입니다. 이런 문명 상태는 1750년경까지 수천 년 동안 지속됐는데, 그 GDP 곡선은 기본적으로 수평이었습니다.

이 구분을 통해 우리는 3.0 문명의 본질이 무엇인지 더 명확하게 이해할 수 있습니다. 경제 전반에 걸쳐 지속적이고 점진적이며 장기적인 복리식 성장과 발전이 출현한 것은 3.0 문명의 가장 큰 특징입니다. 투자할 가치가 있는 현대 금융 상품이 나타났고 이때 비로소 자산 배분, 주식, 현금에 대한 논의가 가능해졌습니다. 이런 전제가 없는 시절에는 이런 논의 자체가 의미를 갖지 못하죠. 따라서 투자를 이해하고 부의 성장을 이해하려면 부를 창출하는 근원이 무엇인지를 반드시 이해해야 합니다. 그 근원은 바로 지난 200년 동안 진행된 인류 문명의 지속적이고 점진적인 GDP 성장입니다. 그렇다면 3.0 문명의 본질은 무엇일까요? 이 시기에 여러 가지 원인으로 현대 과학기술과 자유시장경제가 등장했고, 이 두 가지가 결합하여 3.0 문명이 형성됐습니다.

저는 지난 1만여 년 동안 인류 문명의 진화를 설명할 때 자유시장경제를 이해하기 위해 '1+1 〉 2'와 '1+1 〉 4'라는 두 가지 공식을 사용합니다. 근대에 이르러 문명 발전의 가장 근본적인 변화는 자유로운 교환의 등장이었습니다. 애덤 스미스와 데이비드 리카도의 분석에 따르면 경제에서 자유로운 교환의 가치는 '1+1 〉 2'입니다. 사회에 분업이 존재할 때 두 사람, 두 경제 주체 간의 자유로운 교환은 개별적으로 창출할 수 있는 것보다 훨씬 더 많은 가치를 창출하여 부가가치가 나타납니다. 더 많은 사람이 교환에 참여할수록 더 많은 부가가치가 창출됩니다. 농경 시대에도 교환이 이뤄지긴 했지만 현대 과학기술이 등장하면서 자유로운 교환은 몇 배 더 많은 부가가치를 창출했습니다. 제품, 상품, 서비스뿐만 아니라 지식도 교환되기 때문입니다. 지식은 교환에서 훨씬 더 많은 가치를 창출합니다. 저는 이를 '1+1 〉 4'라고 보는데, 두 사람이 서로 토론할 때 상대방의 사상을 얻을 수 있을 뿐만 아니라 자신의 아이디어에 새로운 아이디어가 더해지기 때문입니다. 지식은 자유롭게 공유되며 쌀을 우유로 바꾸듯 내 것을 주고 남의 것을 받는 게 아닙니다. 나와 상대의 지식이 결합하면 교환에 따른 부가가치가 복리식으로 증가하게 됩니다. 매번의 교환이 이런 식으로 큰 부가가치를 낳기 때문에 사회가 거대한 부를 신속히 만들어내게 되죠.

개인 간의 지속적인 교환이 수십억 배로 확대될 수 있을 때 현대의 자유시장경제, 즉 3.0 문명이 형성됩니다. 이런 교환의 맥락에서만 경제 전체가 지속적으로 성장할 수 있으며, 이런 경제 제도야말로 인간의 진정한 활력과 동기를 끌어낼 수 있습니다. 이는 아마도 인류가 역사상 만든 제도 중 가장 위대한 제도일 것입니다. 이런 제도가 출현한 뒤에야 비로소 경제의 지속적인 발전이 나타났습니다. 이에 대해 관심이 있는 분들은 제 논문을 참고하시길 바라며, 경제의 지속적 성장은 지속되는 GDP 성장을 통해서만 나타난다는 얘기로 이 주제를 마무리하겠습니다.

인플레이션은 실제 화폐 발행 총량이 경제의 상품 및 서비스 총량을 초과할 때 가격이 상승하는 통화 현상입니다. 왜 성장할까요? 경제가 성장하려면 당연히 끊임없이 투자를 해야 하기 때문입니다. 현대 경제에서 이런 투자는 은행을 통해 이뤄집니다. 은행이 사회의 유휴 자금을 모으기 위해서는 저축에 대한 이자를 지불해야 합니다. 이 이자율은 0보다 커야 하므로 대출 금리도 0보다 커야 합니다. 이런 식으로 경제 전체의 자금이 증가하려면 미리 통화량이 늘어야 합니다. 이 시간 차이 때문에 인플레이션은 GDP의 지속 성장과 거의 동시에 발생하게 됩니다. 여러분이 먼저 투자를 해야 그 자금이 재고, 반제품, 완제품으로 변합니다. 여러분이 먼저 투자한 돈은 실제로는 그 시점에 경제 내에 있는 상품과 서비스의 총량을 초과합니다. 이런 시차 때문에 인플레이션과 지속적인 GDP 성장이라는 현상이 생겨나는 거죠. 이 두 가지 현상은 장기적으로 현금과 주식 사이에 그토록 큰 차이가 나는 이유를 수학적으로 설명해줍니다. 어떤 상황을 이해하고 싶다면 왜 그렇게 됐는지 이유를 알아야 하죠.

그렇다면 개인 투자자 입장에서 비교적 좋은 방법은 현금 보유를 최대한 피하고 주식에 투자하는 것이 되겠죠. 그러나 여기에는 큰 문제가 있는데, 주식 시장은 늘 등락을 반복하고 변동 폭이 큰 데다 변화 시간도 통상 길어서 단기적으로 현금이 필요해졌을 때 손실을 볼 수도 있다는 것입니다.

〈표 1〉에서 볼 수 있듯이 지난 200년 동안 미국 주식 시장의 평균 수익률은 6.6% 정도였습니다. 60년마다의 수익률도 거의 비슷하니 상대적으로 안정적임을 알 수 있습니다. 하지만 기간을 더 짧게 잡으면 매우 달라진다는 것을 알 수 있습니다.

예를 들어 전후 1946년부터 1965년까지 미국 주식 시장의 평균 수익률은 10%로 장기 수익률보다 훨씬 높았습니다. 그러나 그 후 15년 동안인 1966~1981년에는 성장이 없었을 뿐만 아니라 연속으로 가치가 하락했습니다. 그 후 17년 동안인 1982~1999년에는 13.6%라는 훨씬 높은 수준으로 다시 성장했습니다. 하지만 그 후 12년 동안은

표 1 1802년부터 2012년까지 일정 기간의 미국 주식 시장 수익률

구분	기간	실질수익률(%)
전체 기간	1802~2012	6.6
중요 시기	1802~1870	6.7
	1871~1925	6.6
	1926~2012	6.4
제2차 세계대전 후 일정 시기	1946~2012	6.4
	1946~1965	10.0
	1966~1981	-0.4
	1982~1999	13.6
	2000~2012	-0.1

지속적인 하락세를 보여 전체 기간에 걸쳐 가치가 하락했습니다. 그래서 케인스는 "장기적으로 보면 우리는 모두 죽었다In the long run we are all dead"라는 유명한 말을 남겼죠. 각 개인 입장에서 투자할 수 있는 기간은 한정돼 있기 마련입니다. 공개 기록을 보면 대부분의 투자자 역시 10여 년에서 20년으로 나타납니다. 만약 투자를 시작한 시점이 1966년이나 2000년이었다면 10여 년간의 수익률이 마이너스를 기록했을 것입니다.

따라서 투자자로서 이 정도로 주식의 장기 성과를 본다면 주가지수에 투자하는 것도 나쁘지 않습니다. 그렇지만 각 개인이 실제로 투자하게 될 개별 기간들을 따져본다면, 특정 해에 투자를 시작했다가 10년 내내 손해만 보는 상황이 벌어질 수도 있습니다. 다른 한편으로는, 아무것도 안 했는데 10년간 14% 가까운 수익률을 거두면서 스스로를 천재라고 느낄 수도 있습니다. 만일 여러분이 이 수익률이 어떻게 달성됐는지 모른다면 투자가 운에 의한 것인지 실력에 의한 것인지 알 수 없을 것입니다.

10년이 조금 넘는 기간을 예정하고 투자한다고 할 때, 그 기간에 상당한 수익을 거둘 수 있다고 보장하기는 정말 어렵습니다. 이것은 큰 문제입니다. 주식 시장의 변동성은 다른 시간대라고 해서 달라지는 것도 아니죠. 그러므로 우리의 다음 문제는 '지수에 투자하는 것보다 더 좋은 방법은 없을까?'입니다. 여러 시간대에서도 신뢰할 수 있는, 돈이 필요한 그 기간 안에, 지수보다 수익률은 높고 고객의 재산을 안전하게 보장해줄 방법이 있을까요? 고객의 자산이 복리식으로 성장하고, 장기적이고 안전하며 우수한 수익을 거두는 방법은 없을까요? 편법이 아니라 지속적으로 반복 가능하고 학습 가능하며 장기적으로 성과를 낼 수 있는 투자 방법은 없는 걸까요? 이것이 바로 지금부터 답을 찾아보고 자 하는 문제입니다.

그레이엄과 버핏의 가치투자

제가 알고 있는 범위 내에서 말하더라도, 지난 수십 년 동안 투자 분야에는 온갖 방식이 있었습니다. 제가 관찰한 것을 비롯해 데이터와 통계를 통해 말할 수 있는 것은 진정으로 신뢰할 수 있고 장기적으로 우수한 수익을 거둘 수 있었던 투자의 개념과 방법은 단 하나, 바로 가치투자라는 것입니다. 저는 진짜 장기적인 성과를 낼 수 있는 사람은 극소수에 불과하다는 것을 발견했습니다. 그리고 그들은 대개 다음과 같은 투자자들입니다.

현재 시장에서 가장 큰 헤지펀드는 주로 채권에 투자하며 지난 10여 년간 매우 높은 수익률을 기록했습니다. 지난 10여 년 동안 무위험 장기 채권의 수익률이 6~8%에 달했으니까요. 만일 레버리지를 썼다면 수익률도 그만큼 높아졌겠죠. 그러나 10여 년간의 실적이 있다고 해도 이런 성과가 운 때문인지 실력 때문인지 판단하기는 어렵습니다. 그런데 대부분 시간에 장기적인 성과를 달성한 투자자가 있습니다. 현재 기준 워런 버핏의 기록이 57년이고, 20~30년 정도 되는 이들도 있습니다. 이 사람들은 모두 가치투자자입니다.

제가 여러분이라면 가치투자가 무엇인지, 그리고 가치투자가 어떻게 이런 결과를 달성하는지 반드시 알고 싶어 할 것입니다. 수년 전, 제가 투자에 관해 처음 들은 수업은 워런 버핏의 수업이었습니다. 오늘 이 자리와 달리, 그때 강의를 들으러 온 사람들은 많지 않았습니다. 워런 버핏이 컬럼비아대학교에서 처음으로 강연했을 때, 저는 우연히 그 자리에 갔습니다. 저는 가치투자가 도대체 무엇인지, 그리고 어떻게 그렇게 많은 사람이 어려운 환경에서도 지속적으로 훌륭한 성과를 거둘 수 있었는지 알고 싶었습니다.

가치투자란 무엇일까요? 가치투자는 벤저민 그레이엄이 80~90년 전에 처음 개발한 시스템입니다. 오늘날 가치투자를 대표하는 인물은 물론 우리가 알고 있는 워런 버핏이죠. 가치투자는 어떤 개념으로 구성돼 있을까요? 사실 아주 간단합니다. 가치투자에는 네 가지 개념만 있습니다. 여러분 기억하세요, 단 네 가지뿐입니다. 처음 세 가지는 워런 버핏의 스승인 벤저민 그레이엄의 개념이고, 마지막 하나는 버핏 자신이 확립한 개념입니다.

첫째, 주식은 단순히 사고팔 수 있는 유가증권이 아니라 소유권 증서로, 회사의 일부 소유권을 나타낸다는 것입니다. 이것이 첫 번째 중요한 개념입니다. 이 개념이 중요한 이유는 무엇일까요? 주식 투자는 사실상 회사에 대한 투자입니다. GDP가 성장하고 시장경제가 계속 성장함에 따라 회사 자체의 가치가 창출됩니다. 가치를 창출하는 과정에서 부분 소유주인 우리가 보유한 주식의 가치도 커집니다. 우리가 주주로서 투자하고 회사를 지원하면 회사의 가치가 성장한 데 대해 응당 받아야 할 이익을 얻을 수 있으며 이 길은 지속 가능합니다. 투자의 정도는 무엇이며 사도邪道는 무엇일까요? 정도는 마땅히 받아야 할 것을 얻는 길이며, 나아가 대도입니다. 하지만 이런 식으로 주식을 이해하는 사람은 거의 없습니다.

둘째, 시장을 이해해야 합니다. 주식은 한편으로는 부분 소유권이지만 다른 한편으로는 확실한 교환 가능 증권이기도 해서 언제든 매매할 수 있습니다. 이 시장에는 언제나 팔겠다는 사람이 있습니다. 그러면 이런 현상을 어떻게 이해하면 될까요? 가치투자의 관점에서 보면 시장은 여러분에게 서비스하기 위해 존재합니다. 소유권을 매수할 기회를 제공하고, 몇 년 후 돈이 필요해졌 때 매도하여 현금화할 기회도 제공합니다. 따라서 시장은 여러분을 위해 존재합니다. 이 시장은 진정한 가치가 무엇인지 여러분에게 절대 알려주지 않습니다. 시장이 알려줄 수 있는 것은 가격뿐이며, 여러분은 시장을 선생님으로 삼을 수는 없고 단지 도구로만 사용할 수 있습니다. 이것이 두 번째로 중요한 개념입니다. 하지만 이 개념은 시장 참여자의 거의 95%가 이해하는 내용과는 상반될 것입니다.

셋째, 투자의 본질은 미래에 대한 예측이며, 예측에서 얻은 결과가 100% 정확할 수는 없고 단지 0%에서 100% 쪽으로 다가갈 수 있을 뿐입니다. 따라서 판단을 내릴 때는 '안전마진'이라고 부르는 여유를 확보해두어야 합니다. 이를 확실히 계산할 방법은 없기 때문에 여러분이 상황을 얼마나 장악하고 있든지 간에 안전마진을 명심하고 주가가 회사의 내재가치보다 현저히 낮을 때만 매수해야 합니다. 이 개념이 가치투자에서 세 번째로 중요한 개념입니다. 첫 번째 개념으로 보면 주식은 실제로 회사의 일부입니다. 회사 자체에 내재적 가치가 있고 시장 자체는 여러분에게 서비스를 제공하기 위해 존재합니다. 시장 자체가 여러분을 위해 존재하므로 시장 가격이 내재가치보다 훨씬 낮을 때까지 기다려 매수할 수 있습니다. 물론 시장 가격이 내재가치보다 훨씬 높으면 매도할 수 있죠. 이렇게 하면 미래에 대한 예측이 틀렸다고 해도 큰 손실을 보지는 않습니다. 여러분의 예측이 종종 정확하다고 해봅시다. 예를 들어 여러분이 80% 또는 90% 확신한다고 했을 때, 100%에 도달하는 것은 불가능하기 때문에 생각지 못한 10% 또는 20% 확률의 상황이 발생할 수도 있겠죠. 그 결과는 여러분의 내재가치에 타격을 주겠지만 충분한 안전마진을 확보했다면 지나친 손실을 보지는 않을 것입니다. 예측이 정확하다면 수익률은 다른 투자자들보다 훨씬 더 높을 것이고요. 여러분은 매번 투자할 때마다 큰 안전마진을 두어야 합니다. 이것이 바로 투자의 기술입니다.

넷째, 워런 버핏은 50년의 실전 경험을 바탕으로 다음과 같은 개념을 추가했습니다. 투자자는 장기간 지칠 줄 모르는 노력을 통해 자신의 진정한 능력 범위를 구축할 수 있고, 특정 기업과 산업을 더 깊이 이해할 수 있습니다. 해당 기업과 산업을 누구보다 깊이 이해하고 장기적으로 어떻게 성과를 낼 것인지에 대해 더 정확한 판단을 내릴 수 있습니다. 이 범위 안에 자신만의 고유한 능력이 존재한다는 얘기입니다.

'능력 범위'라는 개념에서 가장 중요한 측면은 경계입니다. 경계가 없는 능력은 진정한 능력이 아닙니다. 만일 여러분에게 어떤 관점이 있다면, 그 관점이 통하지 않는 조건을 제게 말할 수 있어야 합니다. 그래야 그것을 진정한 관점이라고 할 수 있습니다. 만일 '결론은 이겁니다'라는 말을 제게 곧바로 한다면, 그 결론은 틀린 것일 테고 검증을 통과하지 못할 것이 틀림없습니다.

능력 범위 개념이 중요한 이유는 무엇일까요? 바로, '미스터 마켓Mr. Market' 때문입니다. 시장의 목적은 무엇일까요? 인간 심리의 약점을 발견하는 것입니다. 여러분이 정말로 이해하지 못하는 것이 무엇인지만이 아니라 어떤 심리적·생리적 약점이 있는지까지도 시장의 특정 상황에서 틀림없이 드러나고 맙니다. 여러분 중 시장에서 활동한 경험이 있는 분들은 이 말이 무슨 뜻인지 알 겁니다. 시장 자체는 모든 사람의 조합이며, 지금 자신이 무엇을 하고 있는지 이해하지 못하면 언젠가 시장이 여러분을 쓰러뜨릴 것입니다. 시장에서 들을 수 있는 이야기가 돈을 벌었다는 내용 일색인 것도 그 때문입니다. 돈을 잃은 사람은 이미 시장을 떠났고, 단기간 승승장구하는 이들만 떠벌리고 다니니까요. 시장에서 줄곧 성공하는 노병은 있을 수 없습니다. 시장은 여러분의 사고방식과 약점을 낱낱이 파헤칠 수 있습니다. 여러분이 능력 범위를 한 걸음이라도 벗어나면 혹은 자신의 경계가 어디까지인지 모른 채 방황하기라도 하면, 바로 그 순간 시장이 공격을 시작할 것이며 여러분은 처참하게 당할 수밖에 없을 것입니다.

이런 의미에서 투자의 진정한 리스크는 주가의 등락이 아니라 자본의 영구적인 손실입니다. 이 리스크의 존재 여부는 여러분이 자신의 능력 범위를 확립했느냐 아니냐에 달려 있습니다. 그리고 이 능력 범위는 매우 좁아야 하며, 모든 경계를 명확하게 정의해야 합니다. 이 좁은 범위 내에서만 그리고 지속적이고 장기적인 노력을 통해서만 미래에 대한 진정한 예측을 할 수 있습니다. 이것이 바로 버핏 본인이 제시한 개념입니다.

그레이엄의 투자 접근법이 찾아내는 기업들은 장기적 가치가 별로 없고 그다지 성장하지도 않는 기업들입니다. 능력 범위 개념은 그레이엄의 제자였던 버핏이 스승의 방식을 직접 실천하면서 고안한 것입니다. 앞서 말한 네 가지 기본 개념을 진정으로 받아들인다면 자신의 능력 범위 내에 있는 기업을 충분히 낮은 가격에 매수하여 장기간 보유함으로써 기업 자체의 내재가치 성장과 가격 대비 가치 회복을 통해 장기적이고 안정적인 수익을 달성할 수 있습니다.

이 네 가지 측면이 합쳐져 가치투자의 함의와 가장 근본적인 개념을 구성합니다. 가치투자의 개념은 매우 간단하고 명료할 뿐만 아니라 정도이자 대도입니다. 정도는 지속 가능한 것을 말하는데, 지속 가능이란 무엇일까요? 모든 지속 가능한 것에는 한 가지 공통점이 있습니다. 즉, 여러분이 얻은 것을 거기에 있는 다른 모든 사람이 마땅하다고 인정하는 것입니다. 만약 여러분이 돈을 버는 방법을 공개했는데 모두가 여러분을 사기꾼이라고 생각한다면, 그 방법은 분명히 지속 가능하지 않을 것입니다. 돈을 버는 방법에 대해 한 점도 남김없이 말해줬고 듣는 사람이 모두 그 방법이 옳고 좋다며 반긴다면 그것이 바로 지속 가능한 방법이며 정도이자 대도입니다.

어째서 가치투자가 정도이며 대도일까요? 가치투자는 주식에 투자하는 것이 실제로는 회사의 소유권에 투자하는 것이라고 말하기 때문입니다. 투자는 우선 기업의 시가총액을 진정한 내재가치에 근접하게 하므로 회사에 도움이 됩니다. 여러분이 이렇게 회사가 내재가치를 계속 성장시키도록 돕는 데 힘입어 회사가 3.0 문명에서 계속 성장하면, 여러분은 회사 가치 증가분의 일부를 나눠 갖습니다. 동시에 고객에게 지속 가능하고 신뢰할 수 있는 수익을 제공하고 여러분이 고객에게 제공한 것 역시 장기적인 것이 됩니다. 최종적으로 이는 경제를 돕고, 회사를 돕고, 개인을 도우며, 그 과정에서 자신도 도움을 받습니다. 이렇게 하여 여러분은 자신이 마땅히 받아야 할 보수를 받게 되며, 모두 여러분이 응당 받아야 할 대가를 받는다고 여길 것입니다. 이것이 대도입니다.

여러분은 시장의 부침에 흔들리지 않고 회사의 본질적인 가치를 명확하게 판단할 수 있습니다. 동시에 여러분은 미래를 존중하며 미래 예측이 매우 불확실하다는 점도 이해하고 있습니다. 그러므로 안전마진을 충분히 두는 방식으로 위험을 적절히 분산할 것입니다. 이렇게 하면 실수를 해도 큰 손실을 보지 않고, 판단이 옳았다면 큰 수익을 거둘 수 있습니다. 이렇게 여러분은 지속적이며 안정적으로 자신의 투자 포트폴리오가 장기간에 걸쳐 시장 지표보다 높고 더 안전한 수익을 얻게 할 수 있습니다.

여러분이 수탁자로서 고객에게 다음과 같은 제안을 한다고 생각해 봅시다. "먼저 2%의 관리 보수를 받고 목표 성과를 달성하면 20%를 더 받겠습니다"라고 말이죠. 그러면 고객은 여러분이 마땅히 받아야 할 것을 받는다고 느낄까요? 아니면 감옥에 가야 마땅하다고 생각할까요? 만약 여러분이 워런 버핏의 접근 방식을 따라 안전마진을 충분히 확보할 수 있는 가격에 매수하고 위험을 적절히 분산함으로써 모든 사람이 함께 벌 수 있도록 돕는다면, 고객은 여러분이 벌어 가는 것이 정말 마땅하다고 느낄 것입니다. 그것이 바로 투자의 정도이자 대도인 것입니다.

이것이 가치투자 철학의 전부입니다. 매우 간단하고 논리적으로 들리죠. 그러나 현실은 어떤가요? 실제 투자에서 이렇게 하는 이들은 매우 적습니다. 투자와 관련된 이론마다 많은 추종자가 있지만 진정한 가치투자자는 거의 없습니다. 대부분 사람이 자기가 무엇을 하는지 모르며, 결국 재산을 몽땅 날리고 맙니다. 최근 주식 시장이 강세장에서 약세장으로 급변했는데, 이런 재난에서 살아남지 못한 투자자가 많을 것입니다.

투자의 정도이자 대도, 가치투자

투자의 큰길은 원래 사람이 적어서 교통이 막히는 법이 없습니다. 그렇다면 다들 어디로 갔을까요? 큰길 옆에 난 샛길은 아주 북새통입니다! 대다수 사람이 이것을 지름길로 여기고 이 길로 몰려드니까요. 그들은 왜 샛길을 택할까요? 큰길은 너무 멀기 때문입니다.

가치투자는 이론적으로는 성공으로 가는 확실한 길 같은데, 가장 큰 문제점은 너무 오래 걸린다는 것입니다. 어쩌면 여러분이 매수할 때 시장이 그 기업의 내재가치를 낙관적으로 보지 않을 수 있고, 따라서 아주 낮은 가격을 매길 수도 있을 것입니다. 하지만 시장이 언제쯤 합리적인 태도를 보여 제대로 평가해줄지는 누구도 알 수 없습니다. 회사 가치의 성장은 실로 많은 것에 달려 있으며, 회사 임직원 모두의 끊임없는 노력이 필요합니다. 많은 사람이 오랜 시간, 끊임없는 노력을 기울여야 하죠. 게다가 운도 좀 따라주어야 합니다. 그렇기에 매우 어려운 과정일 수밖에 없습니다.

또 다른 어려운 점은 미래를 판단하기가 매우 어렵다는 것입니다. 투자의 기본은 미래를 예측하는 것입니다. 한 회사나 산업을 제대로 이해하려면 앞으로 5년, 10년 후의 상황을 판단할 수 있어야 합니다. 여러분 중 특정 기업에 대해 앞으로 5년 후 어떻게 될지 얘기해줄 수 있는 분이 계십니까? 이건 쉬운 일이 아닙니다. 우리는 투자를 결정하기 전에 적어도 10년 후의 회사 전망과 경기 침체기에 어떤 모습일지 알아야 합니다. 그러지 못한다면 회사의 가치가 일정 범위 아래로 하락하지 않으리라고 어떻게 판단할 수 있겠습니까. 회사의 미래 현금흐름이 현재 시점의 가치로 얼마인지 파악하려면 대략적이나마 앞으로 10년, 20년의 현금흐름을 추정할 수 있어야 합니다.

예를 들어 회사 CEO는 당장 내년이 어떨지 알고 있을까요? 안다고 말하는 CEO라면 자사의 고객이나 투자자를 안심시키려 하는 것이겠지요. 때로는 직원들에게 '우리 회사가 세계 500대 기업에 들어갈 것'이라고 말하는 CEO도 있을 텐데, 정말로 회사의 10년 이상을 내다보고 하는 말은 아닐 것입니다.

그런 예측을 할 수 있는 사람은 거의 없습니다. 불확실한 요인이 너무나 많기 때문에 대다수 업계와 기업은 그렇게 장기간에 걸친 예측을 할 방법이 없습니다. 그러면 완전히 방법이 없는 걸까요? 그건 또 아닙니다. 진정으로 노력하면 특정 기업, 특정 산업에 대해 10년 후 어떤 일이 닥칠지 비교적 명확하게 볼 수 있습니다. 다만 수년간의 끊임없는 노력과 기업 또는 산업의 모든 것을 꿰뚫는 학습을 해야만 이런 경지에 다다를 수 있습니다.

이런 판단을 할 수 있는 수준이 되면 자신의 능력 범위를 확립해야 합니다. 처음엔 아주 좁게 시작해서 점차 넓혀가야 하죠. 가치투자가 천천히 오랫동안 가야 하는 여정이라는 게 바로 이를 두고 하는 말입니다. 투자자 절대다수가 가려고 하지 않는 이유이기도 하죠. 너무나 오랜 시간을 들여야 하고, 그러고서도 알게 되는 것은 매우 적으니까요.

진정한 가치투자자라면 금융 관련 채널 같은 데 출연해서 특정 회사를 평가하고 주가가 얼마여야 한다는 말은 하지 않을 것입니다. 주가지수 5000포인트는 너무 낮다거나, 강세장이 곧 시작되리라거나, 적어도 4000포인트가 바닥이라거나 같은 말도 하지 않을 것입니다. 왜냐고요? 자신의 능력 범위를 벗어나기 때문입니다. 만약 능력 범위를 벗어나는 그림을 그리는 사람이 있다면 어떤 시장 상황이 닥쳤을 때 철저히 자멸하고 말 것입니다. 시장은 여러분의 약점을 발견하는 메커니즘입니다. 여러분이 이해하지 못하는 무언가가 있다면, 틀림없이 그것이 약점이 되어 돌이킬 수 없는 손실을 보게 될 것입니다.

이 업계에 진입하고자 하는 이들의 가장 기본적인 요건은 지식에 대해 100% 정직해야 한다는 것입니다. 절대 자기 자신을 속이면 안 됩니다. 자기를 속이는 것이 제일 쉬우며, 특히 이 업계는 그렇습니다. 이 위치에 있노라면 사람들에게 거짓말을 하는 상황에 종종 처하고, 너무 많은 거짓말을 하다 보면 자기 자신조차 믿게 됩니다. 그러나 이런 사람들은 결코 좋은 수탁자가 될 수 없으며, 어떤 시장 상황이 되면 완전히 망가지고 맙니다. 이것이 우리 업계가 장기적으로 우수한 성과를 내는 수탁자를 거의 배출하지 못하는 이유입니다.

아마 여러분도 아실 텐데요, 스타라고 추종받는 한 펀드매니저는 10년 이상 연 20%의 수익을 올렸지만 마지막에는 수십 퍼센트 손실을 냈습니다. 그런데 문제는 이것입니다. 그가 처음 펀드를 시작했을 때는 규모가 매우 작았는데, 손실이 났을 때는 규모가 너무 커졌다는 거죠. 그에게 자산을 맡긴 위탁자들은 몇 년 동안 벌어들인 돈보다 마지막에 잃은 돈이 훨씬 더 많았을 것입니다. 하지만 그 사람 본인은 많은 돈을 벌었습니다. 만일 시작부터 끝까지의 기간을 근거로 보수를 계산했다면 그는 한 푼도 벌 수 없었을 것입니다. 이것이 앞서 말씀드린 이 업계의 가장 큰 특징입니다.

이 길에는 교통체증이 없습니다. 인내심을 갖고 꾸준히 나아가는 사람에게는 성공이 보장되는 길입니다. 도중에 수많은 일이 일어납니다. 게다가 단기간에 수익을 낼 수 있다는 식으로 시장이 유혹하기도 합니다. 단기간에 큰 변동성이 나타나는 걸 보면, 그 추세를 잘 타서 큰 수익을 낼 수 있다는 환상을 갖게 되죠. 그러다 보면 단기 시장 예측에 시간, 에너지, 지력을 쏟으려는 경향이 강해집니다. 그런데도 모두가 대도를 가지 않고 지름길을 택하려 합니다. 하지만 대부분 지름길은 결국 샛길에 불과했던 것으로 판명됩니다. 눈앞만 보고 따라가다가 어느 시점이 되면 막다른 길에 다다르거나 늪에 빠져버리죠. 고객의 돈을 모두 잃을 뿐만 아니라 자기 돈까지도 잃게 됩니다. 장기적으로 볼 때, 적어도 미국 트레이딩 기록을 보면, 단기 트레이딩 목적의 온갖 전략과 전술은 성공한 기록이 거의 없습니다. 반면 장기적으로 우수한 투자 기록을 보면 대부분이 가치투자의 결과입니다.

단기 투자 성과는 시장 전체의 운에 영향을 받는 경우가 많으며 개인의 실력과는 무관합니다. 예를 들어 1~2주 정도의 기간을 잡고 보면 종종 주식의 신이 등장합니다. 지난 8개월간 중국에서도 주식의 신이 몇 명 나타났죠. 하지만 그들 중 일부는 결국 극단적인 선택으로 생을 마감했습니다. 단기적으로는 스포트라이트를 받는 승자가 종종 있지만 장기적인 승자는 보기 드뭅니다. 1~2년이나 3~5년, 심지어 5~10년간 좋은 성과를 냈다고 하더라도 이후 계속 좋은 성과를 낼 수 있으리라고 장담하기는 어렵습니다. 운 좋게 시장 상황이 받쳐준 것일 수도 있으니까요. 단기적으로 좋은 성적이 운이냐 실력이냐는 가치투자를 판단하는 데 핵심적인 질문 중 하나입니다.

예를 들어 시장이 10년 연속 상승하면서 해마다 수익률 10%를 보일 수도 있습니다. 이때는 누구도 천재가 될 필요가 없습니다. 이 시장에 참여 중이기만 하면 매우 좋은 성과를 거둘 것입니다. 반면 시장이 10년 연속 하락해 해마다 수익률이 마이너스를 보일 수도 있죠. 만일 누군가가 이 시기에 높은 수익을 거뒀다면, 그건 전혀 다른 이야기입니다. 이 사람은 운보다 실력이 훨씬 더 좋았으며, 앞으로도 좋은 성적을 거두리라고 판단할 수 있습니다. 이 업계에서 정말 성공하려면 오랜 기간 꾸준히 노력해야 하며, 진짜 실력을 갖추려면 아무래도 15년 이상은 걸립니다. 그래서 이 길을 택하는 사람이 거의 없는 거죠. 좋은 소식은, 바로 그렇기 때문에 이 길을 가는 사람에게 기회가 생긴다는 것입니다. 이들은 남들이 외면하는 길을 꾸준히 걸어가 응당 얻어야 할 성공을 확실하게 얻어냅니다.

여러분은 이런 성공을 거둬야 합니다. 열심히 노력했고, 그래서 자신만이 아니라 모든 사람이 인정하는 성공 말입니다. 앞서 이야기한 두 가지 마지노선 없이 업계에 뛰어든다면, 여러분은 성공의 과정에서 틀림없이 많은 사람의 재산에 피해를 주는 죄를 짓게 될 것입니다. 가슴에 손을 얹고 자신에게 물어보길 바랍니다. '나는 수탁자로서의 유전자를 가지고 있는가?'라고 말이죠. 만일 가지고 있지 않다면 이 업계에는 절대 진입하지 말 것을 권합니다. 수탁자의 유전자 없이 이 업계에 들어온다면 반드시 사회에 해를 끼칠 것입니다. 그러든 말든 자신은 부자가 될 수도 있겠죠. 하지만 그렇게 부자가 된다면 즐겁고 편안한 나날을 보낼 수 있을까요?

첫째 진실을 추구하는 것을 도덕적 요구 사항으로 삼지 않는 사람, 둘째 수탁자의 유전자가 없는 사람은 이 직업을 갖지 않는 것이 사회는 물론 자신에게도 좋은 일이라는 걸 명심하시기 바랍니다. 이 업계에 발을 들이고자 할 때는 꼭 이런 관념을 수립하고 올바른 길을 가기를 희망합니다.

역사적으로 각 금융 자산은
어떤 성과를 보였을까?

가치투자가 대도라면, 중국에서도 적용할 수 있을까요? 지난 몇백 년 동안 주식 시장은 장기 투자자에게 거대한 이익을 가져다줬습니다. 우리는 어떻게 그럴 수 있었는지도 이해하게 됐습니다. 인류 역사상 줄곧 그런 것은 아니었고, 그저 지난 300년 동안에만 출현한 특수 상황이었습니다. 인류가 새로운 문명의 단계, 제가 3.0 과학기술 문명이라고 부르는 단계로 진입한 시기의 일이죠. 이는 현대 과학기술과 자유시장이 결합한 상태입니다. 그렇다면 중국은 하나의 독특한 현상이 아닐까요?

미국이나 유럽 국가들에만 이런 현상이 나타나고, 중국은 좀 다르지 않을까요?

실제로 많은 사람이 그런 말을 합니다. 그리고 우리는 현실에서도 중국의 많은 일이 미국이나 유럽 국가들과 다르다는 것을 발견합니다. 하지만 오늘 논의의 핵심인 투자 문제에서도 과연 중국이 특수할까요?

중국의 대다수 사람이 투기를 하고 있고 대다수 주식의 가격이 내재가치와 심하게 괴리돼 있다면, 지난 200년 동안 미국 경제와 미국 주식 시장이 보여준 기본 패턴을 중국이 앞으로 수십 년간 따라갈까요? 자신은 내재가치를 기반으로 투자했는데 주변 사람들은 모두 단기 목표에만 집중한다면, 내가 산 주식은 언제쯤 제값을 받게 될까요? 이런 상황이 오래 지속된다면 어떻게 해야 하며, 중국이 시장경제의 기본 규범을 더 이상 따르지 않는다면 어떻게 해야 할까요? 이 질문에 대한 대답은 엄청나게 중요합니다. 여기에는 미래 수십 년간의 예측이 포함됩니다. 중국은 어떻게 변할까요?

중국에서 가치투자를 할 수 있느냐 하는 문제를 오랫동안 고민해왔는데요, 저의 개인적인 의견을 말씀드리겠습니다. 중국 기업에 투자한다는 것은 중국에 투자한다는 의미죠. 이 나라에서 미국의 1929년이나 2008년의 상황이 벌어질 수도 있습니다. 사실 지난 몇 달 동안 많은 사람이 우리가 바로 이 순간을 맞았다고 생각했으며, 몇 달 후 같은 문제에 또다시 직면할 가능성도 있습니다. 시장에 참여하는 한 여러분은 항상 이 문제에 직면하게 될 것입니다. 어떤 일을 하든 사전에 모든 문제를 진지하고 명료하게 이해해야 합니다. 이 문제는 누구도 피할 수 없으며 반드시 숙고해야 합니다.

먼저 데이터로 시작하겠습니다. 미국과 중국의 데이터를 바탕으로 주식 시장을 포함하여 몇 가지 시장의 성적을 비교해보겠습니다. 〈그림 10〉은 1991년부터 2014년까지 미국의 데이터입니다. 지난 200년 간의 패턴과 거의 동일하게, 주식은 가치가 상승하고 현금은 가치가 하락했습니다. 주가 상승은 GDP의 지속적인 성장을 반영한 것으로 볼 수 있습니다.

다음으로 1991년 이후의 중국 데이터를 살펴보겠습니다. 중국에서는 1990년 12월에 여덟 종목이 최초로 상장됐고, 이듬해인 1991년에 주가지수가 만들어졌습니다. 이 시기 중국이 어떤 상황이었을지 한번 짐작해보시길 바랍니다. 적어도 우리는 지난 3개월 동안 중국 주식 시

그림 10 미국의 1991~2014년 금융 자산 실적

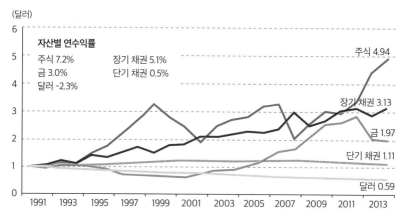

자료: 제러미 시겔, 『투자의 미래』 미국 상무부, 메저링워스

장이 절망적인 상태에 있었다는 것을 알고 있습니다. 주식이 과거에도 지난 3개월처럼 움직였을까요? 〈그림 11〉을 봅시다.

　이를 보면 지난 20년 동안 중국의 패턴이 지난 200년 동안의 미국 패턴과 거의 동일하다는 것을 알 수 있습니다. 1991년부터 2014년까지 대분류 자산군에서 1위안의 현금은 미국 달러와 비슷하게 4마오 7리가 됐고(10마오가 1위안, 10리가 1마오다. 1위안이 4마오 7리가 됐으면 가치가 47%로 줄어든 것이다-옮긴이), 금은 당연히 동일하며, 상하이와 선전 지수는 줄곧 상승해 고정 수익의 결과 역시 기본적으로 증가했습니다. 미국과 다른 부분이라면 GDP에 막대한 변화가 발생한 것입니다. GDP의 변화로 주가지수와 주식이 GDP 성과에 더욱 부합하는 성과를 보였습니다. 즉, 미국보다 더 높습니다.

그림 11　중국의 1991~2014년 금융 자산 실적

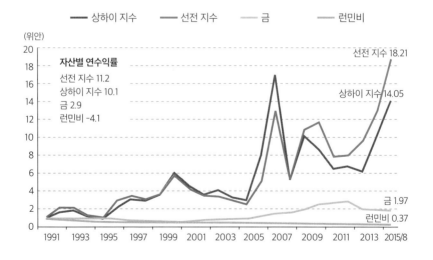

이 개발도상국에서 우리는 실제로 이런 예외적인 성과를 보고 있습니다. 이를 통해 알 수 있는 것은 지난 수십 년 동안 첫째 기본 패턴이 미국과 동일하고, 둘째 기본 원동력도 GDP 성장이라는 것입니다. 현단계에 이르기까지 중국의 GDP 성장률이 미국보다 높기 때문에 그 직접적인 결과로 인플레이션율이 높아져 현금 가치는 하락 속도가 빨

표 2 미국·중국의 1992~2015년 주요 증시 지수 비교

지수명		주식 수익률(%)		전체 수익률(%)	
		평균	현재	누계	내부 수익률
미국	S&P500	1.97	2.18	662	9.0
	다우존스산업평균	2.27	2.57	812	9.8
	나스닥종합	0.88	1.28	863	10.0
중국	상하이종합	1.75	2.01	1,406	12.1
	선전종합	1.04	0.66	1,864	13.4
	항셍	3.25	3.82	959	10.5

※ 기간: 1992.2.1~2015.8.31

표 3 미국·중국·홍콩의 1991~2014년 GDP 성장 비교

경제시스템	명목GDP 성장률(현지 화폐, 10억)						실질GDP 성장률(현지 화폐, 10억) 기준 연도: 2000년					
	최초 연도	지수	최종 연도	지수	누계 (%)	내부 수익률 (%)	최초 연도	지수	최종 연도	지수	누계 (%)	내부 수익률 (%)
미국	1991	6174	2014	17348	181	4.6	1991	7328	2014	13071	78	2.5
중국	1991	2190	2014	63646	2,807	15.8	1991	4040	2014	36957	815	10.15
홍콩	1991	691	2014	2256	226	5.3	1991	960	2014	2245	134	3.8

랐고, 주식 가치는 상승 속도가 빨랐습니다. 하지만 진정으로 현대화의 기원, 문명 3.0의 기원으로 돌아가면 최종 결과는 양쪽이 똑같습니다. 정말 흥미롭죠?

과거 20여 년에 걸쳐 중국이 진정한 3.0 문명에 진입하자, 우리의 속도가 빠르다는 차이는 있지만 미국과 성과가 거의 동일하고 패턴도 똑같았습니다. 상하이와 선전 지수는 지난 25년 동안 10배 이상 상승했고 연간 수익률 역시 마찬가지였지만, 여기 계신 분들을 포함하여 어떤 투자자도 이런 결과를 얻지 못했으리라고 생각합니다. 중국 주식 시장에 투자하여 10배 이상 벌었다는 사람을 지금까지 만나본 적이 없으니까요. 하지만 개장 첫날부터 큰 수익을 거둔 주체가 있는데, 바로 중국 정부입니다. 중국 정부는 시장이 문을 연 날부터 이런 수익을 얻었습니다. 사람들은 중국의 부채가 많다고 걱정하지만, 중국 정부가 대부분 주식의 상당 지분을 가지고 있어서 이런 수익을 얻는다는 사실을 종종 잊어버립니다. 주식 투자자 중 이런 결과를 얻은 사람은 없습니다. 중국이 미국과 다른 길을 걷고 있었기 때문에 주식 시장의 성과가 같으리라고 생각한 사람이 없었던 거죠. 하지만 현대화의 기원, 즉 3.0 문명의 기원으로 돌아가 보면 최종 결과는 거의 동일합니다.

그렇다면 특정 기업을 살펴봐도 이럴지 한번 보겠습니다. 여러분이 익히 알고 있는 몇 개 회사를 예로 들어보겠습니다. 완커万科, 그리格力, 푸야오福耀, 궈디엔国电, 마오타이茅台 등의 기업은 아주 작은 시가총액에서 출발하여 현재 이렇게나 큰 기업이 됐습니다. 가장 적게 성장한 기업이 30배이며, 가장 많이 성장한 기업은 1,000배가 넘습니다(〈표 4〉 참조).

표 4 중국 A주식 상장사 중 실적 우수 대표 기업

기업	상장일 가격 기준		첫날 (%)	첫날 종가 기준		상장일	연수 (년)	시장가치 (10억 위안)	PER (배)
	누적 (배)	내부 수익률 (%)		누적 (배)	내부 수익률 (%)				
완커	1,151	33.3	1,058	98	20.5	1990.12.19	24.7	153	9.6
그리전기	837	43.1	1,900	41	22.0	1996.11.18	18.8	111	7.8
궈디엔	584	41.2	1,727	31	20.7	1997.3.18	18.5	86	12.4
푸야오유리	350	30.1	2,640	12	11.7	1993.6.10	22.2	30	10.7
윈난바이야오 云南白药	264	29.3	211	84	22.7	1993.12.15	21.7	72	27.5
이리구펀 伊利股份	162	29.9	41	114	27.6	1996.3.12	19.5	99	21.8
완화万华화학	38	28.3	0	38	28.3	2001.1.4	14.7	40	19.7
구이저우마오타이 贵州茅台	37	29.6	0	37	29.6	2001.8.24	14.0	245	15.3
샹웬샹청 像园商城	31	15.1	-41	53	17.6	1990.12.19	24.7	22	20.8
쑤앙후이파잔 双汇发展	30	22.4	0	30	22.4	1998.9.15	17.0	59	15.5

※ 기간: 상장일~2015.8.31
※ 시장 평균 PER: 16.1배

홍콩도 마찬가지입니다. 홍콩증권거래소에서 텐센트에 투자했다면 186배의 수익을 올릴 수 있었을 것입니다. 2004년 상장했으니 시간도 그리 길지 않은데 첫날 투자했다면 약 10년 만에 186배가 됐을 것입니다(〈표 5〉 참조). 홍콩 상장기업 중 상당수가 중국 본토에서 사업을 영위합니다. 하이루오海螺, 리펑利丰 등은 대다수 중국인에게 친숙한 기업이죠. 종목에 홍콩증권거래소까지 포함한 것은 지수가 추상적인 것이 아

표 5 홍콩증권거래소 상장사 중 실적 우수 대표 기업

기업	상장일 가격 기준		첫날 (%)	첫날 종가 기준		상장일	연수 (년)	시장가치 (10억 위안)	PER (배)
	누적 (배)	내부 수익률 (%)		누적 (배)	내부 수익률 (%)				
텐센트	186	59.4	0	186	59.3	2004.6.15	11.2	1,239	39.1
중국바이오제약 中国生物制药	160	40.6	0	160	40.5	2000.9.28	14.9	45	25.1
HSBC	95	16.8	0	95	16.7	1986.4.2	29.4	1,199	11.8
홍콩중국가스 香港中华煤气	82	16.2	0	82	16.2	1986.4.2	29.4	169	22.1
홍콩증권거래소	82	33.8	0	82	33.7	2000.6.26	15.2	218	31
리펑	61	19.5	14	54	18.7	1992.7.1	23.2	43	11.5
차이나 에버브라이트 인터내셔널 中国光大国际	46	16.4	0	46	16.3	1990.3.21	25.5	45	23.9
중국해외발전 中国海外发展	43	17.8	29	33	16.4	1992.8.20	23.0	224	6.1
ENN에너지 新奥新源	38	29.1	0	38	28.9	2001.5.9	14.3	43	11.8
하이루오시멘트	38	22.7	-32	56	25.2	1997.10.21	17.9	119	10.3

※ 기간: 상장일~2015.8.31
※ 시장 평균 PER: 19.3배

나라는 점을 보여주고 싶어서입니다.

오늘 이 주식들을 분석하는 건 아니고, 다만 이런 현상이 존재한다는 것을 보여드리고 싶었습니다. 주가지수는 추상적인 것이 아니며 구체적인 하나하나의 기업으로 구성돼 있습니다. 지난 200년 동안 동서양이 서로 다른 길을 걸어온 것은 분명하지만, 3.0 문명의 길에 접어들

표 6 미국 주식 중 누적 수익률 TOP 10 기업 및 내부 수익률 TOP 10 기업

기업	총수익		상장일	연수 (년)	시장가치 (10억 위안)	PER (배)
	누적(배)	내부 수익률(%)				
누적 수익률 TOP 10 기업 버크셔 해서웨이	26,543	19.6	1958.9.1	57.0	332	20.3
홈디포	4,625	28.2	1981.9.1	34.0	150	22.9
월마트	1,926	19.2	1982.7.1	33.2	208	13.4
프랭클린 리소스	1,192	17.4	1971.7.1	44.2	25	11.0
마이크로소프트	847	25.7	1986.3.13	29.5	348	16.8
VF 코퍼레이션	689	10.7	1951.4.1	64.5	31	23.2
알트리아	660	7.3	1923.3.15	92.5	105	19.7
메드트로닉스	643	17.2	1974.12.1	40.8	102	23.6
루카디아내셔널 LEUCADIA NATL	627	14.7	1968.10.7	46.9	8	15.3
AFLAC	597	16.8	1974.6.14	41.2	25	9.8
내부 수익률 TOP 10 기업 바이두百度	54	48.7	2005.8.4	10.1	52	25.1
넷플릭스	106	42.2	2002.5.22	13.3	49	258.9
코그니전트 Cognizant	301	39.3	1998.6.18	17.2	38	24.6
아마존	341	37.5	1997.5.14	18.3	240	N/A
CF 인터스트리	18	34.3	2005.8.11	10.1	13	14.1
CTRIP	29	33.7	2003.12.9	11.7	9	N/A
세일즈포스닷컴 SALESFORCE.COM	24	33.4	2004.6.23	11.2	46	N/A
메디베이션 MEDIVATION INC	192	31.6	1996.7.2	19.2	7	30.3
버펄로와일드윙스 BUFFALO WILD WINGS	21	30.1	2003.11.21	11.8	4	37.8
액손Axon	40	29.8	2001.5.7	14.3	1	49.1

※ 기간: 상장일~2015.8.31
※ 시장 평균 PER: 누적 수익률 TOP 10 기업 - 17.6배, 내부 수익률 TOP 10 기업 - 62.9배

었을 때 중국의 성과는 이미 3.0 문명에 도달한 다른 국가와 거의 같은 궤적을 보여줬습니다.

이 현상을 어떻게 설명할 수 있을까요? 지난 수십 년간의 성과를 우리는 어떻게 이해해야 할까요? 더 중요한 질문은 앞으로 수십 년 동안의 중국 주식 시장에서도 같은 현상이 일어날 것이냐입니다. 이런 회사들이 또다시 나타날 수 있을까요? 같은 회사일 수도 있고 다른 회사일 수도 있지만, 여러분에게 수백 배, 수천 배의 수익을 안겨줄 회사들 말입니다. 그럴 가능성이 존재할까요? 이것이 오늘 제가 대답하고자 하는 마지막 질문입니다.

중국의 상황은 특수한가?

'중국은 특수한가?'라는 질문에 답하기 위해서는 중국 현대화의 전체 역사를 살펴봐야 합니다. 중국의 현대화는 1840년 이후에 시작됐으며, 능동적인 현대화가 아니라 피동적인 현대화였습니다. 만일 중국이 내생적 발전의 논리를 따랐다면 여기까지 올 수 없었을 것입니다. 그 주된 이유 중 하나는 정부가 너무 강력해서 자유시장경제를 만들어내는 것이 불가능하기 때문입니다. 중국 역사에서 시장경제는 여러 차례 싹을 틔웠지만 진정한 자유시장경제로 이어진 적은 단 한 번도 없습니다. 중국 정부는 한나라 이후 세계에서 가장 안정적이고, 가장 크고, 가장 강력하고, 가장 깊이 있는 정부였습니다. 이것은 우리의 지리 환경과 관련이 있는데 오늘 이에 대해서는 자세히 설명하지 않겠습니다. 현실은 이 나라가 지난 2,000년 동안 너무 강하고 안정적이어서 3.0 문명이 여기에서 태어날 수 없었다는 것입니다. 하지만 이곳에서 탄생하지 않았다고 해서 이 땅에 도입할 수 없다는 얘기는 아닙니다.

오늘날 우리가 보는 현대화는 단순한 제도의 현대화가 아니며, 1840년 이후 중국에서 일어난 변화의 본질에 대한 이해에서 출발해야 합니다. 우리의 변화는 문화의 변화도 아니고 경제 시스템의 변화도 아닙니다. 우리가 오늘 마주하는 변화는 문명의 변화이며 이데올로기에 버금가는 본질의 변화입니다.

문명의 본질이 변화하는 것은 기원전 9000년 농업 문명의 혁명에서 같은 유형을 볼 수 있습니다. 그 시기 농업 문명의 출현은 우연이었습니다. 마지막 빙하기가 끝날 무렵, 메소포타미아 유역에서 경작할 수 있는 야생 식물과 사육할 수 있는 야생 동물들을 발견해 농업 문명이 출현했습니다. 그리고 일단 출현한 후에는 즉각 빠른 속도로 세계 구석구석으로 퍼져나갔습니다. 오늘날 우리는 3.0 문명은 자유시장경제와 현대 과학기술의 결합이며, 이 두 가지 형태의 결합이 새로운 문명 상황을 만들어냈다는 사실을 알고 있습니다. 과거 200년간 진행된 3.0 문명의 전파 과정은 2.0 문명의 전파 과정과 유사한 점이 참으로 많습니다.

3.0 문명의 발전도 2.0 문명의 출현과 마찬가지로 대부분 지리상의 우연한 사건에 좌우됐으며, 절대적 필연성은 없었습니다. 지리적 이유로 서양은 아메리카 대륙을 우리보다 먼저 발견했습니다. 서양은 대서양을 통하면 약 5,000킬로미터에 불과했고, 우리는 태평양을 사이에 두고 약 1만 킬로미터 떨어져 있었는데 해류 때문에 실제로는 1만 킬

로미터를 훨씬 뛰어넘는 항해 거리였습니다. 더욱이 중국은 아메리카를 찾아 나설 동기가 없었죠. 유럽이 아메리카를 발견하면서 범대서양 경제가 형성됐습니다. 대서양 연안 경제의 가장 큰 특징은 정부의 개입이 없었다는 점입니다. 이런 상황에서만 정부의 개입 없이 기업과 개인 등이 주체가 되는 완전히 새로운 경제 형태가 등장할 수 있었습니다. 이 경제 형태가 사람들의 세계관에 도전했고, 이런 세계에 대응하여 현대 과학이 등장했고, 현대 과학이 다시 이성적 사고의 혁명을 가져와 기존 지식을 비판적으로 검토하게 한 것이 바로 계몽 운동입니다. 바로 이런 배경에서 3.0 문명, 즉 현대 과학기술 문명이 등장했습니다.

이런 상황은 중국 사회 체제에서는 일어나기가 어려웠습니다. 그러나 문명 2.0에서 볼 수 있듯이, 새로운 문명이 어디서 시작됐든 간에 일단 등장한 후에는 전 세계에 빠르게 전파되고 오래된 문명은 빠르게 동화됩니다. 이는 인간의 본성과 관계있습니다. 생물학에 따르면 모든 인간은 같은 장소, 같은 종의 조상에서 유래했으며 모두가 동일한 본성을 가지고 있습니다. 5~6만 년 전 인류는 최초의 요람인 아프리카를 떠나 3~5만 년의 세월 동안 전 세계로 퍼져나갔습니다. 인류는 서로 다른 몇 개의 경로를 거쳐 확산됐는데 그중 하나가 중국을 포함한 아시아였고, 최종적으로는 아메리카 대륙을 뒤덮었습니다. 따라서 인간 본성이나 지능, 진취적 마인드, 공동체를 위한 마음과 같은 특성이 비슷한 수준으로 분포돼 있습니다. 인간은 본성적으로는 결과의 평등을 추구하며, 이성적으로는 기회의 평등을 추구합니다. 결과의 평등을 추구하기 때문에 새로운 선진 문명이 출현할 때마다 비교적 단시간 내에 세계 곳곳으로 빠르게 확산될 수 있습니다. 그리고 기회의 평등을 추구하는 메커니즘은 모든 사회가 고유의 문화 정신을 가지고 나름대로 제도를 창출하고, 이런 진화의 과정이 세계 구석구석에 천천히 스며들게 해줍니다. 불평등에서 평등으로 나아가는 이 모든 과정이 고통스러운 것은 사실이지만 말입니다.

따라서 문명의 확산은 이르든 늦든 일어나고야 맙니다. 문화 수준이 비교적 높은 곳에서는 전파 속도가 더 빠르죠. 다른 관점에서 말하자면, 식민지 지배를 전혀 받지 않았거나 부분적으로 받은 곳에서는 비교적 빨리 퍼지며, 완전한 식민지 상태에 있었던 사회에서는 전파가 느립니다. 이것이 바로 아시아에서 일본이 앞서나간 이유입니다. 일본은 식민지 시대를 겪지 않았기 때문입니다. 식민지에 준하는 상황을 겪었던 중국이 그다음이고, 인도는 완전한 식민지 사회를 겪었기 때문에 문명의 전파가 상당히 뒤처졌습니다.

종합해서 말하자면 중국은 1840년경부터 줄곧 현대화를 탐색해왔지만, 현대화의 본질이 무엇인지는 완전히 이해하지 못했습니다. 1840년 이래 우리는 대부분의 접근 방식을 시도해봤습니다. 처음에는 서양의 기술만 배우면 되고 그 외 모든 것은 이전과 같으면 된다고 생각하여 자강운동을 시작했습니다. 하지만 별 효과가 없었고 성공하지 못했습니다. 물론 이 과정에서 태평천국 운동이 있었고 우리는 약 50년 동안 일본과 싸웠습니다. 우리는 일본이 걸어온 길을 따라가지 않았는데, 그 이유는 일본의 영향에 맞서 거꾸로 가야 한다고 생각했기 때문입니다. 1949년 이후 약 30년간은 또 다른 길을 걸어 지역사회 구성원이 공동으로 소유하는 집체경제를 실시했습니다. 이는 완전히 계획경제 체제였습니다.

우리는 할 수 있는 대부분의 방식을 시도했습니다. 1970년대 후반에 이르러서야 우리가 시도한 길이 마침내 3.0 문명의 본질로 이어졌습니다. 이전 150년 동안의 모든 시도가 실패로 판명된 후에는 자유시장경제와 현대 과학기술이라는 두 가지를 시도했습니다. 정치 제도도 크게 변하지 않았고 문화도 큰 변화가 없었습니다. 하지만 지난 35년 동안 우리는 중국의 모든 경제 형태가 갑자기 서양의 3.0 문명과 놀라울 정도로 일치한다는 사실을 발견했습니다.

　　말하자면 중국이 진정으로 3.0 문명의 핵심에 진입한 것은 지난 35년 동안의 일입니다. 그 전 150년간의 현대화 진입 과정에서 우리가 걸어온 길은 비교적 굴곡이 있었으며, 여러 가지 원인으로 핵심까지 돌입하지 못했습니다. 일단 이 길을 따라가다 보면 중국 경제의 양상이 서양의 3.0 문명 경제와 놀라울 정도로 유사하다는 것을 알 수 있습니다. 우리가 오늘 살펴본 과거 20~30년 동안의 주식 시장과 주요 금융상품의 성과, 개별 주식과 기업의 성과만 하더라도 그렇지 않습니까? 3.0 문명에 적응한 이후 중국의 성과는 앞선 3.0 문명의 나라들과 거의 동일했습니다. 따라서 중국의 특수성이 3.0 문명의 본질에 영향을 주지 못했다고 말할 수 있습니다. 중국의 특수성은 독특한 문화와 독특한 정치 제도에 있습니다. 그러나 이런 요소는 3.0 문명의 본질이 아닙니다.

　　그러면 중국이 3.0 문명이라는 이 주류의 흐름에서 벗어날 가능성은 없을까요? 중국의 정치 제도가 다르기 때문에 국내외 투자자를 비롯해 많은 사람이 의구심을 가지고 있습니다. 이런 정치체제에서 우리는 거의 200년 동안 현대화의 길을 걸어왔고, 다른 많은 길도 가봤죠. 우리가 과거로 되돌아갈 가능성은 없을까요?

1949년 이후 30년 동안 중국은 집체화의 길을 걸었는데, 이는 특수한 정치체제에서 비롯됐음을 우리는 알고 있습니다. 그렇다면 오늘날의 상황에서 우리가 시장경제를 포기하고 과거로 되돌아갈 가능성도 있을까요?

이것은 투자자들이 반드시 던져야 할 질문이라고 생각합니다. 이 질문에서 출발하지 않으면 중국 3.0 문명의 미래와 중국 가치투자의 미래를 예측하기 어려울 것입니다. 이 질문에 대답하지 않고, 명확하게 생각하지 않고, 마음에 확신이 없으면 시장이라는 존재는 여러분의 사고, 인간 본성, 심리적 약점을 파헤칠 것입니다. 여러분이 명확하게 생각하지 않거나 실수를 범한다면 그 즉시 도태될 것입니다.

이 모든 질문에 정답은 없으며 지난 200년 동안 지식인들이 세대를 거듭하며 고민해온 문제입니다. 제가 오늘 말씀드리는 이 문제는 개인적인 성찰이자 수십 년 동안 저를 개인적으로 괴롭혀온 문제이기도 합니다. 이 문제에 대한 제 생각은 다음과 같습니다.

무엇보다 3.0 문명의 본질과 철칙을 살펴볼 필요가 있습니다. 앞에서 간략히 언급했듯이, 3.0 문명이 장기간 복리식 경제 성장을 지속할 수 있었던 근본 이유는 자유로운 교환이 부가가치를 창출하기 때문입니다. 과학기술 문명이 더해지면서 그것이 가속기가 되어 부가가치 창출의 속도가 더 빨라집니다. 더 많은 사람, 더 많은 개인, 더 많은 국가가 교환에 참여할수록 더 큰 부가가치를 창출할 수 있습니다. 이는 애덤 스미스의 통찰에서 비롯된 것으로, 데이비드 리카도는 이 통찰을 국가 간, 서로 다른 시장 간의 교류로 확장하여 현대 자유무역의 토대를 마련했습니다. 이 이론의 자연스러운 결론은 서로 다른 시장 사이에 경쟁이 존재한다면 참여자가 많고 규모가 큰 시장이 우위를 점하게 된다는 것입니다. 그리고 규모가 큰 시장이 개별 거래 시장을 서서히 잠식해나가죠. 즉, 가장 큰 시장이 유일한 시장이 되는 것입니다.

이는 2.0 문명에서는 상상할 수 없었던 일이며, 자유무역은 바로 이 통찰에서 시작됐습니다. 이런 통찰이 없었다면 자유무역은 근본적으로 불가능했을 것이며, 오늘날 세계화라고 불리는 과정 또한 마찬가지입니다. 이 통찰은 18~19세기 영국의 자유무역을 시작으로 세계화가 처음 등장한 1990년대 초에 이르러서야 비로소 증명됐습니다. 세계화 이후 우리는 현대화의 철칙에 대한 새로운 결론을 얻었습니다. 두 개의 시스템이 서로 경쟁할 때 '1+1 〉 2'와 '1+1 〉 4'라는 메커니즘이 동시에 존재하며 상호작용하기 때문에 교환량이 클수록 창출되는 부가가치도 커집니다. 당연하게도, 부가가치를 더 많이 창출하는 시스템이 결국은 가장 크고 유일한 시장이 됩니다. 이 현상은 1990년대 초·중반에 역사상 처음으로 발생했으며, 이후 제2의 글로벌 시장은 출현하지 않았습니다. 리카도는 독립적인 두 체제가 교류하면 두 체제 모두 이익을 얻을 수 있으므로 자유무역이 옳다고 예측했습니다. 이 말을 할 때만 해도 그 역시 모든 시장이 결국 하나의 시장을 형성하고, 가장 큰 시장이 유일한 시장이 될 것이라고는 예상하지 못했습니다. 이 일은 1990년대 중반에 마침내 이뤄졌습니다.

이것이 바로 지난 수십 년 동안 진행된 3.0 문명의 간략한 궤적입니다. 가장 먼저 시작된 것은 영국과 미국의 범대서양 경제였고, 그들은 이런 방식을 자국의 식민지에 전파했으며, 이후 두 차례의 세계대전을 겪었습니다. 제2차 세계대전 이후 두 개의 독자적인 순환 시장이 형성됐는데 하나는 미국·서유럽·일본이었고, 다른 하나는 소련·중국이 이끌고 독자 순환하는 별도의 시장이었습니다. 전자가 확실히 더 컸고, 순환 속도 역시 더 빠르며, 시장경제의 규칙을 따랐기 때문에 효율이 점점 더 높아졌습니다. 이 두 시장은 거의 대등한 입장에서 출발했지만 수십 년이 지난 후 미국과 소련, 서독과 동독, 홍콩·타이완과 중국, 그리고 남한과 북한에서 큰 차이가 발생했습니다. 그 결과 1990년대 초 베를린 장벽이 무너지고 중국도 시장경제를 전면적으로 수용하면서 세계화라는 독특한 현상이 인류 역사상 처음으로 등장했습니다. 바로 이때부터 3.0 문명이 본질을 본격적으로 드러내기 시작했는데, 저는 이를 '3.0 문명의 철칙'이라고 부릅니다. 이것이 제 이론의 핵심이며, 이 철칙이 예측한 상황은 현실이 되었습니다. 전 세계를 하나로 묶는 자유로운 시장이 나타나지 않았습니까?

시장은 본질적으로 규모의 경제를 추구하며, 더 많은 사람이 참여하고 더 많은 사람이 교환할수록 더 많은 가치가 창출됩니다. 시장이 클수록 자원의 분배가 더 합리적이고 효율적으로 이뤄지며, 더 풍부하고 성공적인 고급 기술을 만들고 지원할 수 있습니다. 서로 경쟁하는 여러 시장 사이에서 가장 큰 시장이 결국 유일한 시장이 될 것이며, 이 가장 큰 시장을 떠나는 개인, 사회, 기업 또는 국가는 계속해서 뒤처지고 결국에는 어쩔 수 없이 다시 합류하게 됩니다. 한 국가가 힘을 키우는 가장 좋은 방법은 자국의 관세 장벽을 버리고 세계에서 가장 큰 국제 자유시장 시스템에 들어가는 것이며, 뒤처지는 가장 좋은 방법은 문을 닫고 교류하지 않는 것입니다. 시장 메커니즘을 통해 현대 과학기술 제품의 종류는 무한히 증가하며 원가는 무한히 하락합니다. 이는 인간의 무한한 수요와 상호 결합하여 경제가 지속적으로 복리식 성장을 하게 하며, 이것이 바로 현대화의 본질입니다.

우리는 이 현상이 일어난 후 동독과 서독, 북한과 남한, 개혁개방 이전의 중국과 타이완·홍콩의 차이를 이해할 수 있습니다. 이란이 왜 자국의 안보를 보장할 핵무기 프로그램을 포기하는 위험을 무릅쓰고 이 거대한 시장에 참여하려 할까요? 이 거대한 시장이 유일한 시장이고 이란과 같이 아주 작고 폐쇄된 시장은 진정한 과학기술을 생성하기에 너무나 부족하기 때문입니다. 중국도 그렇고, 소련도 마찬가지입니다. 외딴섬이 되면 이 거대한 시장을 이길 수 없습니다.

현재 새로운 정보가 증가하는 속도를 보자면, 몇 년 동안 새롭게 등장하는 정보량이 그 이전까지 인류가 보유한 정보의 총합이 될 정도입니다. 10년 전에는 이 속도가 '8년마다'라고 계산됐는데, 지난 10년 동안 더 빨라진 것으로 추정됩니다. '1+1 〉4'의 철칙이 강력히 적용되고 있습니다. 시장이 작으면 뒤처질 수밖에 없습니다. 중국은 WTO에 가입한 지 15년이 지났고 그 이전부터 거의 20~30년 동안 시장경제를 진행해왔습니다. 중국이 시장 규칙을 바꾸거나 이 공동 시장을 떠난다면 급속히 뒤처질 것입니다. 저는 중국처럼 성숙한 국가, 성공적인 역사와 문화가 깃든 국가에서는 대부분 사람이 그런 상황을 받아들일 수 없으리라고 생각합니다. 중국이 이 거대한 시장을 잠시 떠나는 것은 불가능하지 않지만, 영원한 낙오자가 되어선 안 됩니다. 중국인, 중국 문화는 수천 년의 성공을 거둔 후인 지금에 와서 실패하기를 원하지 않습니다. 그러므로 3.0 문명의 큰길에서 잠시 이탈하는 행위는 곧바로 수정될 것입니다.

수정하는 데 걸리는 시간은 역사의 긴 흐름에 비추어 보면 매우 짧겠지만, 우리의 수명 주기로 볼 때는 길 수 있습니다. 그러나 이 정도의 기간은 여전히 자유시장경제를 유지할 수 있고, 여전히 충분한 안전마진을 확보할 수 있습니다. 이것은 견딜 수 있는 기간이며, 훨씬 더 무서웠던 지난 10여 년 동안 우리가 겪은 연속적인 시장 혼미 상태보다 덜 무서운 기간입니다. 여러분은 우리 사회가 한동안 3.0 문명에서 벗어난다고 가정할 수 있습니다. 그 시기가 왔다고 생각되면 충분한 안전마진을 고려하고 가치투자를 진행하면 됩니다. 3.0 문명의 철칙이 적용될 테니까요.

중국에서의 가치투자, 가능할까?

이상의 배경을 바탕으로 다시 투자로 돌아가 중국에서의 가치투자를 전망해보겠습니다. 저는 오늘날 중국은 2.0 문명과 3.0 과학기술 문명 사이, 아마도 2.5 문명 정도에 있다고 생각합니다. 우리는 제법 먼 길을 걸어왔지만 아직 먼 길을 가야 합니다. 그래서 저는 중국이 앞으로도 3.0 문명의 주요 과정을 계속할 가능성이 크다고 생각합니다. 이를 떠나는 비용은 무척 높습니다. 저를 포함해서 중국의 문화·민족·역사를 웬만큼 이해하는 사람이라면 중국이 현대 문명의 본질을 향해 나아가기 시작한 이상 방향을 틀어 되돌아갈 가능성은 매우 작다고 생각할 것입니다.

중국이 글로벌 공동 시장을 떠날 가능성은 거의 없습니다. 또한 중국이 시장경제의 규칙을 변경할 확률도 매우 낮습니다. 중국은 앞으로 20~30년 동안 글로벌 시장에 계속 남아 자유시장경제와 현대 과학기술을 계속 유지할 가능성이 큽니다. 중국이 경제 측면에서 3.0 문명의 주요 노선을 따를 가능성 역시 매우 큽니다. 진정한 3.0 문명의 주요 과정에서는 정치와 문화보다 자유시장경제와 현대 과학기술의 역할이 지극히 크며 이것이 진정한 본질입니다. 많은 투자자, 특히 서양의 투자자들이 중국에 대해 큰 오해를 하고 있는데, 본질을 잘 모르기 때문입니다.

중국이 3.0 현대 기술 문명의 길을 계속 걷고 주요 자유시장경제와 현대 과학기술을 고수하는 한 주요 자산의 성과, 주식 및 현금의 성과는 대체로 과거 300년 동안 보여준 성숙한 시장경제 국가의 방식을 따를 것입니다. 경제는 인플레이션과 함께 복리식 성장을 지속할 것이며, 주식은 다른 주요 자산군보다 계속해서 높은 성과를 보일 것입니다. 가치투자라는 개념은 중국에서도 미국과 마찬가지로 투자의 대도이자 정도로서, 우리에게 안정적인 수익을 가져다줄 것입니다. 이것이 제가 중국에서 가치투자가 실행될 수 있다고 믿는 가장 근본적인 이유입니다.

또한 가치투자를 중국에 적용할 수 있다는 데서 한 걸음 더 나아가 현재 어떤 시장보다 더 큰 장점을 발휘하리라고 생각합니다. 왜냐하면 중국은 아직 미성숙한 단계에 있기 때문입니다. 오늘날 중국은 자본 시장의 70%가 여전히 개인 투자자이고, 단기 매매가 주를 이루며, 기관조차 단기 매매에 집중하고 있지 않습니까? 그래서 가격이 종종 내재가치와 큰 괴리를 보여 매우 훌륭한 투자 기회를 주기도 합니다. 만일 여러분이 단기 매매에 흔들리지 않고 장기 가치투자를 고수한다면, 경쟁자는 줄어들고 성공의 확률은 높아질 것입니다.

또한 중국은 지금 경제 방식이 바뀌고 있고, 실제로 금융 시장이 중요한 자금 공급처의 역할을 하고 있습니다. 이런 경향은 시간이 갈수록 심화돼 기업은 은행에서 대출을 받기보다 주식 시장이나 채권 시장 등을 주요 자금 공급처로 삼을 것입니다. 이는 자원 배분의 주요 수단이 될 것이며 금융 시장의 발전 규모, 제도화 정도, 성숙도가 앞으로 크게 향상될 것입니다. 물론 가까운 미래로 시야를 한정하면 많은 사람이 정부의 과도한 시장 개입, 부적절한 구제금융 등에 대해 불평하겠지만 장기적으로 보면 중국 시장은 여전히 시장 지향적이고 제도화되고 성숙해지는 방향으로 발전하고 있으며 다음 단계의 경제 발전에서 더욱 중대한 역할을 하리라고 생각합니다. 따라서 진정한 가치투자자의 역할이 점점 더 중요해질 것입니다.

오늘 이렇게 젊은 여러분을 보니 부러운 마음이 들기도 합니다. 가치투자자로서 저보다 더 많은 기회를 접하게 될 테니까요. 제가 지난 20년 동안 가치투자의 대가들 밑에서 공부하고 배우고 실천할 수 있었던 것은 큰 행운이라고 생각합니다. 여러분의 행운은 더 클 것입니다. 하지만 항상 초심을 잃지 말고 다음 두 가지를 기억하시라고 당부드리고 싶습니다. 첫째, 수탁자로서의 의무를 늘 명심하고, 고객의 돈을 자기 돈처럼 여기길 바랍니다. 둘째, 지혜와 지식을 습득하는 것을 자신의 도덕적 책임으로 인식하길 바랍니다. 꾸준히 공부하여 진정한 지식과 통찰력을 키우고, 이 시장에서 사이비를 판별해내고, 여러분의 고객을 위해 수익을 거두고, 각고의 노력으로 성공을 거두시길 바랍니다.

그럼으로써 전환기 중국의 경제 발전에 기여하여 나라와 집안과 개인이 많은 도움을 얻는 데 기여하길 바랍니다.

저는 진심으로 여러분이 대담하게 정도에 오르길 기원합니다. 이 길은 붐비거나 막히지 않으며 풍경도 매우 좋습니다. 또한 각양각색의 신기한 도전을 마주할 것이니 고적하다고 생각하지 마십시오. 저는 여러분이 틀림없이 더 잘하실 수 있으리라고 믿습니다. 일단 15년간 노력을 게을리하지 않는다면 틀림없이 우수한 투자자가 될 수 있을 것입니다! 감사합니다!

가치투자의 핵심, 지행합일

:2019년 11월 베이징대학교 광화관리학원 강연

가치투자의 이론과 실천

5년 만에 다시 돌아와 가치투자 강의를 하게 되어 기쁘게 생각합니다. 먼저 광화관리학원의 장궈화姜国华 교수와 히말라야 캐피털의 동료 창진, 자리를 같이해준 학생들, 그리고 가치투자의 추구자 및 지지자 여러분께 지난 수년간 중국에서 가치투자를 전파하고 지지해준 것에 감사의 말씀을 전합니다.

지난 5년 동안 저는 이곳에서 제가 했던 첫 수업에 대해 조금 미진하다는 생각을 했습니다. 그 수업에서는 가치투자의 기본 이론과 특히 중국에 적합한가를 주로 논의했고, 가치투자를 실제 어떻게 할 것인가에 대해서는 별로 언급하지 않았습니다. 사실 가치투자는 이론보다는 실천이 중요하기 때문에 오늘은 가치투자의 실천 문제에 초점을 맞추겠습니다. 먼저 제가 가치투자 실천 프레임워크를 어떻게 이해하는지 부터 말씀드리고 남은 시간은 여러분의 질문을 받고자 합니다.

가치투자의 기본 개념은 크게 네 가지입니다. 첫째, '소유권'이라는 개념입니다. 주식은 단순히 사고팔 수 있는 종이 조각이 아니라 회사의 부분적인 소유권이라는 의미입니다. 둘째, '안전마진'이라는 개념입니다. 투자의 본질은 미래를 예측하는 것인데, 미래를 정확히 예측할 순 없고 최선을 다해도 확률 정도만 알 수 있기 때문에 안전마진을 고려해야 합니다. 셋째, '미스터 마켓'이라는 개념입니다. 시장은 스승으로, 참여자들에게 서비스하기 위해 존재하는 것이 아니라 교훈을 제공하기 위해 존재합니다. 넷째, '능력 범위'라는 개념입니다. 투자자는 장기적인 학습을 통해 자기 자신의 능력 범위를 구축한 다음, 그 안에서 투자를 해야 합니다.

이것이 가치투자의 기본적인 사고 프레임워크입니다. 논리가 간단하고 명확하며 이해하기 쉽습니다. 게다가 투자 실천에서 가치투자는 투자자에게 닥칠 리스크를 적용한 후 장기적으로 우수한 수익을 제공할 수 있는 유일한 투자 접근법이라고 생각합니다. 많은 사람이 가치투자를 잘 알고 있으며, 특히 지난 60년 동안의 성공으로 세계적 관심을 받고 있는 워런 버핏이라는 가장 유명한 실천가 덕분에 더 잘 알려졌죠. 하지만 경험적 연구에 따르면 시장 참여자 중 진정한 가치투자자는 5% 미만인 것으로 나타났습니다. 그렇게 많은 사람이 가치투자를 알고 있는데도 실천하는 사람은 적은 이유가 무엇일까요? 사람들은 실천에서 왜 그렇게나 자주 문제에 부딪히며, 문제에 부딪히면 또 왜 그리 쉽게 다른 방법으로 이끌려 가버리는 것일까요? 오늘 저는 가치투자의 실천에서 어려운 점이 어디에 있는지 설명하고자 합니다.

앞서 제시한 네 가지 개념을 차례대로 분석해보겠습니다.

가치투자의 네 가지 개념 중 첫 번째인 '부분 소유권'부터 이야기해 보겠습니다. 이는 제도상의 개념입니다. 만일 주식이 회사의 부분 소유권이고 제도적으로 개인의 재산권이 진정으로 보호될 수 있다면, 그 재산을 사용하는 것도 보호를 받을 수 있기에 자유로이 교환할 수 있습니다. 자유롭게 교환할 수 없다면 진정한 재산권이라고 할 수 없습니다. 예를 들어 현금은 우리가 원할 때 언제든지 사용할 수 있고 원하는 것으로 바꿀 수 있기 때문에 재산권입니다. 따라서 주식의 교환을 허용하는 것은 한 사회가 사유 재산을 보호하느냐 아니냐를 나타내는 중요한 지표입니다. 이를 달성할 수 있느냐 아니냐는 사회 자체에 의해 결정되는 것이며 투자자라는 요소와는 관계가 없습니다. 이런 제도가 존재할 수 있게 허용하는 사회는 가치투자가 존재할 수 있는 사회입니다. 현재 우리 사회에는 이런 시스템이 존재하고 주식의 교환이 허용되므로, 주식은 회사의 일부 소유권이라는 관점은 성립합니다.

두 번째 '안전마진'은 실제로 방법상의 문제이며 개념상 특별히 모호한 것은 없습니다. 투자는 '내가 돈을 내고 가치를 얻는 것'입니다. 가치는 확정하기 어렵기 때문에 최대한 싼 가격에 매수하는 것이 중요하다는 점은 모두 인정할 것입니다.

그렇다면 가치투자 실천 중 가장 어려운 것은 나머지 두 가지 개념으로, 하나는 미스터 마켓의 가설이며 다른 하나는 능력 범위입니다.

먼저 벤저민 그레이엄 교수가 처음 미스터 마켓을 어떻게 설명했는지 알아봅시다. 그는 주식 시장을 정력이 왕성하고, 그다지 판단력이 좋지 않아 똑똑하지는 않지만 그렇다고 마음씨가 나쁘지도 않은 한 인간으로 생각할 수 있다고 했습니다. 이 사람은 매일 아침 제일 먼저 하는 일이 온갖 종류의 가격을 불러대는 것입니다. 여러분이 관심을 보이든 말든 그는 계속 소리를 지릅니다. 그런데 이 미스터 마켓의 기분은 기복이 무척 심합니다. 어떤 날은 미래에 대해 엄청나게 낙관적이어서 가격을 매우 높게 부르며 어떤 날은 엄청나게 비관적이 되어서 매우 낮은 가격을 부릅니다. 대개 여러분은 그를 완전히 무시할 수 있지만 그가 신경질적일 때나 극도로 흥분했거나 극도로 우울해하면 그의 정서 변화를 이용하여 매매를 할 수 있습니다.

이때 여러분은 한 가지 커다란 문제에 직면했음을 발견할 것입니다. 학교에서 미스터 마켓의 개념에 대해 읽을 때는 이해한다고 생각했겠지만, 시장에 진출하여 일을 시작하면 거래 상대가 실제 존재하는 '사람'이라는 것을 깨닫게 되는 거죠. 이 사람들은 좋은 교육을 받았고, 여러분보다 더 많은 돈과 권력과 경험을 가지고 있으며, 모두 지위가 높고 강력하고 성공했으며, 그들 중 일부는 심지어 여러분보다 상위 계층 사람으로 보이기도 합니다. 그레이엄이 설명한 미스터 마켓과 전혀 닮지 않았다는 것입니다. 여러분과 그 사람들 간의 거래 과정에서 단기적으로 볼 때 여러분은 자주 잘못된 쪽에 속할 것입니다. 얼마간 시간이 흐른 후, 여러분은 '실수'를 저질러 끊임없이 좌절하고 자신이 어리석은 미스터 마켓이고 다른 모든 사람이 더 나은 것처럼 느끼면서 자신의 모든 아이디어를 의심하기 시작합니다. 이것이 가치투자를 할 때 부딪히는 가장 큰 어려움이자 장애물입니다.

두 번째 어려움은 자신의 능력 범위를 정의하는 것입니다. 능력 범위의 경계는 도대체 어디일까요? 내가 정말 이해하고 있다는 것을 어떻게 보여줄 수 있을까요? 시장이 급변할 때 내가 매수한 주식은 모두 하락하고 다른 주식들은 모두 오른다면, 어떻게 내가 옳고 다른 사람이 틀렸다고 말할 수 있을까요?

오늘은 미스터 마켓 및 능력 범위와 관련하여 네 가지 문제를 집중적으로 다뤄보겠습니다. 첫째, 투자와 투기에 관한 문제입니다. 둘째, 능력 범위란 무엇이며 어떻게 구축할 수 있을까입니다. 셋째, 투자자의 기질temperament입니다. 버핏과 멍거도 이를 강조했는데, 선천적으로 타고나는 것도 있고 후천적으로 형성되는 것도 있습니다. 가치투자자는 어떤 성품과 소양을 갖춰야 할까요? 이런 자질은 어떻게 배양해야 할까요? 넷째, 전문 투자자가 아닌 일반 투자자는 어떻게 재산을 보호하고 늘려야 할까요? 이 네 가지 질문을 통해 가치투자의 실천에서 나타나는 대부분의 상황을 다룰 수 있을 것입니다.

주식 시장: 투자와 투기의 결합체

주식 투자를 하려면 먼저 주식 시장을 대면해야만 합니다. 주식 시장이란 정확히 무엇일까요? 주식 시장에서 활동하는 사람들은 어떤 이들일까요? 그들의 행동 패턴은 어떨까요? 가치투자자는 어떤 포지션에 속할까요?

주식 시장의 역사를 한번 돌이켜봅시다. 현대 주식 시장은 약 400년 전에 등장했습니다. 사실 그리 긴 역사라고 할 수는 없습니다. 이보다

전에는 비즈니스 기회가 많지 않았으며, 따라서 주식 시장이 존재할 필요가 없었습니다. 이 시기 발생한 가장 큰 사건은 500년 전 신대륙의 발견으로, 이후 1~2세기 동안 유럽 전역에 급속한 경제 발전을 가져왔습니다. 이 식민지 시대에 이른바 현대적 의미의 기업이 출현했습니다. 회사라는 개념은 어디에서 유래했을까요? 식민지 상업과 해상 무역 활동에는 많은 돈이 필요하고 위험 또한 높았기 때문에 초기 식민지 상업 활동은 유럽의 가장 부유한 왕들에게서 자금을 비롯한 지원을 받았습니다. 하지만 곧 국왕들의 돈도 충분치 않아졌고, 귀족 등과 함께 회사를 설립해야 했죠.

이에 따라 초기 형태의 주식회사가 등장했고 주식이라는 증권의 형태로 회사 소유권을 분산했습니다. 이들 회사의 성장 속도가 비교적 빨라 더욱 많은 돈이 필요해졌는데, 여전히 왕과 귀족들의 돈은 충분하지 않았습니다. 그래서 보통 사람들의 저축을 활용할 방법을 찾게 됐고, 지분을 나누는 주식이라는 아이디어가 발전하게 된 것입니다. 그러나 문제는 일반 서민들이 주식의 가격을 판단하기가 매우 어렵다는 점이었습니다. 서민들은 이 회사들이 실제로 어떻게 돈을 버는지 잘 몰랐으니까요. 그래서 주식을 가능한 한 작게 나누어 아주 적은 금액으로도 살 수 있게 하고, 언제든지 팔 수 있게 하자는 아이디어가 나왔습니다. 탐욕스럽고 게으르며 지름길을 좋아하는 인간의 본성에 맞는 아이디어였죠. 바로, 도박이 그렇지 않습니까? 지름길을 택하고, 최소한의 돈으로 최대의 효과를 얻고자 하며, 이를 위해 기꺼이 위험을 감수하는 것 말이죠. 도박은 인류 역사상 어느 때고 존재했습니다.

주식 시장은 일찍이 인간 본성의 도박 부분을 겨냥하여 설계됐으며,

시작하자마자 엄청난 성공을 거뒀습니다. 당시 네덜란드에서 가장 중요한 두 회사는 동인도회사와 서인도회사였고, 그중 동인도회사는 장기 발전의 단계에 있었습니다. 주식 투자로 조달한 자금이 회사 경영을 발전시키고, 그럼으로써 투자자들에게 더 많은 수익을 안겨주는 선순환 구조가 만들어졌습니다. 점점 더 많은 사람이 주식 시장에 관심을 보였고, 언제든지 주식을 사고팔 수 있게 되면서 매매에 대한 추가적인 인센티브가 생겼습니다. 동인도회사의 주식을 사고파는 사람들은 동인도회사의 미래 실적뿐만 아니라 다른 사람들이 이 주식을 사고팔 때 어떤 행동을 할 것인지에 대해 더 많이 추측하게 됐습니다. 투기는 초기 주식 시장의 인기가 달아오르게 했고, 그 결과 점점 더 많은 회사가 자금을 원활히 조달해 더 발전하게 됐습니다.

주식 시장의 또 다른 훌륭한 기능은 선순환 메커니즘입니다. 더 많은 사람이 참여할수록 더 많은 기업이 주식 시장으로 이끌려 들어옵니다. 이들 회사는 경제의 장기간에 걸친 상승세와 주식을 통한 자금 조달을 통해 생산 규모를 더욱 확대하여 더 많은 제품을 고안하고 더 많은 가치를 창출했습니다. 투자자들 역시 더 많은 재화를 획득하게 됐죠. 사람들은 돈이 많아지자 더 많은 소비를 했고, 회사는 더 많은 제품을 생산하는 선순환 메커니즘이 형성됐습니다. 주식 시장이 애초에는 인간 본성 중 도박 요소를 겨냥해 설계됐지만, 참여하는 사람과 기업의 수가 일정 규모에 도달하고 경제 자체가 그런 기업을 계속 만들어낼 수 있기에 이 메커니즘은 유지될 수 있었습니다.

400년 전에 현대 자본주의 체제, 즉 현대 시장경제라는 또 다른 체제가 서서히 등장했습니다. 이것이 바로 근대 자본주의 체제, 근대 시장경제입니다. 이 무렵 과학기술이 혁명적 변화를 시작했고, 수백 년을 지속하여 오늘에 이르기까지 끊임없이 진행되고 있습니다. 과학기술 혁명과 시장경제의 결합은 인류 역사상 한 번도 일어나지 않았던 현상입니다. 그런데 경제가 300~400년 동안 지속적이고 복합적인 성장을 보이자 인류 문명이 새로운 단계로 올라선 것입니다. 복리식 성장은 엄청난 개념인데, 인류 역사상 그때까지 한 번도 일어난 적이 없기 때문에 대부분 사람은 그것이 얼마나 강력한지 몰랐습니다. 만약 어떤 기업의 수익이 매년 6~7%씩 성장한다면, 200년 후 그 기업의 수익은 몇 배로 증가할까요? 연간 6~7%의 수익률은 그다지 높지 않아 보이겠지만, 200년 동안이라면 100만 배 이상 성장할 수 있습니다! 이것이 바로 복리의 힘입니다(1801년 이후 미국 주식 시장 성장률에 대한 통계는 앞의 〈그림 7〉 참조).

이런 수익률은 점점 더 많은 주주를 주식 시장으로 끌어들이고, 점점 더 많은 사람이 주식 시장에 진입하면 점점 더 많은 기업이 상장하고 싶어 하게 됩니다. 이는 주식 시장이 사회의 모든 요소를 움직이게 하는 매우 신통한 기능입니다. 주식 시장이 원래 이런 기능을 하도록 설계된 것은 아니었지만, 결과적으로는 이렇게 됐습니다. 따라서 처음부터 주식 시장에는 기본적으로 두 가지 유형의 사람, 즉 투자하는 사람과 투기하는 사람이 존재했습니다. 투자자는 회사 자체의 미래 실적을 예측하는 반면, 투기자는 단기적으로 다른 참가자들의 행동을 예측했죠.

이 둘의 차이는 무엇일까요? 투자와 투기의 가장 큰 차이는 무엇일까요? 이들의 차이는 어떤 결과로 나타날까요?

투자자의 경우, 투자한 회사가 지속적이고 복합적으로 성장하는 경제를 만나면 투자 수익이 계속 증가할 것입니다. 그에 비해 단기적으로 다른 사람이 무엇을 사고팔지 추측하는 투기자에게는 결국 한 가지 결과만 나옵니다. 승자와 패자가 존재하고 그들의 이익과 손실이 상쇄되는 결과입니다. 이를 제로섬zero-sum이라고 하죠. 즉 누군가가 수익을 내면 반드시 누군가는 그만큼의 손실을 보게 됩니다. 이것이 투기와 투자의 큰 차이점입니다. 물론 그들 중 일부는 승률이 더 높을 수 있고 승리 기간이 더 오래 유지될 수도 있으며, 다른 일부는 먹잇감이 되어 줄곧 패배만 할 수도 있습니다. 그러나 충분히 긴 시간이 주어지면 이런 투기성 참여자의 행동이 경제나 회사 자체의 이익 성장에 영향을 미치지 않기 때문에 돈을 벌든 잃든 모든 결과는 제로로 수렴됩니다. 어떤 사람들은 자신이 '투자 80%, 투기 20%'의 혼합형이라고 말할 수도 있습니다. 이런 부류의 참여자는 80%의 투자를 제대로 한다면(심지어 지수에만 투자하더라도) 현대 경제의 복리식 성장이라는 특성에 따라 자산이 증가하겠지만, 투기를 한 20%는 모든 투기자의 합계의 일부분을 구성하여 최종적인 결과는 제로로 수렴됩니다.

이제 여러분은 어떤 선택을 하겠습니까? 투자자가 되겠습니까, 아니면 투기자가 되겠습니까?

물론 그것은 개인의 선택이며, 좋거나 나쁜 것은 없습니다. 다만 차이점은 사회에 미치는 영향이 다르다는 것입니다. 투자자는 사회의 모든 요소를 선순환으로 이끌고 사회가 현대화로 가는 데 기여합니다. 여기서 현대화는 경제가 복리식 성장의 상태로 진입하는 것을 의미합니다. 그리고 주식 투기는 카지노와 매우 유사합니다. 사회 복지의 관점에서 볼 때 카지노가 지나치게 커지는 것을 원하는 사람은 없을 것입니다. 물론 도박과 투기적 요소가 없다면 주식 시장도 존재할 수 없지만, 장기적으로 이 시장을 유지하는 진정한 주체는 바로 투자자들입니다. 투기적인 부분은 인간 본성의 일부이자 제거할 수 없는 필요악으로 볼 수 있습니다. 우리는 인간 본성의 도박적이고 투기적인 부분을 부정할 수는 없지만, 그렇다고 그 부분이 너무 커지도록 방치해서도 안 됩니다. 무엇이든 간에 투기적 부분이 너무 많으면 그 사회는 어려움을 겪을 수밖에 없습니다. 우리는 2008~2009년 글로벌 금융위기에서 막 벗어났고 그 피해의 기억이 아직도 생생합니다. 여러분이 제로로 수렴하는 투기의 진실을 이해한다면, 투기자들을 미스터 마켓으로 대할 수 있습니다.

일부 투기자가 실제로 주식 시장에서 수익을 내고 일정 기간 성공하는 것은 충분히 가능한 일이며, 여러분보다 더 돈이 있고 지위가 높을 수도 있습니다. 하지만 뼛속 깊이 알아야 할 사실은 그의 모든 행위는 최종적으로 제로로 수렴한다는 것입니다. 만일 여러분의 가치관이 사회에 기여하는 것이라면, 그를 깊이 존중할 필요가 없으며 자신보다 강력해 보이는 측면을 두려워할 필요도 없습니다. 이것은 가치관의 문제입니다. 하지만 이런 도리를 이해하지 못하거나 이런 가치를 공유하지 못한다며, 여러분은 항상 자신이 기회를 놓치고 있으며 다른 사람들이 나보다 더 많이 알고 더 맞는 일을 하고 있다고 느낄 것입니다.

투기가 장기적으로 제로로 수렴하고 진정한 효익을 창출하지 못한다면, 투기자들이 어떻게 오랫동안 존재할 수 있는 걸까요?

다시 자산운용업의 특징으로 돌아가 보겠습니다. 자산운용업은 서비스업이지만 정보 비대칭이 심하고 투자와 투기의 차이를 구분하기 어렵습니다. 모든 투기자는 많은 이론과 기법을 가지고 있습니다. 캔들 차트 기법은 이미 구식이고 최신 기법은 AI에 관한 것인데, 본질상으로는 둘 다 같습니다. 그들은 이런 이론과 방법으로 사람들을 설득하려고 열을 올리지만, 아무리 들어봐도 안갯속을 헤매듯 모호할 뿐이죠.

투자와 투기에 대한 진실이 이토록 단순한데도, 저는 이 문제에 대해 이야기하는 정식 교과서를 보지 못했습니다. 왜 아무도 이에 대해 이야기하지 않을까요? 대다수 사람이 제대로 생각해보지 않았거나 이렇게 해야만 이익을 얻어낼 수 있기 때문입니다. 이 문제에 대해 이야기하지 않음으로써 얻을 수 있는 이점이 있을까요?

그렇습니다. 일종의 세금을 받을 수 있거든요. 구체적으로 말하자면 무지에 대한 세금 또는 정보 착취를 통한 세금을 받는 셈이라는 얘기입니다. 자산운용업을 지탱하는 큰 뿌리 중 하나는 바로 무지에 대한 세금의 존재입니다. 수많은 사람이 정보 착취를 통해 이 업계에서 살아남았습니다. 앞으로의 결과가 어떻든지 간에, 일단 단기적으로 괜찮은 수익률을 기록하면 여기저기 광고를 해서 전 세계에 알립니다. 그러면 많은 사람이 자산을 맡기러 오고, 나는 먼저 1% 또는 2%의 관리 보수를 뗍니다. 돈을 받고 나면, 결과가 어떻든 나는 이익이 됩니다.

이 업계는 확실히 이렇습니다. 모든 보수 표준이 똑같습니다. 실제로 수익을 더 많이 낼 수 있는 수탁자 또는 운용사가 더 많은 보수를 받고, 그렇지 않은 수탁자 또는 운용사는 보수를 낮추는 것이 정당한 보수 체계 아닐까요? 하지만 현실은 그렇지 않습니다. 모두가 동일한 보수를 부과합니다. 왜냐하면 어떤 수탁자가 더 우수한지 말할 수 있는 사람은 없기 때문입니다. 아주 오랜 시간이 지난 후에나 알 수 있죠. 게다가 각각의 투자 이론이 너무 복잡해서 그 유효성을 누구도 즉시 판단하지 못합니다.

따라서 투기자와 투자자의 차이점을 이해하는 것이 중요하며, 미스터 마켓이 어디에 있는지 이해하는 것도 중요합니다. 정보 착취세를 받을 생각도 없고 낼 생각도 없다면 인내심을 가지고 공부해야 할 것입니다. 합리적인 수익을 믿고 사회에 기여하고 싶다면 처음부터 기꺼이 투자자가 되거나, 그것이 불가능하다면 투기자에게 정보 착취세를 내지 않으려는 노력을 기울여야 합니다. 이것이 미스터 마켓의 개념을 명확하게 이해하는 것이 중요한 이유입니다. 이 개념을 명확하게 이해하지 않으면, 여러분이 일을 시작하고 나서 누군가가 다른 이론을 제시하면 즉시 마음이 혼란스러워질 것입니다. 다른 사람이 옳고 자기 아이디어는 틀린 것처럼 느껴지고, 미스터 마켓의 개념에 오도된 것처럼 느껴지기 때문입니다. 투기는 제로로 수렴한다는 개념을 기억한다면, 투기로는 장기적인 성과를 낼 수 없고 큰 규모로 운영할 수도 없는 이유를 이해할 것입니다.

투기자들 중에서 일부는 랫 트레이딩rat trading('쥐새끼 거래'라고도 하며 사전에 정보를 획득한 금융 기관 종사자가 개인 자금으로 주식을 매수한 후 공공 자금 또는 위탁 자금으로 주가를 끌어올려 매도함으로써 시세차익을 얻는 행위-옮긴이)을 해서 단기간에 돈을 벌기도 합니다. 하지만 알다시피 이는 불법입니다. 예를 들어 새로운 인덱스펀드나 특정 주식이 MSCI에 편입된다는 정보를 획득했을 때, 내가 먼저 사두면 돈을 벌 수 있을 것 같지요? 하지만 이런 식으로는 큰 규모의 거래를 할 수 없습니다. 만일 큰 규모로 할 수 있다면 사회 전체가 모순인 것이니 더 큰 문제고요. 큰 돈을 벌고 장기적인 실적을 쌓을 수 있는 사람은 기본적으로 투자자입니다.

내친김에 말씀드리자면 인덱스 투자가 장기적으로 수익을 낼 수 있는 이유는 무엇일까요? 인덱스, 즉 지수는 본질적으로 모든 투자자와 투기자의 합이기 때문에 투기자가 제로의 결과를 얻게 되면 인덱스 투자의 결과는 사실상 투자자의 순이익이 됩니다. 수학적으로 이렇지 않습니까? 이것이 바로 인덱스 투자가 장기적으로 수익 내는 방법인 이유입니다. 하지만 이는 경제가 이미 현대화 사회에 진입한 시장에서만 가능한 일입니다. 현대화 경제는 지속적인 복리식 성장을 자체적으로 창출할 수 있으며, 시장경제와 주식 등록제를 시행하는 사회에서는 주식 시장의 지수가 경제 시스템 중 규모 있는 대부분 기업을 대표하죠. 따라서 인덱스 투자는 해당 경제의 광범위한 비즈니스 성과를 자기 지분만큼 얻는 일이 됩니다.

능력 범위

이어서 다음 문제를 생각해봅시다. 제가 정보 착취세를 받고 싶지 않고 제로섬 게임도 하고 싶지 않다면, 다시 말해 정정당당한 투자자가 되고 싶다면 어떻게 해야 할까요?

이 질문은 능력 범위라는 개념을 통해 답을 찾아갈 수 있습니다. 우리는 투자자로서 기업 미래의 대략적인 경제적 성과를 예측해야 하기 때문에 해당 기업의 펀더멘털을 분석하게 됩니다. 회사는 어떻게 돈을 벌고 있고, 앞으로는 얼마나 벌 수 있을까? 경쟁 상황은 어떤가? 경쟁 우위 요소는 무엇인가? 저는 이런 탐색 과정을 통틀어 '능력 범위 구축'이라고 부릅니다.

다음 문제는 가치투자를 막 배우기 시작했다면 자신의 능력 범위를 어떻게 구축할 수 있는가 하는 것입니다.

- 회사를 분석하는 방법을 배우려면 어떻게 해야 하나요?
- 여러 회사를 살펴봤지만 어디서부터 시작해야 할지 모르겠습니다.
- 일정 기간 조사하고 나면 특정 회사에 대해 뭔가 아는 것 같기도 한데 충분히 이해한 것인지 알 수가 없어요.
- 언제까지 기다려서 주식을 사야 할까요?
- 어떤 가격이어야 사도 되는 것일까요?

이상은 학생들에게 자주 받는 질문인데요, 업계에서 일한 경험이 있는 사람들도 같은 질문을 안고 있을 것입니다. 예를 들어 증권사 애널리스트는 특정 주식에 대해 의견을 내놓으면서 적정가를 제시하기도 하지만, 어차피 자기가 사거나 팔 것이 아니기 때문에 가격은 큰 관심사항이 아닙니다. 하지만 자기 돈으로 거래를 해야 한다면 마음가짐이 완전히 달라지겠지요. 그러므로 능력 범위는 사실상 투자자의 핵심적인 문제입니다.

어떻게 해야 능력 범위를 만들 수 있을까요? 사람들의 능력이 저마다 다른 만큼 다양한 견해가 나올 수 있겠지요. 여기서는 제가 어떻게 시작했는지를 공유하려고 합니다.

솔직히 말씀드려서 제가 이 업계에 뛰어든 것은 실수로 인한 것이었습니다. 27~28년 전 컬럼비아대학교 재학 시절, 엄청난 빚(학자금 대출)을 안고 미국에 유학을 간 저는 사업 수완이 없었기 때문에 빚을 어떻게 갚아야 할지 매일 걱정했습니다. 1980년대 중국 유학생들은 돈이 없었기 때문에 미국에 도착해서 갑자기 미 달러로 빚을 지면 그게 천문학적인 숫자로 보였죠. 그래서 저는 어떻게 하면 돈을 벌어 빚을 갚을 수 있을까 늘 고민했습니다. 어느 날 한 친구가 제게 전단을 하나 주며 말하기를, 외부 강사가 와서 돈 버는 방법에 대해 강의하는데 돈을 아주 잘 버는 사람이라는 거예요. 전단을 보니 공짜 점심을 준다고 적혀 있기에 가보기로 했죠.

그 강의실에 가보니 오늘 이 자리 정도 되는 크기의 강의실에 사람들이 모여 있더군요. 그런데 제가 전에 가본 무료 점심을 제공하는 강좌의 교실과는 달랐습니다. 보통 그런 곳에는 20~30명이 앉을 수 있는 크고 긴 테이블이 있고, 그 옆에 점심 식사가 놓여 있고, 초청받은 연사가 앞에 앉습니다. 저는 옆에 있던 사람에게 점심은 어디에 있느냐고 물었어요. 그랬더니 오늘 강사가 '점심'이라고 하는 거예요. 무슨 말이냐고요? 저는 당시 영어를 배운 지 얼마 되지 않아서 뷔페buffet와 버핏Buffett의 스펠링을 정확히 구분하지 못했던 겁니다. 't' 자가 하나 더 들어간 것 말입니다.

저는 이 사람의 이름에 '뷔페'가 포함돼 있는 걸 보니 뭔가가 있는게 틀림없다는 생각이 들어 자리에 앉아서 귀를 기울였습니다. 듣고 또듣다 보니 그의 강연 내용이 공짜 점심보다 훨씬 낫다는 생각이 들었습니다. 당시 저는 주식 시장을 차오위曹禺의 희극「일출日出」의 한 장면 정도로 이해하고 있었습니다. 그 희극에는 1930년대 상하이 주식 시장의 온갖 어두운 면이 등장하는데, 그래서 주식 시장에서 일하는 사람들은 모두 나쁜 사람이라고 생각해왔죠. 그런데 이 '미스터 공짜 점심'은 전혀 나쁜 사람처럼 보이지 않았고, 이야기도 매우 위트 넘치고 재미있었습니다. 그가 이해하기 쉽게 설명해줘서 강의를 듣는 동안 나도 할 수 있을 것 같다는 생각이 들었습니다. 저는 다른 일은 할 수 없다고 느꼈지만 숫자를 분석하는 일은 할 수 있을 것 같았거든요. 중국 유학생은 수학과 과학은 어느 정도 하니까요.

그 강연을 듣고 나서 제가 가장 먼저 한 일은 도서관에 가서 정보를 찾고 이 노신사를 조사한 것이었습니다. 더 많이 연구할수록 이 일을 실제로 할 수 있겠다는 생각이 들었어요. 그의 이론과 실천, 그리고 그가 주주들에게 보낸 서한 등을 봤는데 모두 받아들일 수 있었습니다. 그래서 안전마진을 확보할 수 있는 회사를 찾기 위해 노력했고, 그런 회사는 틀림없이 주가가 저렴하리라고 생각했습니다. 당시 저는 회사의 비즈니스에 대해 아무것도 몰랐지만 재무제표를 분석할 때는 초등학교 산수 정도로도 충분했습니다. 그래서 수천 개 기업의 기본 재무 정보를 제공하는「밸류라인Value Line」을 살펴보기 시작했습니다.「밸류라인」은 기업을 여러 카테고리로 나누는데, 그중 하나가 '저평가된 주식'으로 주가순자산비율Price Bookvalue Ratio, PBR이 얼마인가를 기준으로 한 것입니다. 당시에는 PBR을 잘 몰랐고 회사도 잘 몰랐기 때문에 재무제표를 보고 장부에 순자산이 얼마나 있는지, 순자산의 가치가 주식의 시장 가치와 비교하여 어떤 수준인지 확인했습니다.

제가 처음 주목한 몇 개의 주식은 어떤 사업을 하는 회사인지는 잘 모르겠지만, 아무튼 이익을 내고 있었습니다. 장부에는 현금과 부동산 등이 적혀 있었고 특히 다른 회사의 주식을 보유 중이라고 쓰여 있었어요. 이들 주식은 장부상 순자산이 시장 가치를 훨씬 웃돌았으며, 실제로 시장 가치의 2배가 넘는 주식도 있었습니다. 저는 학생이라 직장에 다니는 등 사회생활을 한 적도 없고 잘나가는 월스트리트의 인물들도 본 적이 없었기에 '미스터 마켓'이라는 사람이 실제로 존재한다고 믿고 있었습니다. 이윽고 뉴욕 주변의 몇몇 회사를 살펴보고 그들이 진짜인지, 장부상의 자산들이 실재하는지, 실제로 해당 사업을 경영하고 있는지(그들이 무엇을 하는지는 잘 몰랐지만) 확인했습니다. 그런 다음 장부상 순자산이 시가총액의 거의 2배에 달하는 몇몇 회사에 투자하기 시작했습니다. 안전마진이 충분히 크고 주가가 충분히 낮았기 때문에 대범하게 매수할 수 있었습니다.

　뒤에 저는 또 다른 사실을 깨달았는데, 이 주식을 매수한 후 갑자기 이들 회사에 더 많은 관심을 갖게 됐다는 것입니다. 이전의 이론적인 관심과는 전혀 달랐습니다. 처음 저는 서류들만 파악했을 뿐 투자를 하지 않았고, 이 회사들이 저와 직접적인 관련이 없다고 생각했기 때문에 그다지 깊이 분석하지 못했습니다. 그런데 일단 주식 몇 주를 산 다음부터는 어쩐지 그 회사가 정말 제 것처럼 느껴졌습니다. 저는 워런 버핏이 가르쳐준 가치투자의 기본 개념을 의심치 않았고, 특히 첫 번째 개념인 '주식은 회사의 소유권'이라는 점을 진심으로 믿었습니다. 그 회사 주식을 산 후에 내 회사 같은 생각이 들어서 매일 일이 있거나 없거나 회사에 가서 도대체 무엇을 하는지, 어떻게 돌아가는지 살폈습니다. 하지만 무슨 일을 하는지는 잘 알 수 없었습니다.

예를 들어 제가 초기에 투자한 곳 중 하나는 펜실베이니아에 본사를 둔 회사로, 주요 케이블 사업을 당시 최대 케이블 회사인 TCI에 매도하고 그 대가를 TCI의 주식으로 받은 곳이었습니다. 그 밖에 몇 개 통신회사를 자회사로 두고 있었고, 그 회사들은 여러 가지 라이선스를 보유하고 있었습니다. 다만 매출이 크지 않았는데, 그 점을 고려하더라도 이들 자회사의 수익과 시장의 주가는 완전히 동떨어져 있었습니다. 제가 분석해보니 이런 라이선스들은 큰돈을 들여 구입한 것이고 보유 기간도 매우 길어 장부상 가격은 낮더라도 실제 가치는 높아야 했습니다. 하지만 가격을 추정할 수가 없었어요. 그래서 당시 TCI의 주가가 이 회사 주가의 2배라는 점에 착안했어요. 그리고 PER로 계산해볼 때 이 회사의 주가가 2배는 되어야 TCI 주가와 동등해지겠다는 결론을 얻었습니다.

제가 매수한 지 얼마 되지 않아 TCI의 주가가 오르기 시작했는데, 여러 유선 TV 회사를 추가로 인수했기 때문이었습니다. 그래서 저는 갑자기 케이블 회사에도 관심이 생겼고, TCI도 내 회사라는 생각으로 조사하기 시작했습니다. 이런 유형의 케이블 회사는 특정 지역에 라이선스가 있으면 다른 회사가 진입할 수 없는 지역 독점local monopoly 사업을 할 수 있습니다. 그리고 케이블 TV 가입자는 요금을 한 달 전에 내는 게 관행이었습니다. 그래서 회사는 수익을 예측하기가 쉬우므로 매우 저렴한 비용으로 자금을 조달할 수 있습니다. TCI는 대형 상장기업이며 자사 주식을 사용하여 소규모 비상장 케이블 회사를 매우 저렴한 가격에 인수할 수 있었는데, 회사를 인수할 때마다 EPS가 증가하고 주가가 함께 상승했습니다. 이는 사실 단순한 수학 문제이니 비교적 이해하기 쉽지 않은가요? TCI는 현재 미국에서 가장 크고 성공적인 다국적 복합 지주회사인 AT&T의 전신입니다. 하지만 이는 20여 년도 전의 일이며, 당시 TCI가 동종 업계의 여타 케이블 회사와 차별화된 면을 막 보여주기 시작한 시기였습니다.

당시 TCI 주가가 상승하면서 제가 보유한 회사의 주식도 상승하기 시작했습니다. 가장 흥미로웠던 사실은 갑자기 그 통신 라이선스들이 매우 유용해졌다는 것입니다. 바로 그때 휴대전화가 등장했습니다! 20여 년 전만 해도 휴대전화는 신기한 물건이었습니다. 제가 보유한 회사는 전국적인 휴대전화 무선 네트워크를 구축하는 데 사용할 수 있는 통신 라이선스를 가지고 있었기 때문에 당시 가장 큰 통신회사의 회장을 CEO로 고용했습니다. 잘 알려지지 않은 작은 회사였지만, 이 일로 순식간에 주목을 받았고 제게도 운이 따라줬습니다. 회사 주식의 가치가 무척 높아져서 TCI 주식의 가치를 넘어섰을 뿐만 아니라 그보다 몇 배나 올랐습니다. 그 시점에 이르자 저는 안전마진이 더는 없다고 생각했고 저 스스로 감당할 자신이 없었기 때문에 주식을 팔았습니다. 물론 매도 후에도 주가가 엄청나게 올랐지만, 당시 저는 이동통신 사업에서 무슨 일이 일어나고 있는지 잘 몰랐고 사실 지금도 완전히 파악하지 못하고 있습니다.

하지만 이번 일로 저는 경험을 얻었습니다. 이후에는 충분한 안전마진을 발견하면 적극적으로 매수하게 됐습니다. 앞서도 말했듯이, 일단 주식을 사면 심리가 변한다는 게 정말 놀라운 발견이었습니다. 가치투자는 주식을 소유권으로 보는데, 이는 사실 심리학적인 개념입니다. 저도 전에는 잘 몰랐지만 주식을 사고 나서는 이해하게 됐습니다. 이론만으로는 이해가 되지 않았지만, 주식을 사고 나니 갑자기 주인이 된 것 같았고 투자한 회사의 모든 측면에 신경을 쓰게 됐죠. 어느 주말에 제가 주식을 산 회사를 방문했는데 경비원이 들여보내 주지 않았습니다. 그래서 경비원 채용 방식, 처우 등을 물어보며 그분과 한 시간 동안 관심을 가지고 이야기를 나눴습니다. 저는 자신을 정말로 사장이라고 생각하고 회사의 모든 측면에 관심을 기울였고, 이런 관심이 그 회사를 이해하는 데 큰 도움이 됐습니다. 그러다가 케이블 TV 회사에 대해 조사하기 시작했는데, 이 분야 회사들은 매우 흥미로웠습니다. 그 후 통신회사에 대해서도 조사했는데 그것도 매우 흥미로웠고, 관심이 점점 커졌습니다. 이후에는 비슷한 회사들을 하나씩 살펴보기 시작했고 이 업계에 대해 점점 더 많이 알게 됐습니다.

주식을 살 때는 안전마진이 있어서였지만 일단 산 이후에는 사업 자체에 흥미를 가지게 되더군요. 기업의 가치는 재무제표에만 있는 것이 아니라 수익 능력도 중요한 요소라는 걸 알게 됐기 때문입니다. 미국의 대기업에 대해서 잘 몰랐던 저는 제가 살던 뉴욕 근처에 있는 소규모 회사가 좋았는데 언제든지 직접 가서 살펴볼 수 있기 때문이었습니다. 직원 중 누군가를 만나거나 정문 앞 경비와 이야기 나누는 것도 좋았습니다. 아무튼 우리가 고용한 사람 아니겠습니까?

당시 저에게 가장 많은 영감을 준 또 다른 회사가 있습니다. 이 회사가 주유소를 많이 소유하고 있어서 저는 주유소에도 관심을 가지게 됐습니다. 당시 제가 살던 집 근처 교차로 양쪽에 주유소가 두 곳 있었는데, 한쪽은 손님이 많고 반대 방향의 차들도 이곳으로 와서 주유를 한다는 사실을 발견했습니다. 두 주유소가 같은 기름을 같은 가격에 팔고 있었는데 말이죠. 저는 이상하다는 생각이 들어서 우리(?) 회사에서 운영하는 주유소니까 무슨 일인지 알아봐야겠다고 생각했습니다.

가서 보니 유난히 손님이 많은 주유소의 주인은 온 가족이 인도에서 온 이민자더군요. 손님이 들어오면 먼저 물 한 잔을 주는 게 기본이었습니다. 괜찮다며 사양해도 물 한 잔을 건네며 대화를 나누고, 학교를 마치고 돌아온 아이들이 손님이 세차할 때 도와주기도 합니다. 다른 한 곳의 매니저는 전형적인 백인 남성이었는데 딱히 나쁜 사람은 아니었습니다. 하지만 그는 주유소 주인이 아니라 고용된 관리인이었기 때문에 가게 안에서 나오지 않으며 밖에서 무슨 일이 일어나든 상관하지 않았습니다. 이런 차이로 같은 기간 두 주유소의 방문 차량이 최소 3배 이상 차이가 난다는 것을 저는 통계를 내어 알게 됐습니다. 그때부터 관리인의 주인 의식이 중요하다는 것을 명심하게 됐죠.

이런 경험을 통해 회사가 어떻게 돈을 벌 수 있는지, 왜 다른 회사보다 더 많은 돈을 벌 수 있는지 이해하기 시작했습니다. 방금 얘기한 주유소가 대표적인 예인데, 제품은 전혀 차이가 없고 서비스가 조금 다를 뿐입니다. 그런데 고객은 3배나 차이가 납니다. 그 인도인이 그런 서비스를 하는 이유는 무엇일까요? 그는 저처럼 이민자이고, 돈이 필요할 것이고, 고객을 유치하지 못하면 분명히 재정적 문제가 발생할 것입니다. 또 다른 주유소의 관리인은 이런 문제가 절박하지 않습니다. 그저 일하는 시늉을 하면서 급여를 받을 뿐입니다. 차이는 바로 이것이었습니다. 이 시점에 저는 회사 자체의 경영 방식, 각 회사가 경쟁사에 비해 갖는 장점, 지속 가능한 회사와 그렇지 않은 회사의 차이에 관심을 갖기 시작했습니다. 그래서 후에 몇몇 소기업 중에서 특히 경쟁 우위를 가지고 있어 보이는 두 회사를 발견했고 매우 높은 수익을 얻었습니다. 그런 다음에는 작은 회사를 이해하는 것에서 큰 회사를 이해하는 단계로 점점 나아갔고, 저의 능력 범위는 조금씩 커졌습니다.

저의 이런 경험이 보편적 의미를 가진다는 전제하에 이상의 예를 통해 설명하고자 하는 사실이 몇 가지 있습니다. 첫째, 여러분이 자신의 능력 범위를 세우고자 할 때 투자하는 대상은 정말로 알고 싶고 관심이 가는 분야여야 합니다. 능력 범위는 매우 중요합니다. 여러분이 능력 범위의 경계 내에서 신중하게 움직인다면 다른 사항들은 크게 중요하지 않습니다. 이것이 바로 첫 번째 요점입니다.

둘째, 오너의 관점에서 바라보기 시작하면 사업에 대한 감각이 완전히 달라집니다. 실제로 주식을 매수하지 않고도 오너의 관점에서 볼 수 있다면 이상적이지만, 인간의 심리상 그렇게 하기가 쉽지 않습니다. 이럴 때는 심리적 트릭이 유용합니다. 모든 사람은 '일단 내 것이라면 다 좋다'는 자기 위주의 사고방식을 가지고 있습니다. 따라서 자신이 주인이라고 생각하면 즉시 알아봐야겠다는 동기가 충만해집니다. 제가 우리 회사 애널리스트에게 어떤 회사에 대해 조사해달라고 부탁할 때 이렇게 말합니다. "일면식도 없는 삼촌이 갑자기 돌아가시면서 당신한테 회사를 물려주셨어. 이 회사 지분 100%가 당신 것이 된 거지. 자, 그럼 어떻게 할 거야?" 여러분도 이런 마음가짐으로 분석을 해야 합니다. 물론 이렇게 하는 것과 실제로 그 회사를 소유하는 것은 완전히 다릅니다. 제가 처음 투자를 시작했을 때는 학자금 대출 때문에 순자산이 마이너스였습니다. 그래서 돈을 빌려 투자했고, 그 돈을 갚아야 한다는 생각에 매우 강한 동기를 부여받았습니다. 그 태도는 지금까지도 유지하고 있습니다. 우리 회사는 다른 모든 사람과 이야기할 때 회사를 100% 소유했다는 마음가짐으로 임합니다. 회사를 방문하여 조사하고, 지나가는 직원이나 경비를 만나면 그들의 업무가 어떤지 이야기를 나눕니다. 당신은 합당하게 고용됐나요? 회사의 인사팀 정책은 괜찮은가요? 주제를 제한하지 않고 모든 문제에 관심을 둡니다.

셋째, 지식은 천천히 쌓입니다. 따라서 여러분은 항상 지적 정직함의 자세를 가져야 합니다. 이 개념은 무척 중요한데 사람은 진정으로 객관성과 이성을 유지하기가 힘든 동물이기 때문입니다. 사람은 감정적인 동물이기에 예측을 할 때도 자신이 믿는 것, 자신에게 유리한 것에 영향을 받습니다. 우리는 늘 모든 것이 잘될 것으로 예상하지만, 사실 객관적으로는 모두 알고 있습니다. 이 세상이 우리를 위해 존재하거나 만들어지지 않았다는 것을 말입니다. 그래서 지적 정직함은 매우 어렵지만 무엇보다 중요한 것입니다. 지식은 조금씩 축적되어갑니다. 여러분이 올바른 방법으로 올바른 일을 한다면, 경제 성장과 마찬가지로 지식 역시 복리식으로 성장한다는 것을 알 수 있을 것입니다. 여러분이 과거에 배운 모든 것이 서로를 확증할 수 있으며 시간과 함께 점차 축적될 것입니다. 그러면 여러분은 서서히 확신에 다가갈 수 있습니다.

또 한 가지 매우 중요한 점은 다른 사람들이 무엇을 매수했는지에 귀를 기울이지 말고, 자신의 관심과 흥미가 분석을 주도할 수 있게 해야 한다는 것입니다. 그들은 그들이고 여러분과는 아무 관련이 없습니다. 모두가 각자의 일만 잘하면 됩니다. 기회를 발견하면 바로 분석하고, 어떤 사안에 흥미가 느껴질 때도 바로 분석을 시작하세요. 이런 기회와 관심이 여러분을 끊임없이 앞으로 나아가게 할 것입니다. 서두르지 말고 자신만의 지식을 차근차근 쌓아나가길 바랍니다.

사람들의 능력 범위는 저마다 다릅니다. 가치투자자로 한데 묶이는 사람들도 투자 포트폴리오는 모두 다르며, 같을 필요가 없습니다. 다른 사람과 많이 교류할 필요도 없습니다. 게다가 여러분에게는 투자할 대상도 많지 않을 것입니다. 어떤 산업이나 회사를 이해하고 싶다면 많은 시간을 집중적으로 투입해야 하기 때문입니다. 여러분이 높은 확률로 예측할 수 있는 회사는 매우 적을 것이며, 그 회사는 반드시 자신의 능력 범위 안에 있어야 합니다. 돈을 버는 진정한 방법은 많은 것을 아는 것보다 알고 있는 것이 얼마나 정확하냐가 관건입니다. 파악하고 있는 것이 정확하다면 돈을 잃지 않을 것입니다.

가치투자자의 기질

가치투자에 적합한 사람은 어떤 사람일까요? 가치투자자들이 공유하는 공통적이고 특정한 기질이 있을까요? 버핏과 멍거는 투자의 성패를 결정하는 것은 IQ나 경험이 아니라 무엇보다 투자자의 기질이라고 말했습니다.

그럼 기질이란 무엇일까요? 제가 이해한 바를 말씀드리겠습니다. 지난 수년간의 개인적인 경험에 따르면, 어떤 사람은 가치투자에 적합하지 않은 반면 어떤 사람은 가치투자에 적합하게 태어납니다. 타고난 가치투자자의 기질을 몇 가지로 정리해보자면 다음과 같습니다.

첫째, 타고난 가치투자자는 비교적 독립적이고 자기 마음속의 판단 척도를 중시하며 타인의 척도에 무심합니다. 예를 들어 어떤 사람들은 남들의 평가에 따라 행복 또는 불행을 느낍니다. 기껏 돈 들여 산 명품 가방도 다른 사람이 칭찬하지 않으면 들고 다니지 않습니다. 반면, 자기만 좋다면 아무리 값싼 가방도 매일 기쁘게 들고 다니는 사람이 있죠. 이처럼 독립적인 사람들은 타인의 평가에 영향을 받지 않는 경향이 있는데, 이는 타고난 성격입니다. 이런 독립성은 투자자에게 매우 중요합니다. 투자자는 매 순간 온갖 유혹에 직면하고, 자주 비교하며 질투를 느끼는 감정에 빠지기 쉬우니까요.

둘째, 타고난 가치투자자는 확실히 객관성을 유지할 수 있고 기분의 영향을 비교적 적게 받습니다. 물론 사람은 본래 감정의 동물이라 그 영향에서 완전히 벗어날 수는 없지만, 객관적 이성을 가치·도덕 개념으로 추구할 수 있는 사람도 확실히 있습니다. 이런 사람들이 가치투자에 더 적합합니다. 투자는 실제로 각양각색의 문제를 객관적으로 분석하고 더 나아가 먼 미래의 상황을 판단해야 하는, 정말 쉽지 않은 일입니다. 한 기업을 재무제표의 시각에서만이 아니라 수익 창출 능력까지 볼 때는 경쟁력에 특히 주의를 기울여야 합니다. 수익성 좋은 기업이 많은 분야에는 여러 경쟁자가 진입해 시장과 이익을 가져가려 하기 마련이죠. 그래서 당장은 성공한 기업이라고 해도 10년 후에도 높은 수익성을 유지할지 예측하기는 대단히 어렵습니다. 해당 회사 경영자라고 해도 마찬가지인데, 오히려 그는 내부 관점에 갇혀 상황을 잘못 보기 쉽습니다. 여러분은 객관적·이성적 태도를 유지하기 위해 지속적으로 학습해나가야 합니다.

셋째, 타고난 가치투자자는 극도로 인내심이 있는 동시에 엄청나게 단호합니다. 상당히 모순되고 독특한 성품이죠? 이 사람은 기회가 오지 않으면 몇 년이고 거래를 하지 않습니다. 그러다가 일단 기회라고 판단하면 조금의 주저도 없이 크게 베팅합니다. 저는 멍거의 투자 파트너로 16~17년 동안 함께 일해왔고, 일주일에 한 번 이상은 저녁 식사를 함께하기 때문에 그를 잘 알고 있습니다. 그의 투자에 대해 이야기하고자 합니다. 멍거는 주식 시장을 다루는 주간지 「배런스Barron's」를 구독합니다. 그는 이 잡지를 거의 50년 가까이 읽었다고 하는데 물론 주목적은 투자 기회를 발견하는 것입니다. 40~50년 동안 그는 몇 번의 기회를 발견했을까요? 한 번입니다! 단 한 번요! 그것도 30년 이상 구독한 후에야 발견한 것입니다. 그 후 그는 두 번째 기회를 발견하지 못했습니다. 하지만 그렇다고 해서 구독을 멈췄느냐 하면 그렇지 않습니다. 저는 그가 여전히 한 글자도 빼지 않고 다 읽는다는 것을 알고 있습니다(찰리 멍거는 2023년 11월에 세상을 떠났다-옮긴이). 그는 아무것도 하지 않을 수 있는 극도의 인내심을 가졌지만, 기회를 발견하면 과감하게 모든 것을 걸었고, 그 투자로 많은 돈을 벌었습니다. 이것이 바로 우수한 투자자의 기질입니다. 여러분은 극도의 인내심을 갖춰야 하고 기회가 오지 않을 때 진지하게 연구를 계속해야 합니다. 단, 기회가 왔을 때는 과감하게 결단하고 행동에 나서야 합니다.

네 번째, 타고난 가치투자자는 비즈니스에 대한 관심이 매우 큽니다. 멍거가 40~50년 동안 이 일을 계속할 수 있었던 것도 바로 그 때문입니다. 버핏과 멍거는 항상 비즈니스 감각에 대해 이야기했습니다. 이는 비즈니스에 대한 강렬한 흥미를 타고나는 것을 말합니다. 이 사업은 어떻게 돈을 벌며 어째서 돈이 되는가? 앞으로 경쟁 상황은 어떻게 될 것인가? 앞으로도 돈을 벌 수 있는가? 이 사람들은 이런 문제를 철저하게 이해하려 하며 이런 열정이 그들의 가장 중요한 동기입니다.

이상의 기질을 두루 갖추면 훌륭한 투자자가 될 수 있습니다. 이 중 일부는 타고나는 것이고, 일부는 후천적인 것입니다. 예를 들어 비즈니스에 대한 관심은 후천적으로 서서히 키워갈 수 있습니다. 그러나 극도의 독립적 태도, 극도의 인내심, 극도의 결단력과 같은 기질은 그러기가 힘듭니다. 예를 들어 30년 넘게 조사했는데 기회를 발견하지 못했다면 보통 사람은 어떻게 할까요? 아마 대개는 포기할 겁니다. 아니, 30년 동안이나 한 가지를 진득하게 지속하는 사람조차 드물 것입니다. 그리고 기회를 하나 찾아 성공을 거둔 다음에는 또 다른 기회를 찾고자 서두를 것입니다. 그러다 보면 성공 경험에 도취해 잘못된 판단을 내리기가 쉽지요. 하지만 멍거는 그러지 않았습니다. 그와 가까이 지내면서 관찰한 바이기에 자신 있게 말씀드릴 수 있습니다. 독립성이라는 이점도 쉽게 얻을 수 있는 것이 아닙니다. 대부분 사람은 사회의 평가에 영향을 받고 다른 사람들이 어떻게 생각하는지 신경을 쓰죠. 이런 사람들이 가치투자의 길을 꿋꿋이 걸어가기란 쉽지 않습니다.

지력이나 학력은 크게 중요하지 않습니다. 만약 지력과 학력이 중요했다면 뉴턴은 주식의 신이 됐을 것입니다. 하지만 뉴턴은 거품이 한창일 때 사우스시South Sea Company에 투자했다가 전 재산을 잃을 뻔했습니다. 그러니 여러분이 뉴턴보다 더 천재라고 해도 별 소용이 없습니다. 여러분에게는 그렇게 높은 지력이나 총명함이 필요 없으며 천재가 될 필요는 더더욱 없습니다. 어쨌든 제가 뉴턴보다 똑똑할 리가 없지 않습니까. (모두 웃음.) 투자 업계에서는 특별히 높은 IQ나 뛰어난 학력이나 많은 경험이 필요하지 않습니다. 저는 오히려 똑똑하고 학력이 높고 경험이 많은 투자자가 결국은 투기에 빠져드는 것을 너무나 많이 봤습니다.

물론 그들은 자신이 펀더멘털 분석 방법을 시장에 적용했다고 말하면서 이것저것 논리를 제시할 것입니다. 똑똑한 사람일수록 허황되고 번지르르한 말을 자주 하는데 정작 결과는 형편없습니다. 여러분에게 학위나 경영대학원 졸업장 같은 것은 없어도 됩니다. 하지만 비즈니스에 대한 강한 관심은 필요합니다. 만일 비즈니스에 전혀 관심이 없다면 경영대학원에 간다고 한들 무엇을 얼마나 배우겠습니까?

투자를 기가 막히게 하는 한 친구가 있는데요. 그는 투자가 골프를 치는 것과 비슷하다고 말했습니다. 저도 동의합니다. 항상 평정심을 유지해야지 조금만 흥분해도 잘못 치게 되잖아요. 앞에서 친 샷은 다음 샷과 아무런 관계가 없고, 각 샷은 독립적이며, 버디를 쳤다고 해서 다음 샷을 잘 친다는 법은 없습니다. 그리고 매번 샷을 할 때마다 리스크와 보상에 대해 생각해야 합니다. 한 홀에서 게임의 승부가 결정나지는 않기 때문에 라운딩을 마칠 때까지 결과를 확정할 수 없습니다. 여담으로, 투자자의 기질을 쌓을 방법을 찾는 분이라면 골프를 많이 치시라고 권하고 싶군요. 명상도 아주 좋습니다. 자신의 맹점을 좀 더 명확하게 인식하는 데 도움이 되죠. 또 브리지 게임은 인내심을 기르는 데 도움이 됩니다. 후천적 기질을 키울 수 있는 나름의 방법을 찾아 꾸준히 해보시기를 바랍니다. 골프만 하더라도 한동안 쉬었다가 필드에 나가면 마음먹은 대로 되지 않죠? 마찬가지로 비즈니스에서 이탈하면 예리함이 점차 무뎌져 갈 것입니다.

만약 앞서 말한 기질 중에서 특히 어떤 것을 갖추기가 힘들다면 어떻게 해야 할까요? 그렇다면 억지로 할 필요는 없습니다. 자신에게 부족한 기질을 갖춘 사람을 찾아 서로 보완하면 되니까요. 누구나 자신이 잘하고 좋아하는 일을 해야 동기도 충만해지고 성과도 좋은 법입니다.

보통 사람은 재산을
어떻게 키울 수 있을까?

만약 여러분이 보통 사람, 그러니까 전문가가 아니고 투자 분야에 진출할 생각도 없는 사람이라면 재산을 어떻게 유지하고 불려나가야 할까요?

첫째, 현금을 보유하는 것도 한 가지 방법입니다. 펀더멘털을 분석해 본 결과 현금 보유가 낫다고 판단된다면 이 선택을 할 수도 있습니다. 적절한 기회를 찾지 못했을 때 현금 보유는 좋은 대안이며, 투기에 돈을 쓰는 것보다 확실히 낫습니다.

둘째, 주식 시장이 경제 상태를 전반적으로 반영한다면 인덱스 투자도 유용합니다. 경제 자체의 실질 성장률이 2~3% 정도이고, 여기에 4~5% 정도의 명목 인플레이션이 더해지면 경제 시스템에서 규모 이상 기업들의 평균 수익은 다시 약간 높아져 6~7% 정도가 될 것입니다. 앞서도 말했듯이 그 속도로 200년 정도 성장한다면 100만 배의 수익을 가져다주죠. 또는 200년까지 가지 않고 여러분 생전에, 어쩌면

30년이나 40년 만에도 꽤 높은 수익을 거둘 수 있습니다. 그러니 매년 수십 퍼센트의 수익률, 몇 배의 수익을 준다는 사람들을 추종하거나 동요할 필요가 없습니다. 이들은 대부분 투기자입니다.

투자는 신뢰할 수 있어야 합니다. 신뢰할 수 있다는 것은 무엇일까요? 지속 가능한 것입니다. 지속 가능하지 않다면 귀담아들을 필요가 없습니다. 결론적으로, 지수가 경제 전체의 평균 성과를 광범위하게 반영하는 시장이라면 인덱스 투자도 좋은 방법입니다.

여러분이 우수한 수탁자를 찾을 수 있다면 당연히 가장 좋겠지요. 하지만 그런 사람을 찾기는 쉽지 않으며 특히 현재 중국 환경에서는 더더욱 그렇습니다. 저희는 사실 중국에 그레이엄-도드빌Graham-and-Dodds-ville과 같은 작은 가치투자 마을을 만들고 싶습니다. 주민들이 거주하면서 자신의 수익률을 공개하고 어떻게 그런 수익률을 얻었는지 공유하는 것인데, 장기적으로 성과를 낼 수 있는지 실험을 통해 알고 싶어서입니다. 요즘에는 자신이 관리하는 펀드를 '상품'이라고 부르는 수탁자가 많습니다. 저는 이런 방식을 이해하기 어렵습니다. 마치 공장에서 찍어내는 상품을 일컫는 것 같지 않은가요? 게다가 그들은 마치 100~200개의 상품 구색을 갖추고 있지 않으면 유능한 수탁자라고 할 수 없는 것처럼 떠벌립니다. 하지만 100개가 넘는 기업의 주식을 가지고 있으니 그의 투자 성과가 어떤지 여러분은 전혀 알 수 없습니다. 저는 23년 동안 펀드를 관리해왔고 전 재산을 투자했기 때문에 투자 결과를 판단하기가 비교적 쉽습니다. 만일 신뢰할 수 있고 실제로 올바른 방식으로 투자하는 수탁자를 찾을 수 있다면, 그에게 일임하는 것도 당연히 좋은 선택입니다.

투자를 일임하고자 할 때는 가장 먼저 그가 투자자인지 아니면 투기자인지를 살펴봐야 합니다. 당연하게도 투자자의 기질을 갖추고 있는 사람일 때만 자산을 맡겨야 합니다. 둘째, 자신의 전문 분야를 깊이 이해하고 비교적 장기간의 투자 성과 기록이 있어야 합니다. 셋째, 그가 선택한 분야의 경쟁 수준을 봐야 합니다. 만일 경쟁이 그렇게 심하지 않은 분야라면 더 나은 수익을 거둘 가능성이 더 클 것입니다. 넷째, 그의 서비스 요금이 합리적인지, 서로 윈윈하는 조건인지, 그의 이익과 여러분의 이익 사이에 큰 충돌은 없는지 확인해야 합니다. 마지막으로, 나이가 너무 많지 않아서 여러분의 재산을 오랫동안 복리로 불려줄 수 있는 사람인지도 살펴봐야 합니다. 이 모든 기준을 충족하는 수탁자를 찾았다면 매우 운이 좋은 사람입니다.

자신이 직접 투자를 하는 것도 좋습니다. 하지만 개인 투자자는 상대적으로 시간의 제약이 있기 때문에 자신이 확실하게 아는 소수의 종목에만 투자해야 합니다. 그리고 시장의 유혹에 넘어가지 않도록 늘 경계심을 유지해야 합니다. 유혹에 넘어가면, 뉴턴처럼 시장이 무척 뜨거울 때 들어갔다가 얼음이 꽁꽁 얼 때 나오기 쉽죠. 투기에 관여하지 않는 것이 가장 기본적인 원칙이며, 자신이 아는 종목에만 투자하고 모르는 종목에는 투자하지 않는다면 최소한 손실은 보지 않을 수 있습니다.

이 몇 가지 원칙을 잘 지키면 재산을 보호하고 천천히 늘려갈 수 있습니다. 주식 투자의 수익은 복리식으로 증가하기 때문에 천천히 증가하더라도 장기적으로는 큰 수익이 됩니다. 잠깐, 복리식으로 증가한다는 말을 이해하셨나요? 복리는 어떤 기간에 발생한 이자까지 포함하여 그다음 기간의 원금으로 삼는 이자 계산법입니다. 주가가 바로 정확히 그렇게 움직이죠. 예를 들어 오늘 주식을 100달러어치 매수했는데 10%가 올랐다고 해봅시다. 그러면 내일은 애초의 자금 100달러에서 시작하는 것이 아니라 상승분을 포함한 110달러가 원금이 되죠. 처음에는 그리 크게 느껴지지 않겠지만 시간이 쌓이면 엄청난 차이가 만들어집니다. 그래서 아인슈타인이 복리를 세계 8대 불가사의라고 칭한 겁니다. 여러분도 복리의 힘을 믿고 장기로 투자하기를 바랍니다.

가치투자와 인생

마지막으로 가치투자를 요약하며 강연을 마무리하겠습니다.

가치투자는 신앙 같은 것일까요? 저는 그럴 수도 있다고 생각합니다. 일종의 가치를 반영하기 때문입니다. 가치투자를 지향하는 사람은 남들을 착취하고 싶지 않고, 제로섬 게임을 하고 싶지 않으며, 자신을 위해 돈을 벌면서 사회에 도움이 되고 싶다는 가치관을 구현하고자 하니까요. 반면, 투기 또는 도박은 어떨까요? 나중에 투기자를 만나 인사를 나눌 기회가 있거든 "행운을 빕니다"가 아니라 "즐거운 시간 되세요"라고 하십시오. 누구도 항상 운이 좋을 수는 없으며, 그래도 뭔가는 얻어야 하니 즐거움이라도 누려야 하지 않겠습니까? 실제로, 사람들이 카지노에 가는 건 즐거움을 얻기 위해서죠. 그런데 어떤 이들은 돈을 잃었다며 완전히 기분이 나빠져서 돌아옵니다. 그 사람은 누구를 탓해야 할까요? 분석하거나 예측할 수 있는 것이 전혀 없는 슬롯머신 앞에서 베팅을 해놓고 돈을 잃었다고 울상을 짓는 건 어불성설 아닐까요?

주식 시장에서 투기를 하는 것도 크게 다르지 않습니다. 산업이나 회사에 대해 공부도 하지 않고 남들이 많이 사니까 따라서 사는 식으로 하는 게 주식으로 투기를 하는 겁니다. 상당히 긴 시간에 걸쳐 높은 확률로 예측할 수 있는 것이 아니면 절대 손대지 말아야 합니다. 이런 관점에서 본다면 가치투자는 확실히 가치관을 구현하는 것이며 일종의 신앙이라고 할 수도 있을 것입니다.

만일 신앙이라면 검증을 받아야 합니다. 그 과정에서 절망의 시험도 받을 것이고 그로 인해 감정이 흔들리기도 할 것입니다. 하지만 신앙이 그렇듯이, 가치투자를 삶의 일부로 만들면 외부의 자극에 휩쓸리지 않을 것입니다. 비즈니스에 강한 관심을 갖고 능력 범위를 구축한 다음 그 안에서 움직이면, 마음을 산만하게 하는 것들이 없어지고 온갖 잡음의 방해를 받지 않게 됩니다. 저는 성공한 투자자들은 대개 금융 중심지에서 멀찍이 떨어져 산다는 것을 알게 됐습니다. 오마하에 사는 버핏이 대표적이죠. 사실 베이징, 상하이, 뉴욕, 홍콩과 같은 금융 중심지에 있는 사람들과의 교류가 적은 것이 더 도움이 될 수 있습니다. 거창한 트레이딩 이론 같은 것들은 실상 잡음에 불과합니다. 투기의 최종 결과는 제로이기 때문입니다. 오늘 제가 말씀드린 내용 중에서 다른 건 다 몰라도 '투기의 최종 결과는 제로'라는 얘기만큼은 꼭 기억하시길 바랍니다. 앞서 자세히 설명해드린 것처럼 아주 간단한 수학 개념입니다. 나중에 누군가가 허황된 말을 하거든 '아, 이 사람 미스터 마켓이구나!'라고 생각하면 됩니다.

저는 가치투자를 배우는 모든 과정이 대단히 흥미로웠습니다. 물론 실수와 우연이 겹쳐 이 업계에 뛰어들었고, 처음에는 생계 문제가 절실

했어요. 그런데 시간이 지나 주변을 좀 볼 수 있게 되자, 이 업계는 정말 요지경이라는 생각이 들었습니다. 불가사의한 일들이 수없이 일어나거든요. 그래서 오히려 많은 것을 배울 수 있기도 합니다. 늘 배우고자 하는 자세를 잊지 않고 주의를 집중하면 식견과 판단력이 복합적으로 성장하게 됩니다. 자산과 마찬가지로 이것들도 복리식으로 성장한다는 걸 경험할 수 있어요.

저는 어렸을 때부터 줄곧 인생의 의미를 추구해왔는데, 인생의 진정한 의미는 진정한 지식을 추구하는 것임을 깨닫게 됐습니다. 진정한 지식은 삶을 바꾸고, 운명을 바꾸고, 심지어 세상을 바꿀 수 있기 때문입니다. 그리고 사람은 우리가 관찰할 수 있는 사물이나 객관적인 세계와 완전히 다릅니다. 물질세계는 에너지가 높은 곳에서 낮은 곳으로 흐르고, 큰 것이 항상 작은 것을 잡아먹고, 큰 행성과 작은 행성이 충돌하면 필연적으로 작은 행성이 부서지고, 지구와 우주 전체가 특정 시점에 멸망하게 되는, 기본적으로 엔트로피가 증가하는 세계입니다. 그러나 인간의 세계는 다릅니다. 인간은 세상을 엔트로피가 감소하는 세계로 바꿀 수 있고, 엔트로피를 거꾸로 흐르게 할 수도 있습니다. 인간은 배움을 통해 완전 무지한 상태에서 박학한 상태로 나아갈 수 있습니다. 또한 수양과 수련을 통해 도덕적이고 고상한 사람이 되어 사회에 공헌할 수 있습니다. 이전에는 상상할 수조차 없었던 많은 새로운 것을 창조할 수도 있습니다. 인간이 등장한 이후 지구에는 거대한 변화가 일어났죠. 오늘날 우리는 심지어 지구를 떠나 우주로 이주할 수도 있으며, 온 우주에 변화를 일으킬 수도 있습니다.

앞서 소개했듯이, 제가 처음으로 투자한 것은 이동통신과 관련이 있었는데 당시 저는 이 비즈니스에 대해 아무것도 이해하지 못했습니다. 하지만 26년이 지난 지금, 우리 중 누가 휴대전화 없이 살 수 있겠습니까? 휴대전화, 인터넷 등은 아주 사소한 지식이 만들어낸 거대한 변화입니다. 인터넷은 사실상 TCP/IPTransmission Control Protocol/Internet Protocol, 그러니까 일종의 통신규약입니다. 모든 컴퓨터는 그저 0과 1의 배열, 그리고 실리콘과 전기를 사용하여 0인지 1인지 결정하는 다이오드로 구성됩니다. 그런데 이 진정한 지식이 세계 전체에 경천동지할 변화를 만든 것입니다.

저는 투자 경험을 통해 인간의 엔트로피 감소 과정을 실제로 느낄 수 있었습니다. 투자, 특히 바른길을 가는 가치투자는 한 사람의 엔트로피가 감소하는 여정입니다. 그 과정에서 여러분은 창조에 기여할 수 있고, 확실히 윈윈할 수 있으며, 자신뿐만 아니라 주변 사람들을 도울 수 있습니다. 그리고 여러분이 지지하는 이런 통찰은 인간세계를 기타 생물이 사는 객관 세계와 완전히 다르게 만들 수 있습니다. 저는 이것이 정말 멋진 일이라고 생각하며, 이 느낌을 모두와 공유하고 싶습니다. 가치투자의 길, 그 먼 길을 함께 갈 수 있기를 바랍니다. 감사합니다!

Q&A

Q   저는 10년 이상 산업 분석에 종사해온 셀 사이드sell side(자산운용사 등의 기관 투자자에게 분석 자료와 의견을 제공하는 측

으로 증권사, 투자은행IB 등을 의미한다. 이 서비스를 제공받는 기관 투자자를 바이 사이드buy side라고 한다-옮긴이) 애널리스트인데, 가치투자로 전환할 때 어떤 어려움이 있나요? 어떻게 전환해야 할까요? 저는 이미 커리어를 상당 기간 쌓아왔는데 진로를 바꿀 수 있을까요?

처한 입장과 상황은 우리 심리에 큰 영향을 줍니다. 말씀드렸다시피, 첫 번째 주식을 사고 나자 저는 제가 그 회사의 주인이라는 심리 상태가 됐습니다. 사람 마음이 이렇습니다. 내 물건에 대해서는 다르게 느끼는 거지요. 판매하는 입장이 되었을 때도 마찬가지입니다. 회사의 인센티브 메커니즘이 판매 성과를 기반으로 하기 때문에 '이 리포트를 어떻게 팔까?' 하는 생각이 늘 머릿속에 담겨 있기 마련입니다. '아직은 내세울 게 없는 이 기업을 어떻게 하면 잘 포장할 수 있을까?' 궁리하다가 '차세대 유니콘이 될 잠재력이 있다고 해볼까?' 생각할 수도 있습니다. 때마침 좋은 기업에 대한 리포트를 썼을 수도 있습니다.

예를 들어 당신이 '마오타이'라는 기업의 분석을 담당하고 있다고 합시다. 실제로도 매우 좋은 회사이지만 당신은 심리적으로 처음부터 잘 팔리는 리포트를 작성하고 싶을 것입니다. 인간 심리 측면에서 보면, 자기 입장이 머리의 판단을 좌우하게 돼 있으며 이는 바꾸기가 매우 어렵습니다. 사실 그러지 않아도 문제입니다. 자신의 입장이나 상황을 우선하지 않는다면 일을 제대로 해내지 못할 테니까요. 어쨌든, 제 친구들 중에서 투자은행에서 승승장구하다가 자산운용사로 이직한 사람이 몇 있는데 대부분 성공하지 못했습니다. 왜냐하면 셀 사이드에서 오래 근무해서 완전히 그 습관에 젖어 있었기 때문입니다. 어떤 일을 오래 하다 보면 자기 자신까지 속이게 됩니다. 게다가 그 친구들은 일을 상당히 잘했거든요. 그러다 보니 자기 자신도 설득되고 만 것입니다. 자신을 속이지 마세요. 그러려면 이성적으로 사고하고 객관적으로 바라보기 위해 늘 노력해야 합니다.

이성적인 사고와 객관적인 자세를 유지하려면 어떻게 해야 할까요? 입장을 바꿔보면 됩니다. 정식으로 이직하기 전에 개인적으로 조금 투자를 해보면서 셀 사이드와 바이 사이드의 심리적 차이를 느껴보는 것이 좋습니다. 제가 그랬던 것처럼, 주식을 소유하면 그 회사가 내 것처럼 느껴질 것입니다. 그러고 나면 정보를 수집하는 방식이 달라지는데, 이는 당신의 안테나가 달라졌다는 의미입니다. 셀 사이드에서 일할 때는 '내가 판매하고자 하는 리포트의 기업이 최고'라는 생각을 했겠지만, 바이 사이드로 이직하면 '어떻게 해야 최고의 기업을 매수할까?'로 바뀌어야 하죠. 따라서 이처럼 멘탈을 조절하는 것이 첫 번째로 중요하다고 생각합니다.

하지만 당신이 보유하고 있는 비즈니스에 대한 지식이나 기업들에 대한 지식은 여전히 유효하며, 더 축적될 수 있습니다. 그리고 당신이 투자자의 안테나를 사용하여 정보를 새로 받아들일 때 그 정보를 해석하거나 응용하는 과정에서도 변화가 발생할 텐데, 이 변화가 매우 중요합니다. 당신이 이 단계를 거치지 않고 바이 사이드로 이직한다면 큰 어려움을 겪을 것입니다.

Q   실수를 연구하면 성공을 이해하는 데 도움이 된다고들 합

니다. 혹시 가치투자를 하고자 하는 사람들, 특히 당신이 말하는 기질을 지닌 사람들이 결국 실패한 사례를 보신 적이 있나요? 만일 있다면, 그들이 실패한 이유가 무엇이고 우리는 무엇을 배울 수 있는지 말씀해주세요.

이 업에 종사하는 동안 다양한 사람들을 만났고, 당연히 실패한 사람들도 많이 만났습니다. 실패의 원인은 여러 가지였는데, 근본을 따져 올라가 보면 열정의 문제가 아닌가 생각합니다. 어떤 일을 끝까지 잘 해내려면 그 일이 그 사람의 열정에 부합해야 합니다. 그리고 가장 쉽게 성공할 수 있는 일 역시 자신이 이미 열정과 능력을 갖추고 있는 일이죠. 예를 들어 어떤 사람들은 가치투자자의 기질을 가지고 있더라도 다른 일에 더 관심을 둘 수도 있습니다. 한동안 가치투자를 공부하다가 다른 뭔가에 매료되어 진로를 바꿀 수도 있는데, 저는 이것이 충분히 있을 수 있는 일이고 합리적인 결정이라고 생각합니다. 어떤 업종이 돈을 더 잘 벌 수 있는 곳이냐는 크게 중요한 문제가 아닙니다. 만약 거기에 중점을 둔다면, 당신보다 돈을 더 잘 버는 사람은 항상 있으므로 공연히 이리 갔다 저리 갔다 하게 될 것입니다. 그러면 인생이 비참해지죠.

충만한 인생을 살고 싶다면 자신의 열정을 따라가야 합니다. 만약 당신의 열정이 가치투자에 있다면, 이 길을 끝까지 갈 것입니다. 한편, 가치투자를 공부하다가 다른 분야에서 열정을 발견해도 괜찮습니다. 그동안 배운 것들이 다른 곳에서도 유용할 테니까요. 어쨌든 제가 말씀드리고 싶은 것은 열정이 가장 중요하다는 것입니다.

Q   분석 중인 기업에 대해 자신이 아는지 모르는지를 어떻게
     판단할 수 있을까요? 자기는 안다고 생각하지만 실제로는
     모를 수도 있고, 그 반대일 수도 있잖아요. 이를 판단할 수
     있는 객관적인 기준 같은 것은 없나요?

우리는 예측을 하는 사람들이기 때문이 당신이 아는지 모르는지는
예측이 맞는지 아닌지에 달려 있습니다. 단, 이 문제의 답은 즉시 밝혀
지지 않고 수년이 지나야 알 수 있죠. 당신이 지적 정직함이라는 덕목
을 갖추고 있다면, 다른 사람들에게 자신의 답을 수시로 들려주며 확인
할 것이기 때문에 자신이 정말 아는지 모르는지 자연스럽게 알게 될 것
입니다.

저는 우리 회사 직원들에게 한 회사를 충분히 이해했다면 10년 후
최악의 시나리오를 예측할 수 있어야 한다고 말합니다. 최고의 상황
은 자연스럽게 찾아오기 마련이므로, 10년 후 최악의 경우 어떻게 될
지 예측할 수 있어야 한다는 뜻입니다. 이것을 해낼 수 없다면 회사를
제대로 이해했다고 볼 수 없습니다. 예를 들어 제가 예측한 결과가 실
제로 발생할 수도 있습니다. 제 예측이 그렇게 정확했다고 하더라도
10년은 더 추적해야 실제로 맞았는지 아닌지 확인할 수 있습니다.

그래서 이는 정말 어려운 문제입니다. 가장 어려운 부분은 어디일
까요? 사람에게는 선천적인 심리적 경향이 있다는 사실입니다. 멍거
는 저희가 번역한 『가난한 찰리의 연감』에서 사람이 가지고 태어나는
25가지 심리적 경향을 구체적으로 열거했는데, 아마 실제 상황에서는
그보다 더 많을 겁니다. 이런 성향이 존재하는 이유는 인간의 뇌가 설

계되는 기본 원리가 자연선택이기 때문입니다. 뇌의 주요 기능은 우리가 어떻게든 생존하면서 더 많은 자손을 남기게 하는 것입니다. 하지만 오늘날 우리가 살아가는 방식은 사실상 문화적 진화의 결과입니다. 우리는 이미 고도로 문명화된 사회에 살고 있잖아요. 문화적으로 진화한 사회의 많은 규칙은 생물학적 진화에 따른 규칙과는 많이 다릅니다. 그러다 보니 우리의 선천적 심리에는 많은 결함이 있으며, 우리가 객관적이고 이성적인 판단을 내리는 것을 방해합니다.

방금 질문하신 문제를 우리는 연구와 조사 과정에서 자주 만나게 됩니다. 자기 자신은 전부 안다고 생각하지만 사실은 자신의 맹점을 알지 못하며, 자신의 맹점이 가져올 결과를 알지 못해 결국 틀렸다는 것을 스스로 증명하게 되죠.

따라서 당신이 무언가를 안다고 생각할 때는 먼저 알지 못하는 것이 무엇인지를 알아야 합니다. 우리가 이해할 수 있는 것에는 분명히 한계가 있기 때문입니다. 능력 범위에서 가장 중요한 개념은 경계가 있다는 것입니다. '범위'니까요. 경계가 어디인지를 알지 못하면서 능력 범위를 안다고 한다면 틀림없이 모르고 있는 것입니다.

또 한 가지는 당신이 어떤 사안에 대해 정확히 알고 있을 때, 그것이 언제 성립하지 않는지도 반드시 알아야 한다는 것입니다. 멍거는 매우 유용한 자신만의 기준을 가지고 있습니다. 그는 "내가 어떤 관점을 가지고자 할 때 세상에서 가장 똑똑하고 가장 유능하고 가장 자격을 갖춘 사람에게 이야기해서 그의 반론에 반박할 수 없다면 나는 그 관점을 가질 만한 자격이 없다"라고 했습니다. 저는 이것이 좋은 기준이라고 생각합니다. 당신도 이런 기준에 따라 자신이 뭔가를 이해하고 있는지 아넌지 판단할 수 있을 것입니다. 당신의 지인 가운데 가장 총명한 사람을 찾아서 논박을 하여 그 사람의 의견이 자신의 의견만 못하다는 것을 발견하게 된다면, 당신이 그 사람보다 똑똑한 것입니다. 이때 당신은 아마도, 완전히는 아니지만, 확실히 알고 있다고 할 수 있을 것입니다.

당신은 이런 이해가 어떨 때 들어맞지 않게 되는지도 알아야 합니다. 다시 말해, 자신이 확실히 능력 범위 안에 있다는 것을 확인해야 합니다. 능력 범위의 경계가 어디인지 모른다면 실제로는 이해하지 못한 것입니다. 당신이 모든 것을 알 수는 없기 때문입니다. 이렇게 말하면 좀 추상적으로 들리겠지만, 구체적인 문제에 대입해보면 매우 실제적인 얘기입니다. 저는 우리 회사 직원들에게 수시로 질문을 던집니다. 간단히 끝내는 게 아니라 계속 파고들어 한계까지 몰아붙이죠. 당신도 한계까지 밀려보지 않으면 진실로 이해할 수 없습니다. 그러려면 지적 정직함과 끊임없이 계속되는 훈련이 필요한데, 단박에 이루기는 어렵습니다. 이런 사유 방식을 생활화하지 않는다면 진실로 이해하는 경지에 이르기는 쉽지 않습니다. 만약 이런 습관을 들일 수 있다면, 평생에 걸쳐 큰 도움이 될 것입니다.

Q   앞서 가치투자는 점진적인 학습 과정이라고 말씀하셨는데요. 어떻게 학습해야 지식이 복리식으로 성장한다는 걸 느낄 수 있을까요?

'유용한 지식'은 몇 가지 조건을 충족해야 합니다. 무엇보다, 증명될 수 있어야 하죠. 그리고 뒷받침하는 논리와 당신이 보는 사실이 모두 이를 지지해야 하며, 일련의 상황을 확실히 해석할 수 있는 능력과 비교적 유용한 예측 능력을 보유해야 합니다. 우리가 접하는 지식 중에서 이 표준에 가장 부합하는 것은 과학적 지식입니다. 과학적 지식은 앞서 언급한 모든 기준을 충족합니다. 그러나 우리가 실생활에서 접하는 대부분의 현상은 과학 이론에 근거하지 않습니다. 우리가 접하는 일들은 많든 적든 사람과 관련이 있고, 사람과 관련된 일은 많든 적든 확률 분포의 문제이기 때문입니다. 참고로 말씀드리자면, 수학을 공부할 때 미적분은 그다지 중요하지 않지만 통계학은 반드시 잘 배워야 합니다. 우리가 현실에서 부딪히는 대부분 문제가 통계적 문제이기 때문입니다.

다시 원래 질문으로 돌아가서, 실생활에서 이런 문제를 공부하는 가장 좋은 방법은 무엇일까요? 역시 과학적 방법을 사용해야 하지만, 결과가 모호하다는 점을 명심해야 합니다. 당신은 정확히 틀린 것보다는 모호하더라도 옳은 것을 원할 것입니다. 그렇다면 과학의 방법론을 이용하여 배워야 하며, 이것이야말로 지식을 가장 효과적으로 축적하는 방법입니다.

저에게 가장 효과적이었던 또 다른 방법은 저의 열정을 기준으로 삼는 것이었습니다. 만약 당신이 특정 분야에 열정이 많다면 비교적 단기간에 남들보다 효율적으로 그 방면의 지식을 쌓아갈 수 있을 것입니다. 게다가 최종적으로 이 지식을 사용할 때도 남들보다 더 잘할 수 있을 것입니다. 왜냐하면 지식을 사용할 때도 경쟁 환경일 것이기 때문입니다. 어떤 일에 강한 열정을 가지면 다른 사람들이 학습을 멈췄을 때도 여전히 그것에 대해 생각하고, 다른 사람들이 만족할 때도 여전히 의문을 가질 수 있습니다. 그럼으로써 당신은 우위를 점하게 될 것입니다.

자신의 열정을 따라 과학적인 방법과 지적 정직함을 바탕으로 천천히, 조금씩 지식을 쌓아가는 것이 유일하게 신뢰할 수 있는 학습 방법이라고 생각합니다.

Q　　주변의 성공한 기업가들을 두 부류로 나눌 수 있을 것 같습니다. 하나는 유능하고 성실한 관리자에게 경영을 일임하고 자신은 기업의 큰 국면을 판단하는 사람이고, 다른 하나는 본인이 관리자보다 기업 비즈니스를 더 잘 안다고 생각하여 크고 작은 일을 모두 알려고 하는 사람입니다. 이런 두 가지 스타일을 어떻게 평가하십니까?

큰 국면을 보든 모든 일을 알고자 하든, 두 스타일 모두 실제로는 지식을 습득하는 방법입니다. 기업에서 관리자의 수준은 매우 큰 변수입니다. 창업 초기나 빠르게 성장하는 환경일수록 창업자와 핵심 관리자의 역할이 회사의 가치에 대단히 중요한 작용을 합니다. 그러나 회사의 많은 특성은 개인의 의지가 아니라 업계 자체의 경쟁 환경에 의해 형성됩니다. 아무리 유능한 사람이라도 엄청나게 열악한 환경에서 우수한 성과를 거둘 수는 없습니다. 반면 그저 그런 수준의 능력을 가진 사람이라도 특히 조건이 좋은 환경에서는 좋은 성과를 거둘 수 있죠. 또 우수한 국유 기업들 중에는 사실 경영자가 기업 경영에 전념하지 않지만 그렇다고 해당 기업이 좋은 실적을 내는 데 영향을 주지도 않습니다.

각 기업의 구체적 상황은 다르며 구체적 상황에 따른 구체적 분석을 필요로 합니다. 그러나 기준은 동일합니다. 바로 당신이 습득한 지식은 궁극적으로 미래에 일어날 일을 높은 정확도와 확률로 예측하는 데 사용될 수 있어야 한다는 것입니다. 당신이 어떤 방법을 사용하고, 어떤 각도로 바라보며, 어떤 측면에서 접근하더라도 모든 방면을 다 다뤄야 합니다. 한 기업을 이해하려면 해당 비즈니스와 경영진을 반드시 이해해야 하며, 해당 산업의 기본 규칙도 알아야 합니다. 이처럼 이해해야 할 것이 훨씬 더 많기 때문에 가치투자가 상대적으로 쉽지 않은 것입니다.

이는 또 안전마진이라는 개념이 존재하는 이유이기도 합니다. 오늘 저는 안전마진의 개념에 대해 비교적 짧게 말씀드렸는데요. 안전마진을 사용하는 주된 이유는 우리의 미래에 대한 예측이 제한적이고 지식 역시 제한적이기 때문입니다. 충분한 안전마진을 두면 주식을 매수한 후 어느 정도 하락하더라도 장기적으로 많은 돈을 벌 수 있습니다. 제가 처음으로 주식을 매수했을 때, 사실 저는 그 회사의 비즈니스에 대해 아는 것이 전혀 없었습니다. 지금에 와서 생각해보면 저는 정말 운이 좋았고, 더 많은 돈을 벌 수도 있었죠. 하지만 제가 판단한 수준에서 안전마진이 더는 없다고 생각했기 때문에 2배 정도 수준에서 매도했습니다. 그리고 투자를 마친 후에는 더 많은 것을 배웠습니다. 이처럼 안전마진은 매우 중요합니다. 미래를 정확히 예측할 수 있는 사람은 없기 때문에 충분한 안전마진을 확보할 수 있는 매수 기회를 찾아야 합니다. 만약 여러 기회 중에서 선택해야 한다면 저평가된 종목이 최우선입니다.

Q   기업의 특성 중 어떤 요소가 기업의 해자가 된다고 생각하시나요? 브랜드인가요, 경영진인가요, 아니면 비즈니스 모

델인가요? 가장 중요하게 생각하는 해자는 무엇인가요? 그리고 기업을 분석할 때는 어떤 점을 중시해야 할까요?

먼저 해자는 고려하는 기간의 길이에 따라서 중요한 요소가 달라집니다. 시간이 길수록 업계의 특성 자체가 가장 효과적인 해자가 될 것입니다. 반면, 기간이 짧을수록 인적 요소가 중요합니다.

경쟁 우위의 원천은 산업별·기업별로 모두 다르며, 보호할 수 있는 수준도 같지 않습니다. 우리가 최종적으로 도달하고자 하는 이해의 수준이 동일하고 분석 절차가 동일하다고 하더라도 많은 시간을 들여 분석한 결과 얻어낸 대답은 대부분 모호하고 정확하지 않습니다. 사업이 겪는 다양한 변화 탓에 경쟁 우위가 지속되지 못하는 경우도 많죠. 음식점을 예로 들어보겠습니다. 어떤 시기든 베이징에는 장사가 제일 잘되는 음식점들이 있기 마련이고, 그중 특정 요리 시리즈가 제일 인기가 좋기 마련입니다. 그런데 시간이 좀 지나면 상황이 바뀝니다. 다른 음식이 인기를 얻어 손님들이 그런 음식점으로 몰리죠. 지금 장사가 잘된다고 해서 앞으로도 잘될 거라는 보장은 없다는 얘기입니다. 당신은 기업에 대해 공부하느라 많은 시간을 들이겠지만, 결국 판단하기가 매우 어렵다는 사실을 알게 될 것입니다.

제가 기업을 분석한다면 무엇보다 비교적 예측이 가능한 산업부터 시작할 것입니다. 그런 다음 시야를 조금 더 넓혀 이 산업과 관련 있는 분야에서 우수한 기업들이 있는지를 조사할 것입니다. 여기서 우수하다는 것은 자기자본이익률Return on Capital Employed, ROCE이 경쟁사보다 매우 높다는 의미입니다. 그리고 나서 저는 이들 중 어느 기업이 가장 흥미롭고, 제가 조사·분석할 능력이 되고, 제 능력 범위 내에 있는지를 찾을 것입니다. 이렇게 기업들을 엄선한 후에야 시간을 들여 본격적으로 분석할 것입니다. 전 세계적으로 약 10만 개의 기업이 상장돼 있지만 동시에 5~10개 또는 그 이상의 기업을 조사·분석할 필요는 없으며, 가장 중요한 첫 번째 작업은 대상 기업을 줄이는 것입니다. 게다가 많은 기업이 당신의 능력 범위 밖에 있으니 상당수는 애초에 대상이 되지도 않습니다. 당신에게 가장 중요한 일은 만일 기회가 당신의 능력 범위 내에 들어온다면, 절대 놓쳐선 안 된다는 것입니다. 그러지 않는 한 완전히 무시해도 좋습니다.

자신이 상대적으로 잘 알고 있는 종목에 투자한 후 선택의 폭을 넓혀도 됩니다. 일단 한 기업을 파악한 뒤 주가가 당신이 추정한 가치에 충분한 안전마진이 생기는 국면으로 진입할 때를 기다립니다. 그러면 설령 당신이 틀렸다고 하더라도 손해를 보지 않을 테니 대규모 투자를 감행할 수 있습니다. 조사·분석은 당신이 철저히 이해할 수 있고 파악할 수 있는 대상에 집중하는 것이 좋습니다. 그리고 수많은 기업 중 극소수를 고르는 것이므로 가능한 한 최고를 선택하는 것이 좋습니다. 물론 당신은 제일 작은 것, 이미 잡아놓은 것, 가격이 이미 상당히 저렴한 것을 선택할 수도 있습니다. 충분히 파악했다면 안전마진이 충분히 클 것이고 손해를 볼 리 없습니다. 요컨대 확실성에 투자하고 불확실성은 피해야 한다는 얘기입니다. 당신에게 확실성을 제공하는 것이 가격이라면 가격이 가장 중요한 고려 요소일 것입니다. 자신의 지식, 능력, 판단력이 확실성의 근거라면 당신의 조사·분석 대상 자체가 특별히 우수한 기업인 것이 좋습니다. 그래야 몇 년마다 종목을 바꿀 필요가 없고, 오래오래 지속해나갈 수 있으니까요. 따로 애쓰지 않아도 이 기업 자체의 복리식 성장이 당신의 자산을 부지런히 늘려줄 것입니다.

Q   이번 강의를 듣고 성격을 포함하여 가치투자자가 갖춰야 할 특성을 어느 정도 이해하게 됐습니다. 당신이 좋아하는 기업가의 가장 중요한 특성은 무엇입니까?

저는 약 26~27년 동안 넓은 의미에서 사업을 해왔고, 매우 성공한 기업가부터 그다지 성공하지 못한 기업가까지 다양한 사람들을 만났습니다. 저는 시장경제가 매우 흥미로운 특징을 가지고 있다고 생각하는데, 바로 모든 사람의 잠재력을 끌어낼 수 있다는 것입니다. 지금은 성공해서 널리 알려진 기업가들도 일상에서는 이런저런 '문제'를 안고 있습니다. 당신은 어쩌면 그들이 시장경제에서 잠재력을 발휘하기 전이었다면 상대하고 싶지 않았을 수도 있습니다. 그들 역시 만일 다른 사업을 했다면 아마도 실패했을 것입니다. 하지만 시장경제는 아무리 별나고 이상한 사람이라도 자신이 선택한 틈새시장에서 마침내 성공할 수 있게 해줍니다. 그래서 저는 성격상의 어떤 표준을 기반으로 좋은 기업가가 될 수 있는지 아닌지를 판단하지 않습니다. 시장경제는 다양한 특성을 가진 모든 부류의 사람들이 자신에게 맞는 기업을 만들어 큰 성공을 거둘 수 있게 하니까요. 그래서 제가 내린 결론은 '어떤 자질을 가지고 있어야 확실히 성공한다' 같은 통일된 기준은 없다는 것입니다.

그런데 막상 사람이 아니라 기업을 분석하다 보면, 그가 왜 이런 회사를 설립했으며 왜 성공할 수 있었는지를 파악할 수 있습니다. 알리바

바Alibaba의 설립자 마윈马云은 회사 운영의 세세한 부분까지 신경 쓰진 않지만 사람을 관리하고 부리는 방법을 알고 있습니다. 그가 고용하는 사람들은 운영의 세부 사항에까지 매우 민감하며, 특히 장융张勇(마윈이 CEO 자리에서 물러났을 때 뒤를 이은 전문 경영인-옮긴이)이 그런 사람입니다. 이처럼 모든 사람은 특별히 자기에게 맞는 기업을 찾을 수 있습니다. 그러므로 절대 섣불리 이 사람은 이렇다, 이 기업은 틀림없이 성공한다 또는 실패한다 같은 결론을 내려서는 안 됩니다. 저는 또한 모든 면에서 조건이 맞는다고 본 사람이 결과적으로 사업에 실패한 경우도 많이 봤습니다. 여기 계신 여러분도 비슷한 경험이 있을 것입니다. 주변 인물 중에 어떤 사람은 매우 유능해서 가장 성공할 것 같은데 나중에 보니 그렇게 좋은 성과를 내지 못하더라 하는 사례가 한두 가지는 있지 않은가요? 그래서 저는 각각의 기업 자체로 돌아가서 구체적인 분석을 해야만 한다고 봅니다.

Q   대학 졸업 후 투자 분야에서 일하고 싶다면 첫 직장으로 당연히 투자 기관에 가야 할까요? 투자를 가르쳐줄 멘토가 필요하지 않을까요?

제가 컬럼비아대학교에 재학 중일 때 오늘 제가 한 것과 같은 가치투자 수업을 들은 적이 있습니다. 당시 컬럼비아대학교는 가치투자 수업을 제공하는 유일한 대학이었고, 워런 버핏이 1년에 한 번씩 강의를 하러 오곤 했습니다. 그는 항상 이에 대해 질문을 받았습니다. 그는 가장 잘 배우는 방법은 자신이 가장 존경하는 사람 밑에서 일을 하는 것이며, 그렇게 하면 매우 빨리 배울 수 있다고 말했습니다. 그 대답을 듣고 저는 제 회사를 창업하기로 결심했습니다. (모두 웃음.) 농담입니다. 사실은 일자리를 못 구해서였죠.

저는 모든 사람은 저마다 다르다고 생각합니다. 어떤 이들은 확실히 다른 사람의 지도를 받을 때 더 빨리 배웁니다. 그러나 문제는 가치투자를 실천하는 투자자가 거의 없기 때문에 당연히 그런 회사도 거의 없다는 것입니다. 게다가 이런 회사들은 직원을 별로 고용하지 않아요. 예를 들어 버핏의 회사는 100개 이상의 자회사에 50만 명 이상의 직원을 두고 있지만 본사에는 25명밖에 없습니다. 5,000억 달러가 넘는 자산을 운용하는 곳인데, 7~8년 전까지만 해도 그와 멍거 둘이서 의사 결정을 했죠. 그러니 거기에 취업하기는 무척 어렵습니다. 7~8년 전에 예외적으로 젊은이 둘을 고용했는데 그들을 데리고 일하지도 않았고 그냥 자기들이 알아서 하게 했습니다. 우리 회사도 일하는 사람이 10여 명에 불과합니다. 이처럼 가치투자 회사에서 일할 기회는 대단히 적고, 특별히 우수한 투자자는 기본적으로 사람을 고용할 필요 자체가 없습니다. (모두 웃음.) 이건 역설입니다.

이것이 우리가 이 교육과정을 제공하는 이유입니다. 아까도 말씀드렸듯이, 앞으로 우리는 중국에 가치투자자 마을을 건설하여 장기간에 걸쳐 성과를 내는 실험을 하고자 합니다. 수백 개의 상품을 관리하는 매니저에게 자금을 맡기지 않고 하나의 펀드에 매니저 한 사람, 한 종류의 스타일을 가지고 오랜 기간 유지하여 성과를 내는 거죠. 이것이 우리가 말하는 '화이트리스트' 성과입니다. 우리는 이런 사람들을 찾아야 합니다. 그러면 모두 이런 성과가 가능하고 또 정말 실제적인 것임을 진심으로 알아볼 것입니다. 만일 제가 당시 워런 버핏을 직접 만나지 않았고, 주식 시장을 여전히 「일출」에서 차오위가 묘사한 수준으로 이해하고 있었다면 결코 이 업계에 뛰어들지 않았을 것입니다. 물론 워런 버핏 밑에서 일하고 싶었지만 워런 버핏은 사람을 고용하지 않습니다. 저희도 사람을 고용하지 않습니다. 따라서 제가 볼 때 가장 좋은 방법은 독학이고, 이 길을 오래 걸어온 사람들과 교류하는 것이 매우 유용하다고 생각합니다.

저는 기본적으로 강연을 하지 않지만, 유일한 예외는 저의 모교인 컬럼비아대학교에 자주 돌아가서 가치투자 수업을 듣는 학생들과 이야기를 나누는 겁니다. 베이징대학교에서 강의를 하기 전에는 중국에서 강의를 한 적이 없었습니다. 오늘이 제가 두 번째로 중국에서 강연을 한 날입니다. 왜 강연을 하지 않느냐고요? 사실 이 역시 투자와 관계가 있고 제 성향과도 관계가 있습니다. 사람들은 항상 자신이 실제보다 더 나아 보이기를 원합니다. 그렇지 않다면 무엇하러 이렇게 비싼 옷을 사 입겠습니까? 우리는 항상 실제보다 더 지식이 풍부하고, 판단력이 있고, 더 강력해 보이기를 원합니다. 자신을 과장하는 것은 인간의 심리적 경향이며 바꾸기가 매우 어렵습니다.

예를 들어 당신이 강연을 하면서 특정 종목에 대해 이야기한다고 해 봅시다. 이때 당신에게는 미심쩍은 부분이 조금은 남아 있을 것입니다. 왜냐하면 누구나 100% 확신하긴 어려우며 80~90%의 확실성만 있어도 꽤 괜찮은 수준이기 때문입니다. 하지만 당신이 그것을 100% 확정적으로 이야기하게 되면, 많이 이야기할수록 200%, 300%의 확신으로 증폭돼 결국은 자기 자신까지 속이게 됩니다. 당신이 말을 많이 할수록 결과는 틀림없이 안 좋을 것입니다. 그래서 저는 기본적으로 말을 잘 하지 않는데, 유일하게 말을 많이 할 때가 있습니다. 바로 이런 상황입니다. 학생들과 공유하는 자리는 정말 쉽지 않은 기회거든요. 제가 특정 기업에 대해 말하지는 않겠지만 약간의 경험은 공유할 수 있습니다.

정리하면 가장 좋은 방법은 존경하는 사람 밑에서 일하는 것입니다. 두 번째 방법은 독학입니다. 독학 과정 중 자신이 존경하는 사람을 찾아서 그와 어느 정도 관계를 맺으려고 노력하는 것도 방법입니다. 예를 들면 오늘 같은 강의가 그렇습니다. 많은 분이 전국 각지에서 찾아와 줬고, 어떤 분들은 미국에서도 오신 것 같습니다. 제가 여러분 입장이라면 저 또한 그렇게 했을 것입니다. 이 약간의 공유는 실행을 할 때 매우 유용한데, 가치투자가 실천 위주의 학문이기 때문입니다. 게다가 투자 자체가 고독한 과정이며 자기 자신이 결정해야 합니다. 토론하는 사람이 많아지고 일종의 위원회가 돼버리면 객관성이 날아가서 성공 확률을 판단할 수 없게 됩니다.

집단 역학도 당신의 판단에 영향을 줍니다. 투자에 대한 인간의 심리적 경향을 생각해보면 매우 끔찍한 장애가 아닐 수 없습니다. 우리의 생물학적 진화 결과인 뇌는 투자에 적합하게 만들어진 것이 아니기에 이를 다듬는 과정이 반드시 필요합니다. 당신에게 그런 기회가 주어진다면 당연히 그것을 소중히 여기고 반드시 붙잡아야 합니다. 기회가 당신을 찾아오지 않는다면, 직접 만들 수도 있습니다. 물론 가장 중요한 것은 자신이 학습을 하는 것이고 이런 과정을 자기가 체험하는 것입니다.

Q   저는 저렴한 주식을 사서 그 경험을 바탕으로 연구하고 조

사해 많은 것을 배우고 싶다는 생각이 간절합니다. 하지만 그 전에 재무상태표를 기반으로 한 분석이 저에게 얼마나 많은 안전마진을 제공할 수 있는지 알고 싶습니다.

순서가 바뀌었네요. 급히 주식을 하나 사서 연구할 것이 아니라, 연구할 주식을 급히 찾아내고 그 후에 사야죠. 순서가 바뀌면 안 됩니다. 연구가 먼저, 그다음이 투자입니다. (모두 웃음.) 아마 당신은 어디를 가야 재무상태표상 PBR이 그렇게 낮은 주식을 찾을 수 있는지 알고 싶어 하는 것 같습니다. 사실 오늘날 시장에는 그런 주식이 많지 않습니다만, 아시아에는 여전히 이런 기회가 존재합니다. 당신이 전 세계 모든 시장에 투자할 수 있다고 가정하면, 세계적으로 매일 거래되는 주식이 대략 10만 개이며 아시아에는 당신이 조사하고 파악할 수 있는 주식이 여전히 많습니다. 회사가 현재는 물론 앞으로 몇 년 동안 이익을 창출할 수 있고, 자산은 예컨대 주식이나 부동산 등 당신이 검증할 수 있는 것이고, 회사의 모든 부채를 제한 순자산을 100이라고 할 때 주식은 50 정도에서 거래되고 있는 주식 말이죠.

이런 기회는 제가 시작할 때보다는 적지만 그래도 존재합니다! 참으로 이상한 것이 어떤 경우에도 시장은 한구석에 이런 기회를 마련해두고 있다는 것입니다. 제가 만일 처음부터 다시 시작한다면 그래서 아무것도 모른다면, 저 역시 여기서부터 시작할 것입니다. 왜냐하면 이 방면을 비교적 잘 파악하고 있으며 잘 볼 수 있고 만질 수 있어서, 회사의 다른 방면은 제가 모른다고 해도 손실을 보지는 않을 테니까요. 하지만 오늘날의 시장, 그리고 지금 우리 회사가 관리하는 자금 규모에서는 그런 것들을 분석할 수가 없습니다. 제가 이 분야 최고의 전문가가 아니어서 만족스러운 답변을 드리지 못해 죄송합니다. 저는 다른 시장에 아직 이런 기회가 있다는 것을 압니다만, 중국 시장에 이런 기회가 있는지 없는지는 정말 모릅니다.

Q   멍거의 어떤 경험과 특징이 그의 투자 철학을 형성하게 됐는지 소개해주시겠습니까? 멍거의 투자 철학은 어떻게 형성된 것입니까?

먼저, 멍거의 여러 가지 관념은 그가 투자를 시작하기 전부터 깊이 뿌리내리고 있었던 것들입니다. 그는 이 세상이 어떻게 작동하는지를 이해하는 데 관심이 많았고, 실천을 통해 이해하는 데도 매우 관심이 많았습니다. 세상에서 어떤 것이 통하고 어떤 것이 통하지 않는지 파악하려 했으며, 통하지 않는 것들을 피하려 했습니다. 이런 관념들은 투자와는 별 관련이 없으며 아주 어릴 때부터 형성된 관심사일 뿐입니다.

지금 생각해보면 저 역시 버핏의 강의를 듣기 전부터 이미 몇 가지 기본적인 관념을 가지고 있었는데, 예를 들어 저는 투기에 대한 일종의 생리적인 혐오감이 있었고 전혀 좋아하지 않았습니다. 그래서 버핏의 연설을 듣고 난 후 각양각색의 월스트리트 투자 유파나 풍운의 인물들, 성공한 사람들을 만났음에도 별 흥미를 느끼지 못했습니다. 또한 가치투자는 백신 접종과 같아서 일단 접종을 하면 효과가 있든지 없든지 둘 중 하나입니다. 버핏은 투기로 시작했다가 어느 날 갑자기 각성하여 가치투자로 전환한 사람을 거의 본 적이 없다고 했고, 저도 그렇습니다.

이런 일은 거의 발생하지 않습니다.

아무튼 멍거를 성공으로 이끈 아이디어 중 일부는 투자를 하기 훨씬 전에 형성됐던 것이고, 그 아이디어는 버핏에게도 영향을 미쳤습니다. 멍거는 세상의 작동 원리에 대단히 관심이 많았고, 투자 대상을 물색할 때도 단순히 싼 기업보다는 강하고 훌륭한 회사에 이끌렸습니다. 이런 회사들은 돈을 버는 원리를 알고, 이익을 낼 수 있는 강력한 힘을 가지고 있기 때문입니다.

버핏은 경력 초기에 그레이엄과 함께하면서 약 2년 동안 그의 밑에서 배웠습니다. 그레이엄이 문제를 보는 방식도 그에게 큰 영향을 미쳤습니다. 그레이엄의 이론은 주로 대공황 시대에 형성된 것입니다. 그 이전인 1920년대 초부터 1929년 사이에 일부 투자를 했는데, 그중 일부는 투기적이어서 크게 실패하기도 했습니다. 1929년 이후 그는 실수로부터 교훈을 얻고 위험을 최소화할 방법을 찾아 체계화했으며, 그 결과 좋은 성과를 거뒀습니다. 그가 주로 활동한 시기는 1929년에서 1950년대까지였습니다. 1929년에 폭락한 주식 시장이 언제 회복됐나요? 1950년대 초니까 거의 17년 동안 지지부진한 움직임을 보인 셈입니다. 즉 그레이엄은 미국 주식 시장이 가장 절망적이었던 시기, 즉 지난 몇 달 동안의 중국 A주처럼 연일 하락하던 시기에 경력 대부분을 보낸 겁니다. 그는 그런 상황에서도 훌륭한 성과를 냈지만 큰 성공을 거두지는 못했습니다. 버핏은 그레이엄의 제자로서 그의 방법을 따라 하며 이를 담배꽁초 투자(버려진 담배꽁초를 잘만 고르면 몇 모금 정도는 피울 수 있다는 의미에서, 실적이 그저 그런 회사를 헐값에 사들여 개선한 뒤 청산하여 차익을 남기는 것-옮긴이)라고 불렀는데, 이 회사들은 사실 크게 성장할 길이 없었죠.

　이런 아이디어는 그레이엄의 투자를 성공으로 이끌었을 뿐만 아니라 버핏에게도 큰 영향을 미쳤습니다. 그런데 버핏이 자기 사업을 시작했을 때는 1950년대 중·후반이었고, 이때 미국 경제는 대공황에서 벗어나 경제가 전반적으로 살아나던 시기였습니다. 좋은 기업들이 실제로 영향력을 발휘하기 시작했는데, 이 시기 멍거가 버핏에게 미친 영향은 특히 의미가 있습니다. 처음부터 멍거는 그레이엄의 이론에 유보적인 입장이었습니다. 그는 세상이 어떻게 돌아가는지, 무엇이 통하고 무엇이 통하지 않는지 파악한 다음 통하는 방법을 반복하고 통하지 않는 방법은 피하는 전략을 써왔으니까요. 그는 우수한 회사에 특별히 관심이 많았고, 이런 회사들을 매수하기 위해서 큰 폭의 평가절하를 기다릴 필요는 없다고 했습니다. 왜냐하면 이런 회사들은 기업 자체가 이미 저평가돼 있는 것과 진배없고 예상을 뛰어넘는 성과를 지속적으로 낼 것이기 때문입니다. 그리고 이 아이디어는 버핏에게 서서히 영향을 미쳤습니다. 그래서 버핏 역시 대공황의 충격과 당시의 생존 방식에서 벗어나게 됐습니다. 다만 가치와 안전마진에 대한 강한 기준은 유지했죠.

Q　비교적 건강한 경제 시스템이라면 보통 사람은 인덱스펀드에 투자하는 것도 좋은 방법이라고 말씀하셨는데요. 인덱스펀드가 주식 시장에 대규모로 진입한다고 가정할 때, 시장 전체에 미치는 부정적인 영향은 없을까요?

이것은 매우 흥미로운 문제입니다. 중국에서는 아직 인덱스펀드가 차지하는 비중이 작기 때문에 큰 문제가 되지 않습니다. 중국과 미국 시장은 서로 다른 문제를 안고 있습니다. 중국에는 아직 완전한 등록 시스템이 없고 강력한 상장 폐지 정책이 없기 때문에 주가지수가 경제 상황을 완전하고 공정하게 반영하지 못합니다. 규제 당국이 앞으로 몇 년 동안 집중해야 할 문제라고 생각합니다. 중국은 제조업과 수출 기반 경제에서 소비 기반 경제로 전환하고 있습니다. 소비가 주축이 되면 자금 조달 방식도 간접 금융(자금의 공급자와 수요자가 중개기관을 통해 자금을 거래하는 방식으로, 은행에서 이뤄지는 대출이 대표적인 예다. 그 반대를 직접 금융이라고 하며, 주식 시장이나 채권 시장을 통한 자금 조달이 대표적이다-옮긴이)에서 직접 금융으로 바뀌어야 하죠. 그러면 주식 시장의 역할이 점점 더 중요해지기 때문에 더 많은 사람이 주식 시장에 진입하도록 유도할 필요가 있습니다. 더 많은 사람이 진입하게 하려면 도박 요소, 거품 요소를 제어하고 투자 요소를 늘려야 합니다. 투자 요소를 늘리는 가장 빠르고 효율적인 방법은 주가지수에 투자할 수 있게 하는 것이므로 주가지수가 경제 상황을 공정히 반영하게 하는 것이 중요합니다.

한편으로는 현재 경제 상황을 더 공정하게 나타낼 수 있는 상장지수 펀드Exchange Traded Fund, ETF를 개발하는 것도 한 가지 대안이 될 수 있습니다. 그러나 이는 사람으로 인한 변수가 비교적 많고 쉽게 할 수 있는 일이 아닙니다. 그래서 가장 좋은 방법은 역시 시장이 해결하게 하는 것입니다. 주식 시장을 신속히 등록제로 전환하되, 상장 폐지를 먼저 시행하고 점진적으로 등록제를 시행하면 지수가 시장을 더 잘 대표하게 됩니다. 중국이 시급히 해결해야 하는 문제가 바로 이것입니다.

미국의 문제는 인덱스 투자 비중이 점점 높아지고 있어서 조만간 지수 자체가 가격에 영향을 미치는 사이클이 시작될 수 있다는 것입니다. 시장에 투자자가 필요한 이유는 그들이 주식의 가격을 책정하기 때문입니다. 시장에 가격 책정 메커니즘이 없으면 전반적인 자금 조달이 왜곡됩니다. 지수를 그저 추종하는 패시브 투자의 가장 큰 문제점은 가격 책정을 하지 않는다는 것입니다. 시장이 더 효율적으로 작동하려면 얼마나 많은 투자자가 적극적으로 참여해야 할까요? 이것이 현재 성숙한 시장이 직면한 문제입니다.

현재 미국 인덱스펀드의 대략적인 비율은 가격에 영향을 미칠 만큼 높지 않습니다. 그러나 이런 식으로 점차 발전해 특정 시점이 되면 가격을 결정하는 투자자들이 감소하여 결국은 가격 결정 기능을 상실하는 지경에 다다를 수 있다는 우려의 목소리가 나오고 있습니다. 하지만 저는 그다지 걱정하지 않습니다. 주가지수, 그리고 이를 기반으로 하는 인덱스펀드가 등장하기 전에도 주식 시장에는 투기자가 많았고 가치투자자는 훨씬 적었기 때문입니다.

여기서 가치투자자와 펀더멘털 투자자를 구분하자면, 가치투자자는 펀더멘털 투자자 중에서 비교적 까다로운 사람들이라고 봅니다. 이들이 더 높은 안전마진을 요구하긴 하지만, 사실상 사고방식은 동일합니다. 이 사람들이 시장에서 다수였던 적은 지금까지 한 번도 없습니다. 컬럼비아대학교 로스쿨의 루이스 로웬스타인Louis Lowenstein 교수가 시장에 얼마나 많은 가치투자자가 있는지 체계적으로 계산한 적이 있습니다. 당시 그는 약 5% 정도라는 결과를 내놨는데, 매우 과학적인 계산은 아니었지만 이 분야에서 그보다 더 많은 작업을 한 사람은 제가 아는 한 없습니다. 5%든 7%든 또는 4%든 10%든, 어쨌든 그다지 높은 비율은 아닙니다. 인덱스펀드가 등장하기 전까지 줄곧 이들이 가격 결정의 중심적인 역할을 해왔고 크게 잘못된 적은 없습니다. 물론 거품은 언제나 있었습니다. 분명 극단적인 상황이었던 2008~2009년을 제외한다면, 저는 이 문제가 주식 시장에 크게 영향을 미치려면 앞으로도 상당히 오랜 시간이 걸릴 것으로 생각합니다.

앞서 말씀드렸듯이, 이 문제는 중국에는 존재하지 않습니다. 현재 중국의 주가지수는 경제 전반의 상황을 비교적 공정하게 대표하기에는 부족하며, ETF도 없습니다. 누군가가 경제 상황을 더 공정하게 나타낼 수 있는 대체 투자 수단으로 ETF를 개발한다면 일반 투자자에게 큰 도움이 될 것입니다. 이와 관련하여 규제 당국은 많은 일을 해야 합니다.

Q   가치투자 관점에서 건강, 가정, 인생에 대한 생각을 들려주시면 좋겠습니다.

이 문제에 대해 많이 생각해오긴 했지만, 답변하기에 제가 가장 적합한 사람은 아닌 것 같습니다. 저는 한 번 이혼한 적이 있는데, 제가 원한 이혼은 아니었지만 이 방면에서 제가 모범적이라고 할 순 없으니까요. 하지만 전처와 좋은 관계를 유지해왔고 지금도 전처의 돈을 제가 관리하고 있습니다. (모두 웃음.) 아무튼 제가 이 분야의 전문가라고 말하긴 어렵고, 여러분이 저에게 배우는 것도 문제가 될 것입니다.

투자는 매우 장기적인 일이기에 단기적인 성과는 전혀 중요하지 않다고 생각합니다. 버핏은 거의 60년에 가까운 경력이 있기 때문에 모든 사람의 존경을 받고 있습니다. 장기적인 성과를 달성하는 것이 특히 중요한데, 그러려면 무엇보다 건강해야 합니다. 올해 기준으로 버핏은 89세, 멍거는 96세인데 여전히 열정적으로 일하고 있습니다. 그래서 제 생각에 특히 중요한 것은 장수라고 보고, 장수하기 위해 가장 중요한 것은 좋아하는 일을 하는 것입니다. 좋은 습관을 유지하는 것은 물론 매우 중요하지만, 자신이 좋아하는 일을 하면서 평정심을 유지하는 것이 더 중요합니다. 버핏과 멍거를 보면, 그들 사업 방식의 기본 개념이 상호 윈윈이기 때문에 압박감이나 스트레스가 전혀 없습니다.

예를 들어 그들은 50년 전에 각각 연봉 10만 달러를 받았습니다. 그리고 50년이 지난 지금도 버핏은 10만 달러를 받고 있습니다. 버크셔의 운용 자산 규모가 5,000억 달러가 넘는데, 만약 그가 관리 보수로 1%만 받는다고 해도 얼마인가요? 거기에 성과 보수로 20%를 받는다면 어마어마한 액수가 되겠지요. 하지만 이럴 경우 매년 성과에 대한 압박에 시달려야 하고 누군가가 투자금을 회수하려 하면 스트레스를 받을 것입니다. 만약 관리 보수와 성과 보수를 받기로 한다면 당연히 자기 판단대로 자금을 운용하기가 어려울 것입니다. 지금 그는 1,000억 달러 이상의 현금을 가지고 있지만 압박감이나 스트레스를 받지 않습니다. 그래서 그는 자기 생활을 잘 안배했습니다. 오마하에 살면서 누군가가 찾아오면 만나고, 방문객이 없으면 자기 할 일을 하고, 매일 같은 식사를 하고, '탭 댄스를 추면서' 출근합니다. 그렇기에 그는 매우 오랫동안 실적을 올릴 수 있었습니다.

또한 그는 사람들과의 모든 관계에서 윈윈합니다. 우리가 서로를 알고 지낸 시간 내내 그는 모든 사람에게 진심으로 친절하고 진심으로 기꺼이 도와주었으며, 누구에게도 악의를 품지 않았습니다. 그렇다고 싫어하는 사람이 없는 건 아니죠. 그런 사람은 그냥 마주치지 않으면서 삽니다. 그는 매우 평탄하고 지속 가능한 방식으로 자신의 삶을 유지하는데, 이 또한 매우 중요한 점입니다. 좋은 가정과 사랑이 넘치는 환경을 가지는 것은 매우 중요합니다.

당신 역시 그렇게 하시길 바랍니다. 가족이나 동료, 친구 등 모두를 친절하게 대하고 악의를 품지 마세요. 당신이 무슨 일을 하든 모두 윈윈하는 접근 방식을 취해야 합니다. 히말라야 캐피털은 관리 보수를 받은 적이 없으며, 6% 이하 수익에 대해서는 성과 보수도 부과하지 않습니다. 예를 들어 당신이 우리 펀드에 자금을 맡겼는데 인덱스펀드 정도의 수익률을 거뒀다면 우리에게 한 푼도 지불할 필요가 없다는 얘기입니다. 물론 성과 보수를 내더라도 그 이상의 수익을 얻기를 바라겠지요. 이는 버핏으로부터 배운 것으로, 그의 초기 보수 구조는 버핏 공식Buffett formula이라고도 불립니다(버핏 파트너십은 기본 보수는 없고 6%를 초과하는 수익에 25%의 성과 보수를 받았다-옮긴이). 이것이 우리 생활을 평안하게 해줬고, 제가 여기 와서 당신과 공유할 수 있게 해줬으며, 저 또한 별 스트레스가 없으니 얼마나 고마운 일인가요. 우리 회사는 동료들끼리 우애가 넘치고 매우 개방적이며, 어떤 적대감도 없습니다. 모두가 윈윈하는 관계입니다.

우리는 스스로를 압박하는 일도 없습니다. 자신이 충분히 파악한 것만 하고 모르는 것은 절대 하지 않기 때문에 시장의 기복에 영향을 받지 않습니다. 투자에서 평정심은 매우 중요하며, 이런 상황에서만 장기적인 성과를 낼 수 있죠. 또한 자주 기부를 하는 것도 중요합니다. 다른 사람을 도와주면 그 사람만이 아니라 나도 행복해집니다. 버핏은 행복을 '나를 사랑해줬으면 하는 사람들이 실제로 나를 사랑하는 것'이라고 정의했습니다. 저도 전적으로 공감합니다. 이런 방식으로 삶을 정돈하면 사람들과 오랫동안 윈윈 관계를 유지할 수 있으며, 커다란 압박 없이 자신의 지식과 능력이 점진적으로 성장하는 것을 지켜볼 수 있습니다. 그 지식과 능력 덕에 자신이 관리하는 돈 역시 복리식으로 성장하게 되고, 그러면 나에게 돈을 맡긴 고객들이 더 많은 부를 이뤄 다른 사람들을 돕게 할 수 있습니다. 우리는 대학 기부금, 자선 기금, 자선 목적의 가족 자금만 관리합니다. 기본적으로 '부자를 더 부자로 만들기 위해' 돈을 관리하는 것이 아니기 때문에 고객을 매우 엄격히 고릅니다. 우리는 이것이 우리가 사회에 기여하는 방법이라고 믿고 있습니다. 당신도 이런 식으로 삶을 정돈하면 차분하고 느긋하게 자신만의 속도로 살아갈 수 있을 것입니다.

자산운용 업계의 많은 종사자가 저에게 "우리도 당신들과 같은 방식으로 투자하고 싶습니다. 하지만 우리에게 자금을 맡긴 사람들은 한 시간 단위로 얼마나 벌었거나 잃었는지를 생각합니다. 도저히 멀리 내다볼 수가 없어요"라고 한탄합니다. 저는 그런 위탁자의 자금은 받지 말아야 한다고 생각합니다. 하지만 그러다 보면 운용할 자산을 늘릴 방법이 없겠죠.

사업을 처음 시작했을 때 제게는 위탁자가 전혀 없었습니다. 그래서 돈을 빌려 제 자금으로 직접 투자를 시작했죠. 멍거는 이런 말을 했습니다. "좋은 아내를 만나고 싶다면 어떻게 해야 할까요? 먼저 자기 자신이 훌륭해져야 합니다. 좋은 아가씨는 바보가 아니니니까요." 수탁자도 마찬가지입니다. 우리 펀드를 시작했을 때 오랫동안 투자금은 제 돈 외에는 없었습니다. 그러다가 저를 비교적 신뢰하는 몇몇 친구가 저에게 자산을 맡겼습니다. 합당한 사람들은 자연스레 당신을 찾아오게 돼 있고, 당신은 그들 중에서 자신과 가장 어울리는 사람을 고르면 됩니다. 이렇게 천천히 나아가면 되고 서두를 필요가 없으며 다른 사람과 비교할 필요도 없습니다. 다시 강조하지만, 가장 중요한 것은 평정심입니다. 천천히 앞으로 나아가면서 복리의 힘을 믿으면 됩니다. 앞서도 말했듯이, 매년 7%의 수익률을 올린다면 200년 후에는 자산이 100만 배로 불어납니다. 이것이 바로 복리의 힘입니다.

40년 전 개혁개방을 시작했을 때 중국이 오늘날과 같은 모습이 되리라고 누가 상상이나 했을까요? 이 과정에서 실제로 연평균 9%의 성장률을 기록했는데, 듣기에 그렇게 높은 것 같지 않지만 이 짧은 40년간 중국의 변화는 '천지개벽'이라는 표현이 무색할 정도입니다. 여기 계신 분 중 40년 전에 출생하신 분 있습니까? (모두 웃음.) 그만큼 짧은 시간에 중국은 엄청난 변화를 이뤘어요. 그러니 복리의 힘을 믿기 바랍니다. 서두르지 말고, 다른 사람과 싸우지 말고, 다른 사람과 자신을 비교하지도 마세요. 서로 어울리는 사람들은 서로를 찾아가게 돼 있습니다. 찾아오지 않는다고 하더라도 조급해하지 마세요.

생활을 절제하고, 몸을 단련하고, 나와 상대에게 모두 도움이 되는 방법을 찾고, 자신을 몰아붙이지 말고, 진정으로 좋아하는 일을 하십시오. 이 모든 것이 상식처럼 들리겠지만, 사실 젊을 때는 이를 실천으로 옮기기가 쉽지 않습니다. 젊을 때는 누구나 서두르기 때문입니다. 왜 서두를까요? 다른 사람과 비교하기 때문입니다. 동창 누구누구는 옛날에 나만 못했는데 지금은 저렇게 잘나간다 같은 생각을 하죠. 그 사람은 그 사람의 인생을 살고 당신은 당신 인생을 살면 됩니다. 인생은 그리 길지 않아요. 어렸을 때는 하루가 길다고 느꼈지만 이 나이가 되고 보니 하루가 날아가는 것처럼 느껴집니다. 1년이 눈 깜짝할 사이에 지나갑니다. 남은 상관하지 말고 자신의 인생을 살아야 행복해질 수 있습니다. 그리고 자신의 삶을 살아야만 진정으로 발전할 수 있습니다. 부부가오步步高. BBK 회장을 역임한 돤융핑段永平은 이런 말을 했습니다. "느린 것을 걱정하지 마라. 늦은 것이 빠른 것이다." 저도 꼭 맞는 말이라고 생각합니다.

가치투자의 상식과 방법
: 2006년 컬럼비아대학교 경영대학원 강연[•]

또다시 이 과정에 오게 되어 기쁘기 그지없습니다. 브루스 그린월드 교수의 이 과목은 저의 커리어 인생에 지대한 영향을 줬습니다. 약 15년 전, 제가 아직 경영대학원 학생이 아니었을 때 우연한 기회에 이 강좌

•   컬럼비아대학교의 '가치투자 실천' 강좌는 벤저민 그레이엄이 처음 개설했는데, 아마도 워런 버핏이 가장 유명한 수강생일 것이다. 그레이엄이 은퇴한 후 이 과정은 수년간 중단됐다가 1990년대 초 브루스 그린월드Bruce Greenwald 교수가 재개했다. 이 강좌는 그린월드 교수의 강의 외에도 10여 명의 가치투자자가 사례를 들어 직접 강의하는 방식으로 진행되며, 버핏은 매년 강의에 참여했다. 나는 2000년 초부터 10년 넘게 거의 매년 이 강좌에 초청받아 강의를 하는 영광을 누렸다. 안타깝게도 대부분의 강의는 기록이 남아 있지 않은데, 2006년의 이 강의는 동문 수강생이 동영상으로 녹화한 몇 안 되는 강의 중 하나다. 중국의 가치투자 애호가인 장즈강蔣志剛이 열정적으로 번역하여 온라인에 배포했는데, 그 내용에서 몇 가지를 첨삭하여 이 책에 포함했다. 이 글은 학생들과의 실시간 대화와 질의응답을 포함하여 강의 내용을 있는 그대로 기록한 것이므로, 글에 사용된 용어에 신중함이 부족하더라도 양해해주시기 바란다.

에 참여하게 됐습니다. 그 강의도 브루스 교수님의 강좌 중 하나였어요. 강사가 워런 버핏이었는데 당시 저는 뷔페라고 듣고 공짜 점심을 기대하며 참석한 재미있는 에피소드가 있습니다. (모두 웃음.) 버핏의 강의를 듣다가 갑자기 각성을 한 저는 투자 분야에서 무언가를 할 수 있을 것 같다는 생각이 불현듯 들었습니다. 당시 저는 중국에서 온 지 얼마 되지 않았고, 가족도 없고 연고도 없고 돈도 없고, 빚만 많았습니다. 솔직히 말씀드려서 미국에서 어떻게 살아남을 수 있을지 걱정이 많던 때였어요. 게다가 저는 자본주의 문화에서 자라지 않았기 때문에 버핏이 이야기하는 투자 철학이 생소했습니다. 그때까지만 해도 주식 시장을 부정적으로 바라보고 있었거든요. 하지만 생각하면 생각할수록 제가 투자 비즈니스에서 뭔가 할 수 있을 것 같다는 느낌이 들었습니다.

여러분은 아마도 자신이 가치투자자라고 생각하거나 가치투자에 관심이 있어서 이 자리에 왔을 것입니다. 이 강의 수강 신청이 어렵다고 알고 있습니다. 적어도 제가 재학 중일 때는 그랬거든요. 그러니 많든 적든 '자기 선택' 메커니즘이 작용했을 것이고, 자신이 가치투자자라고 생각하거나 가치투자자 성향이 있다고 생각하셨을 것입니다. 그럼, 간단히 조사를 해볼까요? 정말로 자신을 가치투자자라고 생각하거나 가치투자에 관심이 있는 사람은 손을 들어보시겠어요? 좋습니다. 이번에는, 자신이 앞으로 자산관리업에 종사할 것이라고 확신하는 분은 손을 들어주세요. 네, 그렇군요. 자신이 가치투자자라고 생각하는 사람과 자산운용을 하고 싶다고 생각하는 사람 수가 거의 비슷하게 나타났습니다. 그렇다면 가치투자자가 다른 투자자와 차별화되는 점을 한두 가지 말씀해주실 수 있는 분? 여러분, 적극적으로 발언해주세요.

학생　가치투자자는 가치평가 배수가 아니라 기업의 비즈니스를 기반으로 돈을 버는 사람입니다.

다시 말해 자신을 회사의 주인으로 여기고, 자신의 부가 사업의 성과에 좌우된다고 보는 관점이죠? 다른 사람들은 어떻습니까?

학생　안전마진을 중시합니다.

맞습니다. 중요한 개념이죠.

학생　장기적인 관점으로 투자합니다.

그렇습니다. 그레이엄이 수업에서 제시했던 가치투자의 3대 포인트를 정리해봅시다. 첫째, 종이 한 장(주식)을 사고판다고 생각하지 말고 실제로 그 뒤에 있는 사업이라고 생각하라, 둘째, 투자할 때는 충분한 안전마진이 필요하다. 셋째, 그레이엄의 책에 나오는 미스터 마켓을 이해하라.

사실 이 세 가지 요점은 모두 하나의 개념에서 비롯된 것입니다. 종이 한 장(주식)이 아니라 사업의 일부 지분을 보유 중이라고 가정해보겠습니다. 여러분은 사업의 일부 지분만 보유할 뿐 완전한 통제권을 갖고 있지 않기 때문에 자신을 보호하기 위해 충분한 안전마진을 확보해야 합니다. 비즈니스의 지분 소유자이니 여러분은 온종일 주식 매매를 생각하지는 않을 것입니다. 그리고 이것이 여러분을 시장의 대부분 참여자와 구별되게 하는 점입니다.

그런데 우리가 진짜 사업의 일부 지분을 소유하고 있다고 생각한다면 왜 주식 시장이 필요할까요? 주식 시장은 우리 같은 사람들을 위해 만들어진 것이 아니죠, 그렇지 않습니까? 주식 시장은 사람들이 가능한 한 마찰을 최소화하면서 원하는 대로 사고팔 수 있도록 돼 있지 않습니까? 이 문제에 대해 의견 나누실 분 안 계신가요? 가치투자자가 대략 얼마나 많은 자산을 관리하고 있는지 한번 추측해서 말씀해주실 분?

이에 대한 실제 연구 결과가 발표된 적은 아직 없지만 몇 가지 시도가 있었습니다. 이 학교 로스쿨의 루이스 로웬스타인 교수는 가치투자자의 비율이 전체의 5% 미만인 것으로 추정합니다. 이 결론은 방금 말씀드린 바와 일치합니다. 가치투자자는 다수가 아니라 극히 드문 소수이며, 주식 시장은 여러분을 위한 것이 아니라 나머지 95%를 위한 것이라는 얘기입니다. 이것은 여러분에게 기회이자 도전입니다. 자산운용 업계에 뛰어들기 전에 이런 원리를 철저히 이해하는 것이 매우 중요합니다.

이것이 제가 버핏의 강연에서 가장 먼저 배운 것이며, 강연을 들으면서 이 질문들이 머릿속에 맴돌았습니다. 이 질문들을 계속 생각한 결과 제가 어디에 속하는지, 어떤 사람인지 알 수 있었습니다. 여러분도 자신이 5%의 소수에 속하는지 아니면 95%의 다수에 속하는지를 가장 먼저 생각해봐야 합니다. 여러분은 이 수업에 왔고, 일정 교육을 받으면 5%에 속할 수 있으리라고 생각할 수도 있을 것입니다.

실제로 사람은 놀라울 정도로 변할 수 있습니다. 제 얘기를 해보겠습니다. 저는 경력 초기에 굴곡이 있었습니다. 제 펀드를 관리하고 있었는데, 세계적으로 유명한 헤지펀드인 타이거 매니지먼트Tiger Management 의 설립자 줄리언 로버트슨Julian Robertson이 자신의 사무실을 함께 쓰게 해줬습니다. 그와 함께 일하는 많은 펀드매니저들과 투자 아이디어를 공유하곤 했는데, 이를 통해 저는 95%가 어떻게 움직이는지 더 잘 이해하게 됐습니다. 어째서 95%의 사람들은 여러분이 시도하고 있는 일을 하지 않을까요? 버핏이나 멍거처럼 매우 성공적인 선례가 있는데도 말입니다. 의견을 한번 내주시겠어요?

학생   투자에서 심리적 영향을 받을 수밖에 없기 때문입니다.

확실히 그렇습니다. 그러나 역사는 가치투자자가 장기적으로 더 큰 수익을 내고, 가치투자가 진정한 금광이라는 강력한 증거를 제시하고 있습니다. 투자자들이 심리적 영향력을 떨쳐내는 데 어려움을 겪는 이유, 그러면서도 변화를 시도하지 않는 이유는 무엇일까요?

학생   단기 수익을 추구하기 때문일까요?

맞습니다. 진실에 상당히 접근했습니다. 저는 다음과 같은 이유 때문이라고 생각합니다. 시장이 이처럼 기민한 트레이더들을 위해 만들어졌기에 그들이 이곳(단기 트레이딩 시장)에 모이고, 당연히 단기에 집중합니다. 통계에 따르면 5%의 가치투자자가 지속적으로 훨씬 높은 수익을 낸다고 해도, 95% 정도의 자금은 트레이더들이 쥐고 있습니다. 인간의 본성이 대부분의 투자자를 단기 투자 시장으로 유도하니까요.

따라서 제가 강조하고 싶은 첫 번째이자 가장 중요한 점은 자신이 실제로 어떤 사람인지 파악해야 한다는 것입니다. 경력에서 끊임없이 테스트를 받게 될 것이기 때문에 이 질문에 일찍 직면하고 자신이 가치투자자인지 아닌지를 판단하는 것이 좋습니다.

이제 여러분의 성격이 가치투자에 적합하고, 인류 진화 과정에서 유전적 변이를 겪은 소수의 집단에 속한다고 가정해봅시다. 이 소그룹의 특징은 무엇일까요?

첫째, 이들은 소수에 속하는 것을 개의치 않고 매우 편안하게 느낍니다. 이는 인간의 본성이 아니죠. 수만 년의 진화 과정에서 생존을 위해 집단에 의존해왔기 때문에 집단성은 인간의 유전자에 내재돼 있습니다. 하지만 유전자가 다른 소수의 사람 역시 생존할 수 있었습니다. 가치투자자의 가장 큰 특징은 다른 사람의 찬반 의견과 무관하게 오로지 자신의 논리와 증거에 근거해 사물을 판단하는 타고난 감각, 즉 소수에 속하는 것을 기꺼이 받아들이는 것이라고 생각합니다. 사실 이는 상식입니다. 하지만 '상식은 가장 희귀한 재화'라는 말이 있듯이 대부분 사람은 이런 방식으로 생각하지 않습니다.

둘째, 이들은 이른바 전문 투자자가 아닌 학술형 애널리스트가 되기 위해 많은 시간과 노력을 기꺼이 투자할 의향이 있습니다. 가치투자자는 모든 것이 어떻게 작동하는지 탐구하려는 끊임없는 호기심을 가지고 학술 연구자, 탐정, 심지어 저널리스트로서 자신을 발전시켜야 합니다. 왜냐하면 통찰이 깊어질수록 더 우수한 투자자가 될 수 있기 때문입니다. 따라서 여러분은 모든 사물에 대한 흥미와 호기심을 가져야 합니다. 각양각색의 업종, 정치, 과학, 기술, 인간 본성, 역사, 음악, 문학

등 모든 것이 투자에 영향을 줄 수 있습니다. 여러분에게 겁을 주려고 이런 말을 하는 건 아닙니다. (모두 웃음.) 모든 것을 배워야 한다기보다는 지식을 갈구하는 태도가 여러분에게 큰 도움이 되리라는 것입니다. 학습량이 어느 정도 쌓이면 우연히 번쩍 스쳐 가는 통찰이 나타날 수도 있습니다. 이런 통찰이 바로 지식이 여러분에게 주는 기회인데, 다른 이들은 얻을 수 없는 기회죠. 심리적 요인, 사고의 한계, 게다가 기관 투자자라면 제도적 제약 등에 갇혀 있기 때문입니다.

저는 기회가 오면 체크리스트를 확인합니다. 가격은 저렴한가? 이것은 좋은 비즈니스인가? 경영진은 신뢰할 수 있는가? 그 신뢰는 경영진이 좋은 사람들이라는 (믿음에 기반한) 신뢰인가, 아니면 충분한 외부 검증 작업을 기반으로 한 신뢰인가? 내가 놓치고 있는 것은 무엇인가? 내가 어떻게 이 기회를 발견하게 됐는가? 이런 테스트를 완료한 후에도 여전히 괜찮다고 느낀다면, 마지막 단계는 심리적 장벽을 넘어 행동을 시작하는 것입니다.

제가 투자했던 몇 가지 사례를 들어보겠습니다. 현재의 포트폴리오에 대해서는 말씀드릴 수 없지만 과거에 보유했던 기업은 이야기할 수 있습니다. 1997년 하반기에 제 회사를 설립했는데 그 후 아시아 금융위기와 닷컴 버블 붕괴 등 몇 차례 격변이 찾아왔습니다. 이런 부침을 겪으면서 저는 기회를 보는 눈이 더욱 예리해졌습니다. 아무튼 1998년 가을, 한 회사를 눈여겨보게 됐습니다. 제가 이 회사를 알게 된 계기는 정말 단순합니다. 다양한 분야의 기업에 관심이 많았기 때문입니다. 학창 시절에 저는 「밸류라인」의 광적인 팬이 되어 집요하게 읽었고, 세상 대부분의 일을 자세히 알고 싶어 했습니다.

여러분도 백과사전 같은 지식과 데이터베이스를 갖고 싶다면, 정말 가치투자자가 되고 싶다면 「밸류라인」을 한 페이지 한 페이지 읽어 보기를 권합니다. 「밸류라인」은 최고의 비즈니스 트레이너이며 투자를 이해하는 데 큰 도움을 줍니다. 저는 「밸류라인」을 읽을 때 보통 '신저가 목록'부터 시작합니다. 주가, PER, PBR 등을 기준으로요. 이들이 '신고가'보다 훨씬 더 매력적이거든요. 여러분에게 나눠 드린 자료 중 팀버랜드Timberland를 한번 보시기 바랍니다(〈그림 12〉 참조). 참고로, 위에 표시된 주가 46달러는 인쇄 오류로, 1998년 8~9월의 주가는 28~30달러였습니다. 이 페이지를 볼 때 가장 먼저 눈에 띄는 것은 무엇인가요?

제가 무엇을 먼저 봤는지 말씀드리겠습니다. 가치투자자는 주식이 과거에 어떻게 거래됐는지는 신경 쓰지 말아야 합니다. 제가 가장 먼저 보는 것은 밸류에이션인데, 밸류에이션이 맞지 않으면 더 볼 것도 없이 다음 페이지로 넘어갑니다. 그러면 적절한 밸류에이션이란 무엇을 의미할까요?

학생　　PBR이 상대적으로 낮은 것을 말합니다.

그럼 장부의 자산에는 무엇이 있나요? 시가총액이 장부가 이하인 주식을 볼 때는 각 자산의 내용이 무엇이며, 가치가 얼마나 되는지 살펴봐야 합니다. 쉬워요. 간단한 계산 몇 가지만 하면 됩니다. 운전자본은 약 3억 달러인데 이는 3분기에 대한 것이죠? 소매 업계에서 4분기는 일반적으로 성수기이므로 전년도 4분기로 돌아가서 올해 4분기 수치

그림 12 팀버랜드 페이지

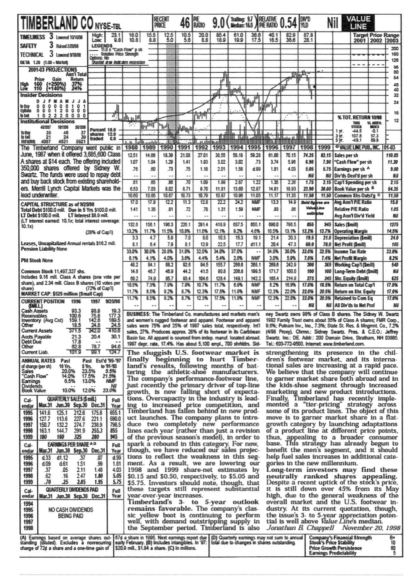

자료: 「밸류라인」

를 추정하면 됩니다. 이전 2년 치의 연말 재무제표를 보면 1억 달러 정도의 현금이 있으니 그 정도로 추정하면 될 것 같습니다. 이 회사의 유동자산은 3억 달러 정도 됩니다. 운전자본에 해당하죠. 장부가가 2억 7,500만 달러인데 거의 그 정도에 육박합니다. 다른 계정은 크지 않으니 상쇄된다고 치고, 연말에 현금을 1억 달러 정도 확보하고 운전자본 중 1억 달러를 현금으로 전환했다고 합시다. 그리고 고정자산 1억 달러가 있습니다. 후속 조사를 통해 고정자산은 실제로 큰 건물이라는 것을 알 수 있었습니다. 그러므로 여러분이 이 회사를 3억 달러에 인수하면 2억 달러의 유동자산을 확보할 수 있고, 부동산 1억 달러도 있으므로 이 정도면 크게 손해 날 일은 없다고 볼 수 있습니다.

이제 손익계산서와 현금흐름표를 볼까요? 여기서는 영업이익을 중요하게 봐야 합니다. 순전히 영업활동을 통해 벌어들인 돈이 얼마인지 알아야 하며 그래야 이 사업의 본질, 진정한 이익 창출능력이 얼마나 되는지 알 수 있습니다. 영업이익이 얼마인지 빨리 얘기해보세요. 여러분이 숙련된 사람이라면 이 회사의 영업이익률이 약 13%이고 매출이 8억~8억 5,000만 달러니까 영업이익이 1억~1억 1,000만 달러라고 계산하는 데 1초도 걸리지 않을 것입니다. 투자자본은 얼마나 될까요? 유동자산이 2억 달러이고 1억 달러가 고정자산이니 투자자본은 2억 달러죠. 그리고 영업이익이 1억이니 ROCE는 50%입니다. 따라서 꽤 괜찮은 비즈니스입니다. 이 페이지의 내용을 다 읽지 않아도, 주식이 순자산에 가까운 시장 가치로 거래되고 장부상 자산이 깨끗하고 보수적이며 유동적이라는 것을 5초도 안 걸려서 알 수 있습니다.

다음으로 던져야 할 질문은 '왜 이런 일이 발생하는가'입니다. 이 사업이 그렇게 매력적이라면, 왜 사람들이 소유하려고 하지 않는 걸까요?

팀버랜드는 많은 사람이 알고 있는 좋은 브랜드입니다. 당시 팀버랜드의 기업가치가 그렇게 낮게 평가된 이유는 무엇일까요? 아시아 금융 위기로 나이키Nike나 리복Reebok 등의 경쟁사들처럼 아시아에 진출한 모든 브랜드가 침체기를 겪었기 때문일 수 있습니다.

이럴 때는 다른 사람들의 의견을 참고해야 합니다. 곧이곧대로 따라야 한다기보다는 그들의 생각을 알아야 한다는 얘기입니다. 셀 사이드 리포트가 있는지 확인했지만 이상하게도 없었습니다. 매출이 거의 10억 달러에 달하고 좋은 브랜드를 가진 대기업을 왜 아무도 분석하지 않았을까요? 수긍할 만한 설명이 있을까요?

학생　회사가 주식 시장에서 자본을 조달할 필요성을 못 느낀 건 아닐까요?

아주 좋은 의견입니다. 그렇게 생각될 때는 지난 10~15년 동안의 회사 기록을 살펴보고 과거에 회사가 자본을 조달할 필요가 있었는지 살펴볼 수 있습니다. 자, 회사의 연혁을 볼까요? 무엇을 알 수 있습니까? 회사는 성장하고 있나요? 최근 몇 년 동안 수익성이 대폭 성장했나요? 저희는 이 회사의 수익성이 매우 좋았기 때문에 자본 시장에서 자본을 조달할 필요성이 거의 없었다는 것을 알 수 있었습니다. 또 다른 이유가 있을까요? 주주 구조는 어떻게 돼 있나요?

학생　가족 소유 기업입니다.

그렇다면 가족 기업이란 무슨 의미일까요? 이들은 지분 40%와 의결권 98%를 차지하고 있습니다. 여러분은 복잡한 금융 데이터를 빠르게 수집·정리해야 하며, 다시 한번 강조하지만 투자자는 탐사 저널리스트처럼 신속하게 이런 질문을 생각해내고 조사에 나서야 합니다. 사실 이런 질문에 대한 답은 찾기 어렵지 않습니다. 다만, 부분적이고 단편적인 답에 만족할 것이 아니라 강한 호기심을 가지고 적극적으로 파고들어야 합니다. 오너 일가가 지분과 의결권의 대부분을 장악하고 있고, 다른 주주들은 의결권이 없고, 증권사의 리포트도 없으며, 동시에 다양한 주주 소송이 벌어지고 있습니다. 여러분이 평균 95%의 투자자라면 어떤 결론을 내리겠습니까?

(몇 차례 문답이 오감.)

여러분이 제시한 리스크 요인들은 불충분합니다. 경영진이 회사 자금을 유용하거나 장부를 위조했을 가능성은 없나요? 그들이 거의 아무런 제한 없이 회사를 완전히 통제하고 있으니까요. 그리고 주주 소송이 진행 중인데, 소송이 일어난 이유가 있을 것입니다. 틀림없이 그들은 무언가에 대해 화가 났겠죠.

그럼 이제 어떻게 해야 할까요? 모든 소송 파일을 다운로드하여 한 줄 한 줄 꼼꼼히 살펴봐야 합니다. 이것이 제가 호기심이라는 원동력을 강조하는 이유입니다. 돈을 버는 것만 생각한다면 깊이 파고들기가 어렵습니다. 여러분은 모든 디테일을 살펴보고 구석구석 파악해야 합니다. 당시 제가 했던 것처럼 모든 정보를 읽는다면 대부분의 주주 소송이 한 가지 문제를 중심으로 진행된다는 사실에 놀랄 수밖에 없을 것입니다. 과거 이 회사는 줄곧 이익 전망치를 제공해왔는데 이제 더는 제공하지 않습니다. 이것이 일반 주주들을 화나게 한 것입니다. 회사는 소송을 당하자 더 이상 월스트리트와 소통하지 않기로 했고, 전망치 따위도 제공하지 않기로 했습니다. 소유주는 '나는 한 푼도 아쉬울 것이 없다. 우리 사업은 그 자체로 너무나 훌륭하다'라고 생각했습니다. 이제 수수께끼가 풀렸죠?

다음 이슈는 '기업 경영진으로서의 평가는 어떤가'입니다. 그들이 장부를 조작하지는 않았지만, 과연 정직한 사람일까요? 여러분이라면 그들의 사람됨을 어떻게 알아보겠습니까?

학생　　이웃들에게 전화를 하면 어떨까요?

좋은 생각입니다. 그럼 이웃에게 뭐라고 할까요?

학생　　사실대로 이야기하는 거죠. 경영진이 정직한 사람들인지 물어봅니다.

이웃이 제대로 대답해줄까요? 자기 일이 아니니 할 말이 없다면서 대뜸 끊어버리지 않을까요? 실제로 그럴 확률이 상당히 높습니다. 그렇더라도 괜찮은 시도임은 인정합니다.

다시 말하지만, 여러분은 탐사 저널리스트처럼 파고들어야 합니다. 실제로 저는 투자자를 항상 탐사 저널리스트로 생각해왔습니다. 일반적으로 창업을 하는 사람은 개성이 강하기에 과거를 확인하기가 수월합니다. 어떤 사람인지, 무엇을 했는지, 복잡한 상황에 어떻게 대응했는지에 대한 흔적을 남기거든요. 이 모든 조사를 수행하는 것은 어렵지 않으며, 이런 세부 사항에 세심한 주의를 기울여야 합니다. 대부분의 투자자는 이런 것들을 업무의 일부라고 생각하지도 않습니다. 하지만 여러분이 5%에 속한다면, 정말 그 5%에 속하고 싶다면 전화를 거는 것만으로는 충분하지 않습니다. 그들의 커뮤니티, 교회 등에 가서 주변 사람들과 얘기를 나누거나 여러분 자신이 그들의 가족, 친구, 이웃 등을 사귀는 등 몇 주가 소비되더라도 실제 현장 조사를 해야 합니다. 그 만한 가치가 있습니다. 가능한 한 많은 시간과 노력을 투자하여 그들의 발자취를 찾고, 그들이 지역사회와 이웃을 위해 무엇을 하는지, 친구나 이웃이 그들을 어떻게 평가하는지 확인하면 단편적인 성격 평가가 아니라 한 사람에 대한 전체적인 그림을 그릴 수 있습니다. 그들 가정의 분위기가 어떤지도 느껴볼 수 있죠.

당시 저는 이 모든 작업을 수행한 결과 오너는 고등학교를 졸업하고 대학에 진학하지 않았으며, 단순한 사람이고, 자선 활동을 많이 하며, 교회에 다니지만 광신적이지는 않다는 사실을 알게 됐습니다. 더 흥미 로운 점은 아들에게서 발견됐습니다. 아들은 경영대학원을 나왔고, 제 나이(당시 30대) 또래였으며, 내부적으로 이미 CEO 후계자로 예정돼 있었고, 아들과 아버지가 모두 이사회 이사였습니다. 때마침 그가 자선 단체 시티 이어City Year의 이사로도 활동 중이라는 사실을 알게 됐습니 다. 시티 이어는 제 친구가 설립한 것이어서 저는 친구를 통해 그 단체 의 이사가 됐고, 이사회 활동을 하면서 아들과 친한 친구가 됐습니다. 저는 그들 부자가 무척 존경할 만한 이들이며, 최고 수준의 청렴성과 우수성을 갖추고 있을 뿐만 아니라 매우 영리한 비즈니스맨이라고 판단했습니다. 이 모든 조사를 마친 후에도 주가는 여전히 30달러 정도에 머물러 있었죠.

여기까지 말씀을 드렸는데, 여러분 보시기에 제가 또 놓친 것이 있을까요?

(학생들 침묵.)

그럼 웬만큼 분석한 것 같군요. 이제 여러분이라면 이제 어떻게 하시겠습니까?

학생　사야죠.

100달러가 있다면 얼마나 사야 할까요?

학생　40달러요.

자금의 40%를 투입한다는 의견이시군요.

학생　200달러요.

뭐라고요? (모두 웃음.) 저는 여러분과 소통하는 것이 즐겁습니다. 여러분은 아직 다른 사람들의 영향을 크게 받지 않았으니까요. 펀드 회사에 가면 베이시스 포인트basis point, bp(1%의 100분의 1-옮긴이)를 사용하여 계산하는 것을 볼 수 있습니다. 대개는 25bp로 시작합니다. 충분하지 않으면 조금 더 올리죠. "50bp로 가자!" 이렇게 말하니 엄청나게 큰 투자같지 않은가요? "우리는 50bp를 준비했어, 큰 거래야!" 이것이 그들의 스타일입니다. 그러니 지금 여러분이 생각하는 방식이 '상식'이라고 생각하는 순수함을 앞으로도 유지하시기 바랍니다. 세부 사항을 정리하고 문제의 진실을 파악하는 데 얼마나 많은 노력이 필요했는지, 이것이 놓칠 수 없는 기회이고 손실 리스크가 거의 없으며, 밸류에이션도 5배에 불과하다는 것을 생각해보십시오.

저는 이어서 여러 지역의 팀버랜드 매장들을 방문하여 총이익이 수년 동안 계속 상승한 이유를 파악했습니다. 도심 빈민가의 흑인 아이들이 팀버랜드를 유행으로 여기고 저마다 팀버랜드 신발과 청바지를 갖고 싶어 하는 바람에 공급이 수요를 따라가지 못할 정도로 장사가 잘되고 있었습니다. 여러 곳의 매장 관리자들이 재고가 늘 부족하다고 불평하기도 했죠. 해외 사업은 27%를 차지하고 그중 아시아 신발 매출은 10%에 불과한데, 이를 고려하더라도 손실은 매우 제한적이었습니다. 그래서 저는 팀버랜드 주식을 대량으로 샀습니다.

그 후 2년 동안 무슨 일이 일어났는지 아십니까? 여러분 모두 인터넷할 수 있죠? 틈날 때 한번 검색해보세요. 절대 다른 사람의 말을 무턱대고 믿거나 부화뇌동하지 말고 반드시 자기가 조사해야 합니다. 맞는지 틀리는지 다른 사람에게 물어볼 필요도 없습니다. 자신이 직접 제대로 확인할 수 없다면 좋은 애널리스트가 아닙니다. 좋은 애널리스트가 될 수 없다면 영원히 좋은 투자자가 될 수 없습니다. 이것은 제 마음속 깊은 곳에서 우러나오는 말입니다. 여러분은 반드시 이런 기술을 훈련하고, 정보를 구성하고 소화하는 매우 효과적인 능력을 길러야 합니다.

자, 이제 당시 어떤 일이 발생했는지 알려드리지요. 그 후 2년 동안

이 회사 주가는 7배나 올랐습니다! 더 중요한 것은 매출 성장과 수익 성장이 함께했기 때문에 그 기간에 이렇다 할 큰 리스크가 없었다는 것입니다. 이미 부풀려진 하이테크 기업 주식을 높은 가격에 매수한 것이 아니니까요.

시간이 흘러 새로 취임한 CEO는 회사 운영 방식에 대한 생각을 바꿔 투자자를 유치하기 시작했습니다. 첫 미팅에는 CEO와 저, 그리고 애널리스트 단 3명만 참석했습니다. 그런데 2000년이 되자 미팅에 50~60명이 참석했고, 회의실은 꽉 찼으며, 주요 증권사들도 회사에 관심을 보였습니다. 저는 매도할 때가 됐다는 것을 알았습니다.

브루스   1994~1996년과 같은 일이 반복될까 봐 걱정한 것입니까?

그렇습니다. 그 시기에 주주 소송이 연달았잖아요. 그리고 실제로 팀버랜드 마케팅 활동에서 실수가 발생했습니다. 팀버랜드의 명성은 주로 방수 신발이라는 개념에서 비롯된 것으로, 업계 최초로 방수 개념을 홍보하기 시작했는데 마케팅팀에서 방수 신발과 비방수 신발을 혼동하여 시장을 호도하고 제품의 성능을 혼란스럽게 함으로써 회사에 해를 끼쳤습니다. 하지만 이런 상황에서도 매출 감소는 1년으로 그쳤고 이내 성장을 이어갔습니다. 대체로 사업을 스마트하게 운영했다고 할 수 있습니다.

결론적으로 드리고 싶은 말씀은 싸게 매수하는 것이 가장 중요하다는 것입니다. 일단 매수한 후에는 가능한 한 오래 보유하려고 노력하고, 어리석은 짓은 하지 마세요. 좋은 비즈니스는 스스로를 돌볼 것이고, 비즈니스가 성장함에 따라 여러분의 재산도 늘어날 것이기 때문입니다.

학생   이 투자를 결정하는 데는 시간이 얼마나 걸렸습니까?

몇 주 정도였습니다. 이렇게 말하니 얼마 안 되는 것 같네요. 어쨌든 기회가 나타나면 밤낮으로 전력투구해야 합니다. 저는 아내가 오늘 이 자리에 와줘서 기쁩니다. 드디어 아내에게 제가 사라지던 그 밤마다 무엇을 하고 있었는지 설명할 기회가 생겼으니까요. (모두 웃음.) 아무튼, 그렇게 훌륭한 매수 기회는 자주 오지 않기 때문에 기회가 왔을 때 잡아서 최대한 빨리 모든 것을 해야 하고, 그러려면 직업적 소양을 계속 길러야 합니다. 기회가 없을 때 사람들은 보통 돈을 은행에 넣어두고 아무것도 사지 않는데, 뭐 그것도 괜찮습니다. 그러나 기회가 생기면 바로 달려가서 집중해야 하고, 적어도 저는 그렇게 했습니다. 모든 작업을 마치고 나면 몇 주씩 매달릴 일은 아니었다는 걸 알게 될 수도 있겠지만, 어쨌든 집중적이고 강도 높게 조사하고 연구한 후에야 그런 생각을 할 수 있죠.

학생   팀버랜드에 투자할 당시 투자 비중은 어느 정도였습니까?

정확한 비중은 기밀이지만 적지 않게 샀습니다.

학생   매뉴얼을 읽게 된 동기는 무엇인가요?

「무디스 매뉴얼Moody's Manual」은 읽는 재미가 쏠쏠해서 즐겨 읽습니다. 책을 읽는다고 해서 항상 기회를 찾을 수 있는 것은 아니지만, 저는 모든 분야의 비즈니스에 호기심이 많아서 책을 통해 많은 것을 배웁니다. 독서를 많이 하면 기회의 냄새를 맡을 수 있습니다. 이 예민한 후각을 키우는 방법은 많은 책을 읽고 모든 페이지를 놓치지 않는 것뿐이라고 생각합니다. 「밸류라인」도 구독하는데요. 여러 출처에서 데이터를 수집하고, 수년간의 내용을 다루는 훌륭한 매뉴얼입니다.

다음 사례는 더 최근의 일로 1년에서 1년 반 전에 일어난 일이며, 제가 가지고 있는 이 책 「밸류라인」에서 나온 것입니다. 스탠더드앤드푸어스S&P처럼 모든 증권사는 국가별로 매뉴얼을 발행하는데, 미국 기업의 경우 저는 좀 더 실용적인 정보를 제공하는 「밸류라인」을 선호합니다. 이 책을 한 장씩 훑어보던 중 어떤 페이지가 제 눈길을 끌었는데, 바로 여러분에게 나눠 드린 자료였습니다(〈그림 13〉 참조). 자, 한국 기업인 현대백화점 자료를 보시죠. 여기서 무엇을 알 수 있습니까?

학생　　주가가 싸다고 생각됩니다.

싸다고 말한 건 무슨 뜻입니까?

학생　　주당순이익Earnings Per Share. EPS과 비교할 때 그렇다는 의미였습니다.

자신이 진정으로 비즈니스의 소유자라고 생각한다면 주당순이익이

그림 13 현대백화점 페이지

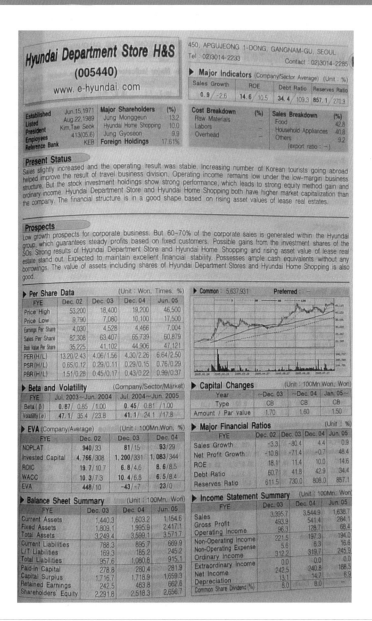

자료:「밸류라인」

라는 개념은 사용하지 않을 것입니다. '주당' 같은 개념으로 생각하지 말고 비즈니스의 소유자로서 큰 그림을 볼 수 있도록 항상 훈련해야 합니다. 시가총액은 얼마인가요?

(조용한 가운데 학생들이 계산에 열중함.)

간단한 문제죠? 계산 끝난 사람은 손을 들어보세요. 한 명밖에 없어요? 이 업계에서 어떻게 살아남을 건가요? (손을 든 학생을 향해) 존, 시가총액이 얼마죠? (학생이 머뭇거리자 다들 웃음.) 이거 아주 간단해요. 시가총액이 얼마인가요?

학생   8,700만요.

8,700만? 1주에 12면 550만 주는 얼마예요? (한 학생이 계산기를 꺼냄.) 계산기 사용하지 마세요! 머리를 쓰는 데 익숙해져야 해요! 이 책은 수천 페이지에 달하니 페이지당 5분 이상 쓴다면 다 못 읽을 수밖에 없어요. 자신의 두뇌를 사용해야만 하고, 빠르게 훑어보면서 회사의 대략적인 재무 상황을 파악해야 합니다.

결과를 말해주세요. 6,600만? 그럼 전년도 이익은 얼마인가요?

(학생들 침묵.)

세전 숫자를 말해주세요. 힘 내세요. 여러분은 컬럼비아 경영대학원 학생들로, 최고 엘리트 아닌가요? 앞으로 적어도 연봉이 15만 달러는 될 거예요!

(어떤 학생이 숫자를 말함.)

뭐라고요? 세전이익 얼마? 위쪽 몇 줄을 보세요. 순이익은? 세전이익이 3,100만이고 시가총액이 6,600만이니 거의 2배입니다. 그럼 운전자본은? 순자산은? 힘 내요.

(긴 침묵.)

이러면 안 되죠. 브루스, 그동안 학생들에게 뭘 가르친 거예요? (모두 웃음.) 힘 내요. 2억 3,600만입니다.

그럼 숫자를 조금 단순화해서 봅시다. 순자산 2억 3,000만에 시가총액 6,000만이라고 하죠. 여기에 순이익 2,500만, 세전이익 3,000만이죠?

자산 구성은 구체적으로 어떻게 돼 있나요?

(긴 침묵.)

이 실력으로 어떻게 투자를 하겠다는 건가요? 이건 기본 중의 기본이에요. 분석가라면 숫자 계산이 빨라야 해요. 5분 안에 이 회사의 기본 재무 정보를 누군가에게 알려줘야 한다면 어떻게 해야 할까요? (한 학생이 대답함.) 바로 그렇습니다. 얼마나 간단합니까? 실제로 비즈니스를 할 때 무엇을 사용하나요? 고정자산과 운전자본, 그게 다입니다. 영업권은 계산하지 않습니다. 이것들은 사업을 운영하는 데 기초이며 여러분은 사업의 소유자로서 숫자를 한눈에 훑어보고 저한테 말할 수 있어야 합니다. 그렇게 할 수 없다면 브루스가 제대로 가르치지 않은 거죠. (웃음.)

이제 이 기본 데이터는 확보했지만 아직 전체를 파악할 수 있는 것은 아닙니다. 시가총액 6,000만 달러, 세전이익 3,000만 달러, 유동자산 7,000만 달러, 고정자산 1억 8,000만 달러, 순자산 2억 3,000만 달러. 이 수치들은 무엇을 말해주며, 다음엔 무엇을 해야 할까요?

학생   주가가 낮은 이유를 찾아야 합니다.

여러분은 왜 싸다고 생각하나요? 우리는 싸다고 생각하지만 아직 결론을 내릴 수는 없습니다. 이어서 여러분은 실제 수익은 얼마나 나는지, 장부상 자산은 도대체 무엇인지, 운영 자산이 진짜인지 아닌지 등을 알아내야 합니다. 저는 여기서 상식과 가장 기본적인 논리를 사용하고 있으며, 앞으로도 여러분이 진지하게 생각해야 할 것들입니다. 이런 식으로 사고하고 행동해야 자신이 제법이라는 것을 증명할 수 있습니다. 저는 경영대학원을 다닌 적도 없고, 공모주펀드나 헤지펀드에서 일한 적도 없으며, 심지어 회계 수업을 들어본 적도 없는 애널리스트를 고용합니다. 이들을 교육하는 것이 더 쉽다는 것을 알게 됐기 때문입니다. 방금 일어난 일은 제 생각이 옳음을 증명하는 것이기도 합니다.

자, 현대백화점의 재무 정보로 돌아가서 유동자산 7,000만 달러(현금 6,000만 달러와 현금으로 간주할 수 있는 거래 가능한 유가증권 1,000만 달러)가 있습니다. 고정자산은 1억 8,000만 달러, 지분 100%를 보유한 호텔은 3,000만 달러, 지분 13%를 보유한 백화점은 3,000만 달러인데 마침 이 백화점도 책에 나와 있어요. 제가 보니 시가총액이 6억 달러더군요. 그중 지분이 13%면 8,000만 달러인데 장부상에 3,000만 달러로 잡혀 있으니까 5,000만 달러 정도 적게 평가돼 있다는 것을 알 수 있습니다. 현대백화점은 또한 세 개의 케이블 회사와 부동산 관리 회사도 보유하고 있습니다.

자, 현대백화점을 살펴본 결과 시가총액이 현금과 거래 가능한 유가증권의 합에 가깝고, PER이 2~3배이며, 다양한 종류의 자산을 보유하고 있고, 두 번째로 큰 케이블 사업자라는 사실을 알게 됐습니다. 그리고 이 백화점의 운영 모델은 미국과 달리 쇼핑몰을 임대해주는 방식으로 수익을 창출합니다.

이제 모든 퍼즐이 맞춰졌습니다. 어떤 결론을 내릴 수 있을까요? 현대백화점은 현금 7,000만 달러에 부채는 전혀 없고, 주식이 1억 달러이니 총 1억 7,000만 달러의 자산을 보유한 회사입니다. 여기에 10년 동안 재평가하지 않은 호텔 지분 3,000만 달러가 있는데, 그간 한국 부동산 가격이 많이 올랐습니다. 그래서 제가 한국에 가서 현대백화점이 지분을 보유한 호텔과 백화점을 방문했는데 둘 다 매우 고급이었으며 도시 중심에 자리 잡고 있었습니다. 주변의 부동산 시세를 알아보니 실제 가치가 장부가의 3~4배에 달했어요. 그렇다면 자산 가치가 적어도 1억 5,000만 달러나 늘어나는 것입니다. 이제 얼마인가요? 3억 2,000만 달러죠? 이것을 저는 6,000만 달러로 산 것이며 연간 3,000만 달러의 이윤이 납니다. 제가 놓친 것이 있나요?

(학생들이 기업 지배구조 등 여러 가지를 이야기함.)

매우 좋습니다. 많은 이야기가 나왔는데 현지 투자자들의 생각을 언급한 분은 없네요. 어쨌든, 현장에 직접 가서 보면 많은 일이 자신의 생각과 같지 않을 수 있고, 또 많은 일이 자신의 생각을 뒷받침하기도 할 것입니다. 여러분은 문제 하나하나를 세심하게 고려해야 합니다. 외국인 투자자로서 어떤 사항들은 이해하지 못할 수도 있기 때문에 현지 투자자들이 우려하는 문제를 놓쳐서는 안 됩니다. 이 모든 것을 검토하고 나면 여러분도 저와 같은 결론에 도달할 것입니다. 즉, 대량 매수입니다.

이 주식은 그 후 어떻게 됐을까요? 제가 여기 차트 두 개를 준비했습니다(〈그림 14〉 참조). 하나는 현대백화점이고 다른 하나는 앞서 살펴본 팀버랜드로 둘 다 크게 상승했습니다.

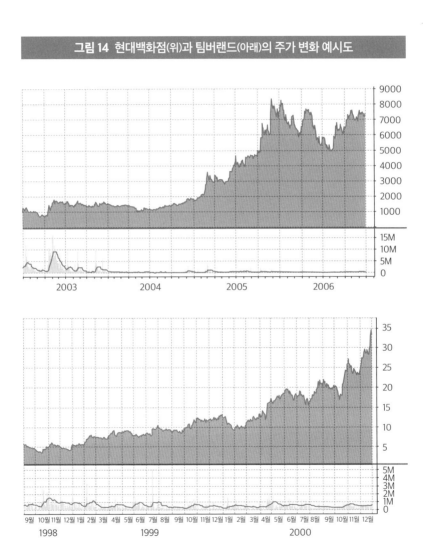

그림 14 현대백화점(위)과 팀버랜드(아래)의 주가 변화 예시도

※ 위 차트는 예시를 위하여 주가를 복원한 것으로, 정확한 주가는 강연 시점의 주가와 다를 수 있음.

어찌 됐든 저는 이런 분석 방법이 대다수 투자자에게 본능적이지 않으며, 어쩌면 당신에게도 그럴 수 있다는 점을 보여주기 위해 이 사례를 제시했습니다. 그러나 만일 어떤 이유로 여러분이 저와 같은 결론에 도달했다면, 그리고 여러분의 기질이 보기 드문 유전자를 가진 극소수에 속한다면 가치투자는 여러분이 찾고 있던 필생의 사업일 가능성이 큽니다. 제가 유일하게 보충할 것은 가치투자자는 확실히 큰돈을 벌 수 있다는 것입니다. 이런 방법은 그레이엄부터 버핏에 이르기까지 계속해서 입증됐습니다.

이 강좌를 재개해준 브루스에게 가슴 깊이 감사드립니다. 수년 전 경영대학원에 입학하여 이 수업을 듣고 제 인생은 완전히 바뀌었습니다. 제가 여러분에게 드리고 싶은 조언은 성실하고 꼼꼼하게 일하라는 것입니다.

그런데 솔직히 말씀드리자면, 오늘 저는 좀 실망했습니다. 여러분이 해낸 것이 너무 없어서요. 저는 이 강의를 처음 듣고 단기간에 십수만 달러를 벌었고, 그 후로 14~15명의 강의를 더 들었습니다. 하지만 저는 강의와 별도로 다양한 정보를 찾아내고 현장도 찾아갑니다. 여러분도 전심전력으로 노력하면 많은 돈을 벌 수 있습니다. 그저 한 귀로 듣고 흘려버리지 말고 진지하게 임해보세요. 여러분, 이 수업에 돈을 얼마나 냅니까? 경영대학원 학비가 얼마입니까?

학생 7만 달러입니다.

총 7만 달러? 여러분, 이 돈은 벌어 와야죠? 2년간 힘들게 공부한 시간은 말할 것도 없고 이 돈만큼은 복구해야죠. 어떻게? 제가 방금 말씀 드린 것이 가장 좋은 방법입니다.

제가 이 자리에 다시 선 이유는 예전에 제가 도움을 받았던 것처럼 여러분에게 도움이 되고 싶었기 때문입니다. 제가 경영대학원에 다닐 때 강의를 하러 온 분들은 자신의 분석 방법을 속속들이 알려줬고, 저는 진지하게 들은 후 실제 투자에 적용했습니다. 그래서 큰 수익을 거둘 수 있었고요.

실행하지 않으면 소용이 없습니다. 10~15년 전에 수십만 달러를 벌었는데, 그중 한 회사는 제게 십수만 달러를 안겨줬습니다. 그때 등록금은 지금보다 적었고, 정확히 얼마인지는 기억이 나지 않지만 7만 달러보다는 확실히 낮았습니다. 이 강좌의 강의는 모두 실제 사례입니다. 즉, 강사들이 현실에서 실제로 돈을 버는 방법을 가르쳐주시는 겁니다. 여기에는 비현실적인 이론이 없으며 모두 실행 가능성이 증명된 것들만 공유합니다. 강사가 언급하지 않은 것이 있으면 여러분은 물어봐야 하며, 강사는 당연히 가르쳐야 합니다.

여러분은 브루스의 교실에 앉아 있다는 것만으로도 이미 남들보다 유리한 위치에 있고, 앞으로 빛을 발할 수많은 기회가 있습니다. 그 기회를 외면하거나 자신이 가진 자원을 사용하지 않는다면 저는 여러분이 부끄러울 것입니다. 여러분은 나가서 배우고 실천해야 합니다. 책 속에 황금이 있다고 합니다. 「밸류라인」을 포함해 몇 권의 책을 잘 이용해야 합니다. 여러분은 젊고 에너지가 충만합니다. 그러니 두려워하지 마세요.

이제 질의응답으로 넘어가 볼까요?

Q&A

학생　분석을 할 때 가장 먼저 보는 것은 무엇입니까?

우리 회사 애널리스트에게 저는 정확한 정보와 완전한 정보, 이 두 가지를 요구합니다. 대다수 투자자가 크게 실패하는 이유는 이 두 가지를 제대로 해내지 못하기 때문입니다. 정확하고 완전한 정보를 얻으려면 더 많은 노력과 시간을 투자해야 합니다. 이 두 가지를 해내지 못하면 여러분은 이 업계에서 제대로 설 수 없습니다. 왜냐하면 가치투자의 길에서 여러분은 항상 외로울 것이고, 자신의 판단이 다수의 의견에 반하는 경우가 많을 것이기 때문입니다. 자신이 아는 것 또는 판단과 예측에 확신이 없다면 여러분의 눈에 든 회사의 주가가 급락할 때 과감하게 거액을 투입해 매수할 배짱을 갖지 못할 것입니다. 이른바 똑똑한 사람들이 모두 비웃을지라도 여러분은 스스로를 믿고 자신감을 가져야 합니다. 이런 자신감을 유지하게 해주는 것이 바로 정확한 정보, 완전한 정보입니다.

두 번째로 매우 중요한 점은 여러분이 평생 벌게 될 돈의 대부분은 방금 제가 논의한 유형의 회사에서 나오지 않을 것이라는 점입니다. 이들 투자는 그저 체면을 세워줄 정도이고 기본적인 비즈니스를 할 수 있게 하며 중간 정도의 수익을 제공할 뿐 엄청난 고수익을 제공하진 않습니다. 앞서 소개한 두 회사 주가가 5~6배씩 상승하더라도 이는 매우 높은 수익률로 볼 수 없습니다. 여러분이 진정한 가치투자자라면 기본적으로 이 두 학파를 따를 것입니다. 하나는 벤저민 그레이엄·크리스토퍼 브라운Christopher Browne 학파이고 다른 하나는 버핏·멍거 학파입니다. 저는 후자 쪽에 더 흥미가 있습니다. 만약 버핏과 멍거의 길을 가고자 한다면 여러분의 수익률은 몇 개의 통찰에서 나올 것이고, 그 수는 절대 많지 않아서 양 손가락으로 꼽을 정도일 것입니다. 어쩌면 50년을 열심히 노력해야 이 몇 안 되는 진정한 통찰을 얻을 수 있을지도 모릅니다. 하지만 여러분이 얻는 통찰은 다른 누구도 가질 수 없는 자신만의 것입니다. 이런 통찰은 어디에서 오는 것일까요? 끝없는 호기심과 배움에 대한 열망에서 비롯됩니다. 여러분이 축적하는 모든 지식이 유용합니다.

학생　　분석 과정에서 특별한 실수를 저지르신 적은 없나요?

당연히 있죠. 제가 가치투자의 세 가지 원칙 중 하나라도 위반할 때마다 문제가 생겼습니다. 확보한 정보가 충분히 정확하지 않거나 완전하지 않을 때, 그리고 통찰을 얻었다고 생각했지만 그 뿌리가 통찰이 아닐 때 실수를 저지르곤 했습니다. 누구나 그렇듯이, 저는 한 번 저지른 실수를 되풀이하고 싶지 않았으며 늘 실수에서 배우고자 했습니다. 제가 범한 가장 큰 실수는 회사 분석을 마친 후 더 많이 사지 않은 것입니다. 또 다른 실수는 경력 초기에 잘못된 방향을 택한 것이었습니다.

회사를 세운 후 초창기에는 제 개인 돈으로 투자해서 수익을 상당히 냈습니다. 그러나 자산을 맡겨줄 고객을 찾기 어려웠습니다. 고객을 만나 대화할 때마다 그들은 도무지 이해할 수 없다는 표정을 지었습니다.

"제가 원하는 건 매달, 그리고 매주 돈을 버는 것입니다! 저는 약세장에서도 돈을 벌기를 원해요. 그게 바로 당신들을 고용하는 이유라고요. 은행만큼 안전하면서도 수익률은 그보다 더 높은 상품, 그게 헤지펀드 아닌가요?"

저도 어쩔 도리가 없더군요. 그래서 2년 동안(다행히도 그리 길지 않았습니다) 저도 헤지 트레이딩에 뛰어들었습니다. 줄리언 로버트슨의 사무실에 합류해 헤지펀드 업계 최고 매니저들의 기법을 배우고, 공매도를 담당할 사람도 구했습니다. 하지만 사실 공매도는 의미가 없었고 저는 그저 이리저리 매매하느라 바쁘기만 했습니다. 공매도를 했을 때 벌수 있는 돈은 최대로 쳐봐야 처음에 투입한 금액일 뿐이고 손실은 이론상 무한대가 될 수 있기 때문에 여러분은 이를 선택하면 안 됩니다.

결국 저는 정신이 무너질 지경에 이르렀고, 통찰을 얻을 기회에 집중할 수가 없었습니다. 이런 상황을 멍거는 양손이 묶인 채로 엉덩이차기 대회에 참가하는 것과 같다고 했는데, 정말 딱 그랬습니다. 사실그 기간에 제가 깊이 알고 있고, 저만의 독특한 통찰력을 갖추고 있으며, 경영진을 잘 알고 있는 몇 개의 회사가 있었습니다. 시가총액이 기업이 보유한 순현금보다 적었고 이후 주가가 50~100배나 성장한 회사에 투자할 좋은 기회가 몇 번이나 있었는데, 그 기회를 놓치고 말았습니다. 전심전력으로 몰입할 수 없었기 때문입니다. 진정한 지식과 잦은 거래는 양립할 수 없습니다. 다시 생각해도 뼈아픈 실수였습니다. 돈을 벌지 못해서가 아니라 기회를 놓쳤기 때문입니다.

저 역시 당연히 실수를 저지르며, 그것도 자주 저지릅니다. 가장 자주 저지르는 실수는 아직 철저하게 과제를 마무리하지 않은 상태에서 내 생각이 맞는다는 생각에 사로잡혀 성급하게 매매에 나서는 것입니다. 팀버랜드의 경우 저는 참지 못하고 28달러에서 먼저 일부 매수를 했는데 당시 아직 분석을 마치지 못한 상태였고 그저 대체로 내가 맞을 것이라는 상태였습니다. 물론 분석을 완료한 후 대량 매수를 했습니다. 분석 완료 후 잘못 봤다는 것을 알게 될 수도 있습니다. 이때 이미 20~30% 하락했을 수도 있지만 큰 문제는 아닙니다. 자신의 오판을 받아들이고 계속해서 새로운 기회를 찾으면 됩니다. 충분한 안전마진을 설정해두면 벌 확률이 확실히 높고, 충분히 오랜 시간이 지나면 수익률도 나쁘지 않습니다. 이런 투자에서 손실을 본다고 해도 큰 문제는 아닙니다. 하지만 자신의 통찰력이 충분히 있는 영역에서 기회가 생겼을 때 과감하게 베팅하지 않는 것은 엄청난 실수이며, 그런 실수를 저지른 저 자신을 용서할 수 없습니다.

브루스　어떤 주식인지 말해줄 수 있어요?

안 돼요! 나중에 내가 그 주식에 투자할 수도 있으니까. (모두 웃음.)

단언컨대 여러분이 일생 중 얻을 수 있는 통찰은 5~10개 정도이며 통찰을 얻기 위해서는 수년간의 학습이 필요할 것입니다. 제가 현재 분석하고 있는 기업 중 일부는 사실 15년 전부터 공부해온 것들입니다. 당시 제가 분석한 것은 미국 기업이었는데 현재 아시아에서 좋은 밸류에이션을 가진 유사한 기업을 찾았고, 제가 기꺼이 크게 베팅할 수 있는 구간에 진입했습니다. 여러분은 제가 이처럼 15년 전에 이 분야를 공부하기 시작했고 이 분야에 대해 알아야 할 모든 것을 알고 있다는 사실을 고려해야 합니다. 이런 통찰을 쌓아야 자신의 판단을 굳건히 믿고 의심하지 않을 수 있습니다.

만일 성격이 맞지 않거나 노력이 부족해서 그렇게 할 수 없다면 진짜 큰돈을 벌지 못합니다. 예컨대 그레이엄과 브라운의 투자법을 배워 연간 10~15%의 수익률을 얻음으로써 전문가를 포함한 95%의 투자자를 능가할 수는 있겠지만, 버핏과 같은 절세의 업적을 이루지는 못할 것입니다. 평생 재산을 1,000배 아니 1만 배로 불릴 기회는 찾지 못할 수도 있죠. 그런 기회는 일생에 한 번뿐이라는 것을 굳이 말하지 않아도 알 수 있지 않은가요? 멍거가 '롤라팔루자Lollapalooza 효과'라고 명명한 영감을 비롯해서 의식적·잠재의식적·심리적·정치적 모든 요소를 종합하여 관통해야 한순간 빛을 발할 수 있습니다.

완전하고 정확한 정보에 유일무이한 통찰력을 바탕으로 투자하는 것, 이것이 저를 이 업계로 이끌었습니다. 이 업계는 정말 흥미롭고 믿을 수 없을 만큼 흥미진진합니다. 여러분은 모든 것을 배워야 합니다. 저는 물리학과 수학을 배웠고, 컬럼비아에 입학해서는 경제·역사·법률·정치 등등에 강한 흥미를 가졌습니다. 여러분도 이런 열정을 가져야 합니다. 어쩌면 생물학 지식과 사고방식이 필요할 수도 있습니다. 제 아내가 생물학 박사여서 저는 아내로부터 생물학적 지식을 많이 얻었습니다. 아내는 잘 모르겠지만, 그 지식 중 일부는 저의 투자에 도움이 됐습니다. 여러분 역시 모든 것을 배워야 하고, 모든 것에 호기심이 충만해야 합니다. 그러면 이 장기적인 과정에서 때때로 큰 기회를 만나게 될 것이고, 그 사이사이에 때때로 팀버랜드나 현대백화점 같은 기회를 포착해 높은 수익을 내게 될 것입니다.

학생 1년에 몇 개의 회사에 투자합니까?

상황에 따라서는 이런 통계가 의미가 없을 수도 있습니다. 기회를 만나지 못한 채 몇 년을 보낼 수도 있고, 기회가 끝없이 나타나는 해가 찾아올 수도 있습니다. 이는 여러분의 능력 범위 내에 어떤 회사가 있고 가치평가가 적정한지에 달려 있습니다. 다만 장담할 수 있는 것은 기회가 고르게 찾아오진 않는다는 것입니다. 매 분기 또는 매달 투자 아이디어가 떠오른다는 생각은 비현실적이며, 실제 제 경험상으로도 그렇지 않았습니다.

저는 15년 전 컬럼비아대학교에 재학 중일 때 투자를 시작했고, 이후 5~6년 동안 서너 개의 큰 투자 아이디어가 있었는데 이들의 수익률은 매우 높았지만 평균값은 의미가 없습니다. 그 후 저는 진보하기 시작했는데, 투자 학습 과정은 축적 효과가 있다는 걸 알게 됐습니다. 꾸준히 학습하다 보면 여러분도 언젠가는 최고의 경지에 이르렀다고 스스로 느끼게 되고,「무디스 매뉴얼」한 페이지를 단 몇 분 만에 읽으면서 대략적인 판단을 할 수 있게 될 것입니다. 기회에 대한 민감도도 이와 같아서 시간이 갈수록 붙잡을 기회가 점점 더 많아집니다.

시장이 매우 비협조적이어서 1년 내내 기회가 나타나지 않을 수도 있는데, 그것은 큰 문제가 아닙니다. 문제는 한 해가 지나도록 아무것도 배우지 않고, 한 가지 통찰을 형성하지도 않고(자신은 통찰이라고 착각할 수도 있지만), 과거의 잘못된 통찰력을 반증·분석하지 않고 헛되게 보내는 것입니다. 저는 이런 상황을 받아들일 수 없습니다. 여러분은 하루도 쉬지 않고 배워야 하며 이를 정신적 규범으로 삼아 실행해야 합니다.

학생　미국에 막 왔을 때 어떻게 생계를 해결했습니까?

책을 써서 돈을 좀 벌었고, 그 내용을 영화화하겠다는 사람이 나타나 저작권료를 받기도 했습니다. 하지만 학자금 대출이 컸기 때문에 제 순자산은 여전히 마이너스였습니다. 다행스러운 점은 현금이 조금 있었다는 것입니다. 물론 부채가 자산보다 많았지만 학자금 대출은 급히 갚지 않아도 됐기에 그 현금으로 투자에 나설 수 있었죠.

학생　투자 아이디어는 어떻게 찾으시나요?

많은 책을 읽으면서 아이디어를 찾습니다. 유명한 인물들의 전기, 물리학, 역사책 등을 읽는데 모두 저에게 영감을 줬습니다. 이를 통해 아이디어를 떠올리고 기회를 찾습니다. 그리고 기회가 오면 전력을 다해 분석에 들어갑니다. 앞서 소개한, 「무디스 매뉴얼」에서 한 회사를 발견하고 제가 한 일들이 그 예입니다. 여가 시간에는 주로 두 딸이랑 아내와 함께 시간을 보냅니다. 제 딸들은 세 살 반과 한 살 반인데, 딸들을 통해 인간의 인지 능력이 어떻게 발달하는지 배우게 됩니다. 제가 투자할 때의 사고 과정을 돌이켜보면, '이 사업은 저평가돼 있는가? 좋은 사업인가? 누가 경영하는가? 내가 놓치고 있는 것은 무엇인가?' 등인데 이 마지막 질문에서는 심리학 분야, 즉 인간 인지 분야의 지식이 특히 중요합니다. 인간의 인지 발달 과정을 어린이보다 더 잘 관찰할 수 있는 대상은 없습니다. 두 딸과 함께 놀면서 아이들의 성장 과정을 관찰하는 것이 투자에도 도움이 됐죠. 모든 지식은 투자에 유용합니다.

학생　　가치투자자와 그 나머지 투자자의 차이를 한마디로 정리한다면요?

가치투자자와 기타 투자자의 핵심적인 차이는 자신을 기업의 소유주로 보느냐 아니냐입니다. 장기적 관점을 중시하고 안전마진을 추구하는 것은 자신을 그 비즈니스의 소유자로 여기기 때문입니다. 여러분은 신중한 사업가이고 경영진을 통제할 수 없기 때문에 자신을 보호하기 위하여 큰 안전마진을 추구합니다. 사업의 소유자이기 때문에 더욱 장기적인 성과에 무게를 두게 됩니다.

어떤 사람들은 "자신이 기업의 소유주인데 왜 그렇게들 주식을 사고팔까요?"라고 물을지도 모릅니다. 단적으로 말하자면, 가치투자자가 아니기 때문입니다. 그런 사람들에게는 기업의 소유주라는 인식이 없습니다. 주식 시장은 사업가가 아니라 매매자를 위하여 만들어졌고 매매자를 끌어들이죠. 이것이 바로 95%의 사람들이 안전마진이나 장기적 관점을 등한시하고 잦은 매매를 하게 하는 원인입니다.

그렇다면 반대로, 모든 투자자가 가치투자자라고 가정해보겠습니다 (인간의 본성상 현실적으로 불가능하지만). 주식 시장이 여전히 존재할까요? 당연히 존재하지 않을 것입니다. 누가 1차 시장(발행 시장)에서 기업공개Initial Public Offering, IPO 주식을 사겠습니까? 1차 시장이 없다면 2차 시장(유통 시장)이 존재할 수 있을까요? 모든 사람이 충분한 안전마진을 확보하고자 한다면 누가 주식을 팔겠습니까? 여러분은 (가치투자자임을 전제로 할 때) 본질적으로 주식 시장의 생리와 맞지 않으니 처음부터 이 점을 명심하고 다른 사람의 영향을 받지 않도록 경계하면서 자신의 자리를 찾아야 합니다.

한 걸음 더 나아가, 만일 여러분이 타고난 사업가라면 일찌감치 그 분야에 빠져들어 진정한 사업가호서 기업을 운영할 것입니다. 이것이 바로 버핏이 자산관리 사업을 떠난 이유이고, 멍거도 마찬가지입니다. 10년 이상 파트너십을 운영한 후 그들은 직접 나가서 사업을 인수하고 실제로 운영하기 시작했습니다. 이런 생각을 가진 사람이라면 사모펀드에도 진출할 수 있습니다. 이는 더욱 사업적인 마인드이며 일종의 진화입니다. 이런 사고방식을 가진 가치투자자는 항상 수익성 있는 일을 찾을 것이며, 시장이 자신을 위해 설계돼 있지 않더라도 항상 돈을 벌 기회를 찾을 것입니다. 시장은 트레이딩에 열정을 가진 95%의 사람들을 위해 설계돼 있고, 이런 사람들은 본성적으로 항상 트레이딩에 대해 생각하며, 일단 트레이딩에 사로잡히면 필연적으로 실수를 할 수밖에 없다는 것을 명심하시기 바랍니다. 인간의 오욕칠정과 사심이 전부 드러날 것이고, 두려움과 탐욕의 본능이 실수를 유도할 것입니다. 일단 그들이 잘못을 저지르고 시장에 파동이 일어나면 여러분에게 기회가 옵니다. 물론 여러분이 5%의 가치투자자에 속한다는 전제에서 말입니다.

학생   매도 시점은 어떻게 정합니까?

매우 흥미로운 문제입니다. 저는 이 문제에서 조금씩 진화해왔습니다. 원래는 특정 가격에 대해 제가 사고 싶은 가격이 아니라면 매도해야 하는 가격이라는 원칙을 정해두고 있었습니다. 지금의 저는 조금 더 진화했습니다. 왜냐하면 제가 어떤 영역이나 어떤 기업에 대한 통찰을 가질 때, 정말로 저 자신을 그 사업의 소유자라고 생각하기 때문입니다.

일테면 사람들이 "이제 팔아야 할 때야. 가격이 충분히 높아"라고 할 때가 있습니다. 아닌 게 아니라 주가가 많이 올라서 저 자신조차 매수하기가 망설여지죠. 그런데 장기적 관점(예를 들어 10년)에서, 그리고 저의 통찰이나 이 회사 또는 이 산업에 대한 깊은 이해로 볼 때 미래가 낙관적일 수도 있습니다. 이 회사는 앞으로 더욱 발전할 것이고, 좋은 사업으로 확장할 것이고, 어떤 사업에서는 절대적 경쟁력이 될 수 있는 자본 우위를 보유했을 수도 있습니다. 이럴 때 저는 우선 매도한 후에 다시 매수할 기회가 있는지 고려합니다. 매도를 하면 거액의 세금, 그러니까 자본이득세를 내야 합니다. 세율이 30%, 심지어 40~50%에 달하기도 하죠. 그런데 매도를 하지 않고 계속 보유하면 낼 필요가 없는 세금이니 사실상 정부로부터 무이자 대출을 받은 셈이라고 할 수 있습니다. 상환 기일이 있는 것도 아니고 독촉 전화를 받을 일도 없습니다. 한편으로 그 회사가 보유한 자본을 잘 활용하여 15% 이상의 수익을 낼 수도 있습니다. 저는 많은 우수한 기업의 투하자본이익률Return on Invested Capital, ROIC이 50~100%까지 도달하는 것을 봐왔는데, 그 지점에 도달하면 성장세가 더욱 가팔라지겠습니다.

이런 상황에서는 자신감을 갖는 것이 매우 중요하며, 자신의 판단과 예측이 장기간에 걸쳐 정확할 것이라는 확신을 가져야 합니다. 이런 기회는 인생에서 몇 번밖에 오지 않을 것이고, 10년 후까지 내다볼 수 있다는 자신감은 이미 대단한 것입니다. 투자은행에서 일하는 사람들은 끝없는 미래를 예측할 수 있다고 생각하는데, 여러분은 그게 가능하다고 생각하시나요? 어림도 없는 일입니다. 우리 모두 그들이 심지어 내일 일도 예측할 수 없다는 것을 아는데 어떻게 미래 5년, 10년을 예측하겠습니까? 게다가 영원을 예상한다고요? 그들이 하는 일은 아무 의미가 없습니다. 그러나 제가 보증하건대, 만일 여러분에게 훌륭한 자질이 있고, 성격이 적합하며, 열심히 공부하길 멈추지 않는다면 앞으로 50년에 걸친 투자 인생에서 5~10개 정도의 기회는 찾아낼 수 있을 것입니다. 이 기회들 중에서 자신만의 독창적인 통찰을 가지고 다른 사람들보다 훨씬 정확하게 10~20년의 상황을 예측할 수 있는 종목이 분명히 있을 것입니다. 그러면 가격이 높아졌으니 팔아야겠다는 생각은 들지 않겠죠. 무엇 때문에 팔겠습니까? 주식을 계속 보유하는 한 정부는 세금을 내라고 하지 않을 것이고, 회사의 ROIC는 계속 높아져 연 40~100%에 달할 것입니다. 절세와 투자 수익이라는 두 마리 토끼를 잡을 수 있으니 매도할 이유가 없죠.

학생　　그럼 왜 팀버랜드 주식을 매도했나요?

그 회사에는 방금 말한 특징들이 없었기 때문입니다. 매우 걸출한 기업의 반열에는 들어가지 못했습니다. 저의 현재 포트폴리오 중에는 걸출한 기업들이 있습니다만, 아쉽게도 이건 공개할 수가 없네요.

브루스　　걸출한 기업의 공통적인 특징을 일목요연하게 정리해주시겠습니까?

어떤 경위로 자신의 우위를 구축하는가와 상관없이, 걸출한 회사들의 경쟁 우위는 시간이 갈수록 점점 더 강력해집니다. 여러분도 이런 사례를 찾아볼 수 있습니다. 그렇게나 비싼 경영대학원 학비를 내고 있으니 자신의 사고 프레임워크를 정립하고 최소한 이런 문제에 대해 생각하는 습관을 키워야 합니다.

한 회사가 다른 회사보다 우위를 차지하는 이유는 무엇인가? 경쟁 우위는 어디에 있는가? 왜 그들은 점점 더 많은 돈을 벌며, 왜 다른 회사들은 갈수록 수입이 줄거나 부침을 겪는가? 이유가 무엇인가?

이미 우위를 확보한 기업들을 연구하여 안목을 키워야 합니다.

학생 필립 모리스Philip Morris는 어떤가요?

필립 모리스가 다른 브랜드와 차별화되는 본질적인 원인은 무엇인가요?

학생 역사가 오랜 브랜드라는 점 아닐까요?

그것도 좋은 요소이지만 제가 핵심적으로 고려하는 요소는 아닙니다.

학생 코카콜라Coca-Cola는요? 브랜드를 '즐거움'과 연결했다는 게 강점으로 보입니다.

음, 그렇군요.

브루스   학생들의 의견에 동의합니까?

대부분이 버핏의 입장을 되풀이하고 있는데, 여기에는 동의하지 않을 수가 없죠. 하지만 버핏이 아직 사지 않은 회사, 여러분이 잠재력이 있다고 여기는 회사들을 말씀해주셨으면 합니다. 투자자들의 모범답안으로 이미 사례집에 실려 있는 기업들이 아니라 그런 특징을 가지고 있지만 버크셔의 포트폴리오에 없는 회사들 말입니다.

(학생들이 이베이Ebay, 아메리칸 타워American Tower,「밸류라인」, 캐피털 IQCapital IQ 등을 거론함.)

다들 아주 좋습니다. 우리 한번 블룸버그Bloomberg에 대해 이야기해볼까요? 블룸버그 전에 브리지Bridge, 로이터Reuters 등이 있었는데 어째서 블룸버그가 최후의 승자가 됐을까요?

학생   전환 비용이 높기 때문입니다. 블룸버그를 익히고 나면 다른 것을 배우고 싶지 않을 테니까요.

그렇죠. 제대로 짚어주셨네요. 이 사례를 거론한 것은 여러분이 대부분 산업에서 유사한 변화를 볼 수 있기 때문입니다. 한 사례를 철저히 연구하면 다른 산업의 유사한 상황을 접했을 때 더 정확히 예측할 수 있습니다.

블룸버그는 전형적인 사례입니다. 오랫동안 업계에서 자리를 잡은 많은 선배 회사가 있음에도, 무명의 신진 회사가 등장해 조금씩 앞으로 나아갑니다. 그러다가 어느 단계에서 질적 변화가 일어나고, 결국에는 업계를 지배합니다. 지금 브리지나 로이터를 찾아볼 수 있습니까? 그들은 이미 사라졌습니다. 방금 이 학생이 말했듯이, 일상적으로 사용하는 어려운 도구를 배우는 데 오랜 시간이 걸렸다면 사람들은 다른 도구를 배우는 데 또다시 시간을 할애하고 싶지 않을 것입니다. 만약 그들의 플랫폼이 모든 경영대학원에 보급된다면, 여러분이 졸업한 후에는 블룸버그만 사용할 줄 알 것이고, 다른 것들은 배우고 싶지 않을 것입니다. 게다가 동료와 업계 사람들도 블룸버그를 사용하고 있으니 그들과 소통하려면 더더욱 다른 곳으로 옮겨 갈 수 없죠. 이런 분야에서는 승자가 모든 것을 가져갑니다. 이 결과에 어떻게 도달하느냐가 핵심이죠. 블룸버그가 상장을 할 때 여러분이 이런 통찰을 가지고 있다면 이미 돈방석에 앉은 것과 다름없습니다.

이것이 바로 제가 통찰이라고 부르는 것입니다. 이런 현상은 많은 산업에서 일어날 테니, 여러분은 블룸버그와 같은 회사를 계속 찾기만 하면 됩니다. 예를 들어 마이크로소프트가 시장의 거의 100%를 점유하던 업계의 선두 주자 애플을 조심스럽게 추격하다가 마침내 그 장애물을 뛰어넘었잖아요? 어떻게 이런 일이 일어났을까요? 마이크로소프트와 애플 중 하나를 선택해야 하는 상황에 직면했을 때, 여러분은 회사 컴퓨터가 모두 마이크로소프트 시스템을 기반으로 하는 걸 보고 그 외에는 선택의 여지가 많지 않다는 생각을 하게 될 것입니다.

이제 여러분은 블룸버그를 사용하지 않을 기회조차 없는데, 블룸버그에는 어떤 비용이 발생할까요? 놀랍게도, 비용이 거의 제로입니다!

회사 직원들의 높은 연봉을 지급하는 게 비용의 대부분입니다. 직원들은 무엇을 합니까? 분석을 하나요? 그들은 분석을 전혀 하지 않습니다. 그저 한 달에 한 번 정도 회사들을 방문하면서 사용자들에게 어떤 니즈가 있는지, 업무에서 무엇을 필요로 하는지 물어볼 뿐입니다. 만일 여러분이 매매를 자주 하는 95%에 속하는 투자자라면, 블룸버그 단말기가 제공하는 숫자에 광신도처럼 집착하게 될 것입니다.

블룸버그는 바로 이런 사람들을 위해 시스템을 개발했습니다. 블룸버그 시스템에 얼마나 많은 공식이 있는지 아십니까? 수만 개입니다! 블룸버그에서 매뉴얼을 제공합니까? 줄 리가 없지요! 그들은 사용자를 일대일로 묶어두려고 합니다! 그들은 여러분에게 공식만 잔뜩 알려주고 수십만 달러를 내라고 할 겁니다. 여러분은 매일 사용해야 하기 때문에, 그리고 이 비즈니스에서는 모든 거래에 수백만 달러가 달려 있는 것처럼 생각되기 때문에 연회비 30만 달러는 신경도 쓰지 않습니다. 블룸버그가 몇 가지 기능에 더 돈을 내라고 해도 선택의 여지가 없을 것입니다. 여러분은 트레이더이고 매일 새로운 정보와 새로운 기능이 필요하다고 생각할 테니까요. 그들은 끊임없이 새로운 기능을 제공하면서 사실상 족쇄를 채워가는 것이며, 여러분이 절망할 정도로 더욱 단단히 조여갑니다.

그들은 매뉴얼을 제공하지도 않고 들어간 비용이 얼마인지 알려주지도 않습니다. 이는 정말 지폐를 찍어내는 것이나 다름없습니다. 그들은 비용이 제로에 가까운 제품으로 사용자들을 옴짝달싹 못 하게 붙잡아놓고 공급 업체들에는 불쌍할 정도로 적은 돈만 지불합니다. 공급 업체 역시 선택의 여지가 없기 때문에 저항할 수가 없습니다. 사용자는 이들의 제품에 종속돼 있을 뿐만 아니라 기꺼이 피드백을 제공하고 시스템의 개선을 도우니, 그들은 분석할 필요도 없이 여러분에게 뭐가 필요한지 물어보기만 하면 됩니다. 사용자의 제품 전환 비용이 그렇게나 높으니 새로운 상품이 등장한다고 하더라도 적수가 되지 못합니다. 수십만 명의 종사자가 여기에 묶여 있을 뿐 아니라 모든 사용자가 종속돼 있는데 다른 제품들이 어떻게 경쟁할 수 있겠습니까?

이제 여러분이 이 모든 것을 잘 이해하고 있고 블룸버그가 질적으로 변화하는 시점을 관찰했다고 하면, 블룸버그가 상장한다고 할 때 투자하겠습니까? 저 같으면 합니다. 이것이 저의 통찰입니다. 모든 비즈니스는 기복이 있기 마련이지만 블룸버그는 예측 가능성이 매우 큽니다. 다른 산업에서도 많든 적든 이처럼 예측 가능성이 큰 기업들이 있습니다. 애널리스트, 투자자, 가치투자자, 비즈니스 소유주로서 여러분의 직무는 이런 비즈니스를 끊임없이 연구하고 변화 추이를 관찰하는 것입니다. 그러면 평생에 걸쳐 몇 가지 유사한 기회를 발견할 수 있으니, 이것이 실행 가능한 한 가지 방법론입니다.

저는 블룸버그를 좋아합니다. 만일 블룸버그가 상장한다면(자금을 조달할 필요가 없으니 상장하려 할까요?) 매우 높은 프리미엄이 붙을 것이고 PER은 줄곧 30배에 달할 것입니다. 그렇더라도 저는 가격이 높다며 금방 팔지는 않을 것입니다. 종전의 '사고 싶지 않으면 팔아라'에서 이런 회사들을 찾을 수 있으면 장기로 보유해야지 팔 필요가 없다는 쪽으로 제 생각이 발전했습니다.

학생   투자한 후 그 회사의 운영과 관리에 직접 참여합니까?

이 역시 상황에 따라 다릅니다. 저는 초기 단계의 벤처 캐피털 투자를 많이 해왔고, 두 회사의 이사회 의장과 캐피털IQ를 포함한 많은 회사의 이사회 멤버로 활동했습니다. 저는 캐피털IQ가 막 설립됐을 때 최초의 기관 투자자였는데, 그때는 창업자 한 사람뿐이었습니다. 우리가 캐피털IQ에 투자한 것은 바로 블룸버그의 비즈니스 모델을 모방하려 한 것입니다. 캐피털IQ의 모회사인 글로벌 마켓 인텔리전스Global Market Intelligence는 제가 많이 관여했는데, 설립 당시 저는 회사의 최대 외부 주주였고 매일 정신없이 바빴습니다. 심지어 전화 받아줄 비서도 없어서 모든 일을 직접 해야 했습니다. 분신술을 할 줄 알았다면 정말 좋았을 텐데. (모두 웃음.) 나중에 회사는 S&P에 인수됐습니다.

그 후 저는 공학 영역의 데이터 소프트웨어 회사에 투자했는데, 블룸버그의 경험을 엔지니어링 영역에 응용해보고 싶었습니다. 고도로 숙련된 분야라도 이런 유형의 소프트웨어가 필요하기 때문에 좋은 결과를 얻었습니다. 여러분 역시 이렇게 한 분야에서 얻은 통찰을 다른 분야에도 적용할 수 있습니다. 종합적으로 말해서 저는 지식욕이 아주 강한 사람이고, 모든 일을 명확하게 알고 싶어 하므로 회사에 가서 경영진과 친구가 되기를 정말 원합니다. 예를 들어 팀버랜드의 오너는 제가 회사 주식을 매도한 후 제 펀드 투자자가 됐는데, 기업가들과 이런 관계를 맺는 것이 제가 원하는 바입니다.

저는 그런 대담함과 두려움 없는 태도가 중요하다고 생각합니다. 회사의 일상적인 운영에 실제로 참여해야만, 회사가 내리는 모든 결정에서 업계의 특성과 질적 변화의 단계를 관찰할 수 있습니다. 정해졌다고 해서 변하지 않는 것은 없으며, 이 또한 투자를 흥미롭게 하는 부분이

기도 합니다. 그러므로 우리는 계속 배워야 합니다. 예를 들어 블룸버그도 몇 년이 지나면 상황이 바뀔 수 있습니다. 어떤 일이 블룸버그에 급격한 변화를 불러올지 저로선 아직 모르겠지만, 충분히 가능한 일입니다. 마이크로소프트가 대표적인 예인데, 소속 산업의 상황이 변하여 무료 소프트웨어가 부상하면서 업계의 게임 규칙이 완전히 바뀌었죠. 이런 예를 다른 산업에서도 목격했습니다. 변화는 모든 산업과 기업에서 일어나며, 이는 좋은 일입니다. 이런 생각으로 탐구하고 때가 왔을 때 준비가 돼 있는, 일단 통찰을 얻으면 행동할 시기를 볼 줄 아는 사람들이 이런 변화 속에서 큰 부를 창출할 수 있기 때문입니다.

투자는 자신을 발견하는 과정이다
: 2013년 3월 컬럼비아대학교 경영대학원에서
그레이엄-도드빌 미디어 인터뷰

Q   당신의 투자 스타일은 어떻게 발전해왔습니까?

투자라는 게임에서 가장 중요한 부분은 자신의 방식입니다. 투자에
는 크든 작든 항상 '제로섬 게임'의 요소가 있기 때문에 자신의 성격에
맞는 방법을 찾고 오랜 시간 노력함으로써 경쟁 우위를 확보해야 합니
다. 당신이 매수한다는 것은 누군가는 매도한다는 것이고, 그 반대도
마찬가지입니다. 둘 중 한 사람은 잘못된 결정을 내린 것입니다. 그러
니 당신은 상대방보다 더 많이 알고 더 정확하게 예측해야 합니다. 이
것은 경쟁이 치열한 게임이기 때문에 당신은 더욱 똑똑하고 더욱 열심
히 일하는 사람들을 많이 만나게 될 것입니다. 경쟁이 치열한 투자 게
임에서 우위를 점하는 방법은 정확한 길을 찾아 끊임없이 노력하는 것
입니다.

만일 당신이 좋아하는 일을 한다면 스트레스가 없을 것이고, 공원에서 산책을 하는 느긋한 상태에서조차 일에 대해 생각하게 될 것입니다. 만일 당신에게 맞는 방식을 찾아 이를 지켜나간다면 자발적으로 학습하고 사고하는 경지에 이르게 되고, 시간이 지남에 따라 엄청난 경쟁 우위를 쌓을 수 있을 것입니다. 투자는 기실 자기를 발견하는 과정입니다. 나는 누구이며, 나는 어떤 일을 좋아하며, 나의 장단점은 무엇이며, 나는 어떤 일을 좋아하며 등 이런 경쟁 우위가 지속적으로 강화되어 다른 사람을 초월하고 상당히 객관적인 우위를 점하게 됩니다. 찰리 멍거는 항상 말했습니다. "나와 상반된 관점을 가진 가장 총명한 사람을 논파할 수 없는 한, 나는 감히 나에게 관점이 있다고 말할 수 없다." 그의 말은 정말 옳습니다!

투자는 미래를 예측하는 것이지만, 미래는 본질적으로 예측이 불가능합니다. 예측은 곧 확률입니다. 그러므로 당신이 다른 이들보다 더 나아질 수 있는 유일한 방법은 최선을 다하여 모든 정보를 수집하고, 무엇을 알고 무엇을 모르는지를 진정으로 판단해내는 것입니다. 이것이 바로 당신의 확률적 우위입니다. 100% 확실한 일이란 없습니다. 그러나 당신이 매번 베팅을 할 때마다 압도적인 우위를 점할 수 있다면, 시간이 갈수록 더 잘 해낼 수 있을 것입니다.

Q   투자 아이디어는 어떻게 얻으시나요?

제 아이디어는 삶의 모든 측면, 특히 독서와 대화에서 주로 나옵니다. 그게 어떻게 나왔는지는 상관하지 않으며, 좋은 아이디어라면 무엇이든 받아들입니다. 누구든 많은 책을 읽거나, 많은 기업을 분석하거나, 아니면 총명한 사람들로부터 배우거나 하여 좋은 관점을 얻을 수 있습니다. 가장 좋은 것은 자기보다 총명한, 특히 자기 영역에서 특별히 걸출한 사람들로부터 배우는 것입니다. 저는 가능한 한 많은 책을 읽고, 제가 흥미를 가진 위대한 기업을 분석하고, 수많은 총명한 사람들과 이야기를 나눴습니다. 그러고 나면 어떻게 될까요? 특정 책의 내용이나 대화에서 아이디어가 반짝 떠올라 더 깊이 분석을 하기도 하는데, 어떨 때는 확신을 하게 되기도 하지만 그 반대의 경우도 있습니다.

Q   당신의 대화 상대는 같은 투자 업계 사람인가요? 아니면 고객, 공급 업체, 경영진 등인가요?

저는 모든 사람과 대화합니다. 그렇지만 가장 흥미진진한 것은 현실에서 비즈니스를 하는 사람들과 대화하는 것인데 예를 들면 기업가, CEO, 우수한 비즈니스맨입니다. 모든 주요 간행물을 구독하고 대표적인 기업들의 연차 보고서도 읽는데, 이런 자료에서 많은 영감을 얻습니다.

Q   절대 관여하지 않는 산업 같은 것이 있습니까?

저는 어떤 것도 이데올로기를 이유로 배척하지 않으며, 애초에 모든 이데올로기에 반대합니다. 세상에는 제가 알지 못하는 일들이 많지만, 그래도 많은 일에 호기심을 가지고 있습니다. 저는 종종 한 기업의 단편만을 이해하기도 하지만, 이것이 투자로 이어지는 가장 중요한 측면일 때도 있습니다. 저도 단정할 수 없고, 그런 가능성을 배제할 생각도 없습니다. 하지만 한 가지 확실한 것은 당신이 저에게 어떤 아이디어를 보여주면 저는 신속히 제가 그 아이디어에 대해 '노'라고 말할 것인지 아닌지 금방 알려줄 수 있다는 것입니다. 찰리 멍거는 모든 아이디어에 대해 기본적으로 '예', '아니요', '너무 어려워요'라는 세 가지 중 하나의 태도를 취합니다. '예스'인지 '노'인지 금방 알 수 있는 아이디어도 있지만, 정말 너무 어려운 아이디어라면 그냥 버립니다. 최종적으로 당신은 기꺼이 시간을 들여 분석하고 싶은 아이디어에 에너지를 집중해야 하며, 다른 이들보다 더 많이 이해하고 있는지 확인해야 합니다.

Q   회사 경영진이 당신의 질문에 정직하게 대답하는지 아닌지를 어떻게 평가하나요? 경영진과 소통하는 것은 얼마나 유용한가요?

비즈니스 자체가 좋든 나쁘든 경영진은 언제나 회사 성공 공식의 일부이므로 경영진의 수준은 매우 중요합니다. 하지만 경영진의 수준을 평가하기란 쉽지 않습니다. 만일 당신이 경영진의 자질을 판단할 수 없다면 그 자체로 하나의 결론이며, 이 결론을 다른 요소(예: 비즈니스의 수준, 회사의 가치 등)와 함께 투자 여부를 결정하는 기준으로 고려할 수 있습니다.

만일 당신이 경영진의 자질을 정확하게 평가할 수 있다면, 당신이 매우 예리하고 인간 심리에 정통하거나 그들과 특별한 관계에 있다는 뜻입니다. 그렇다면 당신은 당연히 의사 결정 과정에 경영진의 자질을 포함해야 합니다. 경영진은 기업의 중요한 부분이기 때문에 이렇게 해야 당신이 하는 예측의 정확성을 향상시킬 수 있습니다. 그러나 경영진에 대해 깊고 정확한 평가를 한다는 것은 정말 어려운 일이며 해낼 수 있는 사람은 극히 한정적입니다. 그렇기에 저는 "내가 수집한 정보량이 많든 적든 또는 그들이 얼마나 훌륭한 프레젠테이션을 하든, 경영진에 대한 나의 이해는 여기까지다. 나는 이것이 보여주기식 쇼라는 것을 알기에 경영진의 영향을 눈곱만큼도 받지 않는다"라고 말할 용기를 가진 사람에게 경탄합니다. 저는 이런 태도를 매우 존경합니다.

투자에는 지적 정직함이 필요합니다. 당신은 무엇을 아는지를 파악해야 하고, 더 중요하게는 자신이 무엇을 모르는지를 알아야 합니다. 만약 경영진을 제대로 파악하지 못했다면, 의사 결정 요소로 포함해선 안 됩니다.

Q   미국과 미국 외 나라에 투자를 배분하는 방식에 대해 얘기해주세요.

투자의 지역적 배분에서는 별다른 기준이 없고 기회와 관심에 따릅니다. 우연히도 저는 아시아와 미국에 관심이 많아서 이 두 곳에 투자하고 있습니다. 그에 비해 유럽과 아프리카에는 관심이 적지만 여전히 열린 마음으로 지켜보고 있습니다. 제 목표는 최고의 인재가 경영하는 최고의 기업을 찾아, 시장에서 가장 좋은 가격이 나올 때 매수하여, 장기적으로 보유하는 것입니다. 이런 조건이 항상 동시에 충족되는 것은 아니지만 괜찮습니다. 인내심을 가지고 기다릴 수 있으니까요.

처음 투자를 시작할 때는 누구나 현금을 보유하고 있습니다. 현금은 손실이 없으니 현금의 수익률은 기회비용을 계산하는 데 좋은 기준이 됩니다. 당신이 좋은 투자 기회를 찾았을 때 그 기회는 반드시 전체 포트폴리오의 리스크 조정 후 수익률보다 높아야 합니다. 이어서 몇 가지 매우 흥미 있는 투자 기회를 발견했다면, 당신의 투자 포트폴리오에는 몇몇 흥미 있는 주식이 포함돼 있을 것이고 나머지는 현금으로 보유하고 있겠죠. 기회비용 측면에서 이것도 나쁘지 않습니다. 다음번에 또 다른 주식을 추가하고자 할 때는 그 주식이 당신의 투자 포트폴리오(리스크 조정 후의 수익률)를 현재보다 더 개선할 수 있어야 합니다. 이런 식으로 당신은 기회비용을 끊임없이 최적화할 수 있습니다. 투자 포트폴리오의 구성은 기회비용을 계속해서 최적화하는 과정입니다.

Q   자신의 능력 범위를 어떻게 구축하셨나요?

저는 제 관심사에 따라 능력 범위를 정합니다. 당연히 저는 중국·아시아·미국을 어느 정도 알고 있으며, 이런 곳에 대체로 익숙합니다. 근래 들어서는 점차 시야를 넓혀가고 있습니다.

처음 투자를 시작했을 때 저는 그저 싼 주식을 찾았습니다. 당시는 제가 선택할 수 있는 주식이 많지 않았고, 경험도 없었으며, 돈을 잃고 싶지도 않았습니다. 그러니 어쩌겠습니까. 그저 가장 저렴한 주식을 살 수밖에 없었죠. 하지만 시간이 가면서 주식 말고 해당 비즈니스에도 관심이 생겼고, 자연스럽게 그 비즈니스를 연구하게 됐습니다.

그런 다음에는 여러 유형의 비즈니스를 공부하기 시작했습니다. 이를 통해 사업가의 유전자가 무엇인지 알게 됐고, 그들이 어떻게 출발했으며 어떻게 그처럼 강해질 수 있었는지를 배웠습니다. 그런 과정에서 저는 이 강력하고 수준 높은 기업들과 사랑에 빠졌습니다! 그리고 저평가된, 수준 높은 기업을 찾기 시작했습니다. 저가의 주식을 찾아다니는 경향은 제 천성에 이미 존재했던 거죠. 하지만 시간이 지남에 따라 자질이 우수한 회사를 찾는 것이 더 매력적으로 느껴졌습니다. 더 경쟁력이 있고, 예측 가능하고, 강력한 경영진을 보유하고 있으며, 좋은 기업 문화를 가진 회사들 말입니다. B급 기업들에 투자하는 것에 더는 만족할 수 없었습니다. 저는 주식 투자가 결국은 제로섬 게임이라는 말에 공감할 수 없었고, 본질적으로 윈윈을 하는 국면에 더 관심이 많았습니다.

투자한 회사의 임직원들과 함께 부를 창출하고 싶다는 생각이 강했기에 저는 펀드를 시작한 초기부터 벤처 투자를 시작했습니다. 스타트업들은 대체로 아이디어는 훌륭한데 자금을 갖추지 못해 자신들을 믿고 투자해줄 사람이 절실하죠. 저는 스마트한 투자의 원칙을 따르려고 최대한 노력했으며, 결국 회사의 발전에 기여했음을 인정받았고 모두에게 윈윈이 됐습니다.

운 좋게도 그동안 몇 개 스타트업의 창업에 참여할 수 있었습니다. 그중 일부는 큰 회사로 성장했으며, 우리가 매도한 후에도 의연하게 잘 경영해나가고 있습니다. 어쩌면 우리가 너무 일찍 매도했다고 볼 수도 있습니다. 우리 회사는 캐피털IQ의 첫 번째 투자자였기에 당시 매도하지 않았다면 지금보다 훨씬 더 부자가 돼 있을 겁니다! 물론 그 투자에서 돈을 벌지 못했다는 얘기는 아닌데, 그렇게 많이 벌지는 못했죠. 그래도 꽤 좋은 결과라고 생각합니다. 저는 모두에게 이익이 되는 상황을 만드는 걸 좋아합니다. 우리는 취업 기회를 만들고, 우수하고 지속적으로 성장할 수 있는 제품을 개발했으며, 모든 사람이 이 안에서 이익을 얻었습니다. 우리 손에서 캐피털IQ를 사 간 회사(즉, S&P)도 포함해서 말이죠.

저는 이런 윈윈 국면이 좋습니다. 저는 캐피털IQ를 너무 일찍 팔았다고 불평한 적이 없습니다. 우리는 캐피털IQ로 많은 돈을 벌었고 그 기업의 발전에도 많은 공헌을 했습니다. 저를 더욱 기쁘게 하는 것은 지금까지도 그 회사의 창업자들과 친구로 지내고 있다는 점입니다. 하지만 벤처 캐피털의 문제점은 규모를 키우기 어렵고 많은 노력을 기울여야 한다는 것입니다. 그래서 저는 다른 방식으로 기업을 돕기 위해 천천히 방향을 전환했습니다. 그 과정에서 이미 상장한 기업에도 건설적인 도움을 줄 수 있다는 것을 발견했습니다. 저는 지금도 여전히 많은 것을 배우고 있으며 모든 일과 사물에 큰 관심을 갖고 있습니다. 청년들 못지않게 호기심이 강하며, 실제로도 젊습니다. 앞으로도 계속 배우면서 제 능력 범위를 확장해나가고자 합니다.

Q   버크셔는 통상 기술 기업에 투자하지 않는 것으로 알려져 있는데요. 게다가 중국 기업이기도 한 BYD에 찰리 멍거가 투자하게 된 이유는 무엇인가요?

저는 버핏과 멍거가 투자에서 이데올로기를 고려한 적은 없다고 봅니다. 저도 마찬가지입니다. 한 기업에 대한 투자는 자신이 그 기업을 얼마나 이해하느냐가 관건이이죠. BYD의 경우는 매우 간단합니다. 이 회사의 창업자는 매우 우수한 엔지니어로, 회사를 설립할 때 30만 달러의 대출을 받았을 뿐이고 상장할 때까지 외부 투자자가 없었습니다. 그는 순전히 자신의 힘으로 2013년 기준 연간 매출 80억 달러, 종업원 17만 명, 그리고 수만 명의 엔지니어를 보유한 기업으로 성장시켰습니다.

BYD의 성과는 실로 놀랍습니다. 당연히 그들 역시 각종 난관에 부딪혔는데 적절한 때와 장소, 인재, 환경의 도움을 받았고 중국 정부의 지원을 받은 것도 컸습니다. 회사의 엔지니어 문화는 BYD가 중요 난제들을 해결해나갈 힘을 줬습니다. BYD에 투자할 때, 우리는 매우 큰 안전마진을 확보할 수 있었습니다.

그들은 가능성이 충만한 거대한 영역에서 능력을 발휘하고 있으며 성공할 가능성이 매우 큽니다. 세상에 절대적인 것은 없지만, BYD가 현재 업계에서 성공할 확률은 매우 높다고 확신합니다. 멍거 회장도 저와 마찬가지로 회사에 깊은 인상을 받았기 때문에 결국 투자를 결정했습니다. 버크셔가 기술 기업에 전혀 투자하지 않는 것은 아니며, 단지 이해하지 못하는 기업에 투자하지 않을 뿐입니다. 한때 IBM에 110억 달러를 투자하기도 했는데요, 이 투자 결정은 IBM이 기술 회사인지 아닌지와는 아무런 관련이 없었습니다. 그 점은 버크셔의 고려 사항에 포함돼 있지 않습니다.

Q   BYD가 자동차 품질 면에서 진전을 이뤘다고 봅니까?

BYD는 끊임없이 학습하는 기계와 같습니다. 한번 생각해보세요. 이 회사는 10년 전에야 비로소 자동차 제조 업계에 진입했고, 8년 전에 첫 번째 자동차를 생산했습니다. 자동차 분야는 모든 글로벌 브랜드가 치열하게 경쟁하는 거대한 시장이므로 그들은 전력을 다해야만 했습니다. 게다가 중국 자동차 산업은 처음부터 모든 글로벌 브랜드에 개방돼 있었기 때문에 그들에게는 이른바 본토 기업의 경쟁 우위가 전혀 없었습니다.

하지만 한때 보잘것없었던 이 자동차 회사는 불쌍할 정도로 적은 자본으로 10년도 안 되는 시간에 연간 판매량 50만 대라는 성적을 이뤄냈고 시장에서 당당히 자리를 차지했습니다. 이것은 대단한 성과이며, 이 회사는 여전히 두 가지 장점을 가지고 있습니다. 그들은 엔지니어링 문화와 일은 모두 사람이 하는 것이라는 정신으로 복잡한 기술적 난제를 해결하는 능력을 지속적으로 입증해왔으며, 대다수 사람의 방법보다 더 효율적이고 비용은 낮으며 최적화된 솔루션을 항상 찾아냈습니다. 제조업에서 이것은 값진 경쟁 우위입니다.

Q   BYD는 급격한 변화에 직면한 하이테크 기업인데, 이런 회사에 투자할 때의 수익률과 리스크는 어떻게 보십니까? 앞으로 10년 후의 발전을 예측할 수 있다고 생각하십니까?

어떤 기업을 대상으로 하든, 충분히 긴 시간 동안 투자한다면 변화는 반드시 발생합니다. 저는 변하지 않는 사업이나 기업이 있다는 말을 들어본 적이 없습니다. 이것이야말로 사람들이 사업에 매료되는 이유이기도 합니다. 성공적인 기업은 변화가 일어났을 때 더 탄력적으로 대처합니다. 그러나 사례마다 상황이 다르죠.

어떤 의미에서 오늘날의 모든 기업은 하이테크 기업이라고 할 수 있습니다. 단지 사용하는 기술이 하이테크가 아니거나, 하이테크가 성패를 결정하는 핵심 요소가 아닌 기업들이 있을 뿐이죠.

성공적인 기술 기업은 끊임없이 혁신하고 스스로를 발전시키며 변화에 대응하는 능력을 갖추고 있습니다. 인텔Intel이 아주 좋은 예입니다. 인텔은 18개월마다 급변하는 업계에 속해 있어서 변화의 속도를 따라잡지 못하면 도태될 수도 있습니다. 하지만 그들은 끊임없이 변화하는 가운데 자신들만의 독특한 문화를 구축했습니다.

한국 삼성의 예를 들어보면, 그들이 반도체 메모리 칩 사업을 하던 초기에는 가격이 매주 1%씩 하락했습니다. 하지만 삼성은 이를 아랑곳하지 않고 변화에 정확하게 대응하는 문화를 발전시켰습니다. 그리고 이 문화를 휴대전화와 같은 산업에 적용함으로써 빠르게 다른 기업을 추월했습니다. 심지어 휴대전화 판매량에서 애플을 앞지르기도 했죠. 이처럼 기업 문화는 급변하는 비즈니스 환경에서 매우 중요한 역할을 하며, 경쟁 환경에서 자사의 걸출한 면모를 만천하에 드러냅니다.

Q   하이테크 기업의 리스크와 수익성을 충분히 검토하려면
     엔지니어 수준으로 기술을 알아야 할까요?

하이테크 기업을 분석할 때 해당 기술을 이해한다면 당연히 좋은 일이지만, 반드시 그래야 하는 건 아닙니다. 당신이 마침 해당 회사의 제

품에 대해 잘 알고 있는 엔지니어라면 분명 도움이 되겠지만, 회사를 분석하는 데 꼭 필요한 것은 아닙니다. 누구나 특정 분야에서는 특출나더라도 모든 분야에서 뛰어날 수는 없지 않은가요? 게다가 기술은 매일 빠르게 변화하기에 오늘 알고 있는 지식이 당장 내일이면 구식이 될 수도 있습니다. 기술을 모른다고 하더라도 기업이 변화에 대응하는 문화를 구축할 수 있는지 어떤지는 판단할 수 있습니다. 성공적인 기업은 인재를 채용하고, 훌륭한 기업 문화를 구축하고, 경쟁사보다 한발 앞서 나가는 등 다양한 방식으로 변화에 대응합니다. 이것들은 회사를 성공으로 이끄는 요소로, 비교적 예측하기 쉽습니다.

모든 비즈니스에는 예측할 수 있는 측면과 예측할 수 없는 측면이 있습니다. 하지만 전반적으로 하이테크 기업에 대한 당신의 말씀이 맞는다고 생각합니다. 빠르게 변화하는 사업에 대해 신뢰할 수 있는 예측을 하는 것이 더 어렵다는 것에 의문은 없습니다. 하지만 그렇다고 해서 투자자가 승산이 비교적 높은 예측을 할 수 없다는 뜻은 아닙니다. 투자자는 예측의 정확도가 매우 높을 때만 행동에 나서야 합니다.

한편으로, 대개는 안정적인 사업을 찾지만 어떤 면에서 갑자기 변화가 발생할 수도 있습니다. 예를 들어 카메라를 발명한 코닥은 한때 세계 최고의 기업으로 꼽혔습니다. 하지만 오늘날은 어떻습니까? 또 벨연구소와 AT&T를 보세요. 그들은 한때 누구보다 강력했고 산업을 쥐락펴락하던 기업이었습니다. 오늘날에는 그저 이름만 남았죠. 이것이 자본주의의 잔인한 본성이자 비즈니스 경쟁의 본질입니다. 안정적이고 예측 가능해 보이는 일들이 이처럼 실제로는 아닐 수도 있으며, 반대로 불안정해 보이는 것이 결국 성공하기도 합니다.

올바르고 정확한 결정을 내리는 것과 비교할 때, 저는 잘못된 결정을 피하는 것이 똑같이 중요하거나 심지어 훨씬 더 중요하다고 생각합니다. 만일 실수를 최대한 피할 수 있다면 장기적으로 봐서는 결국 양호한 결과를 가져올 것입니다. 예측은 쉽지 않으며 과학처럼 정확하지도 않습니다. 끊임없이 능력을 키워나가는 방법밖에 없습니다.

Q   많은 똑똑한 사람들이 재생에너지가 차세대 혁명이라고 생각합니다. 당신은 배터리 기술과 BYD에 대해 이미 많은 연구를 해오셨는데, 배터리 이외의 분야에 어떤 통찰을 갖고 계신가요? 에너지 혁명이 어떻게 발전하고 있다고 보십니까?

저는 거시적 트렌드를 따르는데, 이것이 대세인지 아니면 대세를 거스르는 것인지 이해하려고 노력 중입니다. 시사에 관심이 많은 시민으로서 거시경제에도 주의를 기울이지만, 그렇다고 제가 미래가 어떻게 발전하고 변화할지 예측할 수 있는 것은 아닙니다. 하지만 자유시장의 수많은 참여자는 각자의 이익을 최대화하기 위해 항상 자신만의 길을 찾을 것입니다. 미래를 예측하는 것은 쉽지 않지만, 다행스럽게도 예측할 필요가 없다는 것입니다.

만일 대세와 당신의 방향이 일치한다면 더할 나위 없이 좋을 것입니다. 그러나 만일 당신이 추세를 거스르고 있다면 더 연구를 하는 것이 좋겠지요. 이것이 제가 재생에너지를 바라보는 방식입니다. 저 또한 언젠가는 인류가 화석 연료가 아닌 다른 에너지원을 찾아야 한다는 것을 알고 있습니다. 한편으로 이제는 화석 연료가 충분하지 않고, 다른 한편으로는 농업을 발전시키고 인류의 식량을 확보하기 위해 화석 연료를 비축해야 합니다. 현재까지는 화석 연료 기반의 화학 비료를 대체할 수 있는 자원이 없으니까요. 게다가 지난 수십 년 동안 그랬던 것처럼 기후변화가 계속 심화된다면, 우리가 감당할 수 있는 수준을 넘어설 테고 조만간 그 대가를 치러야 할 것입니다.

그러므로 여러 가지 원인으로 저는 인류가 반드시 화석 연료의 대안을 찾아야 한다고 믿습니다. 하지만 이런 판단을 바탕으로 제가 자신 있게 투자 결정을 내릴 수 있을까요? 유감스럽게도 그렇지 않습니다. 다만 그것이 대세라는 확신이 든다면 기꺼이 시도해볼 의향은 있습니다.

Q   현재 당신의 펀드는 새로운 투자를 유치하고 있습니까?

우리 펀드는 일반적으로 새로운 투자를 유치하지 않습니다. 보유하고 있는 자금보다 더 큰 기회가 있을 때는 신규 투자를 유치하지만, 그런 일은 매우 드뭅니다. 저는 규모를 확장할 생각이 없습니다. 가장 큰 펀드를 운영하겠다는 야망도 없고, 펀드를 통해 누구보다 많은 돈을 벌고 싶다는 생각도 해본 적이 없습니다. 저는 그저 경력을 마무리할 때 우리 펀드의 리스크 조정 후 가치가 업계 최고 수준이라는 성과를 거두기를 바랄 뿐입니다.

그런 성과를 거두면 저는 자신에게 만족할 수 있을 것입니다. 그것이 제가 목표로 하는 것이며, 우리 펀드의 보수 체계도 이 점을 반영해 설계됐습니다. 우리의 보수 메커니즘은 합리적이라고 생각하는데, 이것이 바로 오리지널 '버핏 파트너십 모델'입니다. 우리는 관리 보수를 부과하지 않으며, 연 복리 수익의 6%가 전부 투자자에게 돌아가고 초과 수익 중에서 25%를 우리가 갖습니다. 저는 우리 펀드 외에는 투자하지 않으며, 저와 제 가족의 투자자본은 모두 펀드에 보관합니다. 우리 회사는 하나의 펀드만 운영합니다. 이는 진정한 파트너 관계이며, 일반 파트너와 유한 파트너 사이에 어떤 이해 상충도 없습니다. 모두 한배를 탄 것입니다.

현재는 규모를 늘려 돈을 벌 방법이 없기 때문에 새로 자금을 모집할 이유가 없습니다. 저는 위탁자들에게 매년 6%의 복리를 지불해야 하는 셈이므로 수익률이 더 높은 투자 포트폴리오를 구성하기 위해 최선을 다합니다. 이렇게 돈을 버니 힘들게 일해서 번 돈이라고 느끼게 되죠. 제 위탁자들 역시 자신들이 응당 받을 돈이라고 느낄 것입니다. 이런 기업 구조는 다른 구조보다 우월한데, 각자의 성공이 응당 얻어야 하는 것이기 때문입니다. 바로 이런 정신이 버핏과 멍거가 보통 사람들과 다른 점입니다. 이들은 모두 성실하게 노력하면 성공할 수 있다는 것을 믿었습니다. 이는 또한 이들이 이토록 엄청난 성공을 거둔 이유이며 누구도 이의를 제기하지 않는 이유이기도 합니다. 만일 당신이 고객에게 수백억, 수천억 달러의 돈을 벌어다 주면서 자신은 10만 달러의 연봉만 받는다면 그가 당신을 비난할 이유가 없겠죠.

Q   주식 매도를 어떻게 결정합니까?

세 가지 경우에 매도를 결정할 필요가 있습니다.

첫째, 만일 당신이 실수를 했다면 그것이 올바른 실수라고 하더라도 가능한 한 빨리 빠져나오세요. 올바른 실수란 무엇을 의미할까요? 투자는 확률 게임입니다. 90% 확신하더라도 다른 일이 일어날 확률이 10%인데, 만일 그 10%가 일어났다면 그것이 올바른 실수입니다. 당연히 매도해야 합니다. 물론 당신의 생각과 분석이 완전히 틀렸을 수도 있습니다. 예컨대 당신은 90%의 승산이 있다고 생각했지만 실제로는 그 반대일 수도 있죠. 즉시 매도해야 합니다. 이때 손실이 크지 않으면 좋겠지만 이미 손실이 발생했더라도 매도해야 합니다.

두 번째는 주식의 밸류에이션이 갑자기 반대 방향으로 극단적으로 변하는 경우입니다. 약간 고평가된 경우라면 추이를 지켜보겠지만, 밸류에이션이 갑자기 엄청나게 높아진다면 저도 매도를 고려할 것입니다. 만일 당신이 정확히 판단했고 그 회사의 주식을 상당 기간 보유했다면 아직 현금화하지 않은 이익이 많이 누적돼 있을 것입니다. 이런 이익의 상당 부분은 정부로부터 합법적으로 받은 무이자 대출과 같으므로, 주식을 매도한 후 정부가 제공한 대출을 상환하고(즉, 자본이득세를 내고) 나머지를 인출하면 됩니다. 세금 때문에 수익률은 조금 낮아지겠지만, 그래도 상황이 급변할 수도 있는 리스크에서 벗어나는 것이 중요합니다.

세 번째는 더 나은 기회를 발견했을 때입니다. 결국 투자 포트폴리오는 기회비용을 최적화하는 것입니다. 수탁자로서 여러분의 임무는 포트폴리오를 지속적으로 개선하는 것입니다. 당연히 처음에도 매우 높은 기준에서 시작하기 위해 노력해야 할 뿐 아니라 그 기준을 지속적으로 높여가야 합니다. 이를 달성하는 방법은 더 나은 투자 기회를 계속 찾고 기회비용을 계속 최적화하는 것입니다. 이것이 제가 매도를 결정하는 세 가지 상황입니다.

Q   히말라야 펀드는 공매도를 합니까?

저는 2003년에 이 방법을 배제했습니다. 공매도는 제가 저지른 것 중 가장 큰 실수였습니다.

Q   그건 당신이 투자하는 회사에 건설적인 도움을 주기 위해서인가요?

그렇습니다. 또 다른 이유는 공매도 과정에서 제 예측이 100% 정확하더라도 파산할 가능성이 있다는 것인데, 이것이 제가 가장 싫어하는 부분입니다.

공매도는 세 가지 특징 때문에 결국 비참하게 끝납니다. 첫째, 롱 포지션에서 최대 하락 가능성은 100%이고 상승할 여지는 무제한입니다. 반면 숏 포지션을 취했을 때 최대 수익 폭은 100%에 불과한데 최대 손실 폭은 무제한입니다. 저는 이런 계산이 마음에 들지 않습니다. 둘째, 최고의 공매도 기회에는 종종 사기 요소가 포함돼 있으며, 게다가 사기가 상당히 오래 지속되는 경향이 있습니다. 공매도를 하려면 주식을 차입해야 하는데, 이것만으로도 발목이 잡힐 수 있습니다. 그래서 예측이 100% 맞더라도 파산할 수 있다고 말한 것입니다. 그리고 보통은 자신이 옳았다는 걸 알기도 전에 파산합니다! 셋째, 공매도가 사고 체계를 흔들어놓는다는 것입니다. 숏 포지션에 대한 생각이 머릿속을 완전히 장악하여 자본 투자에서 반드시 집중해야 할 요소들에 제대로 집중할 수 없게 됩니다. 이 세 가지 이유로 저는 공매도를 다시는 하지 않을 것입니다.

저는 2년간 공매도를 했는데, 이는 제가 저지른 최대 실수였습니다. 공매도를 잘하는 사람들을 경멸하는 것이 아니라 제가 그런 부류의 사람이 아니라는 것뿐입니다. 한 가지 이유를 추가하겠습니다. 최근 200년에서 300년 사이 현대 과학기술 시대가 시작된 이래 인류의 경제 총량은 줄곧 복리식으로 성장해왔습니다. 이런 경제 발전 추세는 당연히 숏 포지션보다 롱 포지션에 유리합니다.

사람이 일생 중 잘못을 저지르지 않는다는 것은 불가능합니다. 저는 다만 그런 실수들에서 무언가를 배울 수 있기를 바랄 뿐입니다.

Q 히말라야 펀드를 운용한 16년 동안 당신은 1997년 아시아 금융위기, 2000년 인터넷 버블 붕괴, 2008년 금융위기 등 세 차례의 큰 금융위기를 겪었습니다. 이런 위기 속에서 펀드를 어떻게 운영하셨나요? 그리고 그 경험을 통해 무엇을 배웠나요?

매번 금융위기가 발생할 때마다 '100년에 한 번 있을까 말까 한' 사건이라고 하지만, 제 경력에 비추어 보면 거의 5년마다 한 번씩 발생하는 것 같습니다. 이런 위기의 흥미로운 점은 자신이 무언가를 안다는 것에 대해서 얼마나 정직한지 검증할 기회를 준다는 점입니다.

이 분야에서 가장 중요한 것은 지적 정직함입니다. 이는 다음 네 가지 측면을 의미합니다. 무엇을 아는지를 알고, 무엇을 모르는지를 알고, 알 필요가 없는 것이 무엇인지를 알고, 이 세상에는 내가 모른다는 사실조차 모르는 무언가가 언제나 있다는 사실을 아는 것입니다. 이 네 가지는 서로 달라서 경제위기가 닥쳐왔을 때 투자자는 이 네 영역 모두에서 시험을 받게 됩니다.

예를 들어 아시아 금융위기가 닥쳤을 때 하룻밤 사이에 모든 사람이 이렇게 말했습니다. "이 회사들의 부채가 얼마나 되지? 맙소사, 이렇게나 많아? 나라가 망하겠구만!" 모든 사람이 위기 모드로 돌입하자 평소에는 누구도 주의를 기울이지 않던, 또는 별로 신경 쓰지 않던 일들이 전부 튀어나왔습니다. 평소 같으면 '이런 문제들은 내가 투자한 회사들과는 아무 상관이 없어'라고 생각했을 겁니다. 그런데 위기가 닥치면 갑자기 이렇게 말합니다. "아이고! 이게 사실은 내가 투자한 회사와 관계가 있구나!" 물론 이 생각은 맞을 수도 있고 틀릴 수도 있습니다. 위기 자체가 검증할 것입니다.

평소 지식에 충분히 정직하지 않았기 때문에 위기가 닥치자 어디가 잘못됐는지 모르게 되는 겁니다. 서로 다른 문제들을 세심하게 구분하지 않고 적당한 카테고리에 집어넣어 버렸던 거죠. 예를 들어 당신이 미국 경제의 추세에 대해 전반적인 판단을 내려야 한다고 해봅시다. 당신은 역사상 골치 아픈 일들은 늘 일어났고 그런 문제들이 또 발생할 수 있다는 걸 알 것입니다. 가끔은 발생 가능성은 매우 작지만 일단 발생하면 막을 수 없는 규모의 문제도 있을 것입니다. 그럴 때 필요한 질문은 '이것은 내가 모르는 상황인가?' 아니면 '내가 이것을 알 필요가 있는가?'입니다. 당신은 틀림없이 이런 문제에 직면하게 될 것입니다.

위기가 닥치면 금융 시스템 전체가 곤경에 처할 수 있습니다. 기업은 자금이 필요할 것입니다. 하지만 제가 확신할 수 있는 것은 삶을 지속하는 한 제 사업은 여전히 존재할 것이고, 위기는 언젠가 끝난다는 것입니다. 이때 던져야 할 질문은 이것입니다. '내 사업을 예측하기 전에 금융 시스템이 자체 문제를 어떻게 해결하는지 알아야 할까?' 이것이 진정으로 필요한 질문이며, 금융위기가 당신에게 영향을 미치기 전에 답을 찾아야 합니다.

이 질문에 성실하고 정확하게 답할 수 있다면, 위기가 닥쳤을 때 오히려 더 많은 일을 할 수 있을 것입니다. 미국의 작가 크리스토퍼 데이비스Christopher Davis의 단편소설 『조지프와 노인Joseph and the Old Man』에서 노인이 이런 말을 합니다. "약세장 패닉이야말로 큰돈을 벌 수 있는 시기야. 다만 그때가 약세장이었다는 건 지나고 나서야 알 수 있을 뿐이지."

사실 언제나 그랬습니다. 충분히 총명하지 않은 투자자는 도태되어 시장을 떠나게 됩니다. 그리고 현명한 투자자는 지식에 대해 줄곧 정직한 태도를 유지했던 투자자입니다. 그들은 자신이 아는 것과 모르는 것, 알 필요가 없는 것, 모른다는 것조차 모르는 것이 있다는 사실을 명확하게 인식합니다. 항상 문제를 이 네 가지 범주로 정확하게 구분할 수 있다면 당신은 시련을 통과할 수 있습니다. 그게 아니라면 곤경에 빠질 것입니다.

시장은 사람의 약점을 발견하는 메커니즘이며 금융위기가 도래할 때 특히 그렇습니다. 지식에 완전히 정직해야만 시장에서 생존하고 발전하며 성장할 수 있습니다.

Q   2010년 컬럼비아 경영대학원 포럼에서 아시아가 글로벌 금융 시스템에서 점점 더 중요한 역할을 하게 될 것이라고 말씀하셨는데요. 이에 대해 좀 더 자세히 설명해주시겠습니까?

아시아는 주요 경제 강국으로 부상할 것이며, 이는 비단 금융 분야에만 국한된 것이 아닙니다. 금융 부분은 단지 아시아의 전반적인 경제력의 파생물일 뿐입니다. 아시아, 특히 중국은 규모와 현재 발전 경로에 힘입어 글로벌 시장의 주요 세력으로 부상하고 있습니다.

중국은 현대화 경제의 역사적 길에 들어섰습니다. 아직 갈 길은 멀지만, 출발점에서 이미 먼 길을 걸어왔습니다. 그 거대한 규모를 고려할 때 중국은 아시아와 세계에 큰 영향을 미칠 수밖에 없습니다. 한때 미주와 유럽을 연결했던 범대서양 경제처럼, 중·미 양국은 범태평양 경제를 이룰 것입니다. 여기에는 많은 사업 기회가 있지만 절대 일방통행 도로가 아닐 것이며, 순풍에 돛 단 것처럼 순조롭지도 않을 것입니다. 온갖 일이 일어날 것이며, 항상 돈을 벌 수는 없을 것입니다. 하지만 이 발전을 활용할 수 있는 사람들에게는 많은 기회가 기다리고 있습니다. 중국의 중요성은 무시할 수 없습니다.

Q   당신도 중국의 부동산 버블이 걱정되십니까? 중국의 유령 도시에 대한 다큐멘터리 프로그램을 봤는데 정말 심각하

더군요.

중국은 너무 커서 별별 극단적 상황이 존재합니다. 맞습니다. 중국에는 유령 도시가 있고, 어떤 이들은 부동산 버블을 걱정합니다. 하지만 중국에는 사람이 많아 문제인 도시들도 있습니다. 모든 공간이 점유되어버린 도시들이죠. 한때는 알려지지 않은 곳이었지만 지금은 고층 건물로 가득 차고 점점 더 많은 사람이 이사해 오는 도시도 있습니다. 20년 전만 해도 상하이 푸둥은 유령 도시라고 불릴 정도였지만, 오늘날 그곳을 방문하는 사람들은 눈부신 발전에 누구나 탄성을 지릅니다.

저는 현재 맨해튼에 살고 있는데, 맨해튼은 아마도 상하이 다음으로 전 세계에서 고층 빌딩이 가장 많은 곳일 겁니다. 그런데 상하이에는 30층이 넘는 초고층 빌딩이 1만 채가 넘어 맨해튼보다 몇 배나 많습니다. 더 무서운 것은 중국이 아직도 계속 발전하고 있다는 것입니다. 그래서 저는 중국을 모순 덩어리라고 말합니다. 역사적으로 언제나 그랬고 앞으로도 그럴 것입니다. 무엇이 됐든, 당신이 어떤 이론을 증명하고 싶다면 중국에서 그 근거를 찾을 수 있을 것입니다.

하지만 전반적으로 중국 경제는 아직 갈 길이 멉니다. 중국은 지금은 아직 자신의 시대가 아니라는 것을 압니다. 그렇다고 해서 중국에 어떤 문제도 없다는 뜻은 아니며, 많은 문제를 안고 있죠. 미국에도 똑같이 많은 문제가 있습니다. 200년간 미국은 줄곧 많은 문제를 겪어 왔습니다. 남북전쟁의 역사를 아는 사람은 미국이 그 전쟁으로 인구의 2%를 잃었다는 사실을 알 것입니다. 하지만 놀라운 속도로 다시 일어섰고, 그 후 두 차례의 세계대전을 더 겪었죠. 마찬가지로 일본과 독일이 제2차 세계대전 이후 쇠퇴하리라고 봤다면 크게 잘못 생각한 것입니다.

Q   마지막으로, 투자 관리 분야에서 경력을 쌓고 싶어 하는 학생들에게 조언을 해주시겠어요?

최고로부터 배우십시오. 듣고, 조사하고, 읽으세요. 단 투자를 이해하는 가장 좋은 방법은 실천하는 것이며, 이보다 더 좋은 방법은 없습니다. 가장 좋은 실천 방법은 투자자의 마음으로 회사를 하나 선택하고 철저히 연구하는 것입니다. 그렇다고 꼭 돈을 집어넣어야 하는 건 아닙니다. 하지만 내가 그 회사의 지분을 100% 소유하고 있다고 가정하고 철저하게 조사하는 과정은 매우 가치 있는 일입니다.

초보자라면 이해하기 쉬운 회사를 선택하면 됩니다. 아주 작은 회사여도 상관없습니다. 길가의 편의점이나 가족이 운영하는 식당 또는 작은 상장기업도 좋습니다. 그 회사를 이해하려 노력하고, 어떤 식으로 운영되는지 알아보세요. 이익을 어떻게 내는지, 재무 구조가 어떤지, 경영진은 어떻게 의사결정을 하는지, 동종 업계 경쟁 회사와는 어떤 면이 다른지, 업계 환경에 어떻게 대응하는지, 잉여 현금을 어떻게 투자하는지, 자금을 어떻게 조달하는지 등등.

당신이 한 기업의 지분을 100% 보유하고 있다면, 자신이 경영자가 아니라고 해도 회사의 모든 면을 이해하려 노력하여 자신의 투자를 보호하려 할 것입니다. 그 과정에서 어떻게 해야 좋은 투자를 하는지 알게 될 것입니다. 이렇게 해야 진정으로 사업과 투자를 제대로 볼 수 있습니다. 버핏은 좋은 투자자가 되려면 먼저 좋은 사업가가 되어야 한다고 강조하곤 했습니다. 당연하게도, 좋은 사업가가 되려면 자신의 자본을 최적으로 배분할 수 있는 좋은 투자자가 되어야 합니다.

자신의 능력 범위 내에서 회사를 선택하고 철저히 조사하는 것부터 시작하는 것이 좋습니다. 초보자에게는 매우 좋은 출발점입니다. 만일 당신이 이런 기반에서 출발한다면, 기업 분석을 위한 첫걸음을 성공적으로 내디딘 것입니다.

투자, 투기 그리고 증시
: 2018년 3월 하버드 경영대학원
투자 콘퍼런스 기조연설

오늘 행사를 훌륭하게 준비해주신 주최 측에 감사드립니다. 오전에는 다른 연사들로부터 흥미로운 이야기를 아주 많이 접할 수 있었습니다. 와닿지 않는 아이디어들도 있었고요.

하버드 경영대학원 캠퍼스에 오게 되어 기쁩니다. 이 자리에 서니 제 경력 초기의 추억이 떠오릅니다. 20여 년 전, 저는 중국에서 미국으로 건너와 컬럼비아대학교에 막 입학한 상태였고, 영어는 거의 못했으며 엄청난 학자금 대출에 심한 압박감을 느끼고 있었습니다. 그래서 같은 과 친구들에게 이 나라에서 어떻게 생계를 꾸려나가야 하는지 조언을 구하기 시작했습니다. 어느 날 한 친구가 돈을 버는 방법에 관한 세미나가 있으니 넌 꼭 들어보면 좋겠다며 전단을 건네줬습니다. 그 전에도 다른 세미나에 가본 적이 있었는데 어떤 세미나는 공짜 음식을 제공하기도 했어요. 이번 세미나에서도 음식이 제공된다고 전단에 적혀 있는 것을 보고 가보기로 했습니다.

가서 보니 일단 강의실이 엄청나게 커서 놀랐는데, 사방을 둘러봐도 먹을 것이 전혀 없는 거예요! 저보다 먼저 와 있던 사람에게 뷔페는 어디 있느냐고 물었습니다. 알고 보니 그날 강사의 이름이 워런 '버핏'이었던 거예요. 영어가 서툴러서 알파벳 't'가 하나 더 있다는 걸 알아보지 못했던 겁니다.

어쨌든 기왕 왔으니 편안히 있자는 생각으로, 이 사람이 공짜 점심보다 얼마나 좋은 내용을 이야기할지 들어보기로 했습니다. 버핏은 가치투자의 기본 개념에 대해 이야기했습니다. 왠지 모르겠지만 그가 말한 내용은 저에게 정신이 번쩍 들 정도의 깨달음을 줬습니다. 그리고 그 강연이 제 인생을 바꿨습니다. 이후 1년 동안 버핏, 멍거, 버크셔 해서웨이에 대해 공부한 후 돈을 빌려 첫 주식을 샀습니다. 그로부터 25~26년이 흐른 오늘까지 저는 한 번도 직업을 바꿀 생각을 해본 적이 없습니다.

펀더멘털 투자는
필요 없다는 주장에 대한 반박

오늘 이 자리에 오면서 학생들에게 도움이 될 만한 얘기를 해드려야겠다고 생각했습니다. 특히, 오전에 시장의 미래는 수학적 모델을 기반으로 하는 퀀트 트레이딩Quantitative Trading이며 펀더멘털 투자는 존재할 필요가 없다고 주장한 일부 연사에게 답변하고자 합니다.

펀더멘털의 문제에 대한 이야기는 오전에 많이 했으니 저는 가장 근본적인 각도에서 시장에 대해 논의해보고자 합니다. 주식 시장이란 무엇입니까? 소액 투자자들의 자금을 모아 기업에 투자하는 메커니즘입니다. 시장의 설계가 의미하는 바는, 기업이 높은 수익을 내면 그것이 절묘하고 지속적으로 자신을 강화하는 상생 메커니즘이 천천히 자리 잡는다는 것입니다. 그와 동시에 직원, 주주, 소비자인 동시에 소액 투자자인 이들에게도 이익이 돌아갑니다. 직원들의 임금이 올라가면 저축이 늘어나고, 그에 따라 예금자들의 부가 증가합니다. 이들은 소비를 늘릴 것이고, 기업은 그에 맞춰 더 많은 제품을 생산하게 되죠. 동시에 더 많은 자금이 기업으로 흘러 들어와서 성장을 가속화합니다. 이런 일이 대규모로 일어나는 건 근본적으로 사회에 유익한 일입니다. 이것이 애초 주식 시장의 존재 이유입니다.

물론 가장 큰 문제는 대부분의 소액 투자자가 적정 주가를 책정하는 방법을 모른다는 것입니다. 기업이 실패할수록 주식의 가치는 하락하기 때문에 소액 투자자에게 주식 시장은 당연히 위험한 곳입니다. 자기 강화의 상생 메커니즘이 발생하려면 '임계점'에 도달해야 합니다. 그리고 이 메커니즘이 작동하려면 대다수의 투자자(전부는 아니라고 가정)와 대다수의 기업(전부는 아니라고 가정)이 이 교환 시스템에 참여해야 합니다. 주식 시장이 발전해온 역사가 바로 이와 같았습니다.

이 과정은 구체적으로 어떻게 이뤄질까요? 모든 주식 시장이 막 시작했을 때, 사람들이 주식(기업의 일부 소유권 계약)을 구입한 후 언제든지 팔 수 있다는 것이 가장 큰 특징이었습니다. 이것은 인간의 천성에 제대로 부합합니다. 인간은 아무리 스스로를 포장해도 본질적으로 게으르고 탐욕스럽고 투기적인 존재입니다. 지불한 가격보다 더 많은 것을 얻을 방법이 있다면, 반드시 그렇게 할 것입니다. 더 적은 시간으로 더 많은 것을 얻을 방법이 있다면, 반드시 그렇게 할 것입니다. 주식 시장의 거래 특성은 인간의 게으름, 탐욕, 투기성과 완벽한 조화를 이룹니다. 이것이 시장 메커니즘의 핵심입니다. 점점 더 많은 사람이 주식 시장에 매력을 느끼고 점점 더 많은 사람이 시장에 참여함에 따라 점점 더 많은 기업이 시장에 진입하여 선순환의 고리가 만들어집니다.

세계 어느 곳이든 주식 시장이 태동할 때는 거품, 투기, 도박, 잦은 거래, 주가의 급등락으로 가득했습니다. 왜 이렇게 말도 안 되는 일들이 시간이 지나도 계속되는지 궁금하지 않은가요? 그 이유는 성장하는 기업에 투자하고 싶어 하는 진정한 투자자들이 있기 때문입니다. 또한 성장하기 위해 자본이 필요한 정말 좋은 기업들도 많이 있습니다. 이런 투자자와 기업의 수가 임계치에 도달하면 시장 전체가 더 효율적으로 변합니다. 이것이 우리가 목격한 사실입니다.

처음부터 주식 시장에는 두 가지 근본적인 힘이 있었습니다. 하나는 투자로, 적절한 기업의 주식이 적절한 가격에 왔을 때 자금을 투입합니다. 다른 하나는 투기로, 단기간에 '쉽게' 돈을 벌고자 합니다. 바로 이 투기 요소가 더 많은 사람을 주식 시장으로 끌어들이는 요소이며, 모든 사람의 공급과 수요가 실시간으로 주식 거래 가격을 결정합니다. 얼마간의 시간이 지나면 단기 거래의 힘이 점점 더 강해집니다. 그러면 시장에는 어떤 사람들이 늘어날까요? 짐작하셨겠지만, 투기자들입니다. 그래서 어떤 사람들은 시장에 첫 번째 힘(투자)은 전혀 필요하지 않고 그냥 기계가 거래하도록 내버려두면 된다고 주장하기도 합니다!

정말 그렇습니까? 저는 그렇게 생각하지 않습니다. 그렇다면 또 다른 유사한 사례, 카지노를 한번 보세요. 카지노가 대규모로 존재하지 않는 이유는 사회에 어떤 기본적인 효용도 제공하지 않기 때문입니다. 시장의 가장 중요한 임무는 사회에 매우 유용한 기능을 제공하는 것입니다. 이 점을 항상 염두에 둔다면, 펀더멘털 투자자는 언제든 자기 역할이 있다는 것을 알 수 있을 것입니다. 다만 시장에서 이런 펀더멘털 투자 세력이 차지하는 비중이 상대적으로 작을 뿐입니다. 컬럼비아대학교 로스쿨의 루이스 로웬스타인 교수의 연구에 따르면 이 투자자 그룹은 시장 전체 투자자의 5%에 불과한 것으로 추정됩니다. 시장이 트레이딩을 좋아하는 사람들에게 주도되고 있다는 얘기입니다. 심지어 펀더멘털 투자자를 자처하는 사람들도 자신의 투자 전략은 반드시 시장에 대응해야 한다고 말할 것입니다. 이런 생각이 이들을 다른 진영으로 빠르게 이동시켜 시장에서 일어나는 일에 극도로 주의를 기울이게 합니다. 이들의 판단은 시장의 기복에 영향을 받습니다. 어떨 때는 연간, 분기별, 월별 또는 주별 실적에 영향을 받으며 날이 갈수록 기간이 짧아질 것은 뻔한 사실입니다.

이것이 오늘날 우리가 보는 시장 행위입니다. 물론 누군가는 이런 행위들이 '시장은 언제나 옳다'라든가 '공급과 수요는 이성적인 사람들에 의해 움직인다'라든가 하는 노벨상 수상에 빛나는 이론들이 뒷받침한다고 말할 수도 있습니다. 하지만 오늘 오전 여러분이 들은 황당한 이야기를 생각해보십시오. 가장 성공적인 퀀트 트레이딩 헤지펀드는 수학과 물리학 박사 수천 명을 고용하고 있지만, 이들 중 단 한 명도 재무제표를 읽지 못합니다! 보십시오. 이것이 바로 이른바 효율적 시장 가설Efficient Market Hypothesis, EMH(자본 시장의 가격이 가용한 정보를 즉각적으로 반영하므로, 정보를 기초로 한 투자를 통해서는 시장 평균 이상의 수익을 거둘 수 없다는 이론-옮긴이)의 실체입니다. 실상 단기적으로 주가와 고전경제학에서 말하는 상품 가격 법칙은 상반됩니다. 예를 들어 고전경제학에서는 상품 가격이 오르면 사람들이 덜 구매하고, 상품이 세일에 들어가면 더 많은 사람이 구매한다고 말합니다. 하지만 주식 시장에서는 주가가 오르면 매수하고, 주가가 빨리 오를수록 더 많은 사람이 매수합니다. 주가가 하락하면 매도하고 하락이 강할수록 더 많이 매도합니다.

26년간의 투자 업계 경험에 따르면, 제가 웬만큼 이해하고 있는 기업들의 가격 결정에서 시장이 완전히 효율적인 것을 한 번도 본 적이 없습니다. 그 모든 변동을 겪었음에도 저는 시장의 최종 진화 방향은 애초 시장을 형성한 기본적인 힘이 결정한 바에 따른다고 생각합니다. 펀더멘털 투자에 종사하는 사람들의 수와 운용 자금은 시장에서 영원히 소수에 불과하겠지만, 그들이야말로 자산 가격을 최종 결정하는 이들이기 때문입니다. 주식 시장은 장기적으로 보면 저울이며, 가격 발견 메커니즘은 펀더멘털 투자자를 통해 실현됩니다. 그 과정이 비교적 길 뿐입니다. 또한 펀더멘털 투자자를 통해서만 시장은 장기적으로 가격 발견 메커니즘을 가질 수 있습니다.

동시에 합리적인 가격 발견 메커니즘을 갖춘 시장만이 지속적으로 성장하고 발전할 수 있습니다. 시장이 임계점에 다다른 후, 상장기업들이 경제 시스템 내 모든 규모의 기업들을 충분히 대표할 수 있게 될 때, 인덱스펀드가 성공할 수 있습니다. 현대 경제는 복리식 성장을 실현할

수 있기 때문입니다. 임계점을 넘어선 주식 시장에 대해 인덱스펀드의
수익률은 경제 시스템 내 주식 투자의 평균 수익률을 의미하며, 장기적
으로 보면 경제 시스템과 동일한 복리식 성장의 추세를 보일 것입니다.
따라서 인덱스펀드는 머신 트레이딩에 불과한 것처럼 보이지만, 펀더
멘털 투자자가 존재해야만 비로소 존재할 수 있습니다. 펀더멘털 투자
자가 없다면 시장이 존재할 경제적인 이유가 없고 규모를 형성할 수도
없기 때문에 인덱스 투자는 효과적이지 않을 것입니다. 펀더멘털 투자
자는 시장에서 차지하는 비중이 작지만 중대한 역할을 맡고 있습니다.

펀더멘털 투자의
네 가지 기본 개념

그렇다면 우리가 가치투자라고 부르는 펀더멘털 투자의 요소는 무엇일
까요? 단지 네 가지 기본 개념이 있을 뿐입니다. 처음 세 가지 개념은
100년 전에 벤저민 그레이엄이 주창했고, 마지막 개념은 워런 버핏·
찰리 멍거·버크셔 해서웨이가 명확하게 설명하고 예증했습니다.

우선 주식은 종이 한 장입니다. 그것을 매매할 수도 있지만 이 종이
한 장은 해당 회사에 대한 '소유권'을 나타냅니다. 주식을 소유한다는
것은 그 지분만큼 회사 사업을 소유하는 것입니다. 또한 주식은 회사를
대표하므로 회사의 실적에 따라 가치가 결정됩니다. 하지만 미래는 예
측하기 어렵기 때문에 '안전마진'을 확보해야 합니다. 마침 세스 클라
먼Seth Klarman이 오늘 아침 이야기한 내용이 있는데요. 그는 투자 아이

디어, 방법, 경험 등을 완전히 갖추고 있어 안전마진의 중요성을 다른 누구보다 잘 설명할 수 있었습니다. 그리고 우리에겐 대다수 시장 참여자의 행동을 설명해주는 이론도 필요합니다. 이것을 '미스터 마켓'이라고 하는데, 시장을 정력이 충만한 어떤 사람으로 가정하고 그가 매일 아침 일어나자마자 우리에게 큰 소리로 가격을 외쳐댄다고 생각하면 됩니다. 대부분의 경우에는 그냥 그를 무시하면 됩니다. 때때로 이 사람은 미쳐서 신경질적인 정서에 사로잡히는데 이때 그는 우리를 향해 터무니없는 가격을 제시합니다. 이때가 바로 그를 이용할 절호의 찬스입니다.

여기까지가 벤저민 그레이엄이 설명한 가치투자의 세 가지 기본 개념입니다. 이제 문제를 제기하겠습니다. 현실 세계에서 여러분은 미스터 마켓이 실재한다는 것을 발견할 것입니다. 이 강의실에 앉아 있는 사람들일 수도 있고, 여러분의 동창일 수도 있으며, 심지어 오늘 강연한 연사나 패널 등일 수도 있습니다. 이들은 전혀 미친 사람처럼 보이지 않고, 심지어 수학 박사도 있으며, 이런저런 상도 받는 등 모두 매우 똑똑한 사람들입니다. 이쯤 되면 대부분 사람은 '이 사람들이 정말 미스터 마켓일까?'라며 자신을 의심합니다. '설마하니 99%의 사람이 틀렸고 나 혼자 맞는다는 것일까? 그게 가능한가?'

그리고 나서는 이 사람들은 노벨상까지 받은 효율적 시장 가설에 근거하고 있다는 것을 생각하게 됩니다. 더 중요한 것은 인간 본성의 또 다른 측면이 작용한다는 것인데, 바로 우리가 대세를 따르려 한다는 것입니다. 자신이 존경하는 사람들이나 아는 사람들, 자신이 중시하는 인격과 도덕적 규범을 가진 사람들이 모두 같은 방식으로 생각한다는 점을 곱씹고 수요와 공급의 관계 변화에 대해 걱정하다 보면 갑자기 자기 자신에게 의문을 갖게 됩니다. '내가 정말 제대로 파악하고 있는 것일까? 그들이 맞을 수도 있어. 매일매일의 시장 움직임은 대단히 중요해. 어쩌면 우리도 이 수요·공급 변화와 가격 추세의 게임에 참여해야 할지도 몰라. 이것이 어쩌면 우리 업무의 핵심일 거야.'

이것이 바로 사람들이 얼마나 좋은 아이디어를 가지고 시작하든지, 경력이 늘어남에 따라 아이디어의 절반을 내던지고 이 거대한 트레이딩 세력에 합류하는 원인입니다. 그러고 나면 수요와 공급, 가격 변동을 예측하는 데 모든 시간과 돈과 에너지를 소비하게 됩니다. 컴퓨터, 최첨단 기술, AI, 빅데이터를 활용하고 가격이 어떻게 움직일지 예측하는 데 온 힘을 쏟기 시작합니다. 예전에는 해마다, 2년마다, 3년마다의 변화를 예측했을지 모르지만 이제는 1분, 2분, 3분 단위로 추측하고 날씨 변화가 가격에 미치는 영향까지 연구해야 합니다.

여기서 가치투자의 네 번째 개념이 특히 중요해집니다. 바로 버핏과 멍거가 정립한 '능력 범위'입니다. 여러분이 이 업계에서 하려는 일은 미래를 예측하는 것입니다. 하지만 미래 자체는 예측할 수 없습니다. 확률만 알 수 있을 뿐입니다. 어떤 확률은 높고 어떤 확률은 낮습니다. 오랜 시간 지속적으로 노력하면서 하나의 사항을 매우 투철하게 연구하여 특정 회사에서 미래에 발생할 가능성이 가장 큰 시나리오를 예측하거나, 특정 주식을 특정 가격에 매수한 후 발생 가능성이 가장 큰 일들을 예측할 수 있어야 합니다. 그것이 여러분의 우위입니다. 한 분야에 전문가가 되어 능력 범위를 구축하면, 여러분은 자신감에 충만하여 행동할 수 있습니다. 이것이 의미하는 바는 다른 이들이 모두 동의하지 않더라도 당신이 정확할 수 있다는 것입니다. 왜냐하면 최종적으로 회사의 소유권을 대표하는 펀더멘털 역량이 확고하게 뿌리내릴 것이기 때문입니다. 이는 주식 시장이 단기적으로는 인기 투표 기계이지만 장기적으로는 저울이라는 그레이엄의 발언으로 거슬러 올라갈 수 있습니다. 펀더멘털의 힘이 궁극적으로 승리할 것입니다.

능력 범위 개념에서 가장 중요한 부분은 경계를 어떻게 설정할 것인가입니다. 경계가 없는 범위는 존재하지 않으니까요. 이는 곧 자기가 무엇을 모르는지 알아야 한다는 뜻입니다. 무엇을 모르는지 모른다면, 알고 있다고 자신하는 것에 대해 실제로는 모르는 것입니다. 다시 말해 어떤 문제에 대해 답안이 있을 때, 어떤 상황에서 이 답안이 성립하지 않는지 증명할 방법이 있어야 합니다. 또 새로운 사실이 나타났을 때 그 답안은 검증의 과정을 거쳐야 합니다. 이는 지속적인 학습 과정입니다. 네, 어렵습니다. 조금도 쉽지 않습니다. 다만 장기간 인내심을 가지고 꾸준히 노력하면, 어떤 일을 깊이 이해할 수 있습니다. 당신의 능력 범위는 아주 작게 시작해서 조금씩 커질 것입니다. 진정 위대한 가치투자자는 평생 끝없이 배우는 사람입니다. 좋은 소식은, 일단 축적한 지식은 사라지지 않는다는 것입니다. 다양한 지식이 축적되면서 당신의 부와 마찬가지로 복리의 상승효과를 만들어냅니다. 사실 지식은 재산보다 훨씬 빠르게 복리로 증식합니다. 이것은 멋진 여정이며 가치 있는 인생입니다. 보증하건대, 26년 후에도 제가 오늘과 같은 수준에 있다면 이런 자리에 설 수 없을 것이며 여러분 또한 제 이야기를 들을 생각이 없을 것입니다.

지적 정직함을 유지하라

이제 중요한 포인트로 돌아가겠습니다. 능력 범위를 정의할 때는 지적 정직함이 필요합니다. 자신이 무엇을 모르는지 알아야 합니다. 이것이 가장 중요한 일입니다. 지식에 대해 정직해지는 것은 일을 어떻게 하는가만이 아니라 자신의 직업을 어떻게 바라보는가라는 더 넓은 범위까지 확장할 수 있습니다.

자산관리는 하나의 직업입니다. 가장 어려운 점은 이른바 돈을 벌 수 있다는 이론과 방법이 너무나 많다는 것입니다. 안타깝게도, 이 중 많은 것이 가짜입니다. 자산관리는 레스토랑이나 호텔과 마찬가지로 서비스업입니다. 그러나 서비스의 품질에 큰 차이가 있습니다. 대부분의 서비스 산업에서는 서비스의 품질을 최종적으로 고객이 판단합니다. 예를 들어 호텔에 투숙한 사람은 그 호텔의 장점이 무엇인지 바로 판단할 수 있죠. 그 품질과 비교해서 가격이 합리적인지 아닌지도 바로 판단할 수 있습니다. 식당에 가서 식사를 한다면, 심지어 젓가락을 들기도 전에 냄새만 맡고도 음식이 맛있을지 아닐지 알 수 있을 것입니다. 이처럼 대다수 서비스업에서 최종적으로 판단하는 사람은 바로 고객입니다.

하지만 자산관리 업계는 그렇지 않습니다. 예를 들어 누군가가 자산관리를 도와주는 서비스를 판매하기 위해 당신을 찾아온다면 그가 유능한 사람인지 아닌지 즉시 판단할 수 있을까요? 그는 자신의 지난달 실적이나 작년 실적 또는 지난 5년간 실적을 근거로 당신을 설득하려 할 것입니다. 하지만 당신은 판단이 불가능합니다. 너무나도 많은 요인이 실적에 영향을 주니까요. 그 사람의 좋은 성과가 운 때문인지 실력 때문인지 어떻게 알 수 있나요? 당신은 충분히 긴 기간의 실적을 확인해야 하며, 실적을 어떻게 거뒀는지도 알아야 합니다. 예를 들어 그 사람이 개별 주식에 집중하는 투자자라면, 사례가 되는 몇 개 주식을 가지고 그의 투자 의사 결정 체계를 전반적으로 파악해야만 그가 훌륭한 투자자인지 아닌지 판단할 수 있습니다. 이는 매우 어려운 일이며 누구나 할 수 있는 일도 아닙니다. 그러다 보니 거대한 '빈 공간'이 생깁니다. '이론'이라고 하는 것들 대부분은 '자신의 이해관계'에 따라 그 공간을 채워 넣은 결과물일 따름입니다. 그러니 조심해야 합니다. 이 이론들을 정당화하는 논리는 매우 간단합니다. '우리의 이해관계는 일치한다'라는 거죠. 그것이 바로 이들이 많은 보수를 받는 이유입니다. 이런 빈 공간과 관련된 직업에 종사하는 사람들은 대개 많은 급여를 받습니다.

자산운용업에 종사하고자 하는 이들에게 저는 언제나 이렇게 말합니다. 고객이 맡기는 투자금을 부모님이 한 푼 한 푼 어렵게 모아 내 손에 쥐여준 돈으로 생각하라고 말이죠. 여러분도 마찬가지입니다. 평생 노동으로 돈을 벌어 자식을 하버드에 보냈고, 이제는 은퇴하여 조금 남은 돈을 당신에게 맡겼다고 생각해보세요. 이제 당신은 하버드 경영대학원을 졸업했고 부모님이 당신에게 돈을 맡겼으니, 그 돈을 크게 불려서 돌려드려야 하지 않을까요?

저는 당신이 부모님의 돈을 트레이딩으로 날려버릴 것으로 생각하지 않습니다. 이제 당신은 수탁자의 신의성실 의무라는 개념을 깊이 이해하게 됐을 것이며, 이를 명심하면서 자신의 일에 더욱 최선을 다할 것입니다. 당신이 운용하는 투자금 1달러, 1달러가 어디에 쓰이고 그 돈이 사회와 경제를 어떻게 돕는지 근본부터 생각하게 될 것입니다. 회사의 수년 후 상황을 매우 정확하게 예측할 수 있다는 확신이 들 때까지 오랜 시간 인내심을 가지고 조사하게 될 것입니다. 특히 주가가 하락하는 상황이라면 더더욱 인내심을 발휘하겠지요. 만일 하락장에서 영구적 손실을 보지 않을 수 있다면 상승장에서 돈을 버는 것은 너무나 당연한 일입니다. 시장이 미쳐 돌아간다고, 미스터 마켓이나 다른 모든 사람이 광기에 휩싸였다고 불평하지 않아도 됩니다. 그럴 필요가 없어요. 그냥 잘 모르겠다고 하면 됩니다. 그렇게 말한다고 해서 당신에게 해가 가진 않습니다. 내가 이해할 수 있는 건 전체의 작은 일부분일 뿐입니다. 나머지는 내 능력 범위 밖의 일입니다. 내 능력 범위를 제대로 알고 있는 한, 그 바깥에서 일어나는 일에 대해 잘 모른다고 해서 문제될 건 없습니다.

내친김에 한마디 더 하자면, 성공하기 위해서 능력 범위가 무한정 넓거나 많은 것을 포함해야 하는 건 아닙니다. 정말 필요 없습니다. 버핏과 멍거가 말했듯이, 그들의 50~60년 경력 중에서 가장 성공적인 아이디어 15가지를 제외한다면 그들의 실적은 별 볼 일 없을 것입니다. 버크셔 해서웨이의 시가총액은 2,000만 달러에서 시작하여 현재 5,000억 달러에 이르렀습니다. 그 15가지 아이디어가 돈을 잔뜩 벌어들인 것입니다!

제 얘기를 해보겠습니다. 저는 마이너스 자산으로 시작해서 이제는 제법 성공해 먹고사는 데 걱정이 없습니다. 저의 성공 또한 26년간 10개도 되지 않는 아이디어에서 온 것입니다. 그러니 당신에게도 많은 아이디어가 필요한 것이 아닙니다. 그러나 투자를 실행할 아이디어는 반드시 자신이 진정으로 이해해서 나온 것이어야 합니다. 대부분의 경우 당신은 투자할 필요가 없습니다. 이것이 바로 지적 정직함의 진정한 의미입니다. 타고난 자질이 있는 사람이라면 능히 이렇게 할 수 있습니다. 많은 사람의 의견과 다르거나 아웃사이더여도 태연하고, 대중의 의견을 무시할 수 있는 자질 말입니다. 여기서 '무시한다'라는 말은 다른 사람들을 비웃는다는 의미가 아니라 '나는 수용하지 않는다'라는 의미입니다.

당신이 수용하지 않는다고 해도 괜찮습니다. 오히려 데이터에 기반해 모든 주식 거래를 예측할 수 있다는 발상이 위험한 것입니다. 데이터란 무엇입니까? 데이터는 과거에 일어난 일의 기록입니다. 퀀트 트레이딩이나 AI 트레이딩을 활용하는 이들은 데이터가 만능이라고 주장하는데, 이는 과거에 일어난 일이 미래에 똑같이 일어난다고 말하는 것이나 마찬가지입니다. 과연 그럴 수 있을까요? 저는 아니라고 생각합니다. 중요한 것은 지식이 소모품이 아니라는 것입니다. 한 번 쓰면 사라지는 것이 아니라 내 안에 쌓이고, 누구도 빼앗아 갈 수 없습니다. 만일 당신이 많은 시간을 할애하여 어떤 일들을 이해하고, 그것들에 관심을 가지고 더 깊이 분석하면, 시간이 갈수록 지식이 차곡차곡 쌓여 예측의 정확성을 높여줄 것입니다. 성공할 개연성이 유효하게 높고 손실 리스크가 최저인 상황에서 투자를 하면, 시장이 어떤 식으로 변화하든 안전하게 수익을 올릴 수 있습니다.

이것이 바로 대다수 성공한 가치투자자 또는 펀더멘털 투자자(당신이 어떻게 부르든)가 줄곧 해온 일입니다. 안타깝게도 이런 사람들은 극소수에 불과합니다. 하지만 이 소수가 중요한 이유는 이들이 애초에 시장이 존재하는 이유를 대표하기 때문입니다. 만약 이런 이유로 존재하는 것이 아니라면 시장은 그저 카지노의 확장판에 불과할 것입니다. 저는 우리 사회에 그렇게 큰 카지노가 필요하다고는 생각하지 않습니다. 여러분은 어떻게 생각하시나요? 현실에서 우리는 주식을 사고팔면서 막대한 거래 비용을 지불합니다. 만일 이기기 위해 단기 거래를 한다면 당신은 기본적으로 한 무리의 정해진 사람들 속에서 제로섬 게임을 하는 것입니다. 그것이 사회 또는 인류의 선진 문명에 도대체 어떤 이점을 가져다줄까요? 저는 모르겠습니다.

만일 당신이 펀더멘털 투자자이고 진중하게 분석하고 깊이 이해하여 시간이 지남에 따라 회사가 성장해 더 나은 모습을 보여줄 것으로 안전하게 예측할 수 있다면, 그 회사를 전적으로 응원하세요. 회사의 가치가 늘어나면서 당신은 투자한 몫에 합당한 보상을 받을 것입니다.

감사합니다!

외국인 투자자의 관점에서 바라본
중국 경제의 미래
: 2019년 1월 국제 투자 콘퍼런스 기조연설

오늘 저는 우리가 평소에는 잘 이야기하지 않는 주제에 대해 이야기하고자 합니다. 우리는 밑바닥에서 시작하여 상향식으로 찾아나가는, 즉 기업, 밸류에이션, 사업 내용, 업종에 초점을 맞추는 투자자입니다. 하지만 지난 몇 년 동안, 특히 2018년에 많은 사람이 중국의 거시적 환경에 대해 걱정에 휩싸였고 비관론이 확산됐습니다. 이 때문에 이 자리에 참석하기 위하여 천 리 길을 오신 분들도 계실 것으로 생각됩니다. 그래서 오늘 예외적으로 거시 환경에 대해 이야기해보려고 합니다. 기업에 투자하는 것은 어떤 의미에서는 그 기업이 속한 나라에 투자하는 것이기도 하므로, 해당 국가를 대략적으로나마 이해해야 합니다.

또 한 가지는 투자자로서 우리가 관심을 가지는, 미래에 대한 상당히 정확한 예측입니다. 우리는 어떤 이념적·감정적 편견 없이 최대한 객관적이고 이성적으로 분석하고자 노력하는 사람들입니다. '이상'이나 '희망'이 아니라 '현실'을 묘사하기 위해서 말이죠.

오늘 제가 말씀드릴 내용은 다음과 같은 다섯 부분으로 나눌 수 있습니다.

- 중국과 서양의 역사와 문화의 차이
- 중국의 현대화 여정과 40년간의 경제 기적
- 중국을 비관적으로 바라보는 오늘날의 투자자들
- 경제 발전의 세 가지 단계: 오늘날 중국과 서양의 위치
- 중국 경제의 성장 잠재력

먼저 중국과 서양이 어떻게 다른지, 각각 어떤 면에서 서로 다른지, 그리고 이런 차이와 독특함을 가져오는 원인이 무엇인지 이야기하고자 합니다. 대부분의 서양인은 서양인의 눈으로 중국을 바라보고, 대부분의 중국인은 중국인의 눈으로 서양을 바라봅니다. 이 차이가 많은 혼란과 오해를 불러일으킵니다. 중국과 서양의 역사적 차이와 이런 차이의 근원을 이해하지 못하면, 중국의 발전이 어디까지 진행될 것인지를 깊이 이해할 수 없을 것입니다. 두 번째 부분에서는 중국의 현대화 과정을 간략히 설명하고 지난 40년간 중국이 경험한 경제 기적, 즉 초장기간에 걸친 초고속 경제 성장을 해석해보고자 합니다. 세 번째 부분에서는 오늘날 투자자들의 공통 관심사인 중국의 정치·경제 환경과 이 시대가 어떤 특징을 가지고 있고 그 의미는 무엇인지 이야기할 것입니다. 네 번째 부분에서는 경제 발전의 서로 다른 세 단계에 대해 이야기하겠습니다. 마지막으로 이런 논의의 기초 위에서 미래 5년, 10년, 심지어

20년간 중국 경제의 성장 잠재력을 예측해보고자 합니다.

　이는 매우 광범위한 주제이며 많은 영역을 포괄하는 주제임을 압니다. 시간상의 제약으로 빠르게 한번 둘러볼 수밖에 없다는 점이 아쉽습니다. 게다가 이처럼 빠르게 진행되는 방식은 우리의 일반적인 업무 방식과 어긋나기도 하죠. 다만, 제 목적은 여러분이 이 문제들을 이해하는 데 기초가 되도록 개괄적인 틀을 제공하는 것입니다. 오늘 논의할 내용 대부분은 제가 지난 40년에 걸쳐 생각해온 것들입니다. 저는 소년 시절부터 이런 문제를 강박적으로 생각해왔습니다. 만일 더 깊은 논의를 원하신다면 여러 가지 참고 자료를 제공해드리겠습니다.

중국과 서양의
역사와 문화의 차이

먼저, 어떤 원인이 중국과 서양의 차이와 각각의 독자성을 가져왔는가 하는 것입니다. 고대부터 최근까지 중국과 서양, 또는 간단히 말해 동서양은 히말라야산맥과 광활한 몽골 대초원으로 분리돼 있었기 때문에 서로 간의 교류가 거의 이뤄지지 않았습니다. 그 결과 동서양의 문명은 각각 독립적으로 발전했습니다. 몇몇 우연한 역사적 사건으로 동양과 서양은 서로 다른 시기에 서로 다른 길을 걷게 됐고, 이로 인하여 사물을 대하는 방식과 제도의 구축에서도 다른 경향을 보였습니다. 당연히 중국인과 서양인은 같은 인류이며 모두 인간 본성의 공통점을 보입니다. 그러나 발전해온 궤도는 달랐는데, 이는 서로 다른 환경 요인에서 인간 본성의 서로 다른 측면이 발휘된 결과입니다. 이런 차이를 가져온 기본 사건에 대해 설명드리겠습니다. 이 중 하나로 지리적 환경 요인이 가장 중요합니다.

　먼저 중국의 지리 환경을 살펴보겠습니다. 중국은 서쪽으로는 인류가 넘을 수 없는 장벽인 세계의 지붕 히말라야산맥이, 북쪽으로는 광활하고 추운 몽골 대초원이, 동쪽과 남쪽으로는 바다가 경계를 이루고 있습니다. 매우 흥미로운 것은 히말라야의 산하에서 발원하는 양쯔강과 황허라는 두 개의 큰 강이 같은 방향으로 나아가 바다로 흘러 들어간다

그림 15　중국 지도

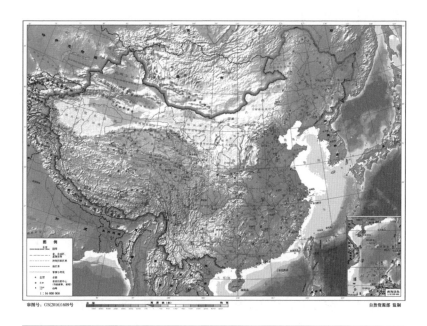

자료: 중국지도출판사

는 것입니다. 아메리카 대륙이 발견되기 전 양쯔강과 황허 사이에 형성된 충적 평야는 지구상에서 가장 비옥하고 광대하며 농사에 가장 적합한 땅으로 꼽혔으며, 가히 하늘이 내린 땅이라고 할 수 있습니다. 그 결과 이곳에서는 일찍부터 농업이 시작됐습니다. 이 두 개의 큰 강은 여러 지류와 함께 평야의 여러 지역을 연결하여 경제적이고 편리한 교통수단을 제공했습니다. 따라서 한 장소에 충분히 많은 힘을 모을 수만 있다면 이 땅 전체를 정복하는 것은 어려운 일이 아니었습니다.

농업 문명의 기반은 태양 에너지를 농작물과 가축으로 전환하는 광합성이며, 따라서 동식물이 모두 토지에 의존합니다. 이는 토지의 크기에 따라 농업 생산량과 부양할 수 있는 인구수가 결정된다는 의미입니다. 농업 문명의 역사를 통틀어 토지의 부족은 큰 화두였습니다. 특정 사회가 더 많은 토지를 보유하면 인구가 증가하고, 인구가 토지의 크기가 수용할 수 있는 한계를 초과하는 지점에 도달하면 맬서스의 함정에 빠지게 됩니다. 전쟁, 전염병, 기근이 빈번하게 발생해 인구가 급격히 감소하면서 또 다른 순환이 시작됐습니다. 농업 문명의 경제는 결핍경제였습니다. 다시 말해 인구의 정상적인 성장 규모를 유지하기에 충분치 않았습니다. 따라서 토지의 생산량이 한계에 도달하면 인구가 줄어야만 했습니다. 인구 감소는 일반적으로 민족·인종·국가에 좌우됐으며, 가장 큰 땅을 차지하는 집단은 일반적으로 다른 집단을 희생시키면서 살아남았습니다. 즉, 농업 문명에서 전쟁은 보통 더 많은 토지를 차지하기 위해 벌어졌습니다.

중화 문명 5,000년 역사상 이런 전쟁은 수도 없이 일어났습니다. 최후의 승자는 대규모로 사람들을 동원할 방법을 고안한 사회, 다시 말해 정치 조직의 형태가 더 개선된 사회였습니다. 인간은 매우 흥미로운 존재로, 지극히 개인적인 동시에 매우 사회적인 존재입니다. 이런 점에서 인간은 매우 독특한 종입니다. 그리고 사회를 대규모로 동원할 방법을 가장 먼저 탐구한 이들이 중국인이었습니다.

약 2,400년 전, 중국 서쪽 끝자락의 작은 나라였던 진나라에서는 상앙이 변법, 즉 법제의 개혁을 일으켰고, 그 결과 사회 조직 방식에 경천동지할 변화가 일어났습니다. 사람도 동물에서 진화했기 때문에 그때까지는 사람과 사람 사이의 관계를 외부로 확장해나가는 데 자연히 혈연관계가 핵심이었습니다. 진나라는 재산은 자손 대대로 물려줄 수 있지만 정치권력은 물려줄 수 없다고 규정함으로써 처음으로 이런 혈연관계를 깨뜨렸습니다. 정치권력은 오로지 한 세대 내에서 공로와 능력에 따라 분배됐습니다. 그 전까지 중국, 그리고 근대 이전의 서양에서는 혈연에 기반한 봉건 제도가 지배적이었습니다. 누군가가 작위를 받으면 그 후손은 여러 세대에 걸쳐 작위를 유지할 수 있었습니다. 정치권력은 혈연을 기반으로 분배되고 대물림됐으며, 사회는 매우 고착화되어 자유로운 신분 이동의 기회가 매우 적었습니다.

진나라 상앙의 개혁은 업적과 학식, 능력에 따라 인재를 선발하고 정치권력을 배분하는 능력주의 체제를 만들었습니다. 이런 선택과 분배는 한 세대에 한정됐고요. 출신과 관계없이 모든 사회 구성원에게 자신의 노력으로 정치권력에 오를 수 있는 길을 제공함으로써 모두의 힘을 결집한 작은 국가 진나라는 마침내 중국 영토 전체를 정복하고 거대한 제국을 건설했습니다. 그 후 2,000여 년 동안 중국의 모든 왕조는 비슷한 방식으로 사회를 조직했고, 그 결과 중국은 농업 문명 시대에도 고도로 정교하고 세련된 정치체제를 갖춘 매우 강력한 국가가 됐습니다. 중국은 역사상 최초로 능력주의에 기반한 관료제를 발명했으며, 이런 전통은 오늘날에도 어느 정도 지속돼 최고의 인재를 정부로 끌어들이고 있습니다. 서양은 역사상 이런 전통을 가진 적이 없습니다. 중국은 집단의 거대한 잠재력을 끌어내는 정치적 능력주의를 최초로 창안한 국가입니다. 이것은 항상 중국 문명의 표상이었습니다.

이번에는 서양, 주로 유럽을 살펴보겠습니다. 현대사에서 유럽의 역할이 매우 중요하기 때문입니다. 유럽 지리 환경의 중요한 특징은 다양한 방향으로 흐르는 작은 강으로 덮여 있다는 것입니다. 유럽은 전체적으로 큰 땅은 아니지만 산맥과 강을 경계로 하여 여러 개의 작은 지역으로 나뉘어 있어 방어하기는 쉽고 공격하기는 어렵습니다. 게다가 역사상 대부분 기간에 유럽은 여전히 울창한 원시림으로 덮여 있었습니다. 로마제국 시대에도 유럽은 거의 야만적인 상태로 남아 있었죠. 서로마제국이 멸망하고 원시림이 서서히 벌목된 후에야 비로소 농업이 번성하기 시작했습니다. 그러나 지리적 제약 탓에 유럽의 땅은 거대한 통일 제국을 지탱할 수 없었고, 로마제국 이후 유럽을 재통일하려는 모든 시도는 실패로 돌아갔습니다. 이 모든 작은 국가를 관리하는 데는 국왕과 귀족을 중심으로 한 혈연관계와 국가 간의 혈연 및 지연에 의지하는 것으로 충분했습니다. 모든 정치권력은 대물림됐고, 그 결과 서양의 정치권력은 근대까지 중국처럼 평등주의와 능력주의라는 방향으로 나아가지 못했습니다.

하지만 서양은 지난 500년 동안 결정적인 역할을 한 지리적 이점을 가지고 있었습니다. 이를 이해하기 위해 유럽과 아메리카 대륙, 중국과

그림 16 유럽 지도

자료: 중국지도출판사

아메리카 대륙 간의 거리를 살펴봅시다(〈그림 17〉 참조).

　유럽과 아메리카 대륙 사이의 거리는 약 5,000킬로미터, 중국과 아메리카 대륙 사이의 거리는 약 1만 킬로미터입니다. 해류를 고려하면 중국과 아메리카 대륙 사이의 실질적 거리는 1만 킬로미터보다 훨씬 더 멀었습니다. 따라서 유럽 상인들이 항해를 시작했을 때 그들이 먼저 아메리카 대륙을 발견할 확률은 중국 상인보다 훨씬 높았습니다. 현대

그림 17 유럽과 아메리카, 중국과 아메리카 간의 거리

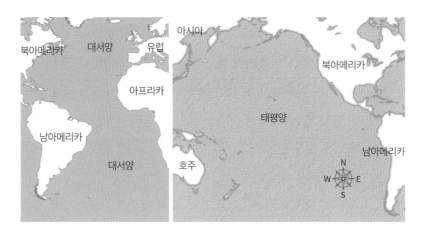

자료: 브리태니커 백과사전

과학기술 문명이 등장하기 전에는 중국에서 아메리카 대륙으로 항해하는 것이 불가능했을 것입니다. 그래서 명나라 때 정화는 '동쪽 바다(동양)'가 아닌 '서쪽 바다(서양)'로만 항해할 수 있었습니다. 하지만 유럽에서 아메리카 대륙까지 바다로 가는 것은 충분히 가능합니다. 이것이 유럽인들이 '우연히' 아메리카 대륙을 발견한 이유이며, 이 '우연'에는 피할 수 없는 지리적 이점이 담겨 있습니다.

　이 지리적 대발견의 중요성은 매우 컸습니다. 우선 북미의 땅이 양쯔강과 황허 사이의 충적 평원보다 훨씬 더 넓고 비옥했기 때문에 유럽인들은 맬서스의 함정에서 당분간 벗어날 수 있었습니다. 빙하기 이후 유라시아 대륙과 지리적으로 고립된 북미는 (원생식물과 동물 종의 조건이 너무 열악했기 때문에) 농업과 목축업이 발달하지 않았고, 따라서 이

지역은 인구가 적고 문명이 극히 낙후돼 있었습니다. 유럽인들이 아메리카 대륙에 발을 디뎠을 때 유럽인들은 원주민들을 쉽게 정복했고, 원주민 대다수는 유럽인들이 가져온 세균 때문에 사망했습니다. 갑자기 유럽은 거의 무한한 인구를 수용할 수 있는 거대하고 비옥한 땅을 승계받았고, 범대서양 지역에서 수 세기 동안 지속된 자유무역과 경제 번영을 누릴 수 있게 됐습니다.

물론 인구가 계속 증가한다면 토지가 더는 지탱할 수 없을 테니 결국 맬서스의 함정에 빠지게 될 것입니다. 하지만 그 전에 또 다른 중요한 사건이 일어났습니다. 새로운 지속적 경제 성장이 사회사상과 자연과학 두 분야에서 극적인 변화를 일으켰고, 마침내 계몽주의 운동과 위대한 과학혁명으로 이끌었습니다. 이 시점 이후 자유시장경제와 현대과학기술의 결합은 문명의 패러다임 전환을 촉발하여 인류 문명을 완전히 새로운 단계로 끌어올렸습니다. 이 시대는 지속적이고 복리식이며 무한한 경제 성장을 하는 것으로 정의할 수 있습니다. 이런 현상은 인류 역사상 전무후무한 일이었습니다.

농업 문명은 광합성 원리로 결정되며, 광합성을 통해 얻을 수 있는 에너지의 양은 토지의 크기에 제한을 받습니다. 토지의 크기에는 상한선이 있으므로 농업 문명의 경제는 결핍경제였습니다. 반면 현대 과학기술에 기반한 문명은 지속 가능하고 복리식 경제 성장의 동력을 발휘하여 농경 시대의 결핍경제를 풍요로운 경제로 바꿔놓았습니다. 이는 아주 획기적인 차이죠.

이 새로운 시스템은 경제적 능력주의의 결과입니다. 유럽에서 사람들은 자신이 누구이고 어디 출신이냐와 관계없이 경제 영역에서 자유로이 올라갈 수 있는 통로가 있고, 열심히 노력하면 출세할 수 있다는 것을 홀연 깨달았습니다. 이런 시스템은 개인과 소규모 그룹(기업)의 잠재력을 발휘하는 데 도움이 되며, 개인의 힘을 끌어당깁니다. 이는 지난 몇백 년 동안 근대사에서만 나타난 현상입니다. 유럽(서양)의 분열된 작은 군주국들과 아메리카 대륙, 특히 북미의 작은 식민지 국가들이 정치적·지리적 기반이었습니다. 이 새로운 문명을 형성한 것은 개인과 소집단의 힘으로, 현대 문명의 산물입니다.

이것이 바로 서양이 중국을 보거나 중국이 서양을 볼 때 상대가 왜 저러는지 종종 이해하지 못하는 이유입니다. 사람들은 항상 자신의 편견과 성공 경험이라는 안경을 끼고 모든 것을 바라봅니다. 예를 들어 서양은 개인과 소규모 집단(기업)의 힘으로 성공했기 때문에 정부의 개입에 대해 뼛속 깊이 회의적입니다.

오늘 제 강연의 첫 번째 부분에서는 오랜 역사적 기원을 가지고 있는 중국과 서양 간의 심오하고 근본적인 차이를 이야기했습니다.

중국의 현대화 여정과 40년간의 경제 기적

1840년, 중국과 현대 서양은 아편전쟁이라는 형태로 만났습니다. 중국은 통상을 위해 항구를 개방하도록 압박을 받았고, 이로써 농업 문명 기간의 영광을 누리는 동안 산업혁명과 기술 문명을 완전히 놓쳤다는 냉혹한 현실에 직면해야 했습니다. 서양은 이미 이 과정에서 수백 년 앞서 있었습니다. 그 후 100년이 넘도록 중국은 반식민지 상태에서 비틀거리며 허우적거렸습니다. 1949년 중국은 공산당의 지도 아래 새로운 통일 국가로 재건됐고, 시작 단계에서 계획경제의 길을 걸었습니다. 계획경제의 특성이 집단을 조직하고 집단의 잠재력을 끌어내는 데 능한 중국인의 본성과 잘 맞았다는 것이 부분적인 이유입니다. 중국 정부로서는 매우 당연한 선택이었습니다. 한 국가가 스스로 운명과 발전의 길을 선택할 때는 뿌리 깊은 역사적 편견의 영향을 받게 됩니다. 그 후 계획경제가 어떤 결과를 가져왔는지는 여러분도 잘 알고 계실 겁니다.

1978년, 권력을 잡은 덩샤오핑은 중국을 번영으로 이끄는 정확한 노선이 무엇인지 알지 못했습니다. 그러나 덩샤오핑은 매우 실질적인 관찰을 했습니다. 덩샤오핑이 집권 후 처음으로 미국을 방문했을 때 대표단의 고문으로 동행했던 리셴지는 덩샤오핑이 '내가 관찰한 바에 따르면 제2차 세계대전 이후 미국과 잘 지낸 나라는 모두 부유해졌고 소련과 잘 지낸 나라는 모두 가난해졌다'고 말한 적이 있다고 회고했습니다. 이 방문 이후 지미 카터Jimmy Carter 대통령 행정부하에서 중국과 미국은 국교를 수립했습니다. 그때부터 덩샤오핑은 중국의 전통적인 역사적 편견의 장벽을 뚫고 미국의 길을 배우는 길로 돌아서서 시장경제를 옹호하기 시작했습니다. 나라의 문을 적극적으로 개방하고 미국과 서양으로부터 현대 과학기술과 시장경제의 길을 열심히 배웠습니다.

이후 중국은 거의 40년 동안 초고속 경제 성장을 이룩했습니다. 〈그림 18〉은 1978년부터 2018년까지 중국의 인플레이션 조정 후 실질 경제 성장률을 보여줍니다. 이 40년 동안의 복리식 성장률은 연평균 약 9.4%입니다. 실질 가격 기준으로 계산하면 40년간 GDP가 37배 증

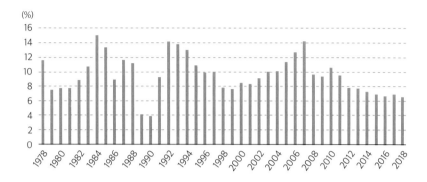

그림 18 중국의 인플레이션 조정 후 실질 경제 성장률(1978~2018)

자료: 세계은행

가했습니다. 세계에서 가장 인구가 많은 국가가 오랫동안 초고속 경제 성장을 지속했다는 사실은 기적이며 역사상 전례가 없는 일입니다.

이제 40년간 초고속 성장을 이룬 원인을 해석해보겠습니다. 먼저, 몇 가지 상식적인 해석입니다. 덩샤오핑의 개혁개방 정책은 중국인들이 미국의 성공, 즉 서양 성공의 모범 사례를 정말 철저히 관찰하게 했습니다. 중국이 개혁개방 정책을 실시하던 당시 미국은 매우 자신감에 차 있었고 넓은 마음으로 중국을 기꺼이 도와줬습니다. 미국이 중국을 기꺼이 도우려 한 것은 우선 양국이 함께 소련에 대항하는 맹우였기 때문입니다. 그다음으로 미국은 일종의 선교사 같은 열정을 가지고 중국을 현대화로 이끌겠다는 생각을 했는데, 이는 미국의 일관된 역사입니다. 또한 당시 세계는 비교적 평화로운 환경에 있었고, 미국의 소비가 중국의 경제 성장에 도움이 됐으며, 세계는 대규모의 세계화 과정을 진행 중이었고 중국도 WTO에 가입하는 등등의 일이 있었습니다. 중국의 경제 성장은 이처럼 순풍이 부는 환경에서 이뤄졌습니다.

다른 한편 중국은 너무 뒤처져 있어서 전력을 다해 따라잡아야 했기 때문에 다른 나라의 성공 경험을 교훈 삼아 신중하게 앞길을 계획했으며, 전반적으로 좋은 계획을 세울 수 있었습니다. 열심히 일하고, 교육을 중시하며, 돈이 생기면 창업을 하는 정신 등 중국의 문화적 전통도 한몫했습니다. 지난 수십 년의 경험은 중국인들이 개혁개방 정책이 가져온 기회를 소중히 여기며 더 노력하게 했습니다. 인구 측면에서는 세계화와 WTO 가입을 통해 중국의 수억 명에 달하는 젊은 노동자가 세계 경제에 빠르게 융합됐습니다. 이 젊은이들은 매우 짧은 기간에 엄청난 생산량을 창출할 수 있었습니다. 그리고 이 생산량을 전 세계가 소화해줬죠. 이런 요인들이 중국의 수십 년에 걸친 고속 성장을 어느 정도 설명하긴 하지만 이것이 전부는 아닙니다.

이제 통상적이지 않은 해석을 해보겠습니다. 우선, 현대 문명의 본질은 정치체제가 아니라 자유시장경제와 현대 과학기술의 결합입니다. 중국은 150여 년 동안 좌충우돌하다가 1978년에 이르러서야 이 두 가지의 조합을 실제로 이뤘습니다. 그 무렵 중국에는 이미 잠재적 통일시장과 안정적인 정치 환경이 존재했습니다. 일단 진정으로 현대 문명의 정수를 받아들이자, 현대화를 이룬 선발 주자들과 마찬가지로 번영하고 발전하기 시작했습니다. 역사적으로 다른 국가들의 경제적 도약도 같은 길을 걸어왔습니다. 국제적으로 널리 알려진 통념 중 하나는 정치적 민주주의가 현대화 실현의 필요조건이라는 것이지만, 중국의 성공이 그 반례를 보여줍니다. 정치적 민주주의는 현대화의 전제 조건이 아닙니다.

　또 다른 이유는 중국의 독특한 정치 및 경제 시스템에서 찾을 수 있는데, 일부 학자는 이를 '삼위일체 시장 메커니즘'이라고 부르기도 합니다. 앞서도 언급했듯이 중국인들은 정치적 능력주의를 통해 집단의 힘과 잠재력을 발휘할 방법을 최초로 찾아냈습니다. 지난 40년 동안 중국은 또다시 시장경제를 독특한 방식으로 조직하여 역사적 전통을 최대한 활용했습니다. 이른바 '삼위일체 시장 메커니즘'은 중앙 정부, 지방 정부, 기업 간의 긴밀한 협력을 의미합니다. 중앙 정부는 전략을 수립하고 자원을 지원하며 경제 사이클을 조절합니다. 이 점은 미국 연방 정부와 유사하죠. 중국의 독특한 점은 지방 정부들 간의 경쟁입니다. 중국의 지방 정부는 기업처럼 행동하며, 이런 '기업형 지방 정부'는 실제로 비즈니스 목적의 기업에 그룹 본사가 할 법한 수준의 서비스를 제공합니다. 기업이 어딘가에 투자하여 공장을 세우면 지방 정부는 기업을 위하여 토지를 제공하고, 도로와 다리를 건설하고, 노동력을 조직하고, 세수 제도를 바꾸고, 심지어 기업이 생산하는 첫 단계 제품을 구매해주기도 합니다. 지방 정부는 기업이 현지에 뿌리를 내리고 성공할 수 있도록 최선을 다해 지원합니다. 기업은 시장 기회를 잘 잡기만 하면 됩니다. 그 대가로 기업은 대량의 고용 기회를 제공하고, GDP에 기여하며, 지방 정부에 세금을 납부합니다. 어떤 면에서 보면 이는 임대료를 내는 것과 비슷합니다. 이미 만들어져 있는 그룹 본사를 임대하여 이용하는 것에 해당하기 때문입니다. 동시에 여러 지방 정부가 기업에 더 나은 서비스를 제공하기 위해 서로 경쟁하고 중앙 정부와 함께 장기적인 경제 성장을 추진합니다. 〈그림 18〉에서 볼 수 있듯이 수년 동안 중국 경제 성장률의 변동 폭은 매우 작았습니다. 이 독특한 모델은 초장기간 매우 높은 성장률을 기록했고 경기 사이클의 변동은 거의 없었습니다. 물론 경기 순환성이 낮은 것은 우호적인 국제 환경과 개방적이고 자유로운 무역 시스템 덕분이기도 합니다.

그러나 최근 몇 년 동안 상황이 바뀌었습니다. 우선, 지방 정부가 기업처럼 영리적 서비스를 제공할 때 수수료를 요구하고, 일부 공무원은 심지어 권력을 휘둘러 자신에게 수수료를 직접 내라고 요구하며 개인적인 이익을 도모하기도 합니다. 그래서 이런 방식은 초고속 경제 성장을 가져온 동시에 심각한 부패, 수수료 바가지, 환경 오염 악화, 지역 간 악랄한 경쟁, 빈부 양극화 같은 결과를 초래했습니다. 또한 중앙 정부가 경제 사이클의 변동 폭을 완화하는 주요 수단으로 채권을 발행해온 결과 경제의 부채 의존도가 지나치게 높아졌습니다. 이것이 삼위일체 시장 메커니즘의 문제점입니다.

이 시기 국제 환경도 변화했습니다. 중국은 세계 2위의 경제 대국이자 세계 최대 무역국이면서 최대 공업국가가 됐지만, 다른 국가와 지역의 경제는 이렇게 많은 생산량에 대응할 수 있는 수준인 9%의 성장률에 다다르지 못했습니다. 게다가 세계화의 결과 중 하나는 원래 발달한 공업국가들이 산업적 우위의 기반을 잃어가고 있다는 것이었습니다. 결국 선진국이 누린 세계화의 혜택은 과학·기술·금융 분야의 엘리트들에게 과도하게 집중됐고, 부의 양극화가 날이 갈수록 심화돼 중산층의 생활 수준이 정체되고 말았습니다. 그 결과 반세계화 운동과 각종 국수주의 정치 운동이 힘을 얻기 시작했습니다.

40년간의 지속적인 경제 성장 이후 중국의 독특한 발전 모델도 곤

란한 상황에 처하게 됐습니다.

중국을 비관적으로 바라보는
오늘날의 투자자들

2012년에 열린 제18차 중국공산당 전국대표대회 이후 중국 정부는 가장 포괄적이고 장기적인 반부패 캠페인을 시작했습니다. 이 캠페인은 장장 6년 넘게 지속돼왔고 여전히 진행 중입니다. 정부는 개혁 계획을 발표함과 동시에 병행하는 두 가지 정책 목표를 제시했습니다. 한 가지 목표는 당의 포괄적이고 엄격한 통치를 통해 국가 전체를 장악하는 것입니다. 다른 하나는 중국의 (초고속이 아닌) 중속 또는 고속의 지속 가능한 경제 성장을 지속적으로 창출하는 것입니다.

그러나 대부분 사람이 첫 번째 목표에 무게를 뒀는데 그 이유는 모든 관료, 지식인, 사업가, 그리고 모든 인민에게 영향을 미치는 엄청난 변화를 불러왔기 때문입니다. 한동안 많은 사람이 적응하지 못해 애를 먹었습니다. 이는 일부 정부 관료의 방관과 전횡으로 이어졌고, 일부 기업과 소비자들은 미래에 대한 신뢰를 잃었으며, 금융 시장은 크게 하락했습니다. 이것이 2018년 중국에 두 번, 세 번 연이어 발생한 블랙스완Black Swan(발생 가능성은 희박하지만, 일단 발생하면 엄청난 파장을 가져오는 일-옮긴이) 사건의 배경입니다.

설상가상으로 이 시기에 중·미 무역 전쟁이 시작됐고, 국제적으로는 '중국 붕괴론'이 다시 유행했습니다. 이 문구는 2001년 장쟈둔章家敦

이 쓴 『중국이 곧 붕괴한다The Coming Collapse of China』라는 책에서 처음 사용됐습니다. 이 예언은 여러 차례 유행했으며 외국의 저명한 신문과 잡지, 기업가와 정치인들이 몇 년 간격으로 되살려내곤 했습니다. 중국 내에도 이런 견해를 가진 사람들이 적지 않습니다. 중국의 붕괴가 임박했다는 새로운 예측이 나타나면서 비관주의의 물결이 중국을 휩쓸었습니다. 이런 견해를 가진 사람들은 전면적이고 엄격한 당의 통치라는 최종 목표에 회의적이며, 심지어 시장경제 개혁과 발전을 추진하려는 정부의 의지에도 의구심을 품고 있습니다. 이것이 중국 초고속 성장의 종말을 예고하는 것이 아닐까 하는 것입니다.

하지만 반대로 생각해보면, 당의 리더십이 강해지는 것은 더 안정적인 정부, 안정적인 국가, 안정적이고 지속 가능하며 단일한 대규모 시장을 가져오는 것이기도 합니다. 반부패 운동은 부패와 뇌물 수수 행위를 효고적으로 억제하고 뿌리 깊은 이익 집단을 근절함으로써 그간 실행하기 어려웠던 경제 개혁에 나설 수 있게 했습니다. 또한 중국은 기술·교육·환경에 대한 투자가 지속적으로 증가하고, 수출 및 투자 중심 경제에서 최종 소비 중심 경제로 전환했습니다. 최근 몇 년 동안 우리는 사회에서 많은 변화를 목격했습니다. 어떤 측면에서는 여론의 입지가 좁아졌지만 다른 측면에서는 빈곤 완화와 환경 보호 같은 정책이 즉각적인 효과를 나타냈습니다. 최근 몇 년 동안 중국의 국내 환경은 이렇게 변화했습니다.

국제적으로는 중·미 무역 전쟁에 대해 이야기해보겠습니다. 이 무역 전쟁이 중국의 성장 사이클이 종말을 맞이했다는 신호가 아닌지 묻는 사람이 많습니다. 다음 데이터를 한번 봅시다. 〈그림 19〉는 중국의

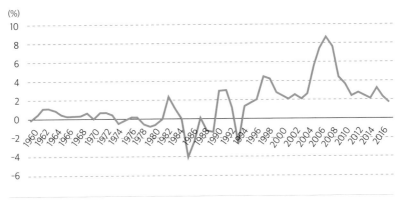

그림 19 중국의 GDP 대비 상품 및 서비스의 순수출 비율(1960~2017)

자료: 세계은행

GDP 대비 상품 및 서비스의 순수출 비율을 보여주는데, 수출액에서 수입액을 빼고 이를 GDP로 나누어 계산한 것입니다. 역사적으로 한때 는 중국의 순수출 비율이 매우 높아서 GDP의 9%에 육박하기도 했고, -4%까지 낮아진 적도 있었습니다. 그러나 지난 5년 동안 중국의 순수 출 비율은 평균 2% 수준을 기록했습니다.

〈그림 20〉을 보면 최근 몇 년간 국제무역이 중국 경제 성장에 미치 는 영향의 변화 추이를 알 수 있습니다. 〈그림 20〉은 2003년 이후 중 국의 GDP 성장에 대한 최종 소비, 총자본 형성(투자), 상품 및 서비스 순수출의 기여율을 보여줍니다. 중국 GDP에 대한 상품 및 서비스 순 수출의 기여율은 10여 년 전에는 상당히 높았으나 2008년과 2009년 부터 감소하기 시작했습니다(당시 중국은 글로벌 기타 경제 시스템을 지탱 하는 주요 수입국이었음). 지난 5년 동안 최종 소비의 기여율은 지속적으

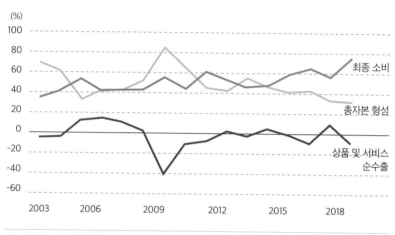

그림 20 중국의 GDP 성장에 대한 최종 소비, 총자본 형성,
상품 및 서비스 순수출의 기여율(2003~2018)

자료: 중국 통계 데이터베이스CEIC Data

로 증가했고, 총자본 형성 규모는 상대적으로 낮아졌으며, 상품 및 서
비스 순수출은 크게 감소했습니다. 즉, 중국 경제의 대외 시장에 대한
의존도가 현저히 낮아진 것입니다. 중국의 공급 측면 경제 개혁은 실질
적인 성과를 거뒀습니다. 온갖 걱정, 두려움, 불만, 예측에 둘러싸여 있
는 중국 경제는 실제로 조용히 변화하고 있습니다. 2018년 GDP 성장
에 대한 최종 소비의 기여율은 76.2%에 달했고, 총자본 형성의 기여율
은 32.4%, 상품 및 서비스 순수출의 기여율은 -8.6%로 나타났습니다.•

• 　국가통계국, 2018년 국민경제와 사회 발전통계공보

중·미 무역 갈등은 중국 경제에 큰 피해와 부정적인 영향을 미칠 것이 분명하지만, 중국 경제의 지속적인 성장을 멈추기는 어려울 것입니다.

경제 발전의 세 가지 단계: 오늘날 중국과 서양의 위치

개발경제학에는 루이스 변곡점Lewise turning point이라는 중요한 개념이 있습니다. 산업화 초기에는 농촌의 잉여 노동력이 도시의 산업으로 몰리지만, 산업이 일정 규모로 성장하면서 농촌의 노동력이 잉여에서 부족으로 바뀌는 지점을 말합니다. 1950년대 영국의 경제학자 아서 루이스Arthur Lewis가 주창했죠.

루이스 변곡점 이전, 즉 마을 및 도시의 산업화 초기에는 자본이 절대적인 통제권을 가지고 있었고 일반적으로 노동은 가격 결정권과 협상력을 갖기 어려웠습니다. 시골에는 잉여 인구가 많았기 때문에 일자리를 찾는 사람이 많았고 기업은 자연히 노동자를 착취했습니다.

루이스 변곡점을 지나 경제 발전이 성숙 단계에 접어들면 기업은 생산 시설에 더 많이 투자하여 생산량을 늘리는 동시에 임금 인상, 근무 조건 및 생산 시설 개선 등을 통해 직원의 요구를 충족시키고자 합니다. 이 시기에 노동력이 부족해지기 시작하며, 경제 발전으로 임금이 계속 상승하고 그에 따라 소비와 저축 및 투자 수준도 함께 높아지는 한편 기업 이익도 상승하여 상호작용과 향상의 선순환이 이뤄집니다. 이 단계에서는 사회의 대부분 사람이 경제 발전의 결실을 누릴 수 있습니다. 동시에 중산층 위주의 소비 사회가 형성되고, 국가 전체가 경제 발전의 황금기에 진입하게 됩니다. 그래서 이 단계를 황금시대라고도 합니다.

　오늘날의 경제는 세계화된 경제입니다. 황금시대가 한동안 지속되어 임금이 일정 수준까지 상승하면 기업들에는 해외 신흥 경제국에서 생산하는 것이 더 매력적인 대안이 됩니다. 기업들이 서서히 개발도상국으로 이전하며 투자를 진행함에 따라 개발도상국은 산업화 과정에 진입합니다. 이런 현상이 본국에서 대규모로 발생하면 본국에 대한 투자가 감소하고 노동력, 특히 숙련도가 낮은 노동력의 임금은 상승을 멈추거나 심지어 하락합니다. 이 단계에서는 경제가 여전히 성장하고 있지만 경제 발전의 과실이 더 이상 사회의 다양한 부문에 고르게 분배되지 않습니다. 근로자들은 자신의 힘으로 생존해야 합니다. 기술의 기여도가 상대적으로 높은 직업, 예를 들면 과학기술, 금융, 글로벌 마케팅 분야의 보수가 매우 높아지고 자본의 해외 투자 수익률도 매우 높아집니다. 하지만 사회 전반의 임금 수준은 정체되고 국내 투자 기회는 크게 줄어듭니다. 경제학자 구차오밍辜朝明은 이 시기를 '루이스 변곡점의 피추격 단계'라고 부릅니다.

　오늘날 주요 서구 국가들은 1970년대에 서서히 3단계(피추격 단계)에 진입했습니다. 한때 추격을 하던 신흥 국가들, 예를 들어 일본도 1990년대 이후에는 피추격 단계에 들어섰습니다. 관찰자마다 구체적인 시기를 다르게 제시하지만, 대체로 중국은 지난 몇 년 동안 루이스 변곡점을 넘었고 성숙한 경제 발전 단계로 진입했을 것입니다. 〈그림 21〉부터 〈그림 24〉에서 볼 수 있듯이 중국은 최근 몇 년 동안 임금 수

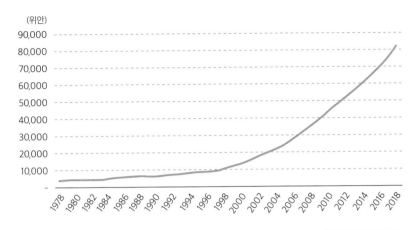

그림 21 중국 도시 단위 취업 인구의 평균 급여(1978~2018)

(위안)

자료: 중국 국가통계국, 인민은행(물가 조정)

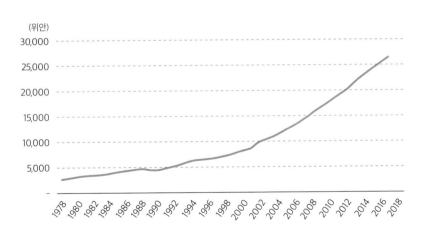

그림 22 중국 도시 가구의 1인당 소비 지출(1978~2018)

(위안)

자료: 중국 국가통계국, 인민은행(물가 조정)

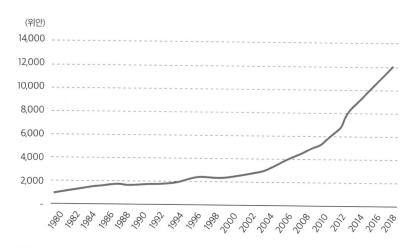

그림 23 중국 농촌 가구의 1인당 소비 지출(1980~2018)

자료: 중국 국가통계국, 인민은행(물가 조정)

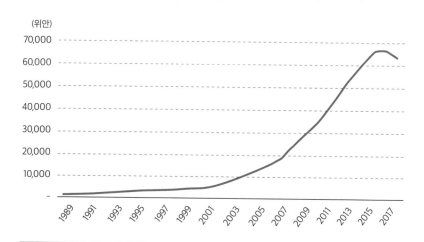

그림 24 중국 고정자산 투자(농업 인구 제외, 1989~2017)

자료: 중국 국가통계국, 인민은행(물가 조정)

준, 소비 수준, 투자 수준에서 가속화된 성장을 보였습니다.

정부 거시 정책의 효과는 경제 발전 단계에 따라 달라집니다. 산업화 초기 단계에서는 정부 재정 정책이 큰 역할을 할 수 있습니다. 인프라 투자, 자원, 수출 관련 서비스 등이 모두 신흥 국가가 신속하게 산업화 상태에 진입하는 데 기여했습니다. 루이스 변곡점 이후의 성숙 단계에 도달한 후에는 경제 발전이 주로 국내 소비에 의존하게 되며, 시장의 최전선에 있는 민간 영역의 기업가들이 빠르게 변화하는 시장의 기회를 더 잘 붙잡을 수 있는 위치에 있게 됩니다. 이 시점에서 재정 정책에 의한 추가 투자는 민간 부문 투자와 충돌하고 서로 자원 경쟁을 벌이게 됩니다. 이 시기에는 통화 정책이 민간 부문의 적극성을 더 효과적으로 끌어내 경제 발전을 촉진합니다. 피추격 단계에 도달하면 국내 투자 환경이 악화되고 투자 기회는 감소합니다. 해외 투자의 수익성이 더 높기 때문에 민간 부문은 국내 투자를 꺼리게 됩니다. 이때 정부의 재정 정책은 국내 민간 부분의 투자 부족과 주민 저축의 과다 및 소비 부족 등을 보완할 수 있다는 점에서 더욱 중요해집니다. 반면, 통화 정책은 이 단계에서 종종 실패합니다.

정부는 관성이 비교적 강하기 때문에 경제 발전 단계에 변화가 발생했음에도 정책 집행은 이전 단계의 성공 경험에 머물러 있는 경우가 종종 있습니다. 예를 들어 오늘날 서양의 거시 정책은 여전히 황금기에 더 효과적이었던 통화 정책에 크게 의존하고 있습니다. 실제 결과를 보면 이런 정책은 매우 효과가 낮아서 많은 서구 국가(특히 유럽)와 일본은 오늘날에도 여전히 무능합니다. 과도한 통화 발행, 제로 금리 심지어 마이너스 금리 상황에서 인플레이션율은 여전히 매우 낮고 경제 성장은 극도로 느립니다. 중국도 마찬가지여서 경제가 루이스 변곡점 이후의 성숙 단계에 접어들었지만, 정부의 재정 정책은 여전히 매우 강력하고 정부의 통화 정책 사용은 상대적으로 미약합니다. 지난 몇 년 동안 민간 기업은 다양한 재정 정책과 국유 기업에 어느 정도 압박을 받아왔으며 특정 영역에서는 활동 공간이 좁아지는 경향이 있었습니다. 거시경제 정책과 경제 발전 단계 간의 이런 불일치는 모든 발전 단계의 모든 국가에서 발생합니다.

그러나 중국은 여전히 경제 발전의 황금시대에 있으며 서구에 비해 비용 우위를 가지고 있다는 사실을 부인할 수 없습니다. 뒤따르는 신흥 개발도상국들은(예를 들어 인도) 아직 체계적인 경쟁 우위를 확보하지 못했습니다. 앞으로 몇 년 동안 중국의 임금 수준, 저축 수준, 투자 수준, 소비 수준은 계속해서 서로를 따라잡으며 나선형 상승세를 보일 것입니다. 이런 상호 촉진의 선순환 속에서 투자 기회는 여전히 매우 풍부하고 우수할 것입니다. 만일 정부가 이 단계에서 민간 부문을 지원하기 위해 더 많은 거시 통화 정책을 사용할 수 있다면 현 단계의 경제 발전에 크게 도움이 될 것입니다.

중국 경제의 성장 잠재력

이상의 논의를 기초로 우리는 이제 다음 문제에 대답을 시도할 수 있습니다. 앞으로 5년, 10년, 15년, 20년, 심지어 그 이상의 장기간에 걸친 중국의 경제 성장 잠재력을 어떻게 추정해야 하는가? 저는 다섯 가지 관점에서 이 질문에 답하고자 합니다.

첫째, 앞서 언급했듯이 현대 문명은 현대 과학기술과 자유시장경제의 결합을 기반으로 합니다. 과학기술과 자유시장경제의 결합은 정치가 조직되는 방식과는 거의 관련이 없습니다. 반면 기술 밀도는 경제 성장과 직접적인 관련이 있습니다. 중국의 고등 교육 현황, 1인당 GDP, 1인당 연구·개발R&D 지출을 고려하면 중국의 잠재력이 매우 크다는 것을 누구나 알 수 있을 것입니다. 중국에서는 2018년에 750만 명의 대학생이 졸업했으며, 이 중 470만 명이 STEM(과학Science·기술Technology·공학Engineering·수학Math) 전공자였습니다. 그에 비해 미국 대학의 STEM 전공 졸업생 수는 약 50만 명으로 중국의 10분의 1에 불과합니다. 2년 후에는 중국의 대학생 수가 2억 명에 육박할 것으로 예상되며, 이는 미국 전체 노동인구에 근접하는 수치입니다. 결론적으로, 중국은 엔지니어들이 창출하는 엄청난 혜택을 누리게 될 것입니다. 1978년 초에도 비슷한 일이 일어났는데, 당시 중국 농촌에서 수억 명의 젊은이가 대도시로 옮겨 와서 직업의 난이도나 임금의 고저와 관계없이 전력을 다해 일했습니다. 지난 수십 년 동안 중국의 경제 도약은 대량의 저가 노동력, 그리고 세계화가 가져온 일자리가 주도했습니다.

중국은 이제 엔지니어들의 기여에 따른 특수를 맞이하여 경제가 한 단계 업그레이드되면서 풍요로운 사회를 누리게 될 것입니다. 화웨이가 좋은 사례입니다. 이 회사는 약 15만 명의 엔지니어를 고용하고 있는데, 기본적으로 모두 공학 학사 학위를 소지하고 있고 석사 학위 이상을 소지한 이들도 많습니다. 화웨이의 급여는 미국 실리콘밸리에 비하면 낮은 수준이지만, 화웨이의 엔지니어들은 열심히 일하고 헌신하는 것으로 업계에 잘 알려져 있습니다. 그들은 스마트하고 실리콘밸리의 엔지니어들에게 절대 지지 않을 만큼 전문적인 훈련을 받았습니다. 중국이 앞으로 발휘할 경쟁 잠재력이 바로 여기에 있습니다.

여기서 한 걸음 더 들어가 보겠습니다. 〈그림 25〉에는 여러 국가와 지역에 대한 1인당 GDP와 GDP 대비 R&D 지출 비율이 나와 있습니다. 2017년 중국의 1인당 GDP는 9,000달러에 가깝습니다(2018년에는 1만 달러에 육박했음). 1인당 GDP 측면에서 중국은 브라질, 멕시코, 태국과 비슷한 수준입니다. 그러나 중국의 GDP 대비 R&D 지출 비율은 2.13%로 이들 국가보다 훨씬 높습니다. 브라질의 1.27%, 태국의 0.78%, 멕시코의 0.49%와도 비교됩니다. 심지어 스페인과 포르투갈보다 훨씬 더 높습니다. 스페인의 1인당 GDP는 중국의 3배, 포르투갈은 중국의 2배입니다. 즉, 중국의 GDP 대비 R&D 지출은 1인당 GDP가 2~3배 높은 국가보다도 높고, 중국과 1인당 GDP가 같은 수준의 국가보다는 훨씬 더 높습니다.

둘째, 그렇다면 중국은 1인당 GDP의 잠재력을 어떻게 발현할 수 있을까요? 도시화율이 또 하나의 중요한 요소입니다. 1인당 GDP가 높고 R&D 지출이 높은 모든 국가의 도시화율이 70% 정도인 반면, 중국의 도시화율은 55%에 불과합니다. 사실상 도시에 거주하지만 도시 후커우가 없는 1억 8,000만 명의 농민공이 포함돼 있기 때문에 이 수치조차 과장된 것입니다. 도시 후커우를 가진 사람만이 교육, 양로, 의료 혜택 등 다양한 사회적 혜택을 받을 수 있습니다. 이런 부분이 보장되면 노년에 대한 우려가 줄어들어 사람들은 더 많은 소비를 할 것입니다. 현재 1억 8,000만 명에 달하는 농민공은 도시 생활의 완전한 참여

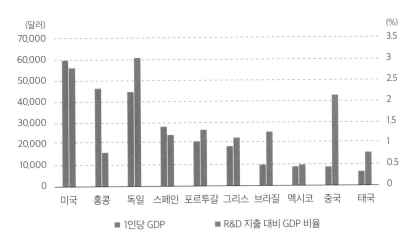

그림 25 국가별(지역) 1인당 GDP와 1인당 R&D 지출 비율

■ 1인당 GDP　　　■ R&D 지출 대비 GDP 비율

※ 1인당 GDP는 2017년 명목 달러. R&D 비중은 2017년(단, 브라질, 멕시코, 태국은 2016년) 기준

자료: 세계은행

자가 아닙니다. 도시 밖에 거주하는 45%의 농촌 인구는 말할 것도 없고요.

중국 정부는 앞으로 20년간 매년 1%의 비율로 도시화를 진행할 계획이며, 이는 앞으로 20년간 약 3억 명의 새로운 소비자가 나올 것임을 의미합니다. 이것이 바로 도시화 과정에 참여하는 진정한 의미, 즉 소비자를 창출하는 것입니다. 일단 도시 생활에 참여하고 기본적인 사회 보장을 받으면 주변의 시민들과 마찬가지로 돈을 벌고 소비를 늘리면서 경제 순환에 참여하게 됩니다. 그 결과 지속 가능한 경제 성장이 이뤄집니다.

셋째, 또 하나의 문제는 중국이 도시화, 건설, 제조업의 업그레이드를 지원할 만큼 충분한 자금을 보유하고 있는가 하는 것입니다. 마침 중국에는 이에 도움이 될 수 있는 또 다른 특성이 있습니다. 〈그림 26〉에서 볼 수 있듯이 1952년부터 2017년까지 중국 국민의 저축률은 매우 높습니다. 개혁개방 이전에도 꾸준히 높았습니다. 매우 흥미로운 것은 최근 몇 년 동안 소비 수준의 급격한 상승과 함께 저축률도 동반 상승했다는 것입니다. 2018년 기준 세계 2위의 경제 대국인 중국의 저축률은 여전히 45%에 달했습니다. 높은 저축률은 더 많은 소비와 투자를 뒷받침하는 자원입니다.

높은 저축률은 많은 사람이 걱정하는 또 하나의 문제, 즉 높은 부채 수준도 해결해줄 수 있습니다. 중국의 부채 수준은 2008년 이후 지속적으로 높아졌습니다. 당시 중국은 미국의 서브프라임 모기지 사태로 촉발된 글로벌 경기 침체에 대응하여 주로 통화 발행과 부채 금융에 의존하여 대규모 투자를 지속했습니다. 전통적으로 중국의 사회적 자금은 주로 은행 채무를 통해 조달됐으며, 그 비중이 80~90%에 달한 적도 있습니다. 주식 시장을 통한 자금 조달은 비중이 매우 작습니다. 그러나 채권이든 주식이든 자금의 원천은 같아서 미국이나 그 외 나라에서 온 것이 아니라 국내 예금주들로부터 직접 조달됐습니다. 중국의 대부분 부채는 중국인 스스로가 채권자이며, 본국 화폐로 발행됐습니다. 따라서 부채비율이 높다고 하더라도 중국에서 금융위기가 발생할 가능성은 아직까지는 크지 않습니다.

중국 정부가 취하고자 하는 다음 단계는 자본 시장 개혁을 통해 중국의 자금 조달 구조를 근본부터 바꿔 주식의 비중을 대대적으로 높이

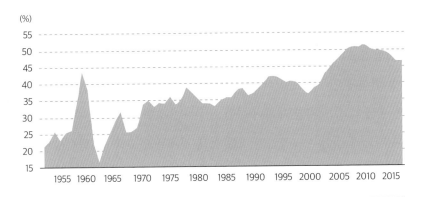

그림 26 중국 국민의 저축률(1952~2017)

자료: 중국 통계 데이터베이스

고 채권의 점유 비율을 낮추는 것입니다. 바로 어제, 중국이 미국의 나스닥NASDAQ을 본떠 상하이에 '커촹반科创板'을 출범한다는 뉴스를 읽었습니다. 커촹반은 미국과 같은 방식으로, 알려진 정보에 따르면 등록제 상장이 될 것이고 이전의 심사제가 아닐 것이라고 합니다. 즉, 상장을 희망하는 기업은 더 자유로운 방식으로 단기간에 자본 시장에 진입하여 자유경쟁 방식으로 자금을 조달할 수 있게 됩니다. 물론 그 후에는 정부가 모니터링할 것입니다. 이 방식은 미국과 동일합니다. 등록제 개혁을 시작으로 중국은 사회 금융 구조를 서서히 조정하여 80~90%에 달하는 높은 은행 부채비율을 점차 낮추고자 합니다. 복잡하고 성숙한 경제는 은행 부채비율이 그렇게 높아서는 안 되니까요. 따라서 자본 시장 개혁은 높은 부채비율 문제를 해결하고 자금 조달의 효율성을 개선하는 열쇠가 될 것입니다.

단, 중국은 자본이 본국의 저축에서 직접 나올 수 있으므로 외국 자본에 의존하지 않을 수 있습니다. 중국의 가계가 부유해졌음에도 저축률이 높은 수준을 유지하는 것은 중국 문화의 산물입니다. 앞서 제시한 〈그림 26〉은 중국인들이 현재에 만족하지 않고 더 많은 투자를 원하며, 현실에 안주하고 싶어 하지 않는다는 것을 분명히 보여줍니다. 만일 중국의 자본 시장 개혁이 이런 욕구를 유효한 투자로 전환하고 교육과 기술에 대한 지속적인 투자를 통해 경제를 업그레이드함으로써 '경제 성장, 개인 재산의 증가, 소비의 향상, 투자 증가'라는 선순환 구조를 만들 수 있다면, 중국 경제는 장기적으로 성장할 수 있을 것입니다.

넷째, 중국 경제의 미래를 이해하는 또 다른 측면은 주요 문제와 위기에 대처하는 중국 정부의 유연성과 실용성입니다. 오늘날 중국 정부의 두 가지 목표, 즉 전면적이고 엄격한 당의 국가 통치와 중간 정도 또는 빠른 정도의 속도로 지속 가능한 경제를 유지하는 것은 통일되면서 모순되기도 합니다. 때로 잘 처리하지 못하면 위기로 발전할 수도 있습니다. 다만 우리는 중국 정부가 위기에 대응하면서 두 가지 주요 목표 중 우선순위를 조정할 만큼 충분한 유연성과 실용성을 보였다는 점도 확인했습니다. 예를 들어 중국 정부는 중·미 무역 갈등에서 대미 협상 전략을 조정했으며, 민간 기업에 대한 이전의 대우와 민간 기업에 대한 대출 정책, 특히 주식 시장 폭락 중 민간 금융 지분에 대한 처리 등등을 일부 변경했습니다.

또한 전면적이고 엄격한 당의 국가 통치 결과 오히려 정치적 안정성이 높아질 수도 있습니다. 이 점은 서구식 모델에 공감하는 국내외 관찰자들이라면 이해하거나 받아들이기 어려울 수도 있습니다. 하지만 현실이 그렇기도 하거니와 과거와 현재를 통틀어 이를 뒷받침하는 사례가 적지 않습니다. 그런 상황에서는 사람들이 모두 적응하기 위한 조정을 할 것입니다. 현재 상황에 다소 불만이 있다고 하더라도 대다수 사람은 중국을 떠나기를 원하지 않을 것입니다. 재산이나 사업을 가져갈 수 없으니까요. 그런데 정책이 개선되고 시간이 지나면 모든 것이 일상으로 돌아옵니다. 상인들은 계속해서 장사를 할 것입니다. 이들 재산은 중국에서 유출되지 않을 것이며 생산성 자산들은 손실되지 않을 것입니다. 사회의 대부분 사람, 심지어 중국 정부도 적응하는 법을 배울 것입니다. 중국 정부가 유연하고 적응력이 있다면, 저는 중국 사회 전체도 필연적으로 유연하고 적응력이 있으리라고 생각합니다. 모순이 폭발할 때 우리는 두 목표 사이의 우선순위가 끊임없이 바뀌는 것을 보게 될 것입니다. 그저 정부가 경제 개혁 발전이라는 목표를 바꾸지 않는 한 중국 경제는 크고 안정적인 단일 시장에서 계속 발전해나갈 것입니다.

다섯째, 그렇다면 현재의 정치·경제 모델하에서 중국 경제는 어디까지 발전할 수 있을까요? 물론 이 질문에 명확한 답을 줄 수 있는 사람은 아무도 없을 것입니다. 따라서 중국 경제의 미래를 예측하려면 유사한 정치와 문화를 조직해나간 국가들의 발전 경험을 참고하는 것이 가장 좋은 방법입니다.

동아시아의 유교 영향을 받은 나라와 지역, 예를 들어 일본·한국·싱가포르·홍콩·타이완 등은 정부의 통제 정도와 인구 규모 면에서 중국과 매우 다릅니다. 오히려 그런 점에서 이들의 발전 여정은 중국 경제의 앞날을 예측하는 데 도움이 됩니다. 일본은 1962년에 처음으로

1인당 GDP가 1만 달러에 도달했습니다(2010년 달러 기준, 〈그림 27〉참조). 이후 24년 동안 GDP는 연평균 약 6.1%의 성장률을 기록했으며, 1인당 GDP는 3만 달러 수준까지 높아졌습니다. 그 후 성장률이 둔화되기 시작했죠.

한국은 1993년에 1만 달러를 돌파했습니다(〈그림 28〉참조). 이후 24년 동안 연평균 GDP 4.7%의 성장률을 기록하며 2만 5,000달러를 넘어섰습니다. 싱가포르는 8.2%의 연평균 성장률로 비교적 단기간에 1인당 GDP가 1만 달러에서 3만 달러로 급증했습니다(〈그림 29〉참조). 홍콩도 비슷한 상황으로, 28년 동안 10%의 성장률을 기록했습니다(〈그림 30〉참조).

물론 싱가포르와 홍콩은 경제 규모가 매우 작기 때문에 같이 놓고 비교하기는 적당하지 않습니다. 그에 비해 한국과 일본의 데이터는 좀 더 예측성이 있죠. 이들은 정치적으로 조직 방식이 중국과 유사하고 중국과 같이 교육·기술·산업 업그레이드·국내 소비를 강조하는데, 특히 일본이 그렇습니다. 한국 경제는 여전히 해외 의존도가 매우 높습니다. 하지만 이들 모두 많건 적건 중심을 소비로 옮기고 있습니다.

이런 동아시아 유교 국가들의 경험은 중국의 성장 잠재력을 추정하는 데 매우 도움이 됩니다. 이들 국가는 모두 능력주의 문화를 신봉하고, 저축률이 높으며, 교육과 기술을 중시하고, 1인당 GDP 1만 달러에 다다랐을 때 강렬한 발전 의지를 나타냈습니다. 그들의 사회 조직 방식은 대개 중국과 유사하며, 경제적으로도 서구 국가들에 비해 정부가 중요한 역할을 했습니다. 중국 사회도 비슷한 궤적을 따라갈 가능성이 큽니다.

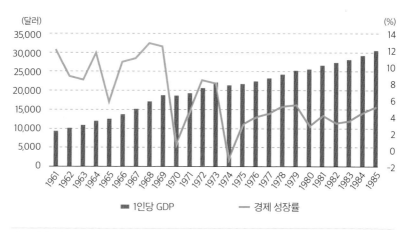

그림 27 일본의 1961~1985년 경제 성장률 및 1인당 GDP(2010년 미국 달러 기준)

자료: 세계은행

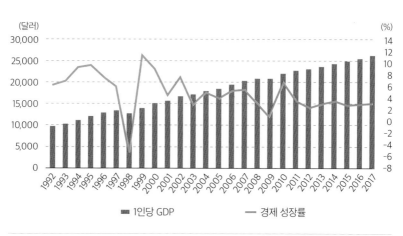

그림 28 한국의 1992~2017년 경제 성장률 및 1인당 GDP(2010년 미국 달러 기준)

자료: 세계은행

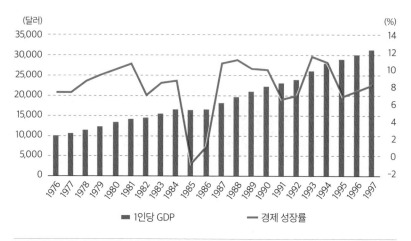

그림 29 싱가포르의 1976~1997년 경제 성장률 및 1인당 GDP(2010년 미국 달러 기준)

■ 1인당 GDP　　　— 경제 성장률

자료: 세계은행

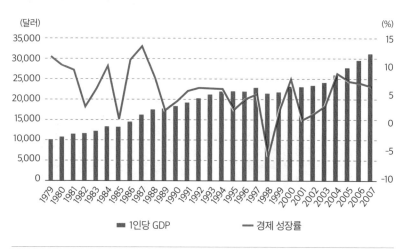

그림 30 홍콩의 1979~2007년 경제 성장률 및 1인당 GDP(2010년 미국 달러 기준)

■ 1인당 GDP　　　— 경제 성장률

자료: 세계은행

하지만 우리는 바닥에서 상향식으로 탐구하는 투자자입니다. 우리의 투자는 대개 전반적인 거시 환경에 영향을 받지 않습니다. 이 이야기를 하는 이유는 우리가 투자하는 기업들도 어떤 면에서는 자신이 속한 국가의 운명과 밀접한 연관이 있기 때문입니다. 따라서 우리는 해당 국가에 대해 대략적인 견해를 가져야 합니다. 이 견해는 특별히 정확할 필요도 없고 늘 정확할 필요도 없습니다. 우리에게 필요한 것은 앞으로 20~30년 동안 우리가 관심 가진 국가에 어떤 일이 일어날지에 대한 대략적인 예측 정도입니다. 이것이 바로 우리가 이런 분석을 하는 이유이며, 이런 문제를 숙고하는 이유입니다.

지금까지 다양한 영역을 아우르며 많은 이야기를 했는데요, 여러분이 공정하고 객관적으로 큰 그림을 이해하는 데 도움이 됐기를 바랍니다. 다음에 미국의 신문이 중국에 대한 담론을 실었을 때, 그 신문 또는 기자가 혹시라도 편견을 품고 있지는 않은지부터 생각해보셨으면 합니다. 이런 편견은 그들 자신의 경험과 성공에서 비롯됩니다. 그들은 자신과 다르면 일단 비판하고 보는 경향이 있습니다. 여러분도 마찬가지입니다. 중국이 어떤 문제에 대응하는 것을 볼 때 통상 자신의 경험, 자신의 성공, 자신의 편견을 기반으로 합니다. 하지만 여러분은 구름을 뚫고 해를 볼 줄 아는 능력을 갖춰야 합니다.

지금까지 얘기한 내용을 정리해보겠습니다. 지리적 차이로 중국과 서양은 서로 다른 발전 경로를 택했고, 정부는 두 문화권에서 매우 다른 역할을 수행했습니다. 중국은 역사상 정치적 능력주의를 가장 먼저 발명하여 농업 문명의 대부분 기간에 유럽보다 앞서 있었습니다. 마찬가지로, 유럽은 지리적 요인 덕분에 신대륙을 가장 먼저 발견했고 서양에서 경제적 능력주의가 적용되도록 촉진하여 인류를 현대 문명으로 이끌었습니다.

100년이 넘는 좌절 끝에 중국은 지난 40년 동안 마침내 현대 문명의 정수, 즉 현대 과학기술과 시장경제의 결합을 이뤘습니다. 그로부터 40년 동안 초장기적인 고속 경제 성장의 기적을 창출했는데, 중국 고유의 문화 및 사회 거버넌스상의 장점이 크게 기여했습니다. 오늘날의 환경에서 집권당과 정부는 사회에 대한 통제력을 더욱 강화했지만 사회 거버넌스의 근본적인 목표는 변하지 않았으며, 앞으로 수십 년 동안 중국의 지속 가능한 중고속 경제 성장을 창출할 것입니다. 미국과의 무역 갈등으로 국제 경제의 불확실성이 커졌지만, 오늘날 중국은 수출에 전적으로 의존하는 국가가 아니며 세계에서 가장 빠르게 성장하는 수입국으로 변모하고 있습니다. 중국과 미국은 각자의 이익을 위해 무역 및 경제의 다양한 문제에서 타협점을 찾을 가능성이 대단히 큽니다.

오늘날 중국은 루이스 변곡점을 지나 경제 발전의 황금기에 접어들었으며, 임금·소비·저축·투자 수준이 서로를 따라잡는 나선형 성장을 이루면서 중산층 소비 사회를 만드는 데 양호한 환경을 창출하고 있습니다. 중국의 문화와 국가 정책에는 중산층 함정을 피하고 고도 발전 국가의 행렬에 들어서게 할 가능성을 제공하는 다양한 요인이 있습니다. 여기에는 R&D에 대한 지속적인 높은 투자, 고등 교육을 받은 노동 인구의 규모, 특히 엔지니어 집단의 급속한 확대, 차근차근 추진되는 도시화, 국민들의 높은 저축과 투자, 안정적인 정치 환경, 거대한 내수 시장 등이 포함됩니다. 또한 중국과 같은 유교적 전통을 가진 여타 동아시아 국가들도 중등 소득 수준에 도달한 후 또다시 오랜 기간 경제 성장을 지속하여 결국 고소득 국가를 이뤘습니다.

마지막으로, 펀더멘털 투자자로서 우리가 지금 중국에 투자해야 하는 이유는 무엇일까요? 중국에서는 여전히 서양의 동종 기업보다 훨씬 저평가돼 있고 빠르게 성장하는 훌륭한 선도 기업을 찾을 수 있기 때문입니다. 이것이 바로 우리가 중국에 투자하는 이유입니다.

여러분, 감사합니다!

Civilization, Modernization, Value Investment and China

거의 친구였으며 그 자신도 매우 우수한 기업가이자 프로 독서광이었다. 그는 이 책에서 멍거 사상의 정수를 가장 포괄적으로 엮어냈다. 피터는 나의 오랜 친구이자 투자 파트너이기도 해서 나는 이 책이 출판되는 전체 과정을 지대한 관심 속에 지켜봤다.

2005년에 초판이 세상에 나왔을 때 나는 보물처럼 몇 번이고 반복해서 읽었고, 매번 읽을 때마다 새로운 통찰을 얻었다. 당시 나는 이 책을 번역해서 중국 독자들에게 소개하고 싶었다. 이 소망이 5년이나 걸려서 실현됐다. 2009년, 멍거는 85세였다. 한 친구가 나에게 권유했을 때, 나는 이 책을 중국어로 번역하는 것이야말로 은사에게 최고의 보답을 하는 것이며, 그의 지혜를 동포들과 나누고 싶다는 내 소망을 이루는 가장 좋은 방법이라는 것을 깨달았다.

이제 이 책이 출간됐으니 독자들이 멍거의 사상과 인격이 나아간 바를 배우고 그의 실천을 통해 깊은 깨달음을 얻게 되기를 바란다.

＊＊＊

내가 버핏과 멍거의 가치투자 시스템을 처음 접한 것은 20년 전이었다. 당시 나는 미국에 막 도착한 상태였고, 가족도 없었으며, 미국 문화에 익숙하지 않았고, 언어도 통하지 않았다. 운 좋게 컬럼비아대학교에 학부생으로 입학했을 때 나는 곧바로 비싼 등록금과 생활비 문제에 직면했다. 장학금이 있긴 하지만, 무일푼인 학생에게 대출은 천문학적인 빚으로 느껴져 언제쯤 되어야 갚을 수 있을지 앞날이 막막하고 불안하기 짝이 없었다. 미국으로 유학 온 중국인 학생들, 특히 학비와 생활비를 마련하기 위해 빚과 아르바이트에 의존해 학창 시절을 보내야 했던 사람들이라면 이런 이야기가 낯설지 않을 것이다.

중국에서 태어나 1970년대와 1980년대를 중국에서 보낸 나는 비즈니스에 대한 개념이 전혀 없었다. 당시 중국에서는 비즈니스가 그다지 중요하지 않았으니 말이다. 어느 날 같은 과 친구가 내게 말했다.

"미국에서 어떻게 돈을 벌 수 있는지 알고 싶으면 경영대학원 강연을 꼭 들어봐."

연사의 이름이 워런 버핏이라고 했는데, '버핏'을 '뷔페'라고 생각한 나는 공짜 점심을 주는 줄 알고 강연을 들으러 갔다. 당시 버핏은 지금처럼 유명하지도 않았고 그래서 그의 강연에 많은 사람이 참석하지도 않았지만, 당시 그의 말은 내 정수리에 찬물을 끼얹는 듯한 깨달음을 줬다.

버핏은 주식 시장에 어떻게 투자해야 하는지를 말해줬다. 그때까지 내 머릿속에 있는 주식 시장이라는 것은 차오위가 「일출」에서 묘사한, 교활함과 운과 피로 가득한 것이었다. 하지만 주식 시장에서 많은 돈을 벌었다는 이 성공한 미국 사업가는 좋은 사람 같았다. 호의적이고 총명하며 조금은 학자풍의 사람이어서 내 상상 속의 냉혹하고 비정한 투기꾼과는 완전히 달랐다.

버핏의 강연은 간결한 표현과 명료한 논리로 진행됐으며, 그래서 모든 말에 신뢰가 갔다. 그는 한 시간이 넘는 강연에서 주식 시장의 메커니즘을 명쾌하게 설명해줬다. 버핏은 주식은 본질적으로 회사의 일부 소유권이고 주식의 가격은 회사의 가치로 결정된다고 말했다. 그리고 회사의 가치는 회사가 거둬들이는 수익과 순자산으로 결정된다. 따라서 주가는 단기적 등락을 예측하기는 어렵지만, 장기적으로는 필연코 회사의 가치로 수렴된다. 현명한 투자자는 주가가 회사의 실제 가치보다 훨씬 낮을 때 매수하고 주가가 가치에 근접하거나 높을 때 매도함으로써 적은 위험으로 많은 돈을 벌 수 있다.

이 얘기를 듣고 나니 나는 마치 하늘에서 내려온 동아줄을 잡은 것 같은 기분이 들었다. 정말로 똑똑하고 정직하며 지식이 풍부한 사람이라면 가족의 지원이 없어도, 회사 경영에 정통하지 않아도, 새로운 제품을 발명하거나 고안하거나 새로 회사를 설립하지 않고도 빈손으로 일어나 성공적으로 부를 쌓을 수 있다. 내가 바로 생생한 사례다! 당시 나는 내가 경영에 적합하지 않고, 미국의 사회와 문화도 이해하지 못하니 창업을 하더라도 성공할 수 있을지 자신이 없었다. 하지만 기업의 가치를 분석한다거나, 비교적 복잡한 비즈니스 데이터와 재무 보고서를 분석하는 일이라면 자신이 있었다. 버핏의 말이 맞는다면 나처럼 이름도 알려지지 않았고, 아무 연고도 없고, 이 사회에 기초도 경험도 없는 외국인일지언정 주식 투자 분야에서 성공할 수 있지 않을까? 너무나 유혹이 컸다.

연설을 듣고 나서 집에 돌아오자마자 버핏이 버크셔 주주들에게 보낸 연례 서한과 그에 대한 모든 종류의 연구 자료와 책을 열심히 찾아 읽었다. 또한 멍거가 수십 년 동안 버핏과 떼려야 뗄 수 없는 파트너였다는 사실도 알게 됐고, 그 후 1~2년 동안 그들을 철저히 연구했다. 모든 연구 결과가 당시 내가 연설을 들었을 때 느꼈던 인상이 틀리지 않았음을 확인해줬다. 조사 과정을 마친 후 나는 이 업계에서 성공할 수 있음을 진정으로 확신했다.

1~2년 후, 처음으로 주식을 샀다. 당시 내 개인 순자산은 여전히 마이너스였지만, 투자에 사용할 수 있는 현금은 어느 정도 있었다. 1990년대 초였던 당시는 세계화가 막 시작됐고, 모든 분야의 미국 기업들이 장기적인 상승 추세에 있었으며, 시장에는 저평가된 주식이 많았다. 1996년 컬럼비아를 졸업할 무렵 나는 이미 주식 투자로 상당한 수익을 올렸다.

졸업 후에는 투자은행에서 일하면서 혼자서 주식 투자를 계속했다. 그리고 1년 후, 투자은행을 그만두고 직업적 투자자의 생애를 시작했다. 당시 가족과 친구들은 내가 위험한 길을 택했다며 걱정했고 나 자신도 앞날을 완전히 확신하지 못했다. 솔직히 말해서 창업을 결심할 수 있었던 건 버핏과 멍거의 영향이었다.

1998년 1월, 내 회사를 설립했다. 소수의 지지자와 오랜 친구 몇 명이 소개해준 사람들이 소액의 자금을 맡겨줬고 나는 혼자서 회장, 펀드매니저, 비서, 애널리스트를 겸하며 열심히 일했다. 내가 가진 것은 휴대전화와 노트북 컴퓨터가 전부였다. 때마침 1997년 아시아 금융위기의 여파로 유가가 배럴당 10달러 아래로 내려갔다. 나는 아시아의 우수한 기업뿐만 아니라 미국과 캐나다의 여러 석유 회사 주식을 최대한 매수하기 시작했다. 하지만 그 후 이어진 급격한 변동성으로 장부상 손실이 19%에 달했다. 그러자 몇몇 고객은 비즈니스의 미래를 걱정하면서 더는 자금을 투입하지 않으려고 했다. 가장 큰 위탁자 중 한 명은 이듬해에 자금을 회수했다. 게다가 운영비가 증가해 회사는 첫 번째 생존의 위기에 직면했다.

시작이 순조롭지 않다 보니 나는 몇 배의 압박감을 느꼈고 위탁자들의 신임을 잃은 것 같다는 생각이 들었다. 이런 심리적 부담은 투자 결정에 영향을 끼쳐 좋은 기회를 마주했을 때 과감하게 행동하기 어렵게 한다. 하지만 바로 그때가 투자하기 가장 좋은 기회다. 이 시점에서 버핏과 멍거의 아이디어와 사례가 나에게 엄청난 지지 작용을 해줬다. 1973~1974년 미국 경기가 침체기에 있을 때 그들 두 사람도 비슷한 경험을 했는데, 장부상 손실을 기록 중임에도 '지금은 주식을 살 때'라며 위탁자들을 설득했다고 한다. 가장 힘들었던 그때 나는 버핏과 멍거를 본보기로 삼아 스스로를 격려했고, 모든 일을 긴 안목에서 바라봤다. 1998년 하반기 들어 압박감을 이겨내고 용기를 내어 당시 가장 중요한 투자 결정 서너 가지를 내렸다. 그 몇 가지 투자가 그 후 2년 동안 나와 내 고객들에게 큰 수익을 안겨줬다. 돌이켜보면 운이 좋았던 것도 있지만, 버핏과 멍거의 사례 그리고 그들의 책과 사상이 나에게 결정적인 영향을 줬다.

그러나 당시 월스트리트의 대다수 개인 투자자, 특히 기관 투자자들의 행태는 버핏·멍거의 가치투자 이론과는 도무지 같은 곳이 없었다. 예를 들어 이들은 효율적 시장 가설을 믿기 때문에 주가의 변동성이 실제 위험과 동일하다고 보며, 실적을 판단하는 데 수익의 변동성이 얼마나 큰지를 중시한다. 가치투자자에게 가장 큰 위험은 주가의 등락이 아니라 투자금을 완전히 잃는 것이다. 단순한 주가 하락은 리스크가 아니라 오히려 기회다. 아니면 언제 저렴한 주식을 만나겠는가. 좋아하는 레스토랑의 스테이크 가격이 절반으로 내려가면 더 기분 좋게 먹을 수 있는 것과 같은 이치다. 하락하는 주식의 거래가 이뤄질 때 마음이 불편한 쪽은 매도자다. 매수자는 기분이 좋아야 한다. 그러나 대부분의 개인 및 기관 투자자의 실제 접근 방식은 버핏·멍거의 투자 철학과 정반대다. 월스트리트의 유명한 펀드매니저들은 버핏과 멍거의 엄청난 성과 때문에 표면적으로는 존경심을 보이지만, 실제 펀드 운영은 전혀 다르게 한다. 고객이 전혀 다르기 때문이다. 그들은 '변동성은 위험이다', '시장은 언제나 옳다' 같은 이론을 추종하는데, 나는 이런 이론은 완전히 틀렸다고 생각한다.

하지만 더 많은 투자금을 유치하고 유지하기 위해 나 역시 한동안은 타협해야 했다. 2년 동안 롱과 숏 양방향 포지션으로 헤지하면서 펀드의 변동성을 관리했다. 숏 포지션(공매도)은 롱 포지션(매수 포지션)에 비해 장기적으로 투자하기가 어렵다. 이유는 세 가지다. 첫째, 공매도의 수익 한도는 100%에 불과하지만 손실의 여지는 거의 무제한이며, 이는 매수 포지션과 정반대다. 둘째, 공매도는 부채를 통해 이뤄지기 때문에 예측이 상당히 정확하더라도 타이밍이 맞지 않으면 손실을 보거나 심지어 파산에 직면하게 된다. 셋째, 최고의 공매도 투자 기회는 일반적으로 사기를 동반하며, 이런 사기는 종종 너무나 잘 감춰져 있어서 적발되는 데 오랜 시간이 걸린다. 예를 들어 폰지 사기Ponzi scheme로 세상을 떠들썩하게 했던 버나드 메이도프Bernard Madoff의 사기 행각은 발각되기까지 수십 년 동안 지속됐다. 이 세 가지 이유로 공매도를 하려는 사람은 시장의 등락을 늘 주시하면서 끊임없이 거래해야 한다.

이렇게 2년 정도를 투자한 결과, 포트폴리오의 변동성이 훨씬 줄어들었고 인터넷 버블로 촉발된 2001~2002년 금융위기에서도 장부상 손실이 없었다. 우리 펀드는 소폭의 이익을 냈으며 운용 자금도 많이 증가했다. 표면적으로는 꽤 좋아 보이지만 사실 나는 속으로 매우 괴로웠다. 숏과 롱 포지션을 동시에 취하면 숏 포지션의 위험을 관리하기 위해 자주 거래해야 한다. 그러나 거래에 매달리다 보면 장기 투자 기회를 살펴볼 시간이 없다. 이 기간에 수익률은 변동성 측면에서 과거보다 좋았지만 결과는 성에 차지 않았다. 하지만 실제로 그 기간에 최고의 투자 기회가 많이 있었다. 솔직히 내 커리어에서 가장 큰 실패는 잘못된 결정으로 인한 손실이 아니라(물론 내가 내린 잘못된 결정도 많다) 이 기간에 내가 가장 좋아하는 우량주를 많이 매수하지 못한 것이다. 내 커리어의 최저점이었다. 그래서 한때는 은퇴하고 싶다는 생각도 들었고, 본업이 아닌 벤처 캐피털 펀드에 많은 시간을 할애하고 싶다는 유혹도 받았다.

그렇게 갈림길에서 고민에 빠져 있을 때, 우연한 계기로 평생의 멘토이자 친구가 된 찰리 멍거를 만났다.

그를 처음 만난 건 대학을 갓 졸업하고 로스앤젤레스의 투자은행에서 일하고 있을 때였다. 친구 집에 갔다가 처음 봤는데, 그의 첫인상은 사람을 천 리 밖에서부터 거부하는 듯한 모습이었고 대화 상대의 말을 건성으로 듣고 자기 화제에만 집중하는 사람으로 느껴졌다. 하지만 이 노신사의 말은 간결하면서도 명료했고 말 속에는 여러 번 되새기게 하는 무궁한 지혜가 가득했다. 그는 내가 가까이 다가갈 수 없는 까마득한 선배였고, 아마도 내가 그 자리에 있었는지조차 잘 몰랐을 것이다.

그 후 몇 차례 더 만났고, 어떨 때는 이야기도 나눴다. 그러다가 서로 알게 된 지 7년째 되던 2003년 추수감사절의 한 파티에서 우리는 한 차례 길고 허심탄회하게 이야기를 나눴다. 나는 멍거에게 내가 투자한 모든 회사, 내가 조사한 회사, 관심을 끄는 회사를 소개했고, 멍거가 각 회사를 평해줬다. 그리고 나는 그에게 진로 고민에 대한 조언도 구했다. 대화 말미에 그는 내가 하고 있는 고민이 월스트리트에 있는 대부분 사람의 문제라고 말해줬다. 월스트리트 전체의 사고방식에 문제가 있고, 월스트리트에는 진정으로 버크셔를 모방할 만한 회사가 없다는 것이었다. 내가 이 길을 계속 간다면 이 고민은 결코 사라지지 않을 것이라고도 했다. 하지만 내가 현재의 길을 포기하고 월스트리트와 다른 길을 가겠다고 하면 기꺼이 투자해주겠다고 했다. 정말 영광스러운 동시에 과분한 일이었다.

멍거의 도움을 받으면서 나는 회사를 철저히 개조했다. 구조상으로 완전히 버핏의 파트너십과 멍거의 파트너십(버핏과 멍거는 초창기에는 각각 파트너십을 두고 자체 포트폴리오를 관리했다)처럼 바꿨다. 이런 구조는 전형적인 헤지펀드의 모든 단점을 제거했다. 펀드에 계속 남기를 원하는 고객으로부터는 장기 투자 서약을 받았다. 그리고 새로운 고객을 더는 받지 않았다. 나는 더 이상 월스트리트의 각종 제약에 얽매일 필요가 없는 펀드매니저가 됐고, 이후의 성과는 그 구조 변경이 옳은 결정이었다는 점을 확인해줬다. 회사의 실적도 좋아졌을 뿐 아니라 내 업무도 훨씬 더 순조로워졌다. 주가의 등락이나 끊임없는 거래에 신경 쓸 필요가 없었으니까. 그 대신 나는 회사를 조사하고 연구하는 데 모든 시간을 할애할 수 있었다. 내 투자 경험은 다음과 같은 점을 분명히 증명했다. 버핏·멍거 시스템에 따른 투자는 모든 당사자에게 이익을 가져다준다. 하지만 투자 기관 자체의 한계 탓에 대다수의 기관 투자자는 이 방식을 사용하지 않기 때문에 이 방식을 사용하는 사람들에게는 엄청난 경쟁 우위가 생겨난다. 그리고 이런 우위는 앞으로도 오랫동안 사라지지 않을 것이다.

＊＊＊

　버핏은 평생 많은 사람을 만났지만 멍거 같은 사람은 본 적이 없다고 말했다. 나는 멍거와 함께 일하면서 그를 가까이서 개인적으로 알아갈 수 있는 행운을 누렸으니, 버핏의 말이 진실임을 잘 안다. 내가 읽은 어떤 전기에서도 그와 같은 사람을 찾아볼 수 없었다. 멍거는 정말 독특한 사람이었고, 그의 독특함은 그의 사상과 인격 모두에서 분명히 드러났다.

　예를 들어 멍거는 문제를 생각할 때 항상 거꾸로 시작한다. 만일 인생에서 행복을 얻는 방법을 이해하고 싶다면 우선 인생이 어떻게 하면 고통스러워질 수 있는지 연구한다. 기업이 어떻게 더 강해지고 더 커지는지 연구하기 위해 먼저 기업이 어떻게 실패하는지 연구한다. 대부분 사람이 주식 투자에서 성공하는 방법에 더 관심을 갖는 반면, 멍거는 대부분 사람이 주식 투자에서 왜 실패하는지에 관심을 둔다. 이런 식으로 생각하는 그의 사고방식은 다음과 같은 속담에 담긴 철학에서 비롯됐다. "나는 나중에 내가 어디서 죽을지 알고 싶다. 그리고 거기 절대 가지 않을 것이다."

　멍거는 오랜 생애 동안 다양한 분야의 인물, 다양한 업종의 기업, 정부 행정 계통, 학술 연구, 기타 분야에서 잘 알려진 인간 실패 사례를 수집하고 연구했다. 그리고 이런 실패를 올바른 결정을 내리기 위한 체크리스트로 정리함으로써 자신의 인생과 경력상의 결정에서 큰 실수를 거의 하지 않았다. 버핏과 버크셔의 50년 성과에서 이것이 얼마나 중요한지는 아무리 강조해도 지나치지 않다.

멍거의 두뇌는 매우 창의적이어서 어떤 규칙에도 속박되지 않았고 어떤 교리에도 종속되지 않았다. 그는 어린아이 같은 호기심과 함께 일류 과학자나 갖출 법한 연구 자질과 과학적 연구 방법을 보유하고 있었으며, 평생 지식욕과 호기심에 대한 강한 열망이 있었고 대부분 문제에 관심을 가졌다. 어떤 문제라도 올바른 방법을 사용하여 독학으로 완전히 마스터할 수 있는 것처럼 보였고, 앞선 이의 기초 위에서 혁신을 이룰 수 있었다. 이 점에서 그는 18세기의 백과사전적 인물인 벤저민 프랭클린과 매우 비슷했다.

근대 많은 일류 전문가와 학자는 자신의 좁은 연구 분야 내에서 상대적으로 객관적일 수 있었다. 그러나 일단 자기 분야를 벗어나면 곧바로 주관적이고 교조적이며 경직되거나 아니면 아예 학습 능력을 잃어 장님 코끼리 만지기 식의 한계를 피하지 못했다. 그에 비해 멍거의 사고는 어떤 규율에도 구애받지 않았다. 그의 사상은 사업, 인생, 지식의 모든 면으로 퍼져나갔다. 그가 보기에 우주만물은 상호작용하는 전체이며, 인류의 모든 지식은 이 전체를 연구하기 위한 부분적인 시도이고, 이런 지식을 결합하고 사상의 틀을 관통해야만 올바른 인식과 의사결정을 할 수 있다. 따라서 그는 모든 분야에서 진정으로 중요한 이론을 연구하고 그 기초 위에 이른바 보편적 지혜를 형성하여 비즈니스와 투자 분야의 중요 문제를 연구할 것을 주창했다. 멍거는 이 책에서 이런 '보편적 지혜'를 어떻게 얻을 수 있는지 자세히 설명한다.

멍거의 이런 사고방식은 지적 정직함에서 비롯된다. 그에게 세상은 복잡하고 변화하는 곳이며, 인간의 인식에는 영원히 한계가 있다. 따라서 우리는 모든 도구를 사용해야 하며, 동시에 증명하거나 반증할 수 있는 모든 새로운 증거를 수집하고 언제든 수정함으로써 이른바 '아는 것은 알고, 모르는 것은 모른다'는 상태가 되어야 한다고 봤다. 사실 모든 사람은 사고의 맹점을 지니고 있다. 우리는 자신의 전문 분야나 주변 사람 또는 특정 사항에 대해 객관적일 수 있다. 그러나 천하 만물에 대해 객관적 태도를 유지하기는 매우 어렵고 심지어 인간의 본성에 반한다고까지 말할 수 있다. 하지만 멍거는 모든 일에 객관성을 유지할 수 있었다. 이 책에서 멍거는 후천적 훈련을 통해 어떻게 객관적인 심리 상태를 키울 수 있는지에 대해서도 이야기한다. 이런 사고방식을 훈련하면 남들이 보지 못하는 것을 볼 수 있고, 남들이 예측할 수 없는 미래를 예측할 수 있어 더 행복하고 자유로우며 성공적인 삶을 살 수 있다.

하지만 그렇다고 하더라도 한 사람이 평생 얻을 수 있는 통찰의 양은 여전히 매우 제한적이므로 올바른 결정은 반드시 자신의 '능력 범위' 내에서 내려져야 한다. 경계를 정의할 수 없는 역량은 당연히 진정한 역량이라고 할 수 없다. 자신의 능력 범위는 어떻게 정의할 수 있을까? 멍거는 "내가 어떤 관점을 가지고자 할 때 세상에서 가장 똑똑하고 가장 유능하고 가장 자격을 갖춘 사람에게 이야기해서 그의 반론에 반박할 수 없다면 나는 그 관점을 가질 만한 자격이 없다"라고 말했다. 따라서 멍거가 정말 어떤 관점을 가지고 있을 때 그 관점은 독창적이고 독특하며 틀림이 없다.

한번은 한 여성이 그에게 자신의 성공을 한 단어로 요약해달라고 부탁한 적이 있다. 멍거는 이성理性이라고 대답했다. 하지만 멍거가 말하는 '이성'은 우리가 일반적으로 이해하는 이성이 아니다. 멍거는 훨씬 더 엄밀한 정의를 내린다. 바로 '전혀 낯선 분야에서도 사물의 본질을 한눈에 꿰뚫어 볼 수 있는 예리하고 독특한 시각과 통찰력을 주는 것'을 의미한다. 버핏은 멍거의 이런 특징을 '2분 효과'라고 부른다. 멍거는 세계 누구보다 최단 시간에 복잡한 비즈니스의 본질을 명확하게 설명할 수 있다. 버크셔가 BYD에 투자한 것이 대표적인 사례다. 2003년 멍거와 처음 BYD에 대해 이야기를 나눴을 때를 기억한다. 그는 BYD의 창업자 왕촨푸王传福를 직접 만나본 적도 없고, BYD 공장을 방문한 적도 없으며, 심지어 중국 시장과 문화에 대해서도 많이 알지 못했다. 하지만 당시 그가 BYD에 대해 던진 질문과 평론은 지금도 그 투자에서 가장 실질적인 이슈로 회자되고 있다.

누구도 맹점이 있으며 아무리 우수한 사람이라고 하더라도 예외가 아니다. 버핏은 "벤저민 그레이엄은 나에게 값싼 주식만 사라고 가르쳐 줬는데, 멍거가 나의 이런 생각을 바꾸게 했다"라고 말한 적이 있다. 이것이 바로 멍거가 나에게 끼친 진정한 영향이다. 내가 그레이엄의 오래된 이론에서 벗어나려면 강력한 힘이 필요했다. 멍거의 아이디어가 바로 그 힘이었으며 내 시야를 넓혀줬다. 이에 대해 나 자신도 깊이 감사하고 있다. 적어도 두 가지 중대 문제에서 멍거는 내 생각의 맹점을 지적하여 도움을 줬고, 그가 아니었다면 나는 여전히 유인원에서 인간으로 진화하는 과정을 천천히 진행하고 있었을 것이다. 버핏은 지난 50년 동안 여러 차례에 걸쳐 멍거가 자신과 버크셔에 미친 영향은 무엇과도 바꿀 수 없는 것이라고 강조했다.

멍거는 평생 인간의 치명적인 오류, 인간의 심리적 편향이 일으키는 치명적인 오류에 대해 특별한 관심을 가지고 연구했다. 그의 가장 큰 공헌은 금융 파생 상품의 확산과 회계 감사 시스템의 허점이 인류에게 가져올 재앙을 예측한 것이다. 일찍이 1990년대 후반에 그와 버핏은 금융 파생 상품이 재앙을 초래할 수 있다는 점을 제기했다. 금융 파생 상품이 급속도로 확산되면서 경고의 목소리 역시 끊임없이 높였고, 심지어 즉시 효과적으로 막지 않으면 현대 문명사회에 재난을 불러올 금융 분야의 대량 살상 무기라고 지적하기도 했다. 안타깝게도 2008년과 2009년의 금융위기와 글로벌 경제 불황은 멍거의 선견지명을 입증했다. 다른 한편으로 이들 문제에 대한 그의 연구는 유사한 재난의 출현을 막을 수 있는 귀중한 경험과 지식을 제공하므로 특히 정부, 금융계, 산업계, 학계가 주목할 가치가 있다.

멍거는 관심사를 머릿속으로 파고드는 데 멈추지 않고, 모든 일을 직접 체험하고 세부 사항에 세심한 주의를 기울인다. 그는 자신이 직접 설계한, 세계에서 가장 큰 개인용 쌍동 유람선을 소유하고 있다. 그는 또한 훌륭한 건축가였다. 종종 자기가 좋아하는 집을 짓곤 하는데 최초 도면부터 그 후 모든 세부 사항까지 직접 관여한다. 예를 들면 그가 기부한 건축물들은 그 자신이 직접 설계했다. 스탠퍼드대학교 대학원 기숙사 건물, 하버드고등학교 과학관, 그리고 헌팅턴 라이브러리의 희귀 도서연구관 등이 그 예다.

멍거는 태생적으로 에너지가 충만한 사람이다. 내가 멍거를 처음 만난 1996년에 그는 72세였다. 올해 그는 87세로, 벌써 10여 년이 흘렀다. 그 10여 년 동안 멍거의 에너지는 전혀 사그라들지 않았다. 그는 항상 활기차고 아침 일찍 일어난다. 조찬 회의는 항상 오전 7시 30분에 시작한다. 가끔 저녁 접대 자리가 있기도 해서 보통 사람들보다 잠을 적게 자는 편인데, 어떤 것도 그의 활기찬 에너지를 방해하지 못한다. 그는 놀라운 기억력을 갖추고 있다. 나조차 기억이 흐릿한, 수년 전에 내가 이야기했던 BYD의 운영 수치를 그는 아직도 기억하고 있다. 87세 노인의 기억력이 나 같은 젊은이보다 더 좋은 것이다. 이런 것들은 그가 타고난 장점이지만, 예외적인 성공을 거둘 수 있게 한 특징들은 모두 그가 후천적인 노력을 통해 습득한 것이다.

멍거는 나에게 파트너, 선배, 스승, 친구일 뿐만 아니라 사업 성공의 모델이자 인생의 롤 모델이기도 하다. 나는 그에게서 가치투자의 도리뿐만 아니라 인간의 도리에 대해서도 배웠다. 그는 나에게 성공은 우연한 것이 아니며, 시기도 중요하지만 사람 내면의 자질이 더욱 중요하다는 점을 깨닫게 해줬다.

멍거는 사람들과 조찬 약속을 하길 좋아했다. 시간은 보통 7시 30분이다. 멍거와 처음 조찬을 같이했을 때 나는 제시간에 도착했는데 멍거는 이미 거기 앉아 그날 신문을 모두 읽었다고 했던 기억이 난다. 7시 30분이 아직 몇 분 남아 있었지만 존경하는 노인을 기다리게 한 것에 나는 마음이 좋지 않았다. 두 번째 약속에서는 내가 30분 정도 일찍 도착했는데 멍거가 여전히 신문을 읽고 있는 것을 발견했다. 세 번째 약속에서도 30분 정도 일찍 도착했는데 멍거는 마치 한 번도 자리를 비운 적이 없고 1년 내내 그 자리에 있었던 것처럼 여전히 신문을 읽고 있었다. 네 번째가 되자 나는 마음을 단단히 먹고 한 시간 전인 6시 30분에 도착해서 기다렸다. 6시 45분이 되자 멍거는 손에 신문을 한 뭉치 들고 여유롭게 걸어 들어와서는 주변을 둘러보지도 않고 자리에 앉았다. 내가 있다는 걸 전혀 알아차리지 못했다. 나는 멍거가 약속 시간에 항상 일찍 온다는 사실을 차츰 알게 됐다. 도착을 하면 그는 시간을 낭비하지 않고 준비된 신문을 꺼내서 읽었다. 멍거의 습관을 알게 된 이후로는 나도 신문을 하나 들고 일찍 도착해서 서로 방해하지 않고 신문을 읽다가 7시 30분에 함께 아침을 먹으며 이야기를 나누곤 했다.

드문 일이긴 하지만, 그도 불가피하게 늦을 때가 있다. 한번은 중국에서 온 젊은 창업가를 데리고 멍거를 만나러 갔다. 멍거는 오찬 약속을 마치고 서둘러 왔지만 30분 정도 늦었다. 멍거는 도착하자마자 우리 둘에게 진심으로 사과하고 늦은 이유를 자세히 설명했다. 그러면서 오찬 모임의 주차 시스템을 어떻게 개선해야 손님들이 45분씩이나 기다리지 않게 할 수 있는지도 덧붙였다. 내 옆의 젊은 중국인은 놀라움과 감동을 동시에 느꼈다. 전 세계 어디에도 멍거와 같은 연배의 노인이 어린 후배에게 지각한 것에 대해 거듭해서 사과하는 일은 없으리라고 생각했기 때문이다.

멍거와의 관계에서 나에게 큰 영향을 준 또 다른 사건이 있었다. 어느 해 멍거와 나는 외지에서 열린 파티에 함께 참석했다. 파티가 끝나고 나는 서둘러 뉴욕으로 돌아와야 했는데 공항 터미널에서 우연히 멍거를 만날 줄은 몰랐다. 그의 거대한 몸이 보안 검색대를 지나가는데 웬일인지 경보음이 계속 울렸다. 멍거는 계속 검색대 앞뒤로 왔다 갔다하다가 한참이 지나서야 겨우 통과했고 비행기는 이미 이륙해버렸다.

하지만 멍거는 서두르지 않고 의자에 앉더니 가지고 있던 책을 꺼내 읽으며 다음 비행기를 기다렸다. 그날 내 비행기도 지연돼 그와 함께 기다렸다. 나는 멍거에게 "당신에겐 개인 전용기가 있고 버크셔도 전용기를 가지고 있는데, 왜 굳이 상용 여객기 공항에 와서 이런 번거로움을 겪으시나요?"라고 물었다.

멍거는 "첫째, 나 혼자 전용기를 타고 비행하는 것은 연료를 낭비하는 것이네. 둘째, 상용 여객기로 비행하는 것이 더 안전하다고 생각하네." 하지만 멍거가 진짜 말하고 싶었던 이유는 세 번째였다. "내가 평생 원하는 것은 나 자신이 고립되는 것이 아니라 삶에 융합되는 것이라네."

멍거가 가장 견딜 수 없었던 것은 돈이 있다는 이유로 세상과의 연결이 끊기는 것이었다. 자신은 한 층을 모두 차지하는 거대한 방 한 칸에 고립되고, 그를 만나려면 관우가 다섯 관문의 육장을 죽이고 천 리를 달려가 유비와 상봉하듯 여러 단계를 거쳐야 하고, 누구도 쉽게 만날 수 없게 되는 것 말이다. 이러면 현실 생활과는 단절되고 만다.

"난 손에 책 한 권만 있으면 시간을 낭비하지 않는 것 같다네." 멍거는 항상 책을 가지고 다녔으며, 이코노미 클래스 중간 좌석에 앉아 있어도 책만 있으면 편안해했다.

한번은 멍거가 이사회 회의에 참석하기 위해 시애틀에 가는데 평소와 마찬가지로 이코노미석을 이용했다. 그의 옆자리에는 어린 중국인 학생이 앉아서 미적분 숙제를 하고 있었다. 그는 이 소녀에게 깊은 인상을 받았다. 같은 또래의 미국 아이라면 비행기 소음 속에서 공부에 집중할 수 있으리라고는 상상할 수 없었기 때문이다. 만약 그가 개인 제트기를 타고 여행했다면 이런 평범한 사람들의 일상을 가까이서 접할 기회는 없었을 것이다.

멍거는 자신에게는 엄격했지만 진정으로 아끼고 사랑하는 사람들에게는 매우 관대했다. 돈에 인색하지 않았으며, 항상 다른 사람들이 더 많은 이익을 얻기를 원했다. 혼자 여행할 때는 공무든 사무든 모두 이코노미 클래스를 이용하지만, 아내나 가족과 함께 여행할 때는 개인 제트기를 이용한다. 그는 "아내는 평생 나를 위하여 이렇게 많은 아이들을 키우면서 많은 대가를 치렀지. 건강도 좋지 않아. 내가 잘 돌봐줘야 해"라고 말했다.

멍거는 스탠퍼드대학교를 졸업하지 않았지만, 그의 아내가 스탠퍼드 출신이자 대학 이사회 멤버였기 때문에 스탠퍼드대학교에 6,000만 달러를 기부했다.

멍거는 일단 어떤 일을 하기로 마음먹으면 평생 그 일을 계속할 수 있는 사람이기도 하다. 예를 들어 그는 하버드고등학교와 로스앤젤레스에 있는 자선병원의 이사회에서 40년 동안 봉사했다. 그는 자신이 관여하는 자선단체에 매우 관대한 후원자였다. 하지만 멍거는 단순히 돈만 투자한 것이 아니라 이런 자선단체가 성공적으로 운영될 수 있도록 많은 시간과 에너지를 투자했다.

멍거는 인간의 실패 원인을 연구하는 데 평생을 바쳤기 때문에 인간 본성의 약점을 깊이 이해하고 있다. 이를 바탕으로 그는 자신에게 엄격하고 평생 지속적으로 수양하여 인간 본성 자체의 약점을 극복해야 한다고 믿었다. 이런 생활 방식은 멍거에게 일종의 도덕적 요구 사항이었다. 외부인이 보기에 멍거는 고행하는 수도승처럼 보일지 모르지만 멍거 자신에게 이 과정은 이성적이면서도 즐거운 것이었다. 사람을 성공적이고 행복한 인생으로 올라서게 하는 것이었다.

멍거는 이렇게 정말 독특하다. 그러나 생각해보라. 멍거와 버핏이 그렇게 독특하지 않았다면 50년 동안 함께 일하면서 인류 투자 역사상

타의 추종을 불허하는 버크셔의 기록을 만들 수 있었을까? 이 기록은 이전에도 없었고 아마 이후에도 없을 것이다. 버핏과 멍거에 대한 연구와 관심은 지난 20년 동안 전 세계적으로 강렬해졌고 앞으로도 강렬할 것이다. 중국어와 영어로 된 수많은 책이 있으며 그중에는 독특한 견해도 적지 않다. 솔직히 말해서, 내 현재 능력으로 멍거의 생각을 평가하기에는 너무 이르다. 지금도 나는 그와 대화를 나누거나 그의 강연록을 다시 읽을 때, 언제나 뭔가를 새로 배우기 때문이다. 이것은 다른 각도에서 보면 내가 여전히 그의 아이디어를 충분히 이해하지 못하고 있다는 얘기다. 그러나 수년 동안 멍거가 나에게 말과 행동으로 가르쳐줬기에 멍거의 사상과 인격을 더 직관적으로 이해할 수 있는 행운을 누렸고, 그 경험을 독자들과 공유하고 싶다. 모든 독자가 이 책을 주의 깊게 읽고 멍거주의의 정수를 나보다 더 깊이 이해하여 사업과 인생에 큰 도움을 받기를 진심으로 바란다.

나는 멍거 자신도 이 책을 좋아했다는 것을 알고 있다. 이 책에는 평생에 걸친 그의 사상과 인생 경험이 집약돼 있다고 생각한다. 이 책에는 비즈니스 세계에 대한 그의 깊은 통찰력뿐만 아니라 삶의 지혜에 대한 평생의 성찰이 담겨 있으며, 유머러스하고 재미있게 표현돼 있어 누구나 좋아할 것이다. 예를 들어 어떤 사람이 좋은 배우자를 찾는 방법을 물었다. 멍거는 가장 좋은 방법은 자신이 그에 어울리는 사람이 되는 것이라고 했다. 좋은 배우자는 바보가 아니라면서 말이다.

최근 멍거는 『천로역정』에서 진리의 검객이 남긴 말을 인용하며 연설을 마무리하곤 했다. "나는 내 검을 제대로 휘두를 수 있는 사람에게 맡긴다."

이 책의 출간을 통해 더 많은 독자가 멍거의 지혜와 인격을 배우고 이해할 기회를 갖게 되기를 바라며, 여기에 학습과 실천을 더하면 행운의 검객이 될 수 있으리라고 믿는다.

* * *

멍거와 함께 일하면서 나는 자주 그가 미국인이라는 사실을 잊곤 했다. 그는 내가 아는 중국의 전통적인 사대부에 더 가까웠다. 미국에 머무른 20년 동안 나는 중국 문화의 영혼과 본질이 무엇인가에 대해 수시로 자문했다. 객관적으로 말해, 5·4 운동(1919년에 일어난 중국의 반제국주의·반봉건주의 혁명 운동-옮긴이) 이후에 자란 중국인으로서 나는 기본적으로 중국 전통에 대해 부정적인 인식을 가지고 있었다. 미국에 도착한 후 운 좋게도 컬럼비아대학교에서 서양 문명사를 형성한 100개 이상의 고전을 체계적으로 배울 수 있었다. 그리스 문명에서 시작하여 유럽을 거쳐 현대 문명에 이르기까지 문학, 철학, 과학, 종교, 예술 등 다양한 분야를 아울렀다. 나중에 컬럼비아대학교에서 제공하는 유교 문화와 이슬람 문명에 대한 강의를 통해 중국의 유교 문화에 대한 새로운 이해와 인식을 얻게 됐다.

책을 읽고 사고하는 과정에서 나는 중국 문명의 영혼은 기실 사대부의 문명이라는 것을 점점 더 많이 느꼈다. 사대부의 가치관은 스스로 수양하고 자기를 초월함으로써 발현된다. 『대학』에서 이르길 '수신, 제가, 치국, 평천하'라 했다. 이 가치 체계는 이후 유교의 모든 학파에서 광범위하게 설명됐다. 이는 응당 중국 문명의 가장 중심적인 정신적 가치로 간주되어야 한다. 사대부 문명의 매개체는 과거 제도다. 과거 제도는 유교를 따르는 사람들이 인격을 닦는 데 도움이 됐을 뿐만 아니라 재능을 마음껏 발휘할 수 있는 발판을 제공했다. 과거시험을 통해 관직을 얻음은 물론 사회 최상류층에 진출하여 배운 것을 활용하고 자신의 가치관을 실현할 수 있었다.

하지만 과거 제도가 없어진 후 지난 100여 년 동안 사대부 정신은 구체적인 현실에서 의탁할 곳을 잃었다. 특히 오늘날의 고도로 비즈니스화된 사회에서 사대부 정서를 가진 중국의 지식인들에게 자신의 존재와 가치, 이상은 더욱 미혹에 빠졌다.

산업혁명 이후 시장경제와 과학기술은 정부 외에 인간의 삶에 영향을 미치는 가장 중요한 두 가지 힘으로 서서히 자리 잡았다. 최근 수십 년 동안 세계화의 물결 속에서 시장과 과학기술은 이미 국가와 지리의 제약을 뛰어넘어 전 세계 범위에서 함께 작동하며 인류의 공동 운명을 형성해왔다. 현대 유교에서 '나라'와 '천하'라는 개념은 완전히 새로운 의미를 가져야 한다. 시장경제 자체에 내재하는 경쟁 메커니즘은 옛 과거 제도와 마찬가지로 우수한 인재에게 광활한 공간을 제공한다. 그러나 진정한 유가의 도덕 추구, 사회에 대한 책임감, 인류의 운명에 대한 궁극적인 관심은 1,000년의 세월 동안 쌓이면서 점점 더 깊어졌다.

중국에서 자본주의가 싹트기 시작한 명나라 말기, 당시 상인들은 자신들의 이상을 표현하기 위해 '상재사혼商才士魂', 즉 '상인의 재능, 학자의 영혼'이라는 개념을 제시했다. 글로벌 시대인 오늘날, '치국'과 '평천하'에 대한 현대적 해석은 벌써 먼 옛날에 정부의 범위를 벗어났고, 시장과 과학기술이 사회의 지배적인 힘이 되어 사대부 정신을 가진 지식인들에게 전례 없는 무대를 제공하고 있다.

멍거는 '상재사혼'의 완벽한 전형이다. 먼저 그는 비즈니스 세계에서 대단한 성공을 거뒀으며, 그와 버핏이 이룬 업적은 전무후무한 것이라고 할 수 있다. 그리고 멍거와 깊이 접촉하면서 그의 영혼이 본질적으로 도덕철학자이자 학자라는 것을 알게 됐다. 그는 폭넓은 독서를 통해 깊고 넓은 지식을 갖추고 있으며, 자신의 도덕 수양과 사회에 대한 궁극적인 관심을 가지고 있다. 공자와 마찬가지로 멍거의 가치 체계는 내면으로부터 스며 나와 자신의 수양을 통해 성인의 경지에 도달하여 사람들을 도울 것을 제시한다.

앞서 언급했듯이 멍거는 자신에게 매우 엄격했다. 그는 매우 부자였지만. 고행하는 수도승처럼 살았다. 그는 여전히 수십 년 전에 구입한 평범한 집에 살고 있으며, 먼 지역으로 갈 때는 항상 이코노미 클래스를 이용하고, 약속 시간에는 항상 45분 일찍 도착하며, 가끔 지각을 하게 되면 정중히 사과한다. 사업과 치부에서 큰 성공을 거둔 후에는 세상 사람들을 위한 자선 활동에 헌신하고 있다.

멍거는 전적으로 지혜를 기반으로 성공했으며, 중국의 지식인들에게 흥미진진한 사례다. 그의 성공은 투자에 기반을 두고 있으며, 투자에서의 성공은 자기 수양과 학습에 기반을 두고 있다. 오늘날 사회에서 흔히 볼 수 있는 정경유착, 암묵적 관행, 사기, 위조 등과는 거리가 먼 사람이다. 그는 정직하고 친절한 사람으로서 가장 깨끗한 방법을 택하고 지혜를 충분히 활용하여 비즈니스 세계에서 큰 성공을 거뒀다. 시장 경제하의 오늘, 사대부 정신에 가득 찬 중국의 지식인들도 학습과 자기 수양을 통해 멍거와 마찬가지로 세속 사회에서 성공하고 자신의 가치를 구현하며 타인을 돕는다는 이상을 실현할 수 있을까?

중국의 독자들이 멍거에게 관심을 가지고 이 책에 흥미를 느끼기를 진심으로 바란다. 멍거는 공자의 가르침과 근본을 파고드는 정신을 존경한다. 멍거 자신도 기꺼이 다른 사람을 가르치는 것을 좋아하고 잘하며 지칠 줄 모른다. 그리고 이 책은 그가 평생에 걸쳐 쌓아온 배움과 지혜의 보물창고이며, 그는 이 모든 것을 모든 사람과 숨김없이 공유하고자 한다. 멍거는 중국의 미래에 대한 확신으로 가득 차 있고 중국 문화를 깊이 존경한다. 최근 수십 년 동안 아시아에서 유교 문명이 상업적으로 크게 성공하면서 많은 사람이 중국 문명의 부흥에 더 많은 확신을 갖게 됐다. 5·4 운동이 일어난 지 거의 100년이 지난 오늘날 우리는 더 이상 '중국 학문' 대 '서양 학문', '근본' 대 '수단' 같은 논쟁에 얽매일 필요가 없다. 한편으로는 전 세계의 모든 유용한 지식을 열린 마음으로 배우고 받아들이고, 다른 한편으로는 중국인이 수천 년 동안 존중하고 준수해왔으며 삶의 기초로 삼아온 도덕적 가치 체계 아래 흔들림 없이 서 있으면 된다.

나는 가끔 공자가 오늘날의 미국에서 환생했다면 아마 멍거 같은 사람이 아닐까 생각하곤 한다. 만일 공자가 오늘날 중국 비즈니스계에서 환생한다면 아마도 '수신, 제가, 치업治業(사업을 관리하고), 조천하助天下(천하를 돕는다)'라고 말할 것이다!

* * *

1~3장에서는 멍거의 생애와 유명한 어록을 소개하고 그의 생활, 사

업, 그리고 배움에 대한 그의 주요 사상을 요약한다. 4장에는 멍거의 가장 대표적인 연설 11편이 수록돼 있다. 대부분의 독자가 가장 관심을 가질 만한 연설은 다음 네 가지다. 첫 번째 연설에서는 불행한 삶을 살지 않기 위해 어떻게 살아야 하는지를 위트 있게 설명한다. 두 번째와 세 번째 연설은 보편적인 지혜를 얻는 방법과 그 보편적인 지혜를 투자에 적용하는 방법을 설명한다. 열한 번째 연설에서는 멍거의 가장 독창적인 심리학 체계를 설명하며, 인간이 오판을 일으키는 가장 중요한 심리적 원인 23가지를 자세히 설명한다. '베이직랜드 흥망성쇠기'와 '끝없는 탐욕, 고도의 금융기법, 검은 심장, 그리고 뇌사'는 멍거가 각각 2010년 2월 19일과 2011년 7월 6일에 「슬레이트 매거진Slate Magazine」에 발표한 글이다. 이 글들은 도박성 파생 상품 거래가 한 국가를 경제적 파탄에 빠뜨리는 과정을 우화 방식으로 풀어간다. 1990년대에 금융 파생 상품이 경제에 치명적인 영향을 미칠 수 있다는 멍거와 워런 버핏의 예측은 2008~2009년 글로벌 금융위기를 통해 입증됐다.

2010년 3월

(2011년 11월 수정함)

타이완어판
『가난한 찰리의 보통 상식』 추천사

나는 1990년대 초에 타이완을 두 번 방문했는데 타이완의 풍경, 특히 사람들의 소박한 모습에 깊은 인상을 받았다. 지난 세기 동안 중국 본토에서는 중국 문화가 크게 훼손됐지만 타이완에서는 중국 전통문화의 매력을 흠뻑 느낄 수 있었다.

멍거는 항상 중국의 전통문화의 진정으로 존경심을 보였다. 나는 가끔 공자가 세상에 다시 온다면, 그래서 오늘날 비즈니스 사회에서 살아간다면 아마도 멍거 같은 사람이지 않을까 생각한다.

『가난한 찰리의 연감』이 드디어 타이완에서 출간된다. 무척 기쁘다. 수년 동안 나는 줄곧 내가 알고 이해하는 멍거를 중국어권 독자들에게 소개하고 싶었다. 이제 타이완의 많은 독자가 이 책을 즐길 수 있으리라 믿는다.

이 책의 중국어판이 출간되고 1년 동안 많은 일이 일어났고, 그 일들로 멍거에 대한 존경심이 더욱 깊어졌다. 2010년 초, 멍거의 50년 지기 아내 낸시가 오랜 투병 끝에 세상을 떠났다. 몇 달 후, 멍거는 사고를 당해 하나 남은 오른쪽 눈의 시력을 90%나 잃고 거의 실명에 가까워졌다. 독서와 사색을 목숨보다 더 소중히 여기는 86세 노인에게 이 두 가지 사건이 얼마나 큰 영향을 미쳤을지 상상이나 할 수 있을까? 하지만 내가 본 멍거는 여전히 이성적이고 객관적이며 긍정적이고 현명했다. 그는 불평하거나 포기하지 않고 침착하게 상황에 대처할 방법을 적극적으로 모색했다. 그는 여러 독서기를 사용해보고 점자를 배우는 것도 고려했다. 그리고 기적적으로 오른쪽 눈의 시력 70%를 회복했다. 우리는 모두 기뻐서 펄쩍펄쩍 뛰었다! 하지만 나는 멍거가 시력을 모두 잃었더라도 의미 있고 생산적인 삶을 살 방법을 찾았으리라고 믿는다!

좋을 때나 나쁠 때나 객관적이고 긍정적인 사고방식을 유지하는 것, 이것이 바로 멍거다. 이 책의 타이완어판 제목인 『가난한 찰리의 보통 상식』이 바로 가장 적절한 해석이다. 이 책을 출간하는 동안 깊은 인상을 남겨준 비즈니스위크 출판부의 위싱옌余幸娟과 뤄후이핑罗惠萍에게 특별히 감사드린다. 그들의 헌신과 높은 직업적 기준에 깊은 감명을 받았다. 나의 오랜 친구인 왕치탕王致棠이 이 책의 타이완 출간을 처음 제안했고, 출판사와의 접촉 및 편집에 대한 논의와 조율 작업을 맡아 책이 원만하게 출간되는 데 지대한 역할을 했다.

아울러, 이 책의 중국어판에 관심을 가져주신 가치투자 커뮤니티의 친구들과 동료들에게 진심으로 감사의 말씀을 드린다.

2011년 4월 11일

지혜를 추구하는 것은
인류의 도덕적 책임
: 2017년 올해의 서평 및 깨달음

2017년에 좋은 책들이 많이 출간됐는데, 그중 두 권을 추천한다.

『불교는 왜 진실인가』

첫 번째 책은 로버트 라이트Robert Wright가 쓴 『불교는 왜 진실인가』로,
부제는 '명상 수련과 깨달음의 과학과 철학The Science and Philosophy of
Meditation and Enlightenment'이다.

라이트는 프린스턴대학교의 진화심리학 교수이며, 나는 이전에 그
의 다른 저작들을 읽은 적이 있다. 그중 가장 유명한 것은 『도덕적 동
물』이고, 그 외에도 『신의 진화The Evolution of God』와 『넌제로Nonzero』가
있다. 그는 내가 무척 좋아하는 작가 중 한 명이며, 내 생각에 그는 철

학자, 더 구체적으로는 도덕철학자다. 나는 『도덕적 동물』에서 큰 영향을 받았고, 그래서 『불교는 왜 참인가』에 많은 관심을 기울이게 됐다.

먼저 책에 대해 간략히 소개하겠다. 저자는 자연선택이 인간의 뇌를 어떻게 설계했는지 연구하는 진화심리학 교수다. 우리의 뇌는 수억 년에 걸친 자연선택의 결과다. 그 때문에 종종 우리를 오도하고 심지어 우리를 노예로 만들어 세상과 자기 자신을 볼 수 없게 하고, 우리를 속박해 고통을 초래하기도 한다. 그러나 이는 우리가 어떻게도 해볼 수 없는 일이다. 자연선택과 진화는 인간의 의지를 넘어서는 것일뿐더러 선천적인 '동물성'이 우리에게 지대한 영향을 미치기 때문이다. 이런 문제를 이해한다고 해서 우리에게 해결책이 즉각 나오는 것도 아니다.

2003년, 라이트는 첫 번째 침묵의 마음챙김 명상 수련회Silent Mindful Meditation Retreat에 참여했다. 명상 수행은 지난 20~30년 동안 미국과 서구 세계에서 점점 인기를 얻고 있다. 이 수련회를 통해 저자는 그 후 10여 년 동안 지속적으로 명상 수행을 함과 동시에 모든 불경의 의미를 체계적으로 연구하게 됐다. 그 과정에서 현대 심리학, 진화심리학, 현대 뇌과학을 상호 검증했다. 이 책은 저자의 지난 10여 년에 걸친 연구와 실천의 성과다.

이 책의 제목은 무슨 뜻일까? '불교는 진실이다'라는 말은 불교의 종교적 내용을 말하는 것이 아니라 석가모니가 가장 초기 단계에서 인류의 상황에 대해 가진 기초적인 통찰과 이해를 뜻한다. 2,500년 전 현대 과학적 지식이 거의 전무한 상황에서 석가모니는 명상을 통해 인간 본성의 근본적인 상태를 깊이 통찰했고, 이런 통찰의 기초 위에서 제기한 주장은 현대 과학의 인간 뇌에 대한 인식과 진화심리학의 이해로 완전히 검증됐다. 즉 수천 년 전 불교가 제시했던 도덕적 명제와 영적 추구는 허공에서 나온 것이 아니라 현대 과학과 일치하는 인간 본성에 대한 통찰에 기반하고 있음이 확인됐다는 의미다. 이는 시대에 뒤떨어지지 않으며 현대인에게도 똑같이 의미 깊은 것이다. 이것이 이 책의 주요 주제다.

책의 전반부에서는 인간 뇌의 기본 상태에 대한 불교의 관찰·이해·통찰에 초점을 맞추고 인간 고통의 근원과 해탈의 방식을 살펴보며, 이를 현대 과학의 인간 뇌에 대한 기본 인식과 상호 검증한다. 후반부는 사람들의 도덕에 대한 주장, 정신적 추구의 의미에 대한 통찰의 중요성에 무게를 둔다.

먼저 이 책은 인간의 인식에 대해 이야기한다. 인간의 뇌는 수십억 년에 걸친 생물학적 진화의 결과이며 다윈식 자연선택이 설계한 결과다. 이 설계의 목적은 사람들을 '더 행복하게' 하는 것이 아니라 '자손을 더 많이 낳게' 함으로써 생존과 번식을 더 잘할 수 있게 하는 것이다. 하지만 현대에 이르러 인간의 욕구가 변화하면서 뇌의 이런 설계와 충돌하게 됐다.

생명의 발달에 대한 역사를 간략하게 살펴보자. 약 40억 년 전, 정보를 복제하는 가장 원시적인 물질이 만들어졌고, 이 물질은 서서히 하나의 세포 주머니로 둘러싸여 단순한 단세포 유기체를 형성했으며, 그 후 점차 여러 세포를 가진 더 복잡한 생물 조직으로 진화했다. 이런 생물 조직은 강력한 연산 능력을 갖춘 뇌를 더욱 발달시켰고, 뇌를 가진 일부 종은 고도의 사회성을 가진 종으로 발전했다. 그중 가장 지능적이고 사회적인 종이 20만 년 전에 출현한 호모 사피엔스다. 그때까지의 진화가 거의 전적으로 자연선택에 의한 것이었다면, 호모 사피엔스의 탄생은 진화의 두 번째 혁명, 즉 문화의 진화를 불러왔다. 문화적 진화가 생물학적 진화와 다른 점은 개체의 유전자뿐만 아니라 더 중요한 일종의 '비자연적 선택'인 집단 내 문화 전승을 통해 진화가 이뤄진다는 점이다. 따라서 호모 사피엔스가 출현한 후 진화 속도가 크게 빨라졌고 급속도로 발전하여 20만 년이 지난 오늘날 원래 '제3의 고릴라'의 영장류였던 우리가 실제로 지구 전체를 지배하게 됐다. 오늘날에는 전 세계 60~70억 명의 사람이 경제적·기술적으로 글로벌 체계를 형성하고 있다. 오늘날의 차원에서 더 앞을 내다보면, 인터넷과 AI의 등장으로 우리 종은 하나의 집단 두뇌를 형성한 것과 마찬가지인 상태가 되고 각 개인은 이 집단 두뇌 중 하나의 뉴런으로서 역할을 하게 될 수도 있다. 이것이 지난 40억 년에 걸쳐 지구상 생명체가 발전해온 아주 간략한 역사다.

이 간략사 중 가장 흥미로운 것은 호모 사피엔스의 출현 이후 자연선택 외에 또 다른 형태의 진화, 즉 개체와 집단에 공동으로 전승되는 문화적 진화의 과정이 있었다는 것이다. 그러나 인간의 문화적 진화는 사람의 뇌를 통해서도 진행되고, 이 뇌는 자연선택에 의해 설계됐기 때문에 양자는 선천적인 모순을 안고 있다. 2,500년 전 석가모니 역시 아마도 우연한 기회에 명상을 발견했고, 명상 수행의 실천을 통해 사람의 문화 의식이 관찰, 이해, 그리고 최종적으로는 사람의 생물 의식을 정복할 수 있다는 것을 발견했으리라고 나는 상상한다. 즉, 명상을 통해 인간의 일부인 뇌가 인간 자체가 지닌 동물성의 한계를 초월하여 인간의 전부, 인간과 관련된 사회 및 우주를 이해할 수 있다는 것이다. 이 발견은 당시나 지금이나 위대하다. 이 책에서 라이트 교수는 현대 및 당대의 뇌과학, 진화심리학의 많은 실험과 지식을 활용하여 이 발견에 과학적 검증을 제공한다. 여기에서 가장 중요한 점은 자아인식이다.

자연선택은 우리가 자신을 끊임없이 불만족스러운 상태로 유지하도록 뇌를 설계했다. 오직 불만족스러운 상태에서만 더 많이 번식할 수 있기 때문이다. 그러나 이런 불만족 상태는 인간이 문화적 진화에서 추구하는 것, 예를 들면 '행복감'이나 '의미' 등과 양립하기 어렵다. 이것이 인간의 영원한 불만족과 고통의 근원이다. 인간 안에 있는 '동물적 본성', '인간적 본성', '신적 본성' 등의 3자가 모순을 일으키는 것이 바로 이 때문이다.

이와 관련된 또 다른 중요한 문제는 인간의 자아인식과 자기통제다. 이성적인 사람들은 항상 자신을 완전히 통제하고 자기 자신의 주인이 되기를 원하지만, 현대 과학은 우리에게 이것은 환상에 지나지 않는다고 말한다. 우리가 이성을 사용해 사고를 할 때, 실은 '합리화'를 하는 것이다. 즉 합리성은 사실 합리화다. 뇌에 대한 현대 과학적 이해에 따르면, 뇌는 일종의 모듈식 운영 시스템이며 각각의 환경에 대응하여 각각의 솔루션을 가지고 있다. 서로 다른 이 모듈을 작동시키는 방식은 감정을 통하는 것이다. 따라서 우리가 이성적으로 사고한다고 생각할 때 실제로는 감정을 통해 사고하는 것이며, 이는 인간이 근본적으로 감정적 동물임을 의미한다. 이런 감정을 유발하는 것은 다양한 생활 조건과 환경이다. 이런 감정의 핵심은 '내가 중심이고, 나 자신의 이익을 중심으로 다른 모든 것을 판단한다'라는 것이다. 이런 사고는 필연적으로 나와 적을 분리하고 절대 합치지 않으며, 문화적 진화 과정에서 때로 자신과 타인에게 무한한 고통을 안겨준다. 이 모든 것을 불교에서 매우 구체적으로 설명하고 있으며, 현대 과학도 인간의 사고가 왜 그렇게 설계됐는지의 핵심이 뇌가 자연선택이 설계한 기계라는 것을 검증하고 있다. 인간은 자연선택이 설계한 종으로, 우리 뇌는 수억 년의 진화 역사를 가지고 있으며 매우 잘 발달해 있다. 동시에 인간의 사회적 속성도 매우 잘 발달해 있다. 호모 사피엔스의 출현 이후 인류는 문화적 진화를 시작했고, 타고난 생물학적 진화와 서서히 갈등을 겪게 됐다. 우리가 추구하는 것은 더 이상 욕망, 향락, 번식에 그치지 않는다. 지속적인 평화와 행복을 갈망하고, 타인과 집단에 대한 책임과 도덕 및 의미를 추구하는데 이 때문에 순수 생물로서 자아와 근본적인 모순이 발생한다.

인류의 문화적 진화에 관해서는 내가 앞서 개괄적으로 설명했다. 나는 문명 진화의 역사를 크게 세 단계로 나눴다. 첫 번째 단계는 6만 년 전 인류가 아프리카에서 탈출하여 전 세계로 퍼져나간 것이다. 두 번째 단계는 약 1만 년 전 농업 문명의 출현이다. 세 번째 단계는 수백 년 전부터 시작된, 현대 과학기술이 주도하는 과학기술 문명의 출현이다. 이 세 가지 문명의 도약은 우리와 동물 조상들의 생존 방식에 엄청난 차이를 만들었고, 우리는 문자 그대로 지구 및 다른 동물의 주인이 됐다.

이런 문명의 도약에 대응하여 정신적 차원에서도 인류의 인식에는 두 가지 큰 도약이 있었다. 첫 번째 도약은 약 2,500년 전, 즉 '축의 시대'에 일어났다. 그리스의 철학자부터 중동 히브리의 선지자, 중국의 제자백가, 인도의 석가모니 같은 선지자들이 약속이나 한 듯이 사람에게 내재하는 인성과 신성, 인생의 의미, 도덕규범에 대해 집단적 성찰을 시작했다. 그리고 세부적인 내용에는 차이가 있지만 큰 방향은 비슷한 대답을 내놓았다. 이런 성찰은 당대만이 아니라 오늘날까지도 전 인류에게 깊은 영향을 끼치고 있다.

두 번째 도약은 약 500년 전에 발생했다. 현대 과학이 등장한 후 인간은 객관적인 세계와 인간 자신에 대한 신뢰할 수 있고 반복해서 입증할 수 있는 방대한 지식을 축적했다. 이 혁명과 그에 따른 기술 혁명은 인간의 인식을 미증유의 단계로 끌어올렸다. 그리고 이런 인식 혁명은 첫 번째 축의 시대의 많은 결론과 권위에 근본적인 도전과 의문을 제기했다. 그중에서도 일원론적 종교의 몰락은 특히 중요하다. 일원론적 종교의 신에 대한 기본 가설은 과학적으로 증명되지 않았을 뿐만 아니라 교회의 구체적인 교의 중 많은 부분이 심지어 과학과 배치된다. 이와는 대조적으로 불교의 많은 통찰은 현대 과학으로 끊임없이 검증되고 있다. 그래서 점점 더 많은 현대인이 불교에서 인간의 도덕 체계와 의미를 재구성할 가능성을 보고 있다.

인류 집단 진화의 결실은 매우 긍정적이었지만 문화는 유전을 통해 후대에 전해질 수 없기 때문에, 개체가 집단 진화의 과정 중 전체 문명의 성취와 직접적으로 관계를 맺기는 줄곧 너무나 어려웠다. 이는 오랜 교육 등의 방식으로 이뤄졌다. 하지만 오랜 교육을 다 받아도 사람이 배우는 것은 그중 한두 가지 정도이기 때문에 현대인은 종종 역사의 급류에 휩쓸린 듯한 느낌을 받곤 한다. 마르크스는 이런 느낌을 '소외alienation'라고 정의했다. 축의 시대에 확립된 '평정심 추구'라는 철학이 현대 과학에 의해 점차 파괴되면서 우리의 '의미' 추구 욕구는 여전히 충족되지 않고 있다. 오늘날 세계화 과정에서 AI의 출현과 발전으로 문명을 건설하는 우리의 '하드'한 능력은 점점 더 강력해지고 있지만, 문명의 내재적 의미에 대한 '소프트'한 이해는 그에 상응하지 못하고 있다. 이것이 바로 불교의 과학화가 현대인들에게 특히 의미가 있는 이유다. 또한 내가 라이트 교수의 책이 특별한 의미를 가진다고 생각하는 이유이기도 하다. 이 책은 불교에 대한 기본적인 통찰을 과학적인 방법으로 검증하고, 어떤 의미로는 불교의 과학화와 현대화를 위한 길을 열어준다.

그렇다면 과학화된 불교가 '소외된' 현대인에게 어떻게 도움이 될 수 있을까? 책에서 매우 흥미로운 사례를 소개했는데 바로 자기통제다. 앞서 말했듯이, 인간의 뇌는 수억 년에 걸친 오랜 진화 과정을 통해 조금씩 쌓아온 다양한 모듈로 구성돼 있다. 인간의 뇌는 서로 다른 상황과 환경에 서로 다른 반응을 보인다. 이런 모듈의 반응을 활성화하는 것은 인간의 감정이다. 감정은 인간의 근육과 마찬가지로 지속적으로 강화되거나 약화될 수 있다. 이런 강화와 약화는 주로 보상과 처벌 메커니즘을 통해 이뤄진다. 대부분의 시간에 걸쳐 인간의 뇌는 일종의 '자동 조종' 상태에 있으며, 사물에 대한 우리의 반응은 조건반사와 크게 다르지 않다. 자연선택이 설계한 뇌는 이렇게 매우 흥미롭다. 이른바 생각이라는 건 사실 자신이 생각한다고 착각할 뿐인 것이다. 우리 행동의 근원은 궁극적으로 우리의 감정에 의해 통제될 뿐 자신의 진정한 의지가 반영된 것이 아니다.

그렇다면 어떻게 해야 자신의 진정한 주인이 될 수 있을까? 불교에서 제공하는 중요한 수행법 중 하나가 명상이다. 명상 과정에서 보상과 처벌의 메커니즘을 강화하거나 약화함으로써 '감정'에서 '사고 모듈'로,

이어 '행동'으로 전달되는 메커니즘 중 일부를 의식적으로 차단할 수 있다. 이는 자연선택이 설계한 뇌를 처음부터 다시 설계하는 것을 의미한다. 즉, 뇌를 재설계하는 것이며, 이것이 바로 문화적 진화와 자연적 진화의 진정한 차이점이다. 문화적 진화는 한편으로는 학습을 통해, 다른 한편으로는 명상을 통해 한 세대 안에 이뤄질 수 있다. 오늘날 행해지고 있는 모든 중독성(알코올, 마약, 섹스 등) 행동의 교정 기관에서는 명상의 원리에 따라 고안된 명상 및 심리 상담 방법을 광범위하게 사용하고 있으며 이는 매우 효과적인 것으로 입증됐다.

지난 수십 년 동안 서양에서 점점 더 많은 학자와 지식인이 불교를 믿게 됐는데, 대부분이 이전에는 일원론적 종교를 신봉하던 이들이다. 로버트 라이트 자신도 기독교 신자였다. 이런 변화의 결과 오늘날 티베트 불교는 서양에서 높은 지위를 차지하고 있다. 불교는 과학적 검증을 받았기 때문에 현대 문명의 도덕적 토대를 형성할 가능성이 크다. 인간 인식의 첫 번째와 두 번째 대도약은 모두 진眞, 선善, 미美와 같은 항구적인 이념을 지향했다. 현대 과학으로 확증된 불교의 초기 통찰은 인간의 기본적인 생존 조건에 대한 진리를 지적한 것이며, 이런 진리에 기초한 도덕적 명제는 현대 사회의 믿음직한 도덕적 기반, 즉 선을 형성할 가능성이 더 크다. 다시 말해 진과 선이 있고 난 뒤 우리는 미에 대해 완전히 새로운 인식을 가지게 된다. 이 책이 현대인에게 특별한 의미를 가지는 이유가 바로 이것이다.

넓은 의미로 인간은 자연적 진화와 문화적 진화의 산물이다. 나는 인간이 70~80%는 동물, 20%는 인간, 0.5%는 신이라고 생각한다. 문화적 진화의 의의는 사람이 인성을 나타내고 신성을 확대하며 동물성을 제한하는 데 있다. 나의 관찰에 따르면 인류 문화의 진화 역사상 가장 위대한 제도 개혁은 모두 이 세 가지 특성을 통합하고 조화시킨 결과였다. 예를 들어 중국의 과거 제도와 현대 자유시장 경제 시스템이 그렇다. 현대 시장경제를 예로 들면, 결코 만족하지 않는 인간의 동물적 본성을 과학기술의 지속적인 발전과 결합하여 무한한 경제 성장의 가능성을 제공하고 자연선택에서 인간의 '다산'적 측면을 최대한 발휘할 수 있게 했다. 그리고 우리는 이런 메커니즘에 대한 통찰력을 바탕으로 더 도덕적이고 인간적인 색채를 띠는 분배 제도를 만들었다. 과거 제도 또한 그렇다. 인간의 권력을 향한 끝없는 욕구를 이용하여 모두에게 평등한 기회를 부여하고, 학력에 따라 권력을 공평하게 배분하여 사회 구성원 모두의 이익을 최대한 충족시켰다.

이 책과 관련된 다른 두 권의 책도 언급하고 싶다. 내 '올해의 서평' 목록에는 포함하지 않았지만 올해 나온 아주 괜찮은 책으로 불교와 어느 정도 관련이 있다. 하나는 유발 N. 하라리Yuval N. Harari의 신간인 『호모 데우스: 미래의 역사』다. 하라리는 독실한 명상 수련자다. 나는 그와 대화를 나누던 중, 그의 수행원 중 한 명이 그의 명상 지도자라는 사실을 알게 됐다. 그는 오랜 명상 수련 경력이 있고, 종종 한 달 동안의 침묵 명상을 하곤 했다. 하라리는 나에게 이 명상 수행이 자신의 사고와 글쓰기에 큰 도움이 됐다고 말했다. 그의 저서 『호모 데우스』와 『사피엔스: 유인원에서 사이보그까지, 인간 역사의 대담하고 위대한 질문』은 모두 인간이라는 종의 관점에서 문화적 진화의 역사를 다룬, 완전히 새로운 관점에서 출발해 흥미롭게 읽을 수 있는 책이다. 불교, 특히 과학적 불교는 그의 사고에서 매우 중요한 역할을 한다.

두 번째 책은 브리지워터Bridgewater 설립자 레이 달리오Ray Dalio의 『원칙 PRINCIPLES』이다. 이 책은 그가 지난 40년 동안 브리지워터 펀드를 운영하면서 개발한 입증된 기본 지침을 기록하고 독자와 공유하는 데 중점을 두고 있다. 달리오 역시 40년 이상 명상을 해왔으며, 인터뷰에서 명상을 사업 성공의 가장 큰 원동력으로 꼽았다. 이 책은 기본적으로 과학에 기반한 불교를 거시적 투자와 자산운용사 창업에 적용한 실제 사례로 볼 수 있으며, 인간 본성에 대한 근본적인 이해에 관한 과학적 불교의 통찰력으로 가득 차 있다.

『위대한 중국 산업혁명』

올해 두 번째로 추천하고 싶은 책은 칭화대학교 원이文— 교수의 『위대한 중국 산업혁명伟大的中国工业革命』이다. 산업혁명은 이 세상에 전례 없는 변화를 가져왔지만 영국, 서유럽, 미국 그리고 일부 아시아 국가에서만 이뤄져 전 지구적으로 균등하게 분포되지 않았다. 산업혁명을 이룬 나라와 그러지 못한 나라 사이에는 엄청난 차이가 있다. 왜 어떤 나라는 산업혁명을 이루고 어떤 나라는 그러지 못했을까? 가난한 후진국에서는 어떻게 해야 산업혁명을 일으킬 수 있었을까?

아편전쟁 이후 중국은 산업혁명을 일으키기 위해 최소 네 차례의 시도를 했다. 첫 번째는 양무운동, 두 번째는 신해혁명, 세 번째는 대약진운동을 포함한 마오쩌둥 시대의 산업화 운동, 네 번째는 덩샤오핑이 시작한 개혁개방이다. 처음 세 번의 운동은 실패로 끝났지만, 마지막 운동은 의외로 40년간(내년이면 정확히 40주년이 된다) 지속된 대규모 산업혁명을 촉발하여 큰 성공을 거뒀다. 이 엄청난 성공은 자연스럽게 사람들의 광범위한 관심과 의문을 불러일으켰다.

어떻게 해서 이 가난한 후진국에서 산업혁명이 촉발될 수 있었을까?

중국의 네 번째 산업혁명 시도는 왜 그토록 성공적이었을까?

이후에도 성공을 지속할까?

중국의 성공은 다른 나라에 무엇을 시사할까?

이런 질문에 답하는 것이 이 책의 핵심이다.

이런 질문에 답하기가 어려운 이유는 왜 영국에서 산업혁명이 일어났는지에 대해 아직까지 합의된 인식이 존재하지 않기 때문이다. 앞서 성공한 사례를 제대로 해석하지 못했기 때문에 새로운 사례를 해석하기가 어려운 것이다. 기존의 이론은 이미 일어난 역사를 설명하기에 불충분하며 미래를 예측하는 것은 더더욱 불가능하다. 서양은 물론 중국 내에서도 중국의 산업혁명이 성공한 데 대한 다양한 오해와 의혹이 존재한다. 나아가 중국이 미래에 급격히 부상하리라는 전망에 대한 불신도 존재한다. 이 책의 의의는 영국에서 산업혁명을 촉발한 진정한 원인이 무엇인지를 역사적 각도에서 재해석하고 영국의 역사와 중국의 산업혁명 시도를 비교함으로써, 현재 중국에서 일어나고 있는 산업혁명이 이미 성공했으며 앞으로도 멈출 수 없는 이유를 설명하는 데 있다. 이것이 이 책의 가장 독특한 통찰력이자 공헌이다.

이 책이 영국 산업혁명 역사에 대해 제시하는 가장 중요한 개념은 '농촌의 원시산업화'다. 산업혁명 이전 영국 농촌의 가내수공업을 시장화한 것을 말한다. 영국에서는 이 과정이 100~200년 동안 지속됐다. 이 시기는 신대륙의 발견 이후 영국이 북미에 식민지를 세우고, 매우 번영하는 범대서양 횡단 무역 공동체를 형성하는 것으로 시작됐다. 범대서양 경제는 영국 농촌의 잉여 노동력을 조직하여, 일종의 소규모 수공업 작업장을 주요 형태로 삼고 자유시장 원칙에 따른 조직을 구성하여 글로벌 무역 체계를 형성했다. 이런 조직은 농업 문명 시대의 가장 근본적인 한계인 맬서스의 함정을 해결했다.

농업 문명 시대에는 토지의 산출이 늘어나면 인구가 증가하기 시작했는데, 인구수는 얼마 안 가 토지가 부양할 수 있는 한계를 넘어섰다. 결국 이 함정을 메우기 위해 온갖 위기와 재난을 이용해야 했고, 이 과정은 매번 반복됐다. 신대륙을 발견한 유럽은 식량 생산량을 유지한다는 전제하에 새로 태어난 인구가 새로운 직업을 가지게 했고, 원시산업에 무역을 더하여 신대륙과 완전히 연결했다. 신대륙의 면적은 매우 커서 영국에 유럽 대륙을 더하고 당시 영국의 식민지(인도, 북미, 아프리카 등에 있는)를 합친 것보다도 더 넓은 광활한 땅이었다. 따라서 잉여 노동력은 점차 무역과 상업의 형태로 조직됐다. 또한 당시 영국 정부는 전형적인 중상주의 정부로, 전체 사회를 비즈니스 중심으로 강력하게 하나로 조직했다.

원시산업 무역에서 촉발된 기술의 발전은 마치 들불이 번지듯 급속도로 확산됐다. 산업혁명의 핵심 특징은 대규모·고효율·집단 생산·분업·합작 등으로, 공산품의 원가가 빠르게 내려갔고 결과적으로 소비를 크게 자극하여 상호작용하고 서로 촉진하여 최종적으로 거대하고 빠른 선순환 구조를 형성했다. 영국에서 이 거대한 선순환을 촉발한 제품이 바로 직물이었는데, 소비자 수요의 탄력성이 가장 컸기 때문이다. 영국이 직물을 대량으로 생산할 수 있었던 것은 이미 식민주의, 노예제, 중상주의를 통해 전 세계에 걸친 통일 시장을 형성했기 때문이다. 미국 남부의 노예 농장과 인도의 목화밭에서 목화를 수확했고, 제니 방적기Spinning jenny와 증기기관이 발명되면서 대량 생산이 가능해져 원가가 급격히 내려갔다.

게다가 국내는 이미 대규모 통일 시장이 형성됐고, 이는 다시 모든 식민지와 인도를 포함하여 북미로까지 확대됐다. 정부와 상인이 한데 뭉쳐 전 세계 통일 시장을 관리하는 한편, 국내 인구를 대규모로 조직해 공장에 투입했기에 노동력도 풍족했다. 공장에서 벌어들인 수입은 제품 개발, 업그레이드, 판매에 재투입되어 1차 산업혁명을 촉발했다. 1차 산업혁명이 식민주의와 중상주의를 통해 전 세계로 급속히 확산된 후 영국 산업은 전 세계에 거대한 시장을 형성했고, 이는 곧 2차 산업혁명의 필요성을 불러일으켰다. 2차 산업혁명은 사실상 1차 산업혁명에 필요했던 기계, 운송 수단, 인프라, 동력 설비 등을 생산하기 위해 일어났다. 이런 요구는 다시 화학공업, 기계 제작, 원양 항해, 기차, 석유화학 자원 등 각종 산업혁명을 촉발했다. 다양한 기술이 일종의 자율적 메커니즘을 형성했고, 계속 발전하여 오늘날의 정보 혁명에 이르렀다.

중국을 돌아볼 때, 원이 교수의 가장 통찰력 있는 지점은 그가 중국 개혁개방 초기의 향진기업鄕鎭企業(우리나라의 읍·면에 해당하는 향·진 주민들이 공동으로 생산·판매·경영하는 기업-옮긴이) 개혁을 영국에서 100년 이상 지속된 농촌의 원시산업화와 대비한다는 점이다. 1949년 이후 중국공산당은 줄곧 농촌을 조직화하기 위해 노력해왔다. 중국 혁명의 성공은 주로 농촌 조직화에 의존했기 때문에 마오쩌둥도 항상 농촌에 진정한 산업 기반을 구축하고자 했다. 그러나 이런 시도는 실패했는데, 그가 농민들을 조직하긴 했지만 시장 메커니즘은 믿지 않았기 때문이다. 1970년대 말 개혁개방 초기, 중국에는 실제로 150만 개가 넘는 향진기업이 있었다. 그러나 시장 방식으로 조직된 것이 아니었고 공급의 대가를 어음으로 지급하는 계획경제 방식이었다. 그 결과 사회의 수요를 공급이 충족시키지 못하는 결핍경제로 이어졌다.

이후 덩샤오핑 개혁의 첫 10년(1978~1988년) 동안 개혁의 핵심 원동력은 시장 메커니즘하에 향진기업이 대규모로 발전한 것이었다. 이 발전은 실제로 영국의 농촌 원시산업 발전 과정과 정확히 일치했다. 이 과정에서 향진기업은 150만 개에서 거의 2,000만 개로 늘어났다. 그 결과 중국에는 거대하고 통일된 국내 자유시장이 형성됐다. 경공업·수공업 방식의 향진기업은 결핍경제로 만들어진 거대한 수요를 충족시키기 위해 급속히 성장했고 시장 메커니즘을 기반으로 통합된 거대한 시장이 전국적으로 형성됐다. 전국적인 시장 메커니즘은 식량 생산을 보장했을 뿐만 아니라 농촌의 잉여 노동력을 진정한 시장 방식으로 조직화했다.

중국이 걸어간 다음 단계는 영국의 산업혁명과 완전히 동일하다. 개혁에서 개방까지 중국은 전방위적으로 세계 경제의 운행에 개입하기 시작했다. 그리고 중국 산업을 도약시킨 첫 번째 제품은 영국과 마찬가지로 직물이었다. 중국도 방직품에서 빠르게 1차 산업혁명을 진행했다. 이미 통일된 전국 시장을 기반으로 농촌의 많은 잉여 인구가 산업 현장에 진출했고, 중국 정부 또한 영국 정부와 마찬가지로 중상주의 정부로서 국내외 시장을 확대하고 해외 기술을 도입하며 국내에 산업을 구축하는 데 모든 역량을 기울였다. 제품은 국내 전역을 커버하는 것은 물론 전 세계 시장으로 퍼져나갔다. 이렇게 개혁개방 20년 만에 중국은 1차 산업혁명을 달성했다. 그 결과 중국은 매우 짧은 시간에 세계 최대의 섬유 시장이자 세계 최대의 섬유 수출국이 됐으며, 그 후에도 세계 최대의 섬유 생산국이자 소비국, 수출국으로서의 지위를 유지하고 있다. 방직품 혁명 이후에는 섬유로 대표되는 1차 산업혁명의 발전에 대한 자율적인 수요, 즉 기계에 대한 수요, 교통 인프라에 대한 수요, 기초 동력과 중화학물질에 대한 수요, 석탄과 전력의 필요성을 바탕으로 2차 산업혁명이 시작됐다.

이 두 차례의 산업혁명으로 중국 경제는 자율적이고 순환적이며 끊임없는 자기 강화적 성장 과정을 시작했고, 영국과 미국처럼 이 과정은 일단 시작되면 멈출 수 없게 되어 40년간의 고도 복리식 성장의 경제 기적을 이뤘다. 이를 통해 중국은 과학기술 문명국가의 기본적인 경제적 특성인 지속적이고 복합적인 성장을 갖출 수 있었다.

이런 기초에서 저자는 동시에 다음과 같은 몇 가지 관련 질문에도 답한다. 예를 들어 중국의 이전 세 차례 산업혁명은 어째서 성공하지 못했는가? 청나라의 양무운동은 기본적으로 사회의 기층 조직이 부족한 상태에서 하향식으로 실시한 개혁이었으며, 산업 프로젝트는 진정한 시장 메커니즘이 형성되지 않은 상태에서 정부가 머리를 짜내 결정했다. 신해혁명 시대에도 농민들이 제대로 조직화돼 있지 않았다. 마오쩌둥 시대에는 농민들이 조직화돼 산업 현장으로 진출할 수 있었겠지만 마오쩌둥은 시장의 힘을 믿지 않았다. 덩샤오핑의 개혁개방에 이르러서야 비로소 농촌의 잉여 노동력이 시장 방식으로 조직화됐을 뿐만 아니라 전국에 통일된 시장 메커니즘이 형성되어 수천만, 아니 수억 명의 노동력이 국내 및 국제 시장 경쟁에 참여하게 됐다. 이것이 중국 산업혁명의 네 가지 시도에 대한 그의 비교다.

이와 관련된 또 다른 질문은 왜 최초의 산업혁명이 네덜란드나 중국 또는 인도에서 일어나지 않았는가 하는 것이다. 근대 이전의 중국과 인도 정부는 상업을 중시하지 않았고 시장 지향적이지 않았다. 네덜란드 정부는 상업을 매우 중시했지만 방직업 기반이 없었고, 장점인 어업과 무역은 수요 탄력성이나 규모의 효과가 크지 않아 산업혁명을 촉발하기에는 부족했다. 산업혁명은 반드시 수요 탄력성이 매우 큰 제품이 불을 붙이고 대규모 생산으로 대규모 원가 절감을 이룰 수 있어야 한다.

그러나 어떤 종류의 제품이 촉발하든 산업혁명이 일어나기 위한 가장 근본적인 전제 조건은 충분히 큰 시장이 있어야 한다는 것이다. 자유시장과 관련하여 그는 또 하나의 통찰력 있는 관찰을 했는데, 자유시장은 사실 자유롭지도 않고 공짜도 아닌 매우 비싼 공공재로서 반드시 강력한 중상주의 정부가 막대한 노력과 비용을 들여 구축해야 한다는 것이다. 이를 바탕으로 그는 오늘날 산업혁명에 대한 서양의 지배적인 해석인 '워싱턴 컨센서스Washington Consensus'를 비판했다. 워싱턴 컨센서스는 현대 산업화 형성을 위해서는 자유시장 메커니즘, 정부의 비개입, 민주주의와 법치의 보장, 약탈적인 부패 제도의 부재 등이 필요했다고 보는 입장이다. 원이 교수의 견해에 따르면, 이는 모두 영국의 역사적 실천에 반하는 것으로 원인과 결과가 뒤바뀐 것이다. 산업화 이후 서양이 오늘날에 이르기까지 발전한 것은 원인이 아니라 결과라는 얘기다. 서양이 중국을 반복적으로 잘못 예단하는 주된 이유도 바로 그런 이론에 따라 중국을 해석하기 때문이다.

원이 교수는 서양의 역사를 재구성하여 중국의 산업혁명이 성공할 수 있었던 원인을 분석하고, 이를 바탕으로 중국의 향후 지속적인 경제 발전은 막을 수 없을 것이라고 예측함과 동시에 중국의 경험이 산업혁명을 일으키고자 하는 다른 개발도상국에도 똑같이 적용될 수 있다고 주장한다. 그런 의미에서 이 책의 통찰력은 독창적이고 의미가 깊다.

2018년은 중국 개혁개방 40주년이 되는 해다. 중국의 경제 발전 성과는 전 세계를 놀라게 했지만, 그 원인과 앞으로의 발전에 대해서는 중국은 물론 전 세계적으로 광범위한 논쟁이 벌어지고 있다. 최근 몇 년 동안 점점 더 많은 중국 및 외국 학자가 이 분야에 뛰어들었다. 나의 비전문적인 의견으로는 원이 교수를 비롯하여 양샤오카이杨小凯, 린이푸林毅夫, 저우치런周其仁, 쉬샤오녠许小年, 쓰정푸史正富 등이 진지하게 연구할 가치가 있는 창의적인 공헌을 했다고 본다. 하지만 주제가 너무 방대하고 전 세계에 미치는 영향 역시 광범위하기 때문에 전방위적인 해석을 하기에는 아직도 갈 길이 멀다.

2017년의 깨달음

마지막으로, 올해 깨달은 바를 몇 가지 공유하고자 한다. 마침 이 두 책에서 다룬 이슈와도 관련이 있다. 올해는 내가 투자 경력을 쌓은 지 25년째 되는 해이며, 히말라야 펀드가 설립된 지 마침 20주년이 되는 해다. 불확실한 미래를 예측하고, 진실과 이해를 추구하며, 이성적 사고로 의사결정을 하는 것이 내 업무의 핵심이다. 바로 이 때문에 나는 20년 넘게 투자 활동을 하면서 인간 인지의 선천적인 결함을 더욱 깊이 인식하게 됐다. 자연선택이 설계한 뇌 자체는 문화적 진화의 현실을 이해하는 데 근본적인 모순과 한계가 있다. 우리의 인지 문제 중 다수는 뇌가 자연선택이 설계한 기계인 반면, 우리가 이해하고 싶어 하는 현실은 문화적 진화의 산물이라는 사실에서 비롯된다. 둘 사이의 근본적인 모순은 세상에 대한 불분명한 이해와 문제에 대한 흐릿한 시각을 야기하며, 이는 결국 일련의 잘못된 결정으로 이어진다. 투자의 세계에서는 잘못된 결정이 종종 비참한 결과를 초래한다. 실제로 나는 이성적 사고와 지혜를 얻는 것이 얼마나 어려운지 몸으로 체험했다.

중국을 예로 들자면, 중국에서 현재 일어나고 있는 일은 거대한 역사적 사건이다. 근대 500년 역사, 특히 서양에서 일어난 근대 산업혁명 역사의 연장선인 동시에 중국 자신의 5,000년 역사에 부합하는 것이다. 그 복잡성은 한 개인이 혼자서 쉽게 이해할 수 있는 것이 절대 아니다. 우리는 저마다 장님 코끼리 만지는 격으로 세상을 이해한다. 더욱이 우리는 감정적 동물이기 때문에 만지는 부분이 다르고, 만져서 도출되는 결론도 다르며, 결론에 대한 확신의 정도도 다르다. 게다가 중국은 지난 세기 격동의 역사 속에서 부침을 겪어왔고, 이는 자연히 모든 관찰자에게 강한 감정적 흔적을 남겼다. 우리 한 사람 한 사람의 '장님'이 만져 얻은 인상을 함께 모아본다면 코끼리에 대해 더 객관적인 관점을 얻을 수 있을 것이다. 그러나 우리 각자는 개인의 강렬한 감정 탓에 국지적인 인상에 지나치게 집착하기 때문에 개인적인 경험 너머의 전체 그림을 보지 못하는 경우가 많다. 물론 나 또한 그렇다. 나의 어렸을 때와 젊은 시절의 경험이 중국을 관찰하고 이해하는 데 큰 영향을 미쳤고, 다른 사람의 관점을 거부하는 게 습관화됐다. 그간 관찰해온 바에 따르면, 개인적인 경험의 장벽을 뛰어넘어 객관적이고 합리적으로 생각할 수 있는 사람은 거의 없는 듯하다.

중국을 관찰하는 서양인들도 마찬가지인데, 이들은 자신이 이해하지 못하는 복잡한 문제에 이념과 역사적 경험을 적용하는 경향이 있다. 서양의 이념과 역사적 경험은 중국과 다르며, 따라서 그들이 중국의 현실을 진정으로 객관적으로 바라보기는 쉽지 않다.

자연선택이 설계한 인간 뇌는 대부분의 경우 문화적 진화의 성과에 적응하지 못하지만, 자연선택은 또한 우리에게 개선의 여지를 남겼다. 2,500년 전 석가모니는 명상을 발견했고 공자는 이성적 사고를 발견했으며, 이런 위대한 발견은 과거는 말할 것도 없고 현재 모두 우리에게 미래에 대한 충만한 확신을 준다. 멍거는 지혜를 얻는 것이 인간의 도덕적 책임이라고 믿으며, 나도 진심으로 동의한다.

나의 개인적인 경험을 예로 들자면, 끊임없이 실수를 바로잡고 계속해서 배우고 나아가는 법을 배우지 않았다면 절대 여기까지 올 수 없었을 것이다. 지난 25년 동안 나는 '담배꽁초 줍기'라는 접근 방식에서 훌륭한 기업에 투자하는 방식으로, 북미 투자에서 아시아와 중국에 집중하는 방식으로 전환해왔다. 그 중간의 모든 단계는 끊임없는 오류 수정의 결과였다. 내가 관리하는 펀드의 자산은 몇백만 달러에서 거의 100억 달러로 성장했고 수익도 50배 이상 증가했다. 이런 투자 수익률의 복리식 성장을 이끈 것은 바로 지식과 사고력의 복리식 성장이었다.

생각의 성장 속도가 자본의 성장 속도를 넘어설 때만 투자 자금이 안전하고 효과적일 수 있다. 내가 이 방면에서 쌓아온 경험과 노력이 사고력을 키우기 위해 애쓰는 사람들, 특히 젊은이들에게 참고가 될 수 있기를 바란다. 그럴 수만 있다면 정말 기쁠 것이다.

2017년 12월

세계화의 숙명
:2019년 올해의 서평 및 깨달음

『대침체기: 거시경제의 나머지 절반과
세계화의 숙명』

올해 소개하고 싶은 책은 구차오밍의『대침체기: 거시경제의 나머지 절반과 세계화의 숙명大衰退年代: 宏观经济学的另一半与全球化的宿命』이다. 이 책은 오늘날 세계에서 가장 큰 이슈를 모두 다룬다.

첫째, 통화 정책이다. 기본적으로 미국, 유럽, 중국, 일본 등 오늘날 모든 주요 경제 시스템은 화폐를 대량으로 발행하고 있다. 기축통화 과다 발행은 이제 천문학적 규모에 이르렀고, 그 결과 전 세계적으로 저금리, 제로 금리, 심지어 유로존에서는 마이너스 금리라는 역사상 전례 없는 현상이 발생했다. 통화 발행 증가가 경제 성장에 기여한 바는 미미했으며, 미국을 제외한 주요 선진국 경제는 기본적으로 한계 성장 또는 제로 성장을 경험했다. 이런 상황의 또 다른 결과는 부채 수준이 GDP의 배수로 증가하는 한편, 주식·채권·부동산 등 모든 자산 가격이 사상 최고치를 기록하고 있다는 것이다. 이런 비정상적인 통화 현상은 언제까지 지속될까? 어떻게 끝날까? 만약 끝난다면 글로벌 자산 가격에는 어떤 영향을 미칠까? 이 질문에 답할 수 있는 사람은 아무도 없겠지만, 세상 대부분 사람의 재산이 이 질문과 밀접하게 연관돼 있다.

둘째, 세계화다. 지난 수십 년간의 세계화는 다양한 발전 단계에 있는 국가들의 운명을 밀접하게 연결했지만, 글로벌 무역과 글로벌 자본 흐름은 각국이 독자적으로 시행하는 통화 및 재정 정책과 분리돼 있다. 따라서 세계화와 글로벌 자본 흐름이 각국의 경제 및 국내 정책과 상당한 갈등을 일으키며 국가 간 관계를 점점 더 긴장시키고 있다. 예를 들어 중국과 미국 간의 무역 충돌은 갈수록 심화되고 있으며, 홍콩·파리·칠레 등에서 거리 정치가 점점 더 격렬해지는 등 전 세계 많은 국가와 지역 내부적으로도 불안정한 모습이 나타나고 있다. 동시에 이들 국가 내에서 극좌와 극우의 정치 세력이 중도 세력의 힘을 서서히 잠식하면서 전 세계가 더욱 불안정해지고 있다. 이런 상황에서 앞으로 글로벌 무역과 자본 흐름에 어떤 일이 일어날지는 누구도 예측할 수 없다.

셋째, 대응의 문제다. 이런 국제 환경에서 각국의 거시경제 정책과 재정 정책은 어떻게 달라져야 할까? 서로 다른 발전 단계에 있는 서로 다른 국가의 정책은 또 어떻게 달라져야 할까?

세 가지 질문 모두 오늘날 전 세계의 가장 중요한 이슈다. 세 가지 질문에 동시에 답하는 것은 거의 불가능하며, 이 중 하나라도 대답할 수 있는 이론을 발견한다면 대단한 학문적 업적이 될 것이다. 구차오밍은 이 책에서 비교적 설득력 있는 관점을 제시하며 몇 가지 기본 개념과 내부 논리가 완전한 이론적 틀을 제시했다. 세 가지 질문의 답을 제시한다고 할 수는 없지만 적어도 우리에게 매우 중요한 시사점을 제공한다. 그의 이론에 동의하든 동의하지 않든 깊이 생각해볼 가치가 있다.

일본의 '잃어버린 10년'과 정부의 대응

저자 구차오밍은 노무라증권연구소의 수석 이코노미스트이며 지난 30년 동안 일본 정부에 광범위한 영향력을 행사해왔다. 내가 그의 주장을 처음 접한 것은 10여 년 전 일본에서 열린 YPOYoung President Organization 국제 콘퍼런스에서였다. 그는 당시 '잃어버린 10년(물론 지금은 '잃어버린 20년' 또는 '잃어버린 30년'이라고도 한다)'이라고 불리던 일본의 상황에 대해 설명하는 기조연설을 했다.

구차오밍은 일본의 버블 붕괴 이후 나타난 현상, 즉 제로 경제 성장, 화폐 과다 발행, 제로 금리, 대규모 정부 적자, 높은 부채 등의 경제 현상을 지적했다. 서양에서는 이런 현상에 대해 다양한 해석이 있지만 기본적으로 일본의 거시경제 정책이 실패한 데 원인이 있다고 해석해왔다. 그러나 구차오밍은 처음으로 이와는 완전히 반대되는, 동시에 더 설득력 있는 해석을 내놓았다. 그는 경제학에서 새롭고 독특한 개념인 '재무상태표 불황'을 제시했다. 당시 일본의 불황이 자산 버블 붕괴 이후 민간 부문(기업 및 가계)의 재무상태표가 급격히 팽창하고 급격히 붕괴하면서 초래된 사건이라는 설명이다.

재무상태표로 촉발된 대공황에서 그가 발견한 매우 독특한 현상 중 하나는 전체 민간 부문의 목표가 근본적으로 바뀌었고, 이제는 이익을 극대화하는 것이 아니라 부채를 최소화하는 것이 목표가 됐다는 점이다. 따라서 아무리 많은 돈이 발행되더라도 돈이 생겼을 때 민간 부문이 가장 먼저 한 일은 투자하고 확장하는 것이 아니라 부채를 갚는 것이었다. 당시 자산 가격의 급격한 하락으로 전체 민간 부문이 사실상 기술적 파산 상태에 빠졌기 때문에 그들이 해야 할 일은 재무상태표를 보정하고 계속 저축하고 끊임없이 빚을 갚는 것이었다. 이런 상황에서는 경제가 크게 위축될 수밖에 없다. 이런 경기 위축은 1930년대 미국의 대공황과 유사하다. 경제가 일단 위축되기 시작하면 나선형으로 가속화되는 자율적 메커니즘이 있어서 당시 미국 경제 전체는 불과 몇 년 만에 46% 가까이 위축됐다.

일본 정부가 취한 접근 방식은 대규모로 화폐를 발행한 다음 정부의 대규모 차입을 통해 직접 인프라 투자를 해서 국민들의 막대한 저축을 소화하는 것이었다. 이 방법으로 일본은 경제를 10년 이상 같은 수준으로 유지했다. 경제는 제로 성장을 했지만 불황은 없었다. 구차오밍이 보기에 이것은 선택할 수 있었던 유일하고 정확한 거시경제 정책이었다. 그 결과 일본 경제는 1930년대에 미국이 겪었던 46%에 달하는 경기 위축을 경험하지 않았고, 동시에 민간 부문이 충분한 시간을 가지고 차근차근 재무상태표를 회복할 수 있었다. 그에 따라 오늘날 일본의 기업과 가계는 정상으로 돌아가기 시작했지만, 그 대가로 정부 재무상태표가 심하게 손상됐고 일본 정부 부채는 현재 세계에서 가장 높다. 하지만 다른 선택지와 비교해볼 때 이는 최선의 대안 중 하나였다. 이것이 당시 내가 들었던 일본에 대한 무척 독특한 해석이었다. 이후 일본 경제를 관찰하면서 그의 생각이 어느 정도 사실임을 확인할 수 있었다.

서양 각국의 양적완화가 초래한 결과

서양은 일본의 정책에 대해 줄곧 비판적이었다. 그러다가 2008~2009년에 경제에 문제가 발생하자 일본에 대한 태도에 변화가 생겼다. 2008~2009년 이후 서양 전체가 1980년대 후반 버블이 터진 후의 일본과 매우 유사한 상황으로 돌변했기 때문이다. 주요 자산의 가격이 급격히 하락했고, 전체 민간 부문이 기술적 파산에 빠져 이후 상황 전개도 매우 유사했다.

공교롭게도 주요 서구 국가들이 채택한 정책은 모두 대규모 통화 발행이었다. 당시 서구 중앙은행들은 모두 1930년대 대공황을 떠올렸다. 1930년대 대공황에 대한 정책적 대응을 총정리하면, 경제학계의 주된 결론은 밀턴 프리드먼Milton Friedman의 견해를 위주로 통화 정책에 근본적인 착오가 발생했다고 보는 것이었다. 2008년 연방준비제도이사회FRB 의장이었던 벤 버냉키Ben Bernanke도 이런 견해를 강력하게 지지했으며, 극단적인 상황에서는 헬리콥터에서 돈을 뿌릴 수도 있다고 했다. 위기에 대응하여 서구 국가들은 대규모 통화 발행을 시작했다. 그러나 예상과 달리 경제는 빠르게 회복되지 않았다. 그 통화가 민간 부문에서 저축으로 쌓이거나 부채를 상환하는 데 사용됐기 때문에 경제 성장은 여전히 부진했다. 미국의 완만한 경제 성장을 제외하면 유로존 경제는 제로 성장의 위기에 처하게 됐다.

이에 대한 각국 정부의 첫 번째 반응은 여전히 통화 발행량을 늘리는 것이며, 이를 위해 각국 중앙은행은 한 번도 사용된 적이 없는 양적완화Quantitative Easing, QE를 고안해냈다. 전통적으로 중앙은행은 지급준비율(기축통화의 가장 중요한 부분)을 조정하여 통화 공급을 조절해왔는데, 양적완화 도입 후 미국 FRB는 법정 지급준비율의 12.5배에 달하는 초과 지급준비금을 조성했다. 서구의 주요 중앙은행들이 양적완화를 실시한 후 해당 배수는 유로존 9.6배, 영국 15.3배, 스위스 30.5배, 일본 32.5배에 달했다! 즉, 정상적인 경제 상황에서 민간 부문이 이 추가 자금을 효과적으로 사용할 수 있다면 인플레이션이 동일한 배수(예: 미국의 경우 1,250%)에 도달할 수 있었다는 뜻이다. 또는 이 돈을 자산에 투자했다면 자산 가격이 버블 수준까지 몇 배로 치솟거나 GDP 성장을 강력하게 자극했을 수도 있다.

그러나 현실은 경제가 여전히 미미한 성장에 불과하고 일부 자산 가격은 상승하고 있다는 것이다. 이 정책의 가장 큰 결과는 금리가 제로에 가까워지고, 심지어 현재 유로존에서는 약 15조 달러의 마이너스 금리가 발생했다는 것이다. 이는 전체 자본주의 시장 메커니즘의 근본적인 가설이 흔들린 것이며 동시에 기대했던 경제 성장을 가져오는 데 실패한 것이다. 이 시점에서 유럽 전체의 현상은 애초의 일본과 점점 더 닮아갔으며, 모두 일본의 경험에 대해 다시 생각하기 시작했다. 구차오밍의 일본에 대한 결론과 일본의 재정 정책에 대한 접근 방식은 주요 서구 국가들의 관심을 다시 불러일으켰다.

구차오밍의 경제 상황 프레임워크

구차오밍은 이런 현상을 설명하기 위해 비교적 간단한 프레임워크를 사용했다. 그는 대출자(투자자)와 저축자를 기준으로 경제는 항상 다음 네 가지 시나리오 중 하나에 속하게 된다고 본다(〈표 7〉 참조).

일반적으로 경제에는 저축하는 사람과 투자하기 위해 빌리는 사람이 모두 존재해야 한다. 이러면 경제는 비교적 정방향의 성장 모드에 있게 된다. 일반적인 경제위기가 도래할 때는 저축자들의 자금이 고갈 됐더라도 여전히 대출자(투자자)가 있고 투자 기회는 남아 있다. 이럴 경우, 중앙은행은 최후의 수단인 자금 공급자로서 매우 중요한 역할을 한다. 이것이 1930년대 대공황의 중요한 결론이며, 중앙은행은 최후의

표 7 경제 상황의 네 가지 시나리오

	대출자(투자자)	저축자
첫 번째 시나리오 (정상적인 경제 성장)	있음	있음
두 번째 시나리오 (일반적인 경제위기)	있음	없음
세 번째 시나리오 (일본 1990년대)	없음	있음
네 번째 시나리오 (2008~2009년 경제위기, 1929년 미국)	없음	없음

대출 기관으로서 최후의 자금 제공자라는 것이다. 중앙은행이 자금을 제공하면 그 자금이 민간 부문에 대출된다.

그러나 사람들이 생각하지 못한 것은 이전에 보지 못했던 세 번째와 네 번째 상황이다. 즉 대출자(투자자)가 없을 때 경제는 어떻게 될까? 예를 들어 일본처럼 저축자는 있지만 지난 수십 년 동안 민간 부문이 투자를 위해 돈을 빌릴 동기 요인이 없다면, 이런 상황에서는 어떻게 해야 할까? 2008~2009년에 서구 전체는 저축자도 대출자도 없었고, 미국에서는 기본적으로 저축이 없었고 자산이 크게 감소했기 때문에 민간 부문은 기본적으로 기술적 파산 상황에 처해 있었다. 동시에 유럽에서도 기본적으로 투자 기회가 없었다. 여러 차례 양적 완화를 실시하고 기초 통화를 과도하게 발행한 후에도 여전히 아무도 투자하고 싶어 하지 않았고 경제에 투자 기회도 없었다. 사람들은 돈을 받으면 마이너스 금리의 형태로 은행에 돈을 돌려줬다. 이런 일은 전례가 없다.

이 프레임워크의 주요 공헌은 세 번째와 네 번째 시나리오에 있다. 즉, 대출자가 사라진 상황에서의 현상이다. 예를 들어 일본은 저축하는 사람은 있지만 빌리는 사람은 없는 세 번째 범주에 속한다. 구차오밍은 이 경우 재정 정책과 직접 투자를 통해 정부가 반드시 최종적인 대출자로서의 책임을 져야 한다고 생각한다. 그렇게 하지 않으면 민간 부문은 돈을 빌리지 않을 것이고 경제는 위축되기 시작할 것이며, 일단 경제가 위축되기 시작하면 자체적으로 가속하는 나선형 메커니즘이 작동할 것이기 때문이다. 이런 가속화 메커니즘은 경제가 반토막 나고 대량 실업이 일어나는 등 상상할 수 없는 사회적 결과를 초래할 수 있다. 1930년대 히틀러의 집권과 일본 군국주의의 부활도 당시의 경제 대공황과 직접적인 관련이 있다.

네 번째 시나리오는 2008~2009년에 일어난 일로, 저축자도 대출자도 없었다. 이때 정부는 최종 자금 제공자의 역할과 최종 대출자의 역할을 모두 수행해야 한다. 미국의 경우 2008~2009년에 중앙은행을 통해 통화를 초과 발행하는 한편, 재무부가 TARP(부실 자산 구제 프로그램) 법을 통과시켜 시스템상으로 중요한 모든 상업은행과 투자은행에 직접 자본을 투입하여 저축자와 대출자 부족 문제를 동시에 해결하고 경제를 안정시켰다. 그러나 서유럽은 오늘날까지 저축자도 없고 대출자도 없는, 세 번째 또는 네 번째 상황에 처해 있는 것으로 보인다.

유로존 자체의 한계 탓에 유럽은 통화 정책만 사용할 수 있다. 유로 계약은 유럽, 특히 남유럽 국가에서 내수를 확대하기 위한 재정 정책 사용을 제한하며, 이런 제한은 앞으로 치명적인 결과를 초래할 수 있다. 구차오밍은 이상의 프레임워크를 바탕으로 오늘날 세계가 직면한 독특한 경제 현상(세 번째와 네 번째 상황)을 분석하고, 현재 선진국의 경제 정책에 대한 자신의 견해를 제시한다.

세계화된 경제의
세 가지 발전 단계

이어서 그는 다음 질문을 고려한다. 왜 서유럽과 미국은 모두 자산 버블로 향했을까? 그리고 자산 거품이 터진 후 어째서 (완만한 성장세를 보인 미국을 제외하면) 성장의 길을 찾지 못했을까? 이 질문에 답하기 위해 저자는 두 번째로 독특한 관점을 제시한다. 이 관점은 오늘날 중국과 특히 관련이 있다. 그는 세계화된 무역의 맥락에서 경제 발전에는 세 가지 뚜렷한 단계가 있다고 말한다.

앞서 발전경제학에서 중요한 개념, 루이스 변곡점을 소개했다. 도시 산업화 초기에는 농촌의 잉여 노동력이 지속적으로 도시산업으로 유입 되지만 산업이 일정 규모로 성장함에 따라 경제가 완전 고용 상태로 들 어서고 농촌의 잉여 노동력이 과잉에서 부족으로 바뀐다. 이를 루이스 변곡점이라고 부르는데, 1950년대 영국의 경제학자 아서 루이스가 주 창한 개념이다.

첫 번째 단계는 루이스 변곡점 이전의 초기 도시산업화 시기다. 두 번째 단계는 경제가 루이스 변곡점을 지나고 사회가 저축·투자·소비 의 상호 성장 상태에 진입하는 시기로, 이를 황금시대라고도 한다. 세 번째 단계는 구차오밍이 제시한 독특한 단계로, 세계화의 맥락에서 경 제가 성숙한 발전 단계를 거쳐 선진 경제 단계에 진입한 후 피추격 단 계에 진입한다는 것이다. 왜 이런 일이 발생할까? 이 기간에 국내 생산 비용이 일정 수준까지 증가함에 따라 해외의 다른 개발도상국에 투자 하는 것이 더 유리해지기 때문이다. 초기에는 여러 가지 문화적·제도 적 장벽 탓에 해외 투자의 이점이 명확하지 않지만, 국내 생산 비용이 일정 수준까지 높아지고 다른 나라에 투자하는 기본적인 역량이 어느 정도 구축되면 해외 투자가 국내 투자보다 훨씬 유리해진다. 이 시점이 되면 자본은 국내 투자를 중단하고 국내 임금은 정체되기 시작한다.

첫 번째 단계, 즉 루이스 변곡점 이전의 초기 도시산업화 단계에서 는 자본이 그 과정을 절대적으로 통제한다. 노동은 일반적으로 가격 결정권과 협상력을 거의 갖지 못한다. 시골에는 잉여 인구가 많아 일자리를 찾는 사람이 많기 때문에 기업은 자연스럽게 노동자를 착취하게 될 것이다.

두 번째 단계는 루이스 변곡점을 지난 경제 발전의 성숙 단계다. 기업이 생산 시설에 더 많이 투자하여 생산량을 늘리는 동시에 임금 인상, 작업 환경 및 생산 시설 개선 등을 통해 직원들의 요구를 충족시켜야 하는 시기다. 이 시기에는 노동력이 부족해지기 시작하고 경제 발전이 이뤄지면서 임금 수준이 상승한다. 이는 다시 소비 증가·저축 증가·투자 증가로 이어지며, 이는 다시 기업의 이익 증가로 이어져 선순환이 만들어진다. 이 단계에서는 사회의 대부분 사람이 경제 발전의 과실을 누릴 수 있으며, 중산층이 주를 이루는 소비 사회가 형성된다. 교육 수준이 낮은 사람들의 경우에도 임금이 상승하고 사회 모든 계층의 생활 수준이 향상된다. 따라서 이 단계를 황금시대라고도 부른다.

세 번째 단계에서는 사회가 분화되기 시작한다. 노동력의 경우 과학기술, 금융, 무역, 국제 시장과 같은 고도로 숙련된 직종만이 계속해서 높은 보수를 받으며, 교육 수준이 비교적 낮은 전통적 제조업 직종의 임금은 점차 감소한다. 이에 따라 빈부 격차가 더욱 커진다. 국내 경제와 투자 기회는 점차 고갈되고 투자 기회는 해외로 이동한다. 이 시점의 GDP 성장은 지속적인 기술 혁신에 달려 있다. 미국처럼 혁신 역량이 강하다면 GDP는 느리게나마 성장을 이어갈 것이다. 혁신 역량이 강하지 않고 혁신 속도가 빠르지 않은 경우(예: 유럽, 일본), 본국 경제의 성장은 힘을 잃고 투자는 해외 또는 비이성적 분야로 이동한다.

구차오밍은 서구 사회가 주로 일본과 아시아의 네 마리 용(한국, 타이완, 싱가포르, 홍콩을 가리킨다-옮긴이)의 추격을 받던 1970년대 무렵 세 번째 단계에 접어들었다고 주장한다. 10여 년 후인 1980년대에 중국은 국제 경제 사이클에 진입했고, 일본도 피추격 단계에 접어들었다. 피추격 단계 이후에는 국내 경제 성장의 기회가 급격히 줄어들고 경제 성장은 거품이 형성되기 쉬운 분야로 진입한다. 일본, 미국, 그리고 서유럽 역시 그랬다. 자금이 부동산·주식 시장·채권 시장·파생증권에 연속적으로 유입되어 거대한 거품이 형성됐고, 마침내 거품이 터졌다. 거품이 터진 후에도 국내 경제 성장 기회는 여전히 제한적이고 성장 잠재력이 매우 작았다. 이 때문에 민간 부문은 한편으로는 재무상태표를 보충했고, 다른 한편으로는 투자 기회 부족에 대응하여 경제 행동이 이익 극대화가 아니라 부채 최소화를 추구하는 것으로 바뀌었다. 요컨대, 전통적인 경제 이론에 기반한 예측들은 기본적으로 더 이상 유효하지 않았다.

구차오밍은 경제 발전 단계에 따라 정부 거시 정책의 기능이 달라질 수 있기 때문에 다양한 정책 도구를 사용해야 한다고 지적했다. 이는 현재 중국에 가장 유익한 견해다. 산업화 초기에는 경제 성장이 주로 자본 형성, 제조업, 수출 등을 기반으로 이뤄지며 정부 재정 정책이 큰 역할을 한다. 정부는 제한된 자원을 집중 활용하여 인프라, 자원, 수출 관련 서비스 등에 투자할 수 있고, 이 모든 것이 신흥국이 산업화 단계로 빠르게 진입하는 데 도움을 준다. 이 단계에서 대부분 국가가 적극적인 정부 지원 정책을 채택했다. 두 번째 단계로 접어들면 경제 성장의 주요 동력은 임금과 소비의 이중 성장이다. 이 시기에는 사회가 이미 완전 고용 상태에 있기 때문에 특정 부문이나 영역에서 임금이 인상되면 다른 부문과 분야에서도 어쩔 수 없이 임금을 인상할 수밖에 없다. 임금 인상은 소비와 저축의 증가를 유발하고, 기업은 생산량을 늘리기 위해 이런 저축을 사용하여 설비 투자를 늘려 이익 성장을 달성하고, 임금을 인상하여 더 많은 직원을 유치할 능력을 갖게 되는 등 긍정적인 선순환의 성장을 보여준다.

이런 성장은 주로 국내 경제의 자율적인 성장에서 비롯되며, 결정적으로 중요한 것은 시장의 최전선에 있는 기업가들과 개인, 가계의 투자 및 소비 행태다. 이들은 시장에서 끊임없이 변화하는 비즈니스 기회를 활용할 수 있는 더 나은 위치에 있기 때문이다. 따라서 이 시기에는 재정 정책보다는 통화 정책이 더 효과적인데, 이는 재정 정책과 민간 투자가 모두 저축이라는 한정된 재원으로 이뤄지고, 재정 정책을 잘못 사용하면 민간 부문 투자와 충돌하여 자원과 기회를 놓고 서로 경쟁하게 되기 때문이다.

세 번째 단계인 피추격 단계에서는 재정 정책이 다시 매우 중요해진다. 국내 투자 환경이 악화되어 투자 기회가 줄어들고 민간 부문은 해외 투자의 수익률이 더 높기 때문에 국내 투자를 꺼리지만 국내 저축은 여전히 높은 수준이다. 이때 정부는 예컨대 일본 방식과 같은 대규모 사회 투자를 비롯해 인프라, 기초 교육, 기초 과학 연구 등에 투자한다. 이윤은 높지 않지만 국내 민간 부문의 투자 부족과 저축은 많고 소비는 적은 현상을 보충할 수 있다. 이로써 사회의 고용을 보장하고 GDP 수준의 나선형 하락을 막을 수 있기 때문에 이 경제 발전 단계에 더 적합하다. 반대로 통화 정책은 이 단계에서 종종 실패한다.

거시경제 정책의 사용에 대한 논의는 중국의 현재 발전과 매우 관련이 있다. 관찰자마다 다른 관점을 제시하지만, 대체로 중국은 지난 몇 년 동안 루이스 변곡점을 넘어 성숙한 경제 발전 단계로 진입했을 것이다. 우리는 지난 10년 동안 임금 수준, 소비 수준, 저축 수준, 투자 수준이 모두 가속 성장하는 추세를 봤다. 그러나 일반적으로 정부의 강한 관성 탓에 경제 발전 단계가 바뀌어도 정책 수립 및 시행에 지연 효과가 발생하여 이전 발전 단계의 성공적인 경험에 갇히는 경우가 많다. 거시 정책과 경제 발전 단계 사이의 이런 불일치는 모든 국가, 모든 단계에서 발생했다.

비교적 효과적이라고 하는 통화 정책도 실제 결과 측면에서 보면 효과가 매우 낮아서 오늘날까지도 많은 서구 국가, 특히 유럽과 일본은 여전히 인플레이션율이 매우 낮고 경제 성장이 매우 느리며 통화 초과 발행, 제로 금리, 심지어 마이너스 금리에 직면하여 급격한 부채 증가에 직면해 있다. 마찬가지로 중국 경제가 루이스 변곡점 이후 성숙 단계에 접어들었지만, 정부는 여전히 첫 번째 단계의 재정 정책에 더 집중하고 있다. 지난 몇 년 동안 우리가 목격한 경제 개혁 조치는 비록 이전 단계의 경제 산업화와 제조업의 대발전이 가져온 재고 문제를 조정하고자 하는 초기 의도는 좋았지만, 실제 집행 결과는 민간 기업의 대규모 도산을 가속화했다. 객관적으로 볼 때 국유 기업들이 세력을 얻고 민간 기업들은 퇴조해버리는 현상이 일정 정도 나타났다. 가장 중요한 것은 민간 기업가의 신뢰를 손상시켜 혼란을 야기했다는 것이다. 이 기간의 혼란과 소비자의 신뢰 부족으로 잠재적인 경제 성장 수준이 감소했다.

경제 발견 단계별로
집중해야 하는 정책들

오늘날 중국의 순수출 대 GDP 성장 기여도는 이미 마이너스다. 소비의 기여율이 70~80%를 차지하는데, 이 중 민간 소비가 특히 중요하며 앞으로 중국 경제 성장의 가장 근본적인 동력이 될 것이다. 황금시대에 가장 중요한 것은 기업가와 개인 소비자다. 모든 정책의 초점은 기업가의 신뢰를 얻고, 더 깨끗하고 공정하며 표준화된 시장 규칙을 확립하고, 경제 운영에 대한 정부의 권한을 줄이고 정부 권한을 분산하며, 세금을 낮춰 부담을 줄일 방법을 모색해야 한다. 다른 선진국의 황금시대 경험에 비추어 볼 때, 통화 정책은 이 시기에 더욱 중요하다.

첫 번째 단계에서 중국의 주요 통화 정책은 간접 금융 방식이었다. 거의 강제적인 대규모 저축을 저비용으로 조달해 제조업, 인프라, 수출 등 국가 전략 산업에 투입했다. 이 정책으로 급속한 산업화에 성공했다. 두 번째 단계에서는 간접 금융에서 직접 금융으로 사회 전체의 자금 조달 방식을 점진적으로 전환하여 민간 기업가와 개인 소비자가 금융 시장에 진출할 기회를 가질 수 있게 하는 것이 주요 방향이어야 한다.

우리는 지난 몇 년 동안 이런 측면이 완화되는 것을 봤다. 예를 들어 금융 기술의 도움으로 소비자 신용 대출에서 초기적인 발전이 이뤄졌다. 물론 장기적으로는 부동산 담보 대출을 더 잘 처리할 수 있을지, 재담보 대출의 잠재력이 있을지 등은 연구해볼 만한 문제다. 금융 분야에서는 직접 금융의 비중을 확대하고, 등록제를 조기에 실현하며, 주식 시장의 민간 기업 자금 조달 능력을 제고하고, 채권 시장과 주식 시장을 어떻게 구축할 것인지 등이 현 단계 거시 정책에서 가장 중요하다. 또한 정부의 기능을 경제를 이끄는 것에서 경제를 보조하고 서비스하는 것으로 전환할 수 있는가, 정부 권한을 더 줄일 수 있는가 등도 현 단계 거시 정책에서 풀어가야 하는 문제다.

지난 몇 년 동안 비록 일부 거시 정책은 애초 의도는 좋았으나 행정적 조치였기 때문에 실제 결과는 만족스럽지 못했다. 이는 대체로 이 단계의 경제적 특성을 연구하는 데 또 다른 관점과 교훈을 제공한다. 두 번째 단계인 황금시대에는 시장 자체의 조율을 통해 규제했다면 더 효과가 좋았을 수도 있는 정책들이 있었다. 인위적인 접근 방식은 오히려 성장을 방해할 수 있다. 이것이 현재 중국에 가장 중요한 주제다.

일본, 서유럽, 미국 및 기타 국가는 현재 3단계에 진입한 반면 중국은 아직 2단계에 머물러 있지만 중국의 미래 성장 잠재력은 여전히 매우 크다. 1인당 GDP가 1만 달러 수준인 중국은 여전히 서양 선진국에 비해 비용 우위를 점하고 있는 반면, 뒤따르는 다른 신흥 개발도상국(예: 인도 등)은 아직 체계적인 경쟁 우위를 확보하지 못했다. 중국은 상당 기간 황금기다운 호기를 누릴 가능성이 크다. 현재 중국의 1인당 GDP는 약 1만 달러 수준이지만, 동남 연안 도시를 중심으로 1인당 연간 소득 2만 달러인 인구가 이미 1억 명을 넘어섰다. 사실 중국이 1인당 GDP 1만 달러에서 2만 달러로 도약하기 위해서는 무슨 최첨단 기술이 필요한 것이 아니라 그저 남동부 연안 도시의 생활 수준과 라이프 스타일을 내륙에 대대적으로 보급하기만 하면 된다. '이웃 효과neighbor effect'를 소비 성장의 원동력으로 삼는 전략이다. 남이 가진 것 또는 다른 사람 집에 있는 것을 나도 갖고 싶어 하는 경향이 텔레비전·인터넷 등 미디어의 확산과 맞물려 동남 연안 1억 인구의 라이프 스타일이 나머지 지역 10억 명 이상에게 전파되면 곧바로 1인당 GDP 2만 달러에 도달할 것이다. 앞으로 몇 년 동안 중국의 임금 수준, 저축 수준, 투자 수준, 소비 수준은 계속해서 서로를 따라잡고 나선형 상승을 보일 것이다. 이에 따라 투자 기회 역시 매우 풍부해질 것이다. 중국이 서양의 황금시대 통화 정책에서 배우고 정부와 시장 간의 관계를 일부 조정할 수 있다면 경제 성장의 잠재력을 발휘하는 데 매우 유익할 것이다. 반면 서구, 특히 서유럽과 일본이 중국으로부터 재정 정책에 대한 유용한 경험을 배워 정부가 최종 대출자의 역할을 더 많이 맡고 더욱 큰 규모로 인프라, 기초 교육, 기초 과학기술 연구에 투자할 수 있다면 자신들이 처한 3단계 피추격 상황에서 경제 성장을 유지하는 데 도움이 될 것이다.

경제 발전의 다양한 단계에서 서로 다른 정책과 도구를 채택하는 것은 그 자체가 경제학에 크게 기여한다. 경제학은 물리학이 아니다. 따라서 정해진 불변의 공식이나 정리가 없으며, 시시각각 변화하는 현실의 경제 현상을 연구하고 그 시대에 맞는 가장 중요한 정책을 내놓아야 한다. 이런 의미에서 이 책의 이론적 틀은 경제학 연구 자체에 대한 획기적이고 유용한 시도라고 할 수 있다.

이 책이 답하고자 하는 세 가지 질문은 오늘날 세계에서 가장 어렵고 중요한 질문이지만, 완벽한 해답은 있을 수 없다. 저자는 일본의 경험에 대해 비교적 깊이 이해하고 있으며 책의 많은 관점도 이를 출발점으로 삼고 있다. 그렇지만 일본의 경험이 실제로 유럽 국가와 미국에 적용될 수 있을지는 논란의 여지가 있다. 양적 완화, 통화 초과 발행, 제로 금리 및 마이너스 금리, 높은 자산 가격, 사회적 불평등, 포퓰리즘 정치의 부상 등 주로 선진국에서 시작된 국제적 현상은 상당 기간 모든 국가의 정책 입안자와 일반 대중을 괴롭힐 것이다.

중국은 아직 루이스 변곡점 후의 황금기에 있다. 그리고 이미 이 단계를 지난 서양과 일본 등 선진국은 이 단계의 경제 정책, 특히 통화 정책에 대해 참조할 가치가 있는 경험을 많이 남겼다. 정책 입안자들이 자신이 처한 현 단계를 인식하고 적절하게 조정한다면, 황금기의 거대한 경제 성장 잠재력을 충분히 발휘할 수 있을 것이다. 중국의 미래는 여전히 밝다.

2019년 11월

TED 17년을 증언하다
: TED 30주년을 맞이하여

2014년은 TED 30주년으로, 나는 17년째 TED 콘퍼런스에 연속 참석했다. 2014년은 또한 인터넷 탄생 25주년이고, 내가 미국에 온 지도 25년이 됐다. 이 시점에서 과거를 조금 돌아보는 것도 자연스러운 일이라는 생각이 든다.

먼저 'TED 2014'에 대해 말하자면 최근 몇 년 동안 해마다 몇 가지 뛰어난 프레젠테이션이 있었다. 과거 TED는 주말 동안만 진행하는 행사였고, 대부분 연설이 최고 수준이었다. 지금은 기간이 일주일로 길어졌기 때문에 TED 수준에 미치지 못하는 연설도 가끔 있다. 하지만 이 콘퍼런스의 진정한 가치를 보여주는 하이라이트가 해마다 몇 가지는 있다.

올해 하이라이트 중 하나는 구글Google 창업자 래리 페이지Larry Page의 연설이었다. 그는 핵심 관점을 하나 가지고 있다. 특별히 성공한 회사는 미래를 대담하게 상상하고, 행동의 대가를 지불하며, 미래를 창조하는 회사라는 것이다. 그는 미래를 예측하는 가장 좋은 방법은 그것을 만드는 것이라고 말했고, 이는 실리콘밸리가 줄곧 해왔던 일이다. 페이지가 언급한 구글의 '미래 프로젝트' 중 안드로이드가 한 가지 예다. 이 프로젝트는 처음에는 돈을 버는 주력 사업과 관련이 없어 보였지만, 마침내 구글의 진정한 스타일을 구현했다. 구글은 '글로벌 정보를 모아서 체계화한다'라는 슬로건에 걸맞게 스스로를 검색 엔진에만 국한하려 하지 않았다. 구글의 비전은 현재에 국한되지 않고 미래를 향해 있으며, 미래를 정의하는 회사가 되어 미래를 창조하는 데 기여하고자 한다. 특히 터치스크린 기술이 등장하면서 안드로이드 프로젝트의 중요성이 드러났는데, 오늘날 안드로이드 시스템이 스마트폰의 80%를 차지하고, 그 비중이 계속 증가하는 것은 결코 우연이 아니다. 이 프로젝트는 여전히 한 푼도 못 벌고 있다. 구글은 사실상 설립 이후 10년 동안 돈을 벌지 못했지만, 돈을 버는 것은 구글이 문제를 고려하는 유일한 방법이 아니다.

페이지는 또한 자신들이 하고 있는, 예를 들어 외지고 가난한 지역을 네트워크로 커버하는 자선 프로젝트와 같은 여러 프로젝트를 시연했다. 저가의 열기구를 사용하여 공중에 다중 통신 교차 네트워크를 구성한 다음 위성 신호에 연결하면, 원래 통신 연결이 없는 곳에 인터넷을 제공할 수 있다. 각각의 열기구에는 비용이 거의 들지 않고, 위성 신호는 이미 그곳에 있다. 이 프로젝트는 통신 네트워크가 없던 지역을 매우 저렴한 비용으로 세계와 연결할 수 있게 해줬다. 나는 페이지에게 감탄했다.

또 다른 하이라이트는 MIT 미디어연구소의 휴 허Hugh Herr 교수가 시연한 생체공학 기술이었다. 허 교수 자신도 양다리 절단 수술을 해서 연설을 할 때 의족을 끼고 무대 위를 걸어 다녔는데 매우 자연스러워 보였다. 알고 보니 가장 진보한 생체공학 기술을 사용한 의족이었다. 이 의족은 최첨단 생체 모방 기술을 사용하여 근육과 혈액으로부터 직접 동기 신호를 받아 고속 컴퓨터를 통해 의족으로 전달함으로써 원래 자신의 다리와 거의 같은 기능을 할 수 있게 돼 있다.

프레젠테이션 도중 허 교수가 한 소녀를 초대했는데, 지난해 보스턴 테러로 한쪽 다리를 잃은 발레리나였다. 폭발 사건 후 허 교수가 그녀에게 이렇게 말했다고 한다. "당신이 다시 춤출 수 있게 해줄게요." 이후 팀 전체가 매달려 해결책을 찾았는데, 그녀의 반대쪽 다리에서 춤을 출 때 나오는 근육과 혈액 신호를 이용해 의족에 동기화하는 방법을 찾기까지 200일이 걸렸다. 소녀는 TED의 무대에서 라이브로 춤을 췄다. 매우 우아한 동작이었고, 만약 그녀가 발목까지 내려오는 드레스 차림이었다면 관객들은 그녀가 의족을 착용했는지를 전혀 알 수 없었을 것이다. 춤이 끝나자 우레와 같은 박수가 터져 나왔다. 실로 기술이 인간에게 가져올 수 있는 변화가 어느 정도인지 놀라울 따름이다.

그 기술을 인간의 신체를 보조하는 다양한 방식으로 활용할 수 있다. 예를 들어 이 근육 신호 기술과 지원 장비를 건강한 사람의 팔다리에 사용한다면, 예컨대 군인들은 수천 킬로미터를 행군해도 힘들지 않을 것이다. 이것은 전례 없는 기술이다. 필요한 것은 배터리와 생체공학 동기화 신호뿐이며 실제 신체와 잘 조화될 수 있다. 이런 기술이라면 슈퍼 솔저나 슈퍼 스포츠맨의 등장도 상상 속의 일만은 아닐 것이다. 나는 이 기술의 미래 트렌드는 인간의 뇌와 기계를 결합하는 것이라고 생각한다. 그러면 진정한 슈퍼맨이 탄생할 수 있을 것이다.

또 하나의 연설도 아주 흥미로웠다. 2년 전 차고에서 10명도 안 되는 직원을 두고 출발한 우주 기술 회사의 이야기다. 그들의 아이디어는 값싼 위성을 많이 만들자는 것이었다. 위성은 제작하는 데 많은 돈이 들어가고 부피가 클 뿐 아니라 발사하려면 로켓이 필요하다. 그런데 로켓은 제작비가 많이 들 뿐만 아니라 재사용이 안 된다. 그래서 이 회사의 창업자는 신발 상자 크기의 위성을 만들어 우주선에 싣고 우주 정거장으로 직접 가져간 다음 그곳에서 직접 우주로 방출하면, 자가 운항을 통해 정해진 궤도로 진입하게 할 수 있지 않을까 생각했다. 이 아이디어는 비현실적으로 들리지만, 2년 후 그들은 실제로 신발 상자 크기의 위성 28개를 그런 방식으로 발사했다. 이 위성들의 주요 임무 중 하나는 1분마다 지구의 고해상도 사진을 찍는 것이다.

창업자의 프레젠테이션이 끝나고 질의응답 시간이 되자 내가 "실종된 말레이시아 항공기가 당신의 위성에 찍혔습니까?"라고 물었다. 그는 "우리 위성은 사고 발생 3일 후에 발사됐습니다"라고 답변했다. 만일 그들이 일주일만 일찍 발사했다면 비행기 사진을 선명하게 찍을 수 있었을 것이다. 28개의 위성이 지구 전체를 뒤덮고 분 단위로 사진을 찍기 때문에 실제로 동영상을 촬영하는 것처럼 날씨 패턴, 물 흐름 변화 등을 비롯해 인간의 모든 활동과 극단적인 사건을 기록한다. 프라이버시 문제를 제외한다면, 이것은 정말 대단한 기술이다. 이 벤처 캐피털의 대표는 나의 아주 가까운 친구인데, 테슬라Tesla 및 스페이스XSpaceX 프로젝트의 투자자이며 일론 머스크Elon Musk의 든든한 후원자이기도 하다.

주목할 만한 또 다른 연설은 브란 페렌Bran Ferren의 '다섯 가지 기적'이다. 그는 로마 중심에 있는 판테온에 대해 이야기했다. 이 성전 중앙에 거대하고 매끄러운 돔이 있고 꼭대기에는 열린 구멍이 있는데, 금속 지지대가 전혀 없이 완전히 돌로만 지어졌다. 2,000년 전에 이런 신전을 만들 수 있었던 것은 그야말로 공학기술의 기적이다.

그는 모든 파괴적인 기술이 실현되기 위해서는 최소한 다섯 번의 연속적인 공학적 기적이 필요하다는 점을 설명하기 위해 이 사례를 들었다. 예를 들어 무인 자율주행의 경우, 페렌은 이 파괴적인 변화에 필요한 다섯 가지 기적을 모두 갖추고 있기 때문에 머지않아 이 기술이 역사적인 변화를 불러올 것으로 생각한다. 모든 차량이 자율주행을 할 수 있고 센서와 중앙제어 클라우드 데이터를 통해 서로 소통한다면 교통 체증 문제가 완전히 해결될 수 있다. 차가 도로 상황과 속도 등을 언제나 알고 있으니 신호등도 필요치 않아 더 유연한 교통 시스템으로 바뀔 것이기 때문이다. 센서 덕분에 더 이상 교통사고가 발생하지 않아 대도시, 특히 로스앤젤레스·베이징·상하이처럼 교통이 혼잡한 도시에서 사람들의 삶의 질을 크게 향상시킬 수 있다.

페렌은 제조 능력은 물론이고 슈퍼 클라우드 컴퓨팅 센터, 극도로 민감한 센서, 실시간 고속 무선 통신, 차량의 전기 제어 및 시동 등 무인 자율주행을 구현하는 데 필요한 모든 엔지니어링 요소가 이미 갖춰져 있다고 믿는다. 구글의 자율주행차는 이미 수십만 킬로미터를 고장 없이 주행했다. 만일 미국에서 자율주행차가 성공한다면 전 세계를 빠르게 휩쓸 수 있을 것이다.

TED 창립 30주년을 맞이하여 지난 시간을 돌아보니 감개가 무량하다. 전 세계적으로 엄청난 변화가 일어났고 그 변화에서 기술이 중심적인 역할을 해냈는데, TED는 항상 가장 중요한 변화를 가장 먼저 소개하는 무대였다. 내가 참석한 17년 동안만 해도 TED에서 목격한 변화는 정말 믿을 수 없을 정도다. 나는 1997년에 처음으로 TED에 연사로 참석했다(바로 전날 덩샤오핑이 세상을 떠났다). TED의 규칙 중 하나는 모든 연설이 기조연설이고, 각 연설은 20분을 넘지 않아야 한다는 것이다. 그날 내 연설은 한 시간 동안 계속됐지만, TED의 설립자인 리처드 솔 워먼Richard Saul Wurmen은 중단시키지 않았다. 연설은 호평을 받았고 청중의 기립박수까지 받았다. 그런데 나는 다른 분들의 연설에 더 관심이 있었고, 다시 올 만한 자리라는 걸 느꼈다. 그래서 이후 17년 동안 거의 빼놓지 않고 참석했다.

　　지난 몇 년 동안, 내 사고방식을 근본적으로 변화시킨 순간들을 분명히 기억한다. 하나는 처음 TED에 왔을 때 MIT 교수인 마빈 민스키Marvin Minsky와 이야기를 나눴던 일이다. 그는 매우 솔직하고 매우 독립적인 인물이었다. 그는 뇌의 진화에 대해 거침없이 열변을 토했고, 언젠가는 AI가 인간의 자연지능을 따라잡을 것이며 결국은 인간의 자연지능과 통합될 것이라고 과감하게 예언했다. 내가 영혼에 대해 어떻게 생각하느냐고 물었더니 그는 '영혼'은 세포 덩어리일 뿐이며 우리 몸에 생물학적이지 않은 곳은 없다고 했다. 나는 중국에서 자랐고, 항상 나 자신을 매우 영적인 사람이라고 생각했다. 그가 제시한 개념은 너무나 충격적이어서 그것을 진정으로 소화하는 데 수년이 걸렸다. 나는 그의 대답을 놓고 많은 시간을 고민했고, 생물학적 진화를 연구하는

데 많은 시간을 보냈다. 그리고 마침내 그가 옳다고 생각하게 됐다.

또 하나는 2006년 뉴욕대학교의 한국계 제프 한Jeff Han 교수를 만난 일이다. 한 교수는 손으로만 제어해 디스플레이상의 사진과 모든 것을 움직일 수 있는 기술을 선보였다. 너무나 신기했다. 모두가 충격을 받았고, 나를 비롯해 현장에 있던 모든 사람은 이 기술이 우리 삶을 크게 변화시키리라고 생각했다. 1년 뒤 아이폰 1세대가 출시되자 우리는 모두 "이거 제프 한 아닙니까?"라고 이구동성으로 외쳤다. 곧이어 아이패드와 안드로이드 등이 등장했지만, 우리는 일찍이 제프 한에게서 그것을 봤다. 이후 모바일 인터넷 시대가 본격적으로 도래했는데, 이 큰 변화는 TED 무대에서 시작됐다.

TED에서는 그동안 이런 순간이 많았다. 스티브 잡스Steve Jobs는 TED 무대에서 매킨토시Macintosh 컴퓨터를 처음 선보였고, 썬마이크로시스템즈Sun Microsystems는 자바Java 시스템을 가장 먼저 소개했으며, 제프 한이 보여준 터치 기술은 애플의 I 시리즈로 직결됐다. 구글·아마존Amazon·트위터Twitter 창업자들 역시 TED에 매년 참석했고 자신의 제품을 이 무대에서 처음 소개했다. 빌 게이츠Bill Gates, 크레이그 벤터Craig Venter, 일론 머스크를 비롯해 첨단 기술 분야의 많은 인물도 마찬가지다. 내가 참석한 17년 동안 거의 매년 이런 순간들이 있었다. 인간의 비범한 창의력과 상상력에 감탄하며 숨을 죽여야 했다. 당신도 반드시 TED에 와서 과학기술의 최전선을 느끼고, 발전의 맥박을 만져보길 바란다. 그러면 이런 놀라운 기술, 평범함을 뛰어넘는 비상한 아이디어, 강대한 야망과 추진력이 우리가 사는 세상을 어떻게 바꿔가는지 실감할 수 있을 것이다. 지난해 TED 무대에서 일론 머스크는 로켓 재

사용을 통해 우주여행 비용을 90%까지 줄일 수 있다고 했고, 1인당 약 50만 달러면 달 여행을 할 수 있다고 했다. 그는 심지어 자신 5년 안에 이 기술을 완성할 수 있다고 장담했다. 그가 이렇게 서두르는 이유는 20년 안에 화성에 자급자족할 수 있고 순환 에너지를 공급할 수 있는, 살기 좋은 식민지를 만들겠다는 더 큰 계획이 있기 때문이다.

나는 그동안 TED 무대에서 너무나 많은 대담한 예언이 현실이 되는 것을 지켜봤고, 이는 인간이 모든 것을 이룰 수 있는 존재로 느껴지게 했다. 나는 매년 이곳에 와서 과학기술 발전의 최전선을 느끼고 목격해야 한다고 확신한다. 심지어 인류 진화의 맥박을 만진다고 말할 수 있다. 인류 진화는 여전히 진행 중이기 때문이다. 내가 처음 이런 생각을 하게 된 것은 크레이그 벤터가 자신의 팀이 인간 게놈 지도의 서열 분석을 마쳤다고 선포한 TED 연설을 듣고서다. 몇 년 후, 그는 TED에 다시 와서 컴퓨터 알고리즘을 통해 스스로 번식할 수 있는 세계 최초의 새로운 종을 인공적으로 만드는 데 성공했다고 발표했다. 그가 선사한 두 번의 순간은 인류에게 무한한 상상의 공간을 안겨줬다. 예를 들어 지구상에 출현한 이후 인류는 문명이라는 이름으로 많은 종을 멸망시켰다. 그런데 이제는 진화를 거듭해 새로운 종을 만들 수 있을 정도가 됐고, 심지어 박물관의 유전자 표본에 근친교배 기술을 결합하여 이미 세상에서 사라진 종을 되살릴 수도 있게 됐다.

지난 몇 년 동안만 해도 인류는 생명공학 분야에서 상당히 높은 수준의 지식을 습득했다. 나는 가까운 장래에 우리가 인간의 장기를 다시 만들고, 심지어 두뇌의 기능을 확장하는 스마트 머신을 만들 수 있으리라고 생각한다. 이때 당신은 인류의 진화가 아직 끝나지 않았음을 느끼게 될 것이다. 어떤 생명체에게도 진화는 지속적인 과정이다. 이제 우리는 그 과정에 참여할 수 있고, 심지어 어느 정도까지는 이 과정을 통제할 수도 있다.

이처럼 섬광이 번쩍하는 깨우침의 순간은 대학 시절 베르너 하이젠베르크Werner Heisenberg의 불확정성 원리uncertainty principle를 처음 접했을 때를 떠올리게 했다. 이를 경계로 물리학이 고전물리학에서 현대물리학으로 진입했다. 1972년 아름답고 연약해 보이며 망망한 우주 속의 지구를 위성사진을 통해 처음으로 본 순간도 마찬가지였다. 이 감동적인 순간들을 영원히 잊지 못할 것이다.

200여 년 전 증기기관을 기반으로 산업혁명을 시작한 이후 인간의 대부분 발명품은 인체 근육의 힘을 확장하는 것이었다. 그런데 지난 10여 년 동안 발명과 창조는 인간 두뇌의 힘을 확장하는 쪽으로 바뀌었다. 언젠가는 모든 정신 질환을 치료할 수 있을 뿐만 아니라, 더 나아가 지식과 지능을 재편성할 수 있으리라고 생각한다. MIT 미디어랩MIT Media Labs의 설립자인 니컬러스 네그로폰테Nicholas Negroponte는 지난 30년 동안 TED 무대에서 대부분 사람보다 더 뛰어난 예측을 해왔다. 올해 TED에서도 그는 그저 마시는 것만으로 인간의 모든 지식을 뇌에 주입할 수 있는 음료가 30년 안에 개발될 수 있을 것이라고 예측하며 또 한 번 놀라운 발언을 했다. 그의 기상천외한 발상을 비웃기 전에, 30년 전 그가 처음 인터넷의 등장을 예언했을 때 당시로서는 상상조차 할 수 없는 일이었지만 오늘날에는 우리 생활 어디에나 인터넷이 존재한다는 사실을 생각할 필요가 있다.

2014년은 내가 미국에 온 지 25주년이 되는 해이기도 하다. 불과 25년 만에 세계에는 거대한 변화가 일어났다. 나는 주로 두 가지 동력이 이 변화를 주도한다고 생각한다. 즉 기술 발전을 가속화하는 세계화와 인터넷이다.

1989년 소련의 붕괴와 함께 동유럽과 구소련은 시장경제를 받아들였고, 1992년 덩샤오핑의 남순南巡 강화 이후 중국은 세계 시장에 완전히 편입됐다. 역사상 처음으로 모든 주요 국가가 시장경제를 채택했으며, 이제 우리는 세계 구석구석을 포괄하는 글로벌 시장을 갖게 됐다. 이는 역사상 전례가 없는 일이다. 1989년, 영국의 엔지니어 팀 버너스 리Tim Berners-Lee는 동료 간에 데이터를 전송하고 서로 더 잘 소통할 수 있는 똑똑한 방법을 발명하여 '월드 와이드 웹World Wide Web'이라고 명명했다. 바로 이 소소한 발명품이 세계를 놀라게 하는 힘을 방출했고 전 세계를 하나로 연결해줬다. 오늘날 인터넷은 이미 세계 인구의 40%를 연결한다. 이 수치가 100%에 가까워지는 데는 그리 오랜 시간이 걸리지 않을 것으로 생각한다. 올해도 TED 콘퍼런스를 찾은 버너스 리는 특이하게도 에드워드 스노든Edward Snowden(2013년 미국 국가안보국NSA의 기밀 자료를 폭로한 내부고발자−옮긴이)의 로봇 아바타와 한 무대에서 대화했다. 그는 인터넷이 25주년을 맞이하면서 정부의 과도한 간섭으로부터 인터넷을 보호하기 위해 '인터넷 대헌장'이 필요하다고 제안했다. 그는 클라우드 소싱을 통해 헌장에 들어갈 수 있는 최선의 아이디어를 모아 궁극적으로 모든 주요 정부가 이를 준수할 수 있게 되기를 희망한다고 밝혔다.

나는 지난 25년 동안 인류의 위대한 발전 과정을 몸소 목격할 수 있었다. 무엇보다 처음에는 열정적인 학생으로서, 그다음에는 벤처 투자가로서 인터넷의 탄생과 발전을 최전선에서 목격한 것이 더없는 행운이었다고 생각한다. 나는 변화를 이끌어가는 많은 사람과 친구가 됐고, 기념비적인 변화 하나하나를 가까이서 관찰할 수 있었다. 그 과정에서 변화가 얼마나 빠르게 일어났는지, 그리고 내 삶을 얼마나 바꿔놓았는지 직접 경험했다.

인류의 발전을 이끄는 두 가지 원동력은 인간의 지능과 진취성이며, 최전선에서 인류의 발전을 주도하는 사람들은 통상 이런 사람들이다. 엄청나게 똑똑한 사람, 야망이 큰 사람, 인류학자 에드워드 윌슨이 말한 '이타적 유전자'를 가진 사람이다. 바로 이런 힘이 우리를 어리석은 원숭이에서 지구의 지배자로 진화하게 했다. 당신은 TED 무대에서 그런 사람들을 많이 볼 수 있을 것이다. 그들은 자석처럼 서로를 끌어당기고 영감을 준다.

마빈 민스키가 옳았다. 영혼은 세포 덩어리일 뿐이지만 인간의 영혼을 구성하는 세포는 절대 예사롭지 않다. 그들은 함께 인간의 근력을 증폭하는 기계를 발명했고, 이제 최전선에서 인간 두뇌의 힘을 확장하는 방법을 연구하고 있다. 생명공학을 통해 멸종된 종을 되살릴 수도 있다. 그들은 심지어 다른 행성에 인간 거주지를 건설하는 방안을 진지하게 고려하고 있다. 우리가 TED에서 목격한 모든 것은 끊임없이 진행 중인 인류 진화 과정의 현재 시제다. 오늘날 우리는 직접 참여할 수 있을 뿐만 아니라 그 방향을 어느 정도 통제할 수 있다.

마지막으로 TED의 베테랑 참여자로서 나는 여기서도 새로운 정체성을 얻었다. 25년 전 미국에 온 이후, 나는 내가 중국인인지 아니면 미국인인지 오래 갈등했다. 몇 년 전, 나는 내가 100% 중국인이자 100% 미국인이며 '1+1'은 '2 이상'이라는 사실을 깨닫기 시작했다. 세계화된 오늘날 우리는 모두 세계 시민이고, 인류라는 대가족의 구성원이다. 이제 다른 종의 운명을 배려하고 어머니 지구에 대한 책임을 깨닫기 시작했다. 그리고 여전히 먼 우주 밖의 다른 행성에 또다시 인류의 집을 짓고 싶어 한다. 이것이 바로 오늘날 우리가 서 있는 자리의 역사적 좌표다. 당신이 오늘은 이런 생각에 동의하지 않을 수도 있지만, 미래의 어느 날엔가는 발전된 기술 자체가 이미 당신을 설득했을 것이다.

2014년 3월

인간 본성과 금융위기
: 2016년 새해의 깨달음

2016년 새해 벽두부터 영화 「빅쇼트」를 봤다. 마이클 루이스Michael Lewis의 동명 소설을 원작으로 하는 이 영화는 2007~2008년 서브프라임 모기지 부실과 미국 금융 시스템 전반에 대한 허점을 최초로 발견하고 하락에 베팅해 이득을 본 몇몇 투자자의 이야기를 그렸다. 영화에 등장하는 많은 사건이 내가 직접 경험한 일이다. 영화 속 각양각색의 인물은 많건 적건 나와 접점이 있었기 때문에 더욱 현실감 있게 느껴졌고, 그래서 좀 감상에 젖었다.

2005~2006년경 나는 우연한 계기로 신용부도스와프Credit Default Swap. CDS라는 상품을 알게 돼 연구를 시작했고, 이 상품을 거래하고자 대규모 베팅을 준비하기도 했다. 그러던 중 멍거와 몇 차례 대화를 나누면서 점차 단념했다. 멍거가 반대한 이유는 매우 간단하다. 만약 내 분석이 정확하다면 마지막에는 결국 내가 이 상품의 거래 상대를 인수

해야 하거나, 최악의 경우 대형 금융 회사들이 파산해 현금화할 수 없게 될 것이기 때문이다. 만약 그들이 파산을 피한다면 정부가 납세자의 돈을 쏟아부어 살린 것일 테니, 그 거래로 내가 수익을 냈다고 하더라도 그 돈은 사실 납세자의 주머니에서 나온 것일 수밖에 없다. 그러면 내 성격에 마음이 편치 않을 것이다. 그 후 결과는 멍거의 판단이 옳다는 것을 확인해줬고, 납세자의 돈을 내가 가져오지 못했다고 후회한 적은 한 번도 없다.

투자 자체가 미래에 대한 예측이고 예측이 맞으면 크든 작든 약간의 희열을 느끼게 되지만, 돈을 버는 방식에 따라 결과는 다르다. 나중에 마이클 루이스의 책이 출판된 후 멍거와 몇 차례 이야기를 나눴다. 당시의 내 결정에 대해서도 이야기했는데, 그는 만약 내가 CDS를 거래해 많은 돈을 벌었다면 아마 지금도 비슷한 기회를 찾고 있을 것이라고 말했다. 인간의 본성은 이렇다. 헤지펀드 투자자인 존 폴슨John Paulson은 당시 하락장에서 주택 시장이 붕괴한다는 데 베팅해 큰 수익을 거뒀다. 최근 몇 년 동안 나는 2008년 이후 폴슨의 활약을 관찰하면서 멍거의 판단을 다시 한번 검증했다. 중국 격언에 '군자는 재물을 좋아하더라도 취하는 데 도리가 있어야 한다'라는 말이 있다. 멍거의 관점에서는 돈 버는 방식만이 아니라 번 돈의 출처 또한 중요하다. 이 점에 나도 깊이 공감한다. 하락에 베팅해 버는 돈은 사실 수많은 납세자가 한 푼 두 푼 낸 세금을 가져오는 것이다. 그 납세자들은 2007~2008년 글로벌 금융위기의 가장 큰 피해자일 뿐만 아니라 그 금융위기의 최종 비용을 지불한 사람들이다. 이런 위기를 기회로 삼아 돈을 버는 것은 정말 용납할 수 없다. 어쨌든 이 잊을 수 없는 경험은 내가 금융 산업의 리스크에 더욱 두려움을 갖게 했다.

무엇보다 영화는 숏 포지션을 취하는 이들의 경험을 소재로 2008년에 미국이 초래한 글로벌 금융위기 중의 여러 인물을 묘사하고, 나아가 이런 위기를 초래한 인간 본성의 문제점을 조명한다. 이 금융위기는 크게 볼 때 금융 업계의 특성 탓에 빚어졌다. 여타 서비스 산업과 달리 대부분 사람에게 금융 상품은 우열을 가리기 어려운 상품이기 때문이다. 이는 금융 산업이 부패하는 근본적 토양이 됐다. 2008년 미국에서 촉발된 글로벌 금융위기는 최근 몇 년간 일어난 사건 중 가장 극단적인 예에 불과하다. 중국에서 이 영화가 개봉되든 아니든, 금융업에 종사하는 사람이라면 모두 찾아서 봐야 한다.

영국인 존 에머리치 에드워드 달버그액턴John Emerich Edward Dalberg-Acton 경은 "권력은 부패한다. 절대 권력은 절대적으로 부패한다"라는 명언을 남겼다. 20년 이상 금융 산업에 종사한 경험에 비추어 보면 이런 생각이 자주 든다. 정보 비대칭 때문에 발생한 편중된 권력이 막대한 경제적 이익에 대한 유혹과 결합하면 금융 시장 전체를 더욱 부패시키고, 나아가 금융 시스템 자체를 무너뜨리는 트리거가 될 수 있다고 말이다.

적어도 2008년 이전까지 서구 규제 기관의 이념적 경향은 금융 산업에서도 다른 산업과 마찬가지로 자유시장경제가 잘 작동하므로 당국의 개입을 줄이거나 아예 개입하지 않는 것이 더 낫다는 믿음이 주류였다. 이는 앨런 그린스펀Alan Greenspan 전 FRB 총재가 가장 추종하던 개념이었다. 물론 자유시장경제는 인류 역사상 가장 위대한 제도적 혁신이지만 확실히 예외가 존재하며, 이런 예외는 시장 실패로 정의된다.

그러나 지금까지 시장 실패는 주로 공공 서비스나 자연 독점 또는 외부 효과 분야에서 주로 존재하는 것으로 여겨졌으며, 금융 분야에서는 시장 실패에 대한 논의가 거의 이뤄지지 않았다. 그러나 나의 경험과 관찰에 따르면 실제로 금융 시장에는 시장 실패가 널리 존재한다. 그래서 금융 분야에서는 네거티브 리스트(원칙적으로 자유화를 인정하는 제도에서 예외적으로 금지하거나 제한하는 품목의 목록. 반대는 포지티브 리스트라고 한다-옮긴이) 방식의 자유가 포지티브 리스트 방식의 자유보다 파괴적인 경우가 많다. 2008년을 전후로 한 글로벌 금융위기가 단적인 사례다.

얼마 전인 2015년에도 중국 장외 시장의 급등락 때문에 투자자들은 간담이 서늘한 일을 겪어야 했다(2015년 상하이 지수가 급등하자 장외 시장에서 사설 업자들이 10배 이상의 레버리지를 제공하며 개인 투자자들의 공격적인 투자를 부추겼다. 하지만 정부에서 장외 레버리지를 규제하여 주가가 하락하자 마진콜이 연달아 발생하면서 주가가 크게 하락했다-옮긴이). 만약 정부가 제때 효과적인 조치를 취하지 않았다면 어떤 결과에 이르렀을지 상상조차 할 수 없을 것이다. 또 최근 잘 알려진 인수 스캔들로 일부 보험 회사의 이른바 보편적 보험 상품 계약서를 읽을 기회가 있었는데, 그걸 읽고 등골이 오싹해졌다. 만약 내가 규제 담당자인데 이런 제품이 크게 유행한다면, 분명히 밤잠을 설칠 것이다.

금융 시장이 인간 본성의 약점을 드러내는 메커니즘이라는 점은 현대 금융 시장이 탄생한 순간부터 변함이 없다. 오늘날 중국에서 금융 산업의 경계가 허물어지고 있는 것은 피할 수 없는 현상으로 보이며, 직접 금융은 향후 실물 경제의 발전을 촉진하는 데 가장 중요한 동력원이 될 것이다. 그러므로 규제 기관부터 실무자에 이르기까지 금융 산업에 종사하는 모든 사람은 이 산업 자체가 인간 본성에 제기하는 문제에 더욱 주의를 기울여야 한다. 인간 본성의 특징 때문에 금융 자유화는 반드시 부패를 낳고, 절대적인 금융 자유화는 종종 거대한 금융위기를 초래한다.

나는 절대적인 금융 규제를 주장하는 것이 아니다. 자유시장이 금융 산업에서 중요한 역할을 하지 못한다는 얘기도 아니다. 그러나 모든 역사적 경험은 금융 산업의 자연적인 리스크에 항상 경계심을 유지하는 것이 현명한 전략임을 보여준다.

2016년은 중국의 제13차 5개년 계획이 시작되는 해로, 시장에서 자금을 직접 조달하는 일이 더욱 중요해지고 여러 업종을 동시에 영위하면서 시너지 효과를 노리는 기업 경영이 트렌드가 될 것이다. 이런 배경하에 인간 본성을 다시금 되돌아보길 바라는 마음으로 이 글을 썼다.

2016년 1월

우리 시대를 사색하며

지난 1~2주 동안 커다란 사건들이 연달아 발생했다. 표면적으로는 별 관련이 없어 보이지만, 그것들을 종합해보면 우리가 살고 있는 시대에 대해 잠시 멈춰 생각해봐야 할 것 같다.

2월 22일, 미국 항공우주국NASA은 새로운 태양계를 발견했다. 이 태양계는 지구에서 불과 40광년 떨어져 있는데, 지구와 유사한 일곱 개의 행성을 포함하고 있어서 생명체가 존재할 가능성이 있다.

며칠 뒤인 2월 27일, 일론 머스크는 스페이스X가 2018년에 2명의 유료 고객을 태운 드래곤 IIDragon II 우주선을 달 궤도로 보낼 것이라고 발표했다. 1972년 아폴로 계획 이후 처음으로 달에 착륙하는 유인 우주선이 될 것이다.

또 며칠 뒤인 3월 1일 세계기상기구WMO는 남극 기온이 17.5℃로 역대 최고치를 기록했다고 밝혔다! 지구 담수의 90%가 북극에 빙하

형태로 존재하는데, 이 빙하가 녹으면 해수면이 약 60미터 상승할 수 있다. 바로 같은 날 과학자들은 캐나다의 고대 암석에서 마이크로 화석을 발견했다. 이 발견으로 지구 생명체의 기원은 37억 7,000만 년에서 42억 8,000만 년 전으로 거슬러 올라간다. 이는 45억 년 전에 지구가 형성되고 얼마 지나지 않아 지옥 같은 환경에서 생명체가 출현했음을 의미한다!

다시 지구로 돌아와 보면, 중국은 3월 3일 연례 양회(전국인민대표대회·중국인민정치협상회의)를 시작했다. 양회에서 중국 정부는 2017년까지 1,000만 인구를 빈곤에서 벗어나게 하고 2020년에는 빈곤을 완전히 없애겠다고 다시 한번 약속했다. 이 목표가 실현된다면 중국 5,000년 역사상 처음으로 이루는 쾌거가 될 것이다. 알다시피 중국 땅에는 지구 인구의 5분의 1 가까이가 살고 있다. 같은 날 미국 국립의학아카데미National Academy of Medicine는 인간의 노화와 장수에 대한 위대한 도전을 시작했으며, 2,500만 달러의 상금을 내걸며 과학적 연구를 장려했다.

신의 계시인 듯, 내가 이 사건들을 더 잘 이해하게 도와주는 몇 가지 기회가 이어졌다. 지난 화요일에는 베르그루엔연구소Berggruen Institute가 주최한 만찬에 초대받아 유발 하라리 교수와 함께 그의 신작 『호모 데우스』에 대해 논의했다. 그리고 목요일 밤에는 오랜 친구 후안 엔리케스Juan Enriquez와 저녁을 함께했는데, 그와의 대화에서 많은 시사점을 얻었다. 후안은 우리 시대의 매우 중요한 사상가 중 한 명으로 『자기진화: 비자연적 선택이 지구상의 생명에 어떻게 영향을 미치는가Evolving Ourselves: How Unnatural Selection is Changing Life on Earth』를 썼다. 이어서 금요일 저녁에는 영광스럽게도 미국 국립의학아카데미의 '인류 장수 대도전' 프로젝트 출범식을 겸한 만찬에 초대받아 참석했다. 만찬은 95세의 나이로 할리우드의 전설적 인물인 노먼 리어Norman Lear의 저택에서 열렸다(이보다 더 적합한 장소가 있을까?). 이 자리는 전국에서 찾아온 기업 경영자, 벤처 투자가, 노벨상 수상자, 음악가, 사상가, 예술가들이 함께했다. 이 모든 만남은 내가 우리 시대를 더 잘 사색하고 이해하는 데 도움이 됐다.

1900년 이후 인간의 평균 수명은 2배 이상 늘어나 약 70세(선진국의 평균 수명은 약 10년 더 길다)에 도달했다. 다시 말해 지난 100여 년 동안 인간의 수명은 이전 10만여 년 동안 늘어난 것보다 비교할 수 없을 만큼 늘었다. 이것은 현대 문명이 이룩한 놀라운 성과다! 그러나 산업화 이후 오늘날 전 세계 인구의 약 9%가 여전히 빈곤선poverty line(특정 사회에서 최저한의 생활을 유지하는 데 필요한 소득에 미치지 못하는 소득 수준-옮긴이) 이하에서 살아간다. 대다수 사람이 개발도상국에서 살며 현대 생활의 복지를 충분히 누리지 못한다. 이런 상황은 전 인류가 생산한 식량이 모든 사람을 먹여 살리기에 충분치 않아서가 아니며, 인간이 창출한 부가 모든 사람이 공유하기에는 모자라서도 아니다. 부의 분배가 불평등하기 때문이다.

지난 40년 동안 중국의 급속한 경제 발전은 수억 명의 사람들을 빈곤선에서 벗어나게 했다. 마찬가지로 중요한 것은 중국의 실천이 다른 국가, 특히 아프리카 국가와 인도에 새로운 경제 발전의 길을 보여줬다는 것이다. 그러나 전 세계의 급속한 산업화는 의도하지 않은 결과를 초래하기도 했다. 그중 하나는 지구가 더 이상 인간의 생존에 적합하지 않을 정도로 온난화됐다는 것이다. 지금까지 지구 온난화의 주범은 이산화탄소 배출이라는 인식이 팽배해 있었다. 그러나 최근 연구에 따르면 바이오 가스, 즉 메탄은 오존층에서 태양광 반사를 저해하는 능력이 이산화탄소보다 10배 더 높을 수 있다. 지구상의 메탄 대부분은 동결된 상태로 시베리아의 영구 동토에 매장돼 있다. 지구의 지속적인 기온 상승은 결국 메탄을 오존층으로 방출하여 지구 온난화를 더욱 가속화할 수 있다. 선도적인 일부 기후과학자의 최근 추정에 따르면 해수면의 급격한 상승은 이전에 추정했던 몇 세기가 아니라 몇십 년 안에 일어날 가능성이 크다.

미국에서 AI와 생명공학의 발전은 인류의 새로운 미래가 더는 환상 속에 머물지 않게 했는데, 이 미래 세계에서 인류는 진화의 최우선 과제를 자연선택에 맡기고자 하지 않는다. 오히려 자신을 더 높은 수준의 지적 생물로 진화시키고, 수명을 불멸까지 연장하고, 다른 행성과 심지어 성간에서도 생존할 수 있는 신체를 구성하고자 한다. 앞서 언급한 미국 국립의학아카데미의 '인류 장수 대도전' 프로젝트 출범 만찬에서 한 유명 기업인은 "죽음은 그저 일종의 선택이죠!"라고 외쳤다. 공상과학 소설처럼 들리는가? 전혀 아니다. AI와 생명공학기술의 급속한 발전을 고려할 때, 우리는 '특이점'에 신속히 도달하고 이를 뛰어넘을 것이다. 우리 중 일부는 호모 사피엔스에서 완전히 새로운 종으로 갈라질 것이다. 나는 이를 잠정적으로 'XYZ 인간Human XYZ(또는 하라리 교수가 말하는 호모 데우스Homo Deus)'이라고 부른다. 이런 세상을 상상한다는 것이 더는 어려운 일이 아니다.

그러나 이런 진화의 기회가 모든 인류에게 공평할까? 지구가 더 이상 인간의 생존에 적합하지 않고 성간 여행이 가능해졌다고 해도, 우리처럼 제한된 생명을 가진 인간 육체가 다른 행성으로 비행하기에 충분한 시간이 있을까? 'XYZ 인간'은 자신보다 덜 진화한 호모 사피엔스들을 잘 대해줄까? 역사를 보면 걱정이 앞설 수밖에 없다. 호모 사피엔스는 네안데르탈인Neanderthal, 호모 에렉투스Homo Erectus 또는 그 외 어떤 종도 친절하게 대해준 적이 없다. 호모 사피엔스의 출현 이후 나머지 대부분의 종은 편히 살 수 없었다. 반려동물로 선택한 고양이와 개를 제외하면 말이다.

호모 사피엔스가 서로를 대했던 기록도 마찬가지로 끔찍하다. 인류의 오랜 역사에서 우리는 착취, 노예, 살인, 학살, 심지어 인종 청소까지 얼룩덜룩한 흔적을 남겼다. 모든 반인륜적 죄는 사실상 인간 스스로가 저지른 것이다. 물론 제2차 세계대전 이후에는 과거보다 상황이 나아졌다. 그러나 지금의 진보는 모두를 가난에서 벗어나게 하거나 현대 생활의 열매를 모두가 누리게 하기에는 턱없이 부족하다.

하라리 교수는 호모 사피엔스가 다양한 도전에 대처하기 위해 '이야기'를 만들어내는 독특한 능력을 발달시켰다고 주장한다. '이야기'란 실생활에는 존재하지 않지만 우리의 사고에 강한 영향을 미치는 개념이다. 내가 보기에 지금까지 적어도 네 가지 중요한 이야기가 우리 문명을 형성했다. 바로 정부(민족, 인종 개념 포함), 종교(문화, 신앙 포함), 과학과 기술, 자유시장경제다. 앞의 두 가지는 농업 문명의 산물이고, 뒤의 두 가지는 현대화가 시작된 후에 생겨난 것이다. 이 네 가지 이야기가 오늘날 우리가 직면한 도전에 대처하는 데 도움이 될 수 있을까?

확실히 효과적인 글로벌 정부는 빈곤 퇴치, 기후변화 대응, 경제 발전 촉진만이 아니라 신기술이 인류에게 미치는 많은 새로운 도전에 대처하는 데 매우 유용하다. 글로벌 정부를 형성하려면 우리는 기존의 민족국가 정부로부터 교훈을 얻어야 한다. 그중에서도 중국과 미국의 경험이 특히 소중하다. 역사상 대부분 기간에 중국 인구는 전 세계 인구의 약 5분의 1을 차지했으며, 2,000년이 넘는 실천 속에서 중국 정부는 대규모 인구를 통제하기 위한 수많은 경험과 교훈을 축적해왔다. 그리고 미국은 인류의 또 다른 문제에 대해 가장 성공적인 경험을 가지고 있다. 다른 문화, 다른 종교와 신앙, 다른 종족 배경과 역사를 가진 사람들을 어떻게 하나의 정부 형태하에 모을 것인가 하는 문제다.

문화적 측면에서 오늘날의 유럽인들은 새로운 개념('이야기')을 가지고 살아가고자 노력하고 있다. 즉 더 많은 것을 성취하고 더 많은 것을 얻는 데 초점을 맞추는 것이 아니라 이미 성취한 것에 행복감을 느끼고 다른 사람들의 고통에 더 공감하는 데 중점을 둔다. 욕망을 실현하는 것이 '성공'이라면, 이미 가지고 있는 것을 욕망하는 것이 바로 '행복' 아닐까? 현재 우리는 과거 농업 문명 시대의 결핍경제와는 크게 다른 풍요로운 경제 시대를 살아가고 있으며, 이에 걸맞은 새로운 정체성이 절실히 요구된다. 유럽인이 주도하는 이런 관행은 모든 인간이 공감하는 정체성을 만드는 데 중요하다.

자유시장경제는 번영과 진보를 이루기 위한, 인류 역사상 가장 위대한 발명품이다. 유럽에서 아메리카, 아시아, 아프리카에 이르기까지 자유시장경제 시스템이 채택되는 곳이라면 어디에서나 인간의 잠재력은 전례 없는 방식으로 발휘될 것이다. 나는 이것이 수년이 지난 후에도 여전히 빈곤을 퇴치하고 인류의 공동 번영을 이루는 데 가장 중요한 원동력이 되리라고 굳게 믿는다.

자유시장경제 시스템과 현대 과학기술이 결합하여 지금 우리가 살고 있는 풍요로운 사회를 만들어냈고, 결핍경제를 특징으로 하는 농업 문명에서 큰 도약을 이뤘다. 과학기술은 과거에도 수많은 기적을 만들어냈고, 오늘날에도 여전히 빠른 속도로 발전하고 있다. 오늘날 우리가 사용하는 아이폰의 처리 칩을 예로 들면, 30년 전만 해도 동등한 처리 능력을 갖춘 칩을 만드는 데 무려 7,500만 달러가 들었다! 무어의 법칙Moore's Law은 오늘날에도 여전히 유효하며 가까운 미래에도 마찬가지일 것이다. 이는 AI의 발전, 심지어 실리콘을 기반으로 한 완전히 새로운 생명체를 만들어낼 무한한 가능성을 제공한다. 그러나 우리는 사실 우리 자신과 같은 고대 탄소 기반 생명체에 대해 아는 것이 거의 없다. 단지 현재의 우리가 거의 40억 년에 걸친 진화의 결과라는 점만 알고 있다. 인간의 몸과 뇌에 대한 모든 새로운 발견은 자연선택의 힘에 대해 더 경외심만 느끼게 할 뿐이다. 그에 비하면 실리콘 웨이퍼를 성공적으로 조작하게 된 역사는 40년에 불과하다. 과연 우리는 자기 선택 방식으로 진화가 가능한 미래에 확신이 있는 것일까? 오늘날 우리의 육체는 대자연이 40억 년 동안 끊임없이 수정하고 조정한 결과라는 것을 알아야 한다.

기술이 촉발하는 불안은 새로운 것이 아니다. 그러나 과거에는 기술 발전이 먹이 사슬의 정점에 있는 우리 인간의 위치를 위협한 적이 없었다. 오히려 인류가 이 위치를 확고히 하는 데 줄곧 도움이 됐다. 역사를 통틀어 이런 기술 발전은 처음에는 항상 소수에게 먼저 혜택을 줬지만, 결국 모든 사람에게 혜택이 돌아갔다. 그러나 XYZ 인간의 출현은 완전히 다르다. 특히 이런 기술이 변화의 정도를 심각하게 인식하지 못하는 소수의 손에 장악된다면 더더욱 그럴 것이다. 진정한 위험은 항상 '무엇을 모르는지도 모르는 것unknown unknowns'에 있다.

오늘날 기술 발전의 속도는 인간의 대응 능력을 훨씬 초월했다. 기술과 시장경제가 이미 세계화된 오늘날, 정치는 아직 세계화되지 않았다. 따라서 인류의 '자아 창조'를 규제할 수 있는 진정한 힘은 아직 등장하지 않았다. 우리가 할 수 있는 일은 이런 자기 진화의 핵심 기술을 습득할 소수의 사람이 XYZ 인간의 초기 단계에 진입할 때 자기 억제와 통제력을 보여주기를 기대하는 것뿐이다. 동시에 우리는 사회 문화가 더 빨리 발전하여 글로벌 정부가 좀 더 일찍 도래하는 데 토양이 돼주기를 기대한다. 이런 시나리오도 가능하다. 모종의 치명적인 위협에 대응하기 위해 일종의 전 인류 연맹이 형성되는 것이다. 그 위협이란 가속화된 기후변화나 핵 테러 또는 우리 스스로 만들어낸 새로운 생명체일 수 있다. 이때 형성된 연맹은 시기적절할 수도 있고, 이미 늦었을 수도 있다.

어제 내가 이런 생각에 잠겨 있을 때, 집에서 기념비적인 사건이 일어났다. 13개월짜리 딸 벨라가 뒷마당에서 혼자 걸은 것이다! 내가 기뻐하며 환호하는 동안, 아내는 수영장 주변에 높은 펜스를 설치하는 것으로 화답했다. 그렇다. 희망과 위기가 공존하고 우려와 경이로움이 공존하는 이 시대에 우리가 보험에 들어놓지 않을 이유가 있을까?

넓은 의미에서 미국은 제2차 세계대전 이후 '세계 경찰' 역할을 자청해왔고, 세계 평화의 수호자가 됐다. 미래 세계의 그림이 서서히 펼쳐지는 만큼 오늘날 우리에게는 특히 이런 평화로운 환경이 필요하다.

물론 '무엇을 모르는지도 모르는 것'에 대처하게 해주는 보험은 어디에도 없다. 내가 벨라의 미래에 대해 알 수 있는 게 거의 없듯이, 인류의 미래에 대해서도 마찬가지다. 그러나 먼 훗날 인류가 멸망하더라도 우리에겐 "얼마나 멋진 여정이었나!"라고 말할 권리 정도는 있다.

동시에 우리는 한 가지는 분명히 예측할 수 있다. 21세기는 결코 지루하지 않을 것이고 그 후 몇 세기도 그러리라는 것 말이다.

2017년 3월 5일

50세의 술회[*]

1966년 4월, 격동의 문화대혁명이 일어나기 직전에 저는 허베이성 탕산에서 태어났습니다. 지식 분자 출신이라는 이유로 부모님과 조부모님은 곧 신체의 자유를 잃었죠. 그래서 저는 남의 집을 떠돌며 어린 시절을 보내야 했습니다. 농부의 가정, 광부의 가정, 결국에는 탁아소를 전전했습니다. 이제 와 생각해보니 인생의 출발점에서 부딪히고 비틀거리며 여러 번 저승사자를 만났던 듯합니다. 어찌어찌 여기까지 오기는 했지만, 정말 생명의 무상함과 유상함을 한탄하지 않을 수 없습니다.

삶의 오묘함은 그 알 수 없음에 있습니다. 무수한 다리를 건너고, 무수한 구름을 보고, 온갖 험한 여울을 넘는 동안 여러 가지를 배웠습니

---

* 이 글은 나의 50세 생일 파티에서 한 영어 연설이다. 아주 가까운 친구이자 작가 리우리우가 중국어로 번역해줬다. 이에 감사드린다!

다. 오늘 먼 길을 되돌아보니 이 길에서 이렇게나 많은 착하고 좋은 사람들을 만났다는 것을 새삼 느끼게 됩니다. 멘토, 파트너, 친구, 지지자…, 저를 알아봐 주고 대접해준 제 목숨 같은 사람들. 당신들은 저의 길이고, 다리이며, 자동차이고 비행기입니다. 여러분의 사심 없는 헌신, 응원과 격려, 우정이 없었다면 저는 결코 이렇게 멀리까지 올 수 없었을 것입니다. 50세를 맞이하여, 여러분이 눈앞에 있건 하늘 멀리 있건 큰 강물 천 사발을 빌려 필묵으로 갈아내 그 덕을 기리겠습니다. 감사합니다! 감사합니다! 감사합니다!

이 험난한 여정에 제가 기여한 것이 있다면, 그저 한 걸음 한 걸음 걸어왔다는 것입니다. 우디 엘런Woody Ellen은 "성공의 8할은 일단 출석하는 것이다"라는 우스갯소리를 한 적이 있죠. 맞는 말입니다. 인생의 많은 고비에서, 저는 멈춰 서거나 현실에 안주할 수도 있었습니다. 하지만 마음속 목소리가 계속 "여기가 끝이 아니야"라고 말해줬습니다. 여정의 절반은 두렵고 혼란스러우면서도 앞으로 나아갔고, 나머지 절반은 시행착오의 과정이었습니다.

앞에 놓인 길은 살얼음판과도 같아서 매우 두려웠습니다. 원망, 분노, 탐욕, 의심, 어리석음 등 인간에게 내재하는 이 모든 결점을 저 또한 피할 수 없었습니다. 사실 어린 시절의 큰 상처 때문에 남보다 더 많은 노력을 해야 맞설 수 있었죠. 하지만 운 좋게도 저는 부정적인 감정에 시달리거나 잘못된 길로 빠질 때마다 돌아오는 길을 찾을 수 있었습니다. 소크라테스는 "성찰하지 않는 삶은 가치가 없다"라고 했는데, 그가 전적으로 옳습니다. 성찰하지 않고서는 살아남기도 어렵습니다. 저는 '하루에 세 번씩 성찰하겠다'라는 마음가짐으로 종종 가던 길을 멈추고 근래 뭔가 실수를 하진 않았는지 돌아보곤 합니다. 고정된 법칙도 없고, 흐름은 언제나 달라지고, 시대는 항상 변해가니까요. 과거에는 옳았던 관점이 오늘날에는 틀려지기도 하죠. 그래서 저는 5~6년에 한 번씩 시간을 내서 자신을 돌아보는 습관을 들였습니다. 지난 시간을 돌이켜보노라면 때로는 다시 태어나는 수준으로 바뀌어야 한다는 사실을 깨닫게 되기도 합니다. 저의 이성적인 수양이 항시 부지런히 갈고닦는 습관을 형성하는 데 도움을 줬고, 더욱 다행스럽게도 제게는 잘못을 솔직하게 지적해주는 친구들이 있었습니다. 그 덕분에 명성을 더럽힐 일은 저지르지 않았습니다. 이런 도움이 없었다면, 미로와 같은 인생에서 이미 길을 잃었을 것입니다.

제 삶의 조각배는 그동안 험난한 길을 잘 헤쳐 나왔지만, 저는 여전히 조종석에 앉기를 고집합니다. 왜냐하면 이 인생은 결국 제 것이고, 다른 사람이 대신 해줄 수 없기 때문입니다. 이제 여정의 절반을 지났으니, 이전과 다음을 연결하고 미래를 살펴볼 차례입니다.

공자는 "나이 오십이면 지천명이요, 명을 모르면 군자라고 할 수 없다"라고 했죠. 저는 죽음과 몇 번이나 마주쳤으니 삶과 죽음이 운명임을 압니다. 제가 할 수 있는 일은 다시 오지 않을 낮과 밤을 소중히 하는 것뿐이죠. 생의 처음 절반은 가질 수 없었던 것을 가지기 위해 썼으니, 남은 절반은 번잡한 것들을 추스르고 소박한 진실로 돌아가 천명을 존중하는 데 쓸 생각입니다.

만약 제가 다른 직업을 택했다면 분명히 성공하지 못했을 것입니다. 예를 들어 발레를 할 줄도 모르고 농구에도 서툽니다. 그런데 제 천성과 경력이 제대로 된 투자자가 될 수 있게 했습니다. 특히 제 앞길을 밝혀주신 워런 버핏에게 감사드립니다. 25년 전 컬럼비아대학교에 다닐 때 예상치 못하게 그의 강연을 듣고 투자 분야에 뛰어들었으니, 실수로 이 업을 시작한 셈입니다. 더 불가사의한 일은 13년 전 인생의 멘토 찰리 멍거를 만난 것입니다. 그는 투자 파트너만이 아니라 평생 좋은 스승이자 친구가 되어줬습니다. 저는 종종 제가 어떻게 이토록 많은 선물을 받을 수 있었는지 의아해하곤 합니다. 설령 셰익스피어가 다시 살아난다고 해도 이처럼 극적인 장을 구성하진 못할 것입니다.

저는 20년이 넘는 저만의 투자 기록을 가지고 있습니다. 그렇게 오래 일했는데도 여전히 지난 일로 화내고 먹고 마시는 것으로 걱정을 달래곤 합니다. 저는 때때로 제가 버핏과 멍거가 이끄는 길을 얼마나 따라갈 수 있을지, 50여 년 동안 지속 성장해온 그들의 기록을 얼마나 따라잡을 수 있을지 궁금해집니다. 가장 깨끗한 방법과 지혜로운 투자만으로, 얻어 마땅한 돈을 버는 그 일이 중국에서도 가능할까? 저는 자산 규모나 관리 보수를 추구하지 않고 저만의 깨끗한 투자 기록을 남기고 싶습니다. 마치 골프 선수의 손에 들린 스코어카드처럼 매 라운드 점수를 평생 기록하는 겁니다. 중국을 포함한 전 세계에서 가치투자를 실천하는 것은 제가 평생을 바쳐 할 가치가 있는 사업이라는 것을 저는 똑똑히 알고 있습니다.

지난 50년 동안 저는 미국과 중국에서 절반씩 살았습니다. 양쪽의 경력이 서로 다르기에 중국과 미국의 서로 다른 문화와 저 자신의 변화를 항상 생각하게 됐습니다. 상당 기간 저는 정체성 장애를 앓았습니다. 나는 중국인인가, 아니면 미국인인가? 두 문화의 충돌은 마치 제 몸 안에서 두 개의 에너지가 솟구치며 우열을 다투는 것 같았습니다. 이를 해결하기 위해 두 문화의 정수를 더 깊이 연구하고 체험했습니다. 불혹의 나이에 이르러서야 서서히 두 에너지를 하나로 합쳐 평화롭게 공존하도록 만들 수 있었죠. 저는 순수한 중국인이자 100% 미국인이라는 걸 깨닫게 됐고, '1+1'은 '2 이상'임을 알게 됐습니다. 두 문화의 시계를 통해 저는 두 문명 각각의 풍모를 이해할 수 있었고, 소음 속에서 큰 소리를 들을 수 있었으며, 어두운 곳에서도 형체를 볼 수 있었습니다. 이런 특질 덕에 저는 중국과 미국의 문화를 경계 없이 오갈 수 있습니다. 지금 저는 '1+1'이 '11 이상'이라고 굳게 믿습니다. 그렇기에 중·미 양국과 양국 국민 간의 교류와 소통을 제 의무로 여기며, 서로의 이야기를 해석하는 일을 제 인생의 주요 역할로 삼고 있습니다.

하늘에 감사하게도 제게는 세 딸이 있습니다. 활발하고 귀엽고 총명하고 착해요. 저는 제 딸들을 자랑스럽게 생각합니다. 사랑이 깊기 때문에, 그들 삶의 자유를 지나치게 많은 유산으로 얽매고 싶지 않습니다. 아내 에바와 함께 우리의 가족 자선기금을 통해 딸들이 더 나은 세상을 만들기 위해 노력하도록 격려할 것입니다. 타고난 문화적 이점을 바탕으로 제 딸들이 저와 함께 중국과 미국, 특히 민간의 상호 이해를 증진하기 위해 노력하기를 기대합니다.

또한 중국과 컬럼비아대학교에서 받은 양질의 교육은 오늘날 저를 있게 한 가장 중요한 동력입니다. 저와 동료들은 가치투자 교육을 계속 실천해나갈 것입니다. 제가 그랬던 것처럼, 더 많은 젊은이가 국가 간 구별 없이 수준 높은 교육을 받을 수 있도록 기여하고자 합니다. 이것은 미래에 저와 가족, 그리고 동료들이 함께 노력해야 할 방향입니다.

50세는 저에게 하나의 분기점입니다. 이날부터 제게는 종점이 출발점보다 더 가까워질 수 있겠죠. 나이와 관련해서 저는 노먼 리어의 통찰을 좋아합니다. 그는 올해 94세로 여전히 많은 분야에서 활동 중이죠. 미국에선 그를 숭배하는 팬들이 20~30대부터 80~90대까지 있습니다. 한번은 그에게 이렇게 물었어요. "당신이 느끼기에 자기 자신이 몇 살쯤 된 것 같습니까?" 그러자 "저는 언제나 나와 대화하는 사람과 동갑입니다"라고 대답하더군요. 나이에 대해 들어본 것 중 가장 멋진 대답이었습니다! 이후 저는 교류하는 사람들에게 특히 관심을 기울이게 됐어요.

이제 저는 공식적으로 반백이 됐습니다. 그렇지만 시대에 발맞춰 젊음을 영원히 간직할 수 있도록 젊은 친구들을 불러 어깨를 나란히 하고 싶습니다.

친애하는 벗들이여! 우리가 함께 더 많은 세월을 함께 거닐며 더 많은 지혜를 쌓을 수 있기를, 그리고 늘 봄날처럼 세상이 기쁨으로 가득 차기를 바랍니다!

2016년 4월

후기

이 책이 출판된 데 대해 감사드릴 사람이 너무나 많지만, 의심할 여지 없이 아내 에바에게 가장 먼저 감사해야 한다. 그녀는 초기부터 원고 업무에 참여했을 뿐만 아니라, 분량도 적지 않은 이 원고를 모두 읽고 귀중한 제안을 해줬다. 내가 밤낮을 가리지 않고 원고를 쓰는 동안 너그러운 배려와 따뜻한 지지를 보여줬고, 가족을 위해 많은 것을 바쳤다. 이런 애인, 동반자, 친구, 지음知音이 있으니 나는 얼마나 보기 드문 행운아인가.

오랜 친구 창진과 리우리우에게 깊이 감사드린다. 만약 그들이 몇 년 동안 계속해서 '소란'을 피우지 않았다면, 나는 내 생각을 글로 옮길 생각을 전혀 해보지 않았을 것이다. 패서디나 시청 정원에서의 산책과 마음을 나누는 대화, 친구 모임 살롱에서의 공유, 리코더에 기록된 음성, 종이에 적힌 글까지. 창진이 이미 추천사에서 책으로 완성하는 과정을 세세하고 맛깔나게 설명했으니, 여기서 같은 말을 반복하진 않겠다.

생각을 글로 정리하고 다시 글을 책으로 엮는 과정에서 창진, 리우리우, 스훙쥔이 많은 수고를 해줬다. 그들이 없었다면 이 책은 세상에 나오지 못했으리라고 해도 과언이 아니다. 또한 후슈닷컴의 설립자인 리민에게도 감사드린다. 가장 먼저 후슈닷컴에 「리루가 현대화를 말하다」 시리즈를 게재해줬고, 중신출판사의 스훙쥔 사장이 이 책을 출판할 수 있도록 줄곧 격려해주셨다. 그리고 이 과정에서 자양稼阳 편집자가 실무를 맡아 많은 작업을 해줬다.

2014년 「리루가 현대화를 말하다」 시리즈가 발표된 이후 뜨거운 반응을 얻었고, 그에 고무된 친구들이 여러 가지 소중한 제안을 해줬다. 그중 많은 부분이 나에게 영감을 선사하고 도움을 줬다. 히말라야 캐피털의 동료들은 내가 쓴 글들의 첫 번째 독자로서, 매우 통찰력 있는 피드백과 제안을 해줬다. 깊은 감사를 드림과 동시에 재능이 넘치는 동료들과 함께한다는 사실에 스스로 뿌듯하다. 특히 비서인 정징鄭菁에게 감사드린다. 그녀는 이 책의 원고를 위해 많은 노력을 기울였고, 치밀한 사고와 전문가 버금가는 글솜씨로 이 책을 빛내줬다. 최초의 원고를 정리하는 작업에서 리우솽刘爽이 많은 시간과 열정을 투자해준 데 대해서도 감사의 말을 전한다.

책을 읽는 것은 어려서부터 내가 가장 좋아하는 일이었다. 다양한 시간과 공간을 여행하고, 역사라는 도도한 강을 이루는 모든 시대의 성현 및 선지자들과 대화하고 교감할 수 있게 해주기 때문이다. 이 책의 많은 아이디어는 시대와 동서양을 불문하고 많은 현자들과의 철학적 만남에서 싹을 틔웠다. 비록 서로 만난 적은 없지만 내 마음속에서는 그들을 아주 가까운 친구로 여겼고, 지난 몇 년 동안 나를 자극하고 무한한 영감을 선사해준 데 깊이 감동했다. 이것은 독서의 가장 큰 즐거움이자 유익함이다.

현실 생활에서 멍거는 일찍이 이런 선현이나 당대의 현자와 동일시되며 널리 존경받았다. 그리고 운명이 나를 얼마나 아꼈던지, 지난 10여 년 동안 그와 나이를 잊고 허물없는 벗으로서 깊은 우정을 나눌 수 있었다. 멍거와의 수많은 대화에서 나는 많은 깨달음을 얻었다. 그와 나눈 광범위한 대화와 사상의 교류가 없었다면, 이 책에서 언급한 문명·현대화·가치투자에 대한 수많은 아이디어를 가지런히 정리해 내놓을 수 없었을 것이다.

인간의 가장 큰 한계는 종종 자신의 맹점을 잘 보지 못한다는 것이다. 지속적으로 노력하면 많은 문제에 대해 객관적이고 이성적인 태도를 취할 수 있지만, 자기 자신에게 그런 태도를 취하는 건 정말 어렵다. 이럴 때 나의 맹점을 지적해주는 사람이 진정한 친구이자 멘토다. 멍거가 바로 그렇다. 그가 나에게 준 가장 큰 도움은 내가 스스로 가장 큰 맹점을 명료하게 볼 수 있게 해준 것이다. 만약 그가 아니었다면, 나는 여전히 스스로 만든 감옥에 꼼짝없이 갇혀 있을 것이다. 이 점 그에게 깊이 감사드린다.

마지막으로, 이 책은 광범위한 분야를 다루는데 그중 많은 부분이 내 전공이 아니며 이 책은 학술 전문 서적도 아니라는 점을 말씀드리고 싶다. 학술 전문서의 기준에 비하면 엄밀함과 정확성이 부족하고, 인용과 논증에 사용된 자료가 상세하거나 풍부하지 못하다. 이에 대해서는 전문가, 학자, 독자 여러분이 널리 이해해주시기를 바란다. 관심 있는 이들에게 좀 더 다양한 관점을 제공하고 싶다는 것이 원래 의도였던 만큼, 이 책을 읽는 모든 사람이 많든 적든 영감을 얻을 수 있다면 나로서는 무척 뿌듯하고 만족스러울 것이다.

2019년 11월 22일

부록: 추천 도서

과학, 철학, 진화, 인류 문명사, 인류 역사

- Jared M. Diamond. *Guns, Germs, and Steel: The Fates of Human Societies*. New York, NY, US: W. W. Norton & Co, 1999.

- Ian Morris. *Why the West Rules-for Now: The Patterns of History, and What They Reveal About the Future*. Picador. 2011.

- Ian Morris. *The Measure of Civilization: How Social Development Decides the Fate of Nations*. Princeton, NJ, US: Princeton University Press, 2013.

- E. O. Wilson. *The Social Conquest of Earth*. New York, NY, US: W. W. Norton & Co, 2012.

- David Deutsch. *The Beginning of Infinity: Explanations that Transform the World*. London, UK: Allen Lane. 2011.

- David Deutsch. *The Fabric of Reality: The Science of Parallel Universes -- And Its Implications*. New York, NY, US: Allen Lane, 1997.

- Matt Ridley. *The Rational Optimist: How Prosperity Evolves*. Harper. 2010.

- Karl Popper. *The Logic of Scientific Discovery*. Routledge. 2002.

- Karl Popper. *The Open Society and its Enemies*. Princeton University Press. 2013.

- Richard Dawkins. *The Selfish Gene*. Oxford University Press. 1990.

- Yuval N. Harari. Sapiens: *A Brief History of Humankind*. New York, NY, US: Harper, 2015.

- Niall Ferguson. *Civilization: The West and the Rest*. Penguin Books, 2012.

- Steven Pinker. *Enlightenment Now: The Case for Reason, Science, Humanism, and Progress*. Viking, 2018.

- Steven Pinker. *How the Mind Works*. W. W. Norton & Co Inc, 1997.

- Charles Van Doren. *A History of Knowledge: Past, Present, and Future*. Ballantine Books, 1992.

- Karen Armstrong. *A History of God: The 4000-Year Quest of Judaism, Christianity and Islam*. Ballantine Books, 1994.

- Robert Wright. *Why Buddhism is True: The Science and Philosophy of Meditation and Enlightenment*. Simon & Schuster, 2017.

- Daniel Kahneman. *Thinking, Fast and Slow*. Farrar, Straus and Giroux, 2011.

- Vaclav Smil. *Creating the Twentieth Century: Technical Innovations of 1867-1914 and Their Lasting Impact*. Oxford University Press, 2005.

- Vaclav Smil. *Transforming the Twentieth Century: Technical Innovations and Their Consequences*. Oxford University Press, 2006.

중국 문명, 역사, 문화

- 钱穆, 『先秦诸子系年』, 商务印书馆, 2001.

- 钱穆, 『中华文化十二讲』, 九州出版社, 2013.

- [汉] 司马迁, 『史记(白话本)』, 商务印书馆, 2016.

- 李解民等, 『白话二十五史精选』, 新世界出版社, 2009.

- [宋] 朱熹(编), 『四书章句集注』, 上海古籍出版社, 2006.

- William Theodore de Bary. *Waiting for the dawn*. Columbia University Press, 1993.

- 狄百瑞, 『中国的自由传统』, 香港中文大学出版社, 1983.

- William Theodore de Bary and Irene Bloom. Editors. *Approaches to the Asian Classics*. Columbia University Press, 1990.

- Wing-Tsit Chan. *A Source Book in Chinese Philosophy*. Princeton University Press, 1969.

- 许倬云, 『万古江河-中国历史文化的转折与开展』, 湖南人民出版社, 2017.

- 『黄宗羲全集』, 浙江古籍出版社, 2012.

- 『余英时文集』, 广西师范大学出版社, 2014.

- 林毓生, 『思想与人物』, 联经出版事业公司, 1983.

- 『曾国藩全集』, 岳麓书社, 1994.

- 黄仁宇,『万历十五年』, 三联书店, 1997.

- 史景迁,『天安门: 知识分子与中国革命』, 中央编译出版社, 1998.

- Jonathan D. Spence. *The Search for Modern China*. W. W. Norton & Co, 1991.

- 王亚南,『中国官僚政治研究』, 中国社会科学出版社, 1981.

- 辜鸿铭,『中国人的精神』, 外语教学与研究出版社, 1998.

- 孙皓晖,『中国原生文明启示录』, 中信出版社, 2016.

중국의 개혁개방

- 黄仁宇,『资本主义与二十一世纪』, 三联书店, 2006.

- 钱穆,『中国经济史』, 北京联合出版公司, 2013.

- [美] 傅高义,『邓小平时代』, 三联书店, 2013.

- 吴敬琏,『中国经济改革进程』, 中国大百科全书出版社, 2018.

- 林毅夫,『解读中国经济(增订版)』, 北京大学出版社, 2014.

- 『杨小凯学术文库』, 社会科学文献出版社, 2018.

- 史正富,『超常增长: 1979-2049年的中国经济』, 上海人民出版社, 2013.

- 文一,『伟大的中国工业革命』, 清华大学出版社, 2016.

- [新加坡] 李光耀,『李光耀回忆录: 我一生的挑战-新加坡双语之路』, 译林出版社, 2013.

- [新加坡] 韩福光等,『李光耀: 新加坡赖以生存的硬道理』, 外文出版社, 2015.

- [新加坡] 李光耀,『李光耀回忆录1923-1965』, 世界书局, 1998.

- [新加坡] 李光耀,『李光耀回忆录1965-2000』, 世界书局, 2000.

- 吴晓波,『浩荡两千年: 中国企业公元前7世纪-1869年』, 中信出版社, 2012.

- 王小波,『沉默的大多数』, 北京十月文艺出版社, 2017.

가치투자, 금융 그리고 자본주의

- Benjamin Graham. *The Intelligent Investor*. Collins Business, 1994.

- Benjamin Graham and David Dodd. *Security Analysis*. McGraw-Hill Education, 1996.

- Roger Lowenstein. *Buffett: The Making of an American Capitalist*. Random House, 1995.

- Peter D. Kaufman. *Poor Charlie's Almanack: The Wit and Wisdom of Charles T. Munger*. Walworth Publishing Company. 2005.

- Peter Bevelin. *Seeking Wisdom: From Darwin to Munger*. PCA Publications. 2007.

- Janet Lowe. *Damn Right! Behind the Scenes with Berkshire Hathaway Billionaire Charlie Munger*. Wiley, 2000.

- Lawrence A. Cunningham. *Essays of Warren Buffett: Lessons for Investors and Managers*. John Wiley & Sons Ltd, 2009.

- Warren E. Buffett. *The Essays of Warren Buffett: Lessons for Corporate America*. The Cunningham Group, 2001.

- Andrew Kilpatrick. *Of Permanent Value: The Story of Warren Buffett*. Andy Kilpatrick Pub Empire, 1998.

- Alice Schroeder. *The Snowball: Warren Buffett and the Business of Life*. Bantam Books, 2008.

- Robert G. Hagstrom. *The Warren Buffett Portfolio: Mastering the Power of the Focus Investment Strategy*. John Wiley & Sons, 1999.

- Philip A. Fisher. *Common Stocks and Uncommon Profits and Other Writings*. Wiley, 1996.

- Benjamin Graham. *Benjamin Graham: The Memoirs of the Dean of Wall Street*. McGraw-Hill. 1996.

- John Train. *Money Masters of Our Time*. HarperBusiness, 1994.

- James R. Vertin and Charles D. Ellis. *Classics: The Most Interesting Ideas and Concepts from the Literature of Investing*. Business One Irwin, 1988.

- James R. Vertin and Charles D. Ellis. *Classics II: Another Investor's Anthology*. Irwin Professional Pub, 1991.

- Joel Greenblatt. *You Can Be a Stock Market Genius: Uncover the Secret Hiding Places of Stock Market Profits*. Touchstone, 1999.

- Howard Marks. *Memo to Oaktree Clients*. Wave Publishing, 2005.

- George Soros. *The Alchemy of Finance*. Wiley, 2007.

- George Soros. *Soros on Soros*. Wiley, 1995.

- Leon Levy and Eugene Linden. *The Mind of Wall Street: A Legendary Financier on the Perils of Greed and the Mysteries of the Market*. PublicAffairs, 2002.

- David F. Swensen. *Unconventional Success: A Fundamental Approach to Personal Investment*.

Free Press, 2005.

- Charles Mackay. *Extraordinary Popular Delusions and the Madness of Crowds*. Barnes & Noble Inc, 1994.

- Charles P. Kindleberger. *Manias, Panics, and Crashes: A History of Financial Crises*. Wiley, 2005.

- Barton Biggs. *Wealth, War and Wisdom*. Wiley, 2008.

- Ray Dalio. *Principles: Life and Work*. Simon & Schuster, 2017.

- John Rothchild. *The Davis Dynasty: 50 Years of Successful Investing on Wall Street*. Wiley, 2001.

- Walter Isaacson. *Innovators: How a Group of Hackers, Geniuses, and Geeks Created the Digital Revolution*. Simon & Schuster, 2014.

- Edwin Lefèvre. *Reminiscences of a Stock Operator*. Wiley, 2004.

- Fred Schwed Jr. *Where Are the Customers' Yachts? Or, A Good Hard Look at Wall Street*. Wiley, 1995.

- Seth Klarman. *Margin of Safety: Risk-Averse Value Investing Strategies for the Thoughtful Investor*. HarperCollins, 1991.

- Bruce Greenwald and Judd Kahn. *Competition Demystified: A Radically Simplified Approach to Business Strategy*. Portfolio, 2007.

- S. Jay Levy and David A. Levy. *Profits and The Future of American Society*. Happer & Row, 1983.

- Martin J. Whitman. *Value Investing: A Balanced Approach*. Wiley, 1999.

- David. S. Landes. *The Wealth and Poverty of Nations: Why Some Are So Rich and Some So Poor*. W. W. Norton & Company, 1999.

- F. A. Hayek. *The Road to Serfdom*. University of Chicago Press, 1994.

- Kenneth R. Hoover. *Economics as Ideology: Keynes, Laski, Hayek, and the Creation of Contemporary Politics*. Rowman & Littlefield Publishers, 2003.

- Alan Greenspan and Adrian Wooldridge. *Capitalism in America: A History*. Penguin Press, 2018.

- Joseph A. Schumpeter. *Capitalism, Socialism and Democracy*. Routledge, 1994.

- Charles R. Geisst. *Wall Street: A History*. Oxford University Press, 2018.

- Michael E. Porter. *Competitive Advantage: Creating and Sustaining Superior Performance*. Free Press, 1998.

- Jeremy J. Siegel. *Stocks for the Long Run: The Definitive Guide to Financial Market Returns and Long-Term Investment Strategies*. McGraw-Hill, 2002.

- Richard C.Koo. *The Other Half of Macroeconomics and the Fate of Globalization*. Wiley, 2018.

서방 문명사

- [古希腊] 柏拉图,『柏拉图对话集』,上海译文出版社, 2013.

- [古希腊] 柏拉图,『理想国』,商务印书馆, 1986.

- [古希腊] 荷马,『荷马史诗·伊利亚特』,人民文学出版社, 2015.

- [古希腊] 荷马,『荷马史诗·奥德赛』,人民文学出版社, 2015.

- [古希腊] 亚里士多德,『尼各马可伦理学』,商务印书馆, 2003.

- [古希腊] 亚里士多德,『政治学』,商务印书馆, 1997.

- [古希腊] 修昔底德,『伯罗奔尼撒战争史』,上海人民出版社, 2012.

- [古罗马] 奥古斯丁,『忏悔录』,商务印书馆, 1963.

- 『圣经』.

- [德] 歌德,『浮士德』,上海译文出版社, 2007.

- [英] 霍布斯,『利维坦』,商务印书馆, 1985.

- [法] 卢梭,『社会契约论』,商务印书馆, 2003.

- [意] 尼科洛·马基雅维里,『君主论』,译林出版社, 2012.

- John Locke. *Two Treatise of Government*. Hackett Publishing Company, Inc, 1980.

- John Stuart Mill. *On Liberty*. Simon & Brown, 2016.

- [法] 笛卡尔,『笛卡尔哲学原理』,商务印书馆, 1997.

- [英] 牛顿,『自然哲学的数学原理』,商务印书馆, 2006.

- [英] 达尔文,『物种起源』,商务印书馆, 1995.

- [英] 亚当·斯密,『国富论』,商务印书馆, 2015.

- [法] 托克维尔,『论美国的民主』,商务印书馆, 1989.

- [美] 汉密尔顿等,『联邦党人文集』(*The Federalist Papers*),商务印书馆, 1980.

- 『美国宪法』(*The Constitution of the United States*),『独立宣言』(*United States Declaration of Independence*),『美国权利法案』(*United States Bill of Rights*).

- [奧地利] 西格蒙德·弗洛伊德,『梦的解析』, 上海三联书店, 2008.

- John Arthur Garraty and Peter Gay. *The Columbia History of the World*. Harper & Row, 1987.

- Contemporary Civilization Staff of Columbia College. *Introduction to Contemporary Civilization in the West*. Columbia University Press.

- [美] 斯塔夫·里阿诺斯,『全球通史: 从史前史到21 世纪』, 北京大学出版社, 2012.

- Paul Kennedy. *The Rise and Fall of the Great Powers: Economic Change and Military Conflict from 1500 to 2000*. Random House, 1987.

전기 및 기타

- Benjamin Franklin. *Poor Richard's Almanack*. Peter Pauper Press, 1980.

- Gordon S. Wood. *The Americanization of Benjamin Franklin*. Penguin Books, 2005.

- Walter Isaacson. *Benjamin Franklin: An American Life*. Simon & Schuster, 2003.

- Walter Isaacson. *Einstein: His Life and Universe*. Simon & Schuster, 2008.

- David Cannadine. *Mellon: An American Life*. Knopf, 2006.

- Ron Chernow. *The Warburgs: The Twentieth-Century Odyssey of a Remarkable Jewish Family*. Random House, 1993.

- Ron Chernow. *The House of Morgan: An American Banking Dynasty and the Rise of Modern Finance*. Atlantic Monthly Press, 1990.

- Ron Chernow. *Titan: The Life of John D. Rockfeller Sr.*. Vintage, 2004.

- Joseph Frazier Wall. *Andrew Carnegie*. University of Pittsburgh Press, 1989.

- Ayn Rand. *The Fountainhead*. Plume, 1994.

- George Orwell. *1984*. Houghton Mifflin Harcourt, 2017.

- Fareed Zakaria. *The Future of Freedom: Illiberal Democracy at Home and Abroad*. W. W. Norton & Company, 2003.

- Fareed Zakaria. *The Post-American World*. W. W. Norton & Company, 2008.

- Graham Allison. *Destined for War: Can America and China Escape Thucydides's Trap?*. Houghton Mifflin Harcourt, 2017.

중국어 원서의 감수를 맡는다는 건 참 쉽지 않은 결정이었다. 그러나 저자가 다른 누구도 아닌 리루였기에 감수 의뢰를 영광으로 여기며 승낙했다.

리루는 한국에 많이 알려져 있지는 않지만, 버핏의 팬들에게는 매우 익숙한 이름이다. 멍거가 유일하게 자신의 자금을 위탁한 외부인, 미국 외 번역서 출간을 일절 허락하지 않던 멍거의 전설적인 책 『가난한 찰리의 연감』을 중국에서 출간하도록 허락받은 사람, 해외 투자를 선호하지 않는 버핏에게 BYD를 매수하도록 설득한 사람, 한때 버크셔 해서웨이에서 버핏의 후계자로도 거론됐던 사람.

1989년 혈혈단신으로 뉴욕에 도착한 중국인 유학생으로서 성공한 펀드매니저가 되고 멍거의 절친이자 버크셔 해서웨이의 후계자로 거론되기까지 얼마나 많은 역경을 겪었을지 상상이 가지 않았고, 그의 책을 한국에 소개하는 데 기여할 수 있다는 건 투자를 업으로 삼는 사람으로서 매우 큰 영광이었다.

리루의 성공은 그레이엄-버핏으로 이어지는 투자의 계보가 지금도 여전히 유효함을 보여준다. 현시대에는 닉 슬립, 쾨이스 자카리아, 로버트 비닐, 장마리 에베이야르, 테리 스미스 등 버핏의 사상적 후계자임을 밝힌 뛰어난 투자자들이 많다. 한국에는 이채원 의장, 최준철 대표, 김민국 대표, 강대권 대표 등이 그 계보를 만들어나가고 있다. 리루는 멍거와 매주 대화했다고 하니 버핏-멍거의 사고 체계를 누구보다 많이 흡수했을 것이다. 그의 열정에 찬사를 보낸다.

그는 멍거와 마찬가지로 세상이 움직이는 근본 원리를 이해하려고 노력했다. 아마도 물리학과 경제학을 전공한 배경 덕분이 아닐까 생각하며, 톈안먼의 경험 역시 그의 가치관에 큰 영향을 미쳤을 것으로 추측한다. 세상의 작동 원리에 대한 이해는 자연히 투자에도 접목됐는데, 그는 가치투자를 '대도'이자 '정도'라고 부른다.

대도란 무엇인가? 저잣거리의 가느다란 샛길이 아닌, 중앙을 관통하는 거대한 길을 뜻한다. 모든 샛길은 결국 대도와 이어지게 마련이며, 모두가 알고 있지만 너무나 익숙하기 때문에 그 존재조차 잊어버리기 쉬운 그 길이 바로 대도다. 리루는 '가치투자'를 '응당 받아야 할 것을 받는 행위'라고 이야기하며, 그래서 정당한 방법론, 즉 '정도'이며, 그 외의 것은 '응당 받아야 할 것 이상을 추구하는 행위'이므로 탐욕스러운 행위, 곧 '투기'이자 '사도'라고 칭한다.

투자의 정도를 추구하다 보면 관심사가 계속 확장되게 마련이며, 그 길을 걷는 모든 투자자는 반드시 '내가 속한 나라'라는 이정표에 도달한다. 그가 생애에 걸쳐서 줄곧 가졌던 의문은 바로 '중국의 현대화'라는 주제였다. 한때 아시아의 패자였으며 세계 전체를 통틀어서 최고 강대국이었던 중국이 왜 근대화에서 뒤처졌으며 '치욕의 100년'을 경험해야 했는가. 한국인인 우리에게 '우리는 왜 일본의 식민지가 됐는가'가 중요한 질문이듯, 그에게도 이러한 문명 발전의 '역전'은 궁극적인 의문 중 하나였을 것이다.

그는 재레드 다이아몬드(『총 균 쇠』의 저자)와 이언 모리스(『왜 서양이 지배하는가』의 저자)로부터 상당히 만족스러운 대답을 얻은 듯하다. 중국은 지리적으로 통일되기 쉬운 환경이었으며, 거대한 영토에서 강력한 중앙집권 체제를 구축했다. 혈연을 기반으로 하는 권력 세습의 부작용은 과거제를 통해 극복했다. 그 결과 중국은 (특히 송나라 때) 세계에서 가장 뛰어난 문명을 꽃피울 수 있었다. 한편 서양은 개인과 소규모 집단의 성공 경험에 따라서 개인의 자유를 중시하는 문화가 있었고, 때마침 (지리적 여건의 도움을 크게 받아) 신대륙을 발견했다. 자유주의 사조와 신대륙 삼각무역은 산업혁명을 불러왔고, 머지않아 중국의 발전을 뛰어넘었다. 중국 또한 근대화를 이룰 기회가 몇 번이나 있었지만 자유 시장경제가 없었던 탓에 실패했다.

'빅 히스토리' 관점에서 중국의 현대화에 대한 저자의 해석을 대략 요약하면 위와 같다. 사실 이러한 빅 히스토리 류의 해석은 많은 비판을 받고 있다. 인류사는 물리학이 아니다. 그 엄밀한 물리학 혹은 수학조차 깊이 들어가면 각종 '해석'이 대립하는 판이니, 사회학이야 오죽하겠는가. 위 논리의 세부적인 한계점은 차치하더라도, 가장 흥미로운 지점은 중국이 근대로 넘어오는 과정에서의 시행착오에 대한 서술이다.

그는 일본의 빠른 '개화'를 식민지 지배를 받지 않았던 덕분이라고 서술한다. 하지만 일본의 메이지 유신은 식민지론과는 별개로 번들 간의 오랜 경쟁, 생존 투쟁의 결과로 해석하는 것이 바람직하다. 일본 옆 조선은 개화에 부정적인 세력이 승리하며 파국적인 결과를 맞이했다.

한편 중국은 식민지였는가? 근대화의 기회는 제국주의 세력의 침략을 받기 전 통일 제국 시기에 숱하게 있지 않았나? 따져야 할 지점은 역전 '이전'이지 '이후'가 아니다. 여기서 흥미로운 지점은, 저자는 은근히 외세 민족의 지배를 받았던 시기를 폄하하는 태도를 보인다는 것이다. 저자는 원을 건국한(다시 말해 송을 무너뜨린) 몽골족에 대해서는 '전염병을 전 세계에 퍼뜨린 자들' 정도로만 서술하며, (명을 멸망시킨) 청은 강희제·건륭제 때 근대화의 기회를 맞이했으나 기회를 잡지 못한 세력으로 묘사한다.

제국주의 이후 아시아 국가들의 발전에서 식민 지배를 받았느냐 아니냐는 거의 관련이 없다. 태국은 식민 지배를 받지 않았(다고 주장)지만 식민 지배를 받은 주변국보다 근대화가 대단히 빨랐다고 보기는 어렵다. 싱가포르는 말레이시아와 함께 완전한 식민 지배를 받았지만 매우 빠르게 성장한 국가 중 하나다.

아시아의 네 마리 용(한국, 싱가포르, 타이완, 홍콩)이 성장하던 시기에 중국은 무엇을 하고 있었는가? 대약진 운동과 문화대혁명이라는, 피와 굶주림으로 점철된 시기를 보내고 있지 않았는가? 이 시기를 그저 '수백 년간의 시행착오'로 뭉뚱그려도 되는가? (리루 선생! 도대체 무엇을 두려워하는 것입니까? 당신은 톈안먼에서 투쟁하던 학생 운동 지도자 아니었습니까? 그사이에 무슨 일이 생긴 것입니까? 당신이야말로 중국인들에게 진실을 알릴 수 있는 위치에 있지 않습니까?)

근현대 발전이 뒤처진 이유에 대한 인식이 이렇다 보니 중국의 미래에 대한 예측도 흥미롭다. 그의 관점에서 중국의 미래는 이러하다.

중국은 '오랜 기간의 시행착오' 끝에 마침내 현대화에 성공했다. 현대의 경제 시스템에서는 자유시장과 기술 발달이 서로를 자극하는 속성상, 단 하나의 가장 큰 시장만이 강력한 성공을 거둘 수 있다. 중국은 이런 사실을 잘 알기 때문에 이 시장을 저버릴 수 없다.

즉, 중국이 시장경제를 도입하는 데 필요한 최선의 일을 할 것이라는 게 리루의 예측이다. 그리고 그 예측이 (일단은) 빗나갔음을 우리는 모두 알고 있다.

과거의 과오를 직시하지 않으면 미래 예측에도 오류의 가능성이 커진다. 그가 강조하는 '지적 정직함'은 모르는 것을 모른다고 솔직하게 인정하는 것이다. 그렇다면 아는 것을 모른다고 회피하는 것이 지적 정직함과 무관한 문제냐고 묻는 것은 과한 처사일까?

다시 투자로 돌아와서, 그는 투자 대상으로서의 중국에 대해서도 상당히 낙관적인 견해를 피력한다. 주식 가치의 성장은 결국 경제 성장과 이익 성장을 따라가게 마련이니, 중국이 시장경제를 적극적으로 도입하고 발전해나가면서 주식 가치도 자연스레 따라온다는 주장이다(그에게 중국 시장의 문제는 시장 지수가 전체 경제를 대변하지 못한다는 것밖에 없는 듯하다). 부분적으로는 옳은 주장이다. 주식이 가치 있으려면 경제가 몰락해서도 안 되고, 전체 경제 내에서 기업이 차지하는 몫(이익)이 줄어서도 안 된다. 그러나 핵심적인 논리 고리 하나를 빠트렸다. 바로 '기업의 이익이 주주의 몫이라는 사회적 합의가 존중받아야 한다'는 것이다. 아마도 저자는 미국에서 오랜 세월을 보내면서 '기업의 순이익은 주주의 몫'이라는 명제가 '의문을 품을 필요도 없는 당연한 사실'이라고 믿게 된 듯하다.

그러나 이 또한 사회적 합의일 뿐이며, 얼마나 존중받는지는 각 사회의 분위기에 따라 달라진다. 현시대를 살고 있는 한국의 투자자라면 모두가 알 것이다. 경영진이 주주의 몫을 탈취하고자 한다면(혹은 특정 대주주나 다른 당사자에게 그 몫을 갖다 바친다면) 일반 주주에게 주식의 가치는 0에 수렴한다. 한국과 중국은 공통적으로, 전 세계에서 ROE가 가장 낮은 나라이며 주주환원율도 낮다(슬프지만 한국이 더 낮다).

그는 중국에 대한 서구 사회의 오해를 풀고, 한편으로는 중국에 서구와의 우호적인 관계를 촉구하는 것을 일생의 사명 중 하나로 삼는 듯하다. 흥미롭게도 저자의 펀드인 히말라야 캐피털의 포트폴리오는 전부 미국 주식이다(2024년 1분기 기준 히말라야 캐피털의 '13F' 자료에서 볼 수 있는 종목은 뱅크 오브 아메리카, 알파벳, 버크셔 해서웨이, 이스트 웨스트 뱅코프, 애플이다).

어쨌거나 그는 가진 것 없는 중국인 유학생에서 시작하여 아메리칸 드림을 이룩했다. 미국 사회의 역동성으로부터 큰 혜택을 입은 그는 이제 본인의 경험을 설파하고, 가진 것을 타인에게 나누어주는 데 남은 반생을 헌신하겠다고 공언했다. 그의 발자취는 많은 이들에게, 특히 차세대 버핏을 꿈꾸는 투자자들에게 많은 영감을 줄 것이다. 그의 책을 한국에 소개하게 되어 무척 영광임을 다시 한번 밝힌다.

홍진채

옮긴이 이철

서울대학교 산업공학과에서 학사 및 석·박사 학위를 취득하고, 타이완 출신의 아내와 결혼 후 30년 가까이 중국에 머무르며 현지에서 활발하게 활동하고 있다. KT 기술협력부장, 삼성SDS 중국 법인장, 디지카이트 CEO, SK 전문위원, 플랜티넷 중국 법인장, 중국 기업 TCL의 CIO를 역임했고, 이스라엘의 카타센스에서 아시아 태평양 사업 개발을 담당했다.

'중국의 국정운영에 관한 연구: 정부규제를 중심으로', '중국 공유 자전거 한국 Localization', '중국 상무부 CPC 코드 시스템', '중국향 통신건설 프로젝트 관리 시스템', '산시성 유해사이트 차단 시스템' 등 중국 현지에서 다수의 프로젝트를 맡아 진행한 바 있다. 삼프로TV 〈언더스탠딩〉 등 다양한 매체에 출연하는 한편, 유튜브 채널 '이박사 중국 뉴스 해설', 브런치 '이박사 중국 뉴스'를 운영하며 중국에 관한 다양한 최신 소식을 발빠르게 전하고 있다.

저서로는 『이미 시작된 전쟁』『디커플링과 공급망 전쟁』『중국의 선택』『중국 주식 투자 비결』등이 있다.

옮긴이 주봉의

타이완에서 태어나 타이완의 제일여자고등학교, 정치대학 동방어문학과를 졸업하고 한국에 유학하여 서울대학교에서 신문학으로 석사 및 박사 학위를 취득했다. 탁월(卓越)잡지에서 집행편집으로 근무했으며 충북대학교 객원교수, 건국대학교 초빙교수 등을 역임하며 중국어를 강의했다. 한국의 수원외국인학교(GSIS)에서 국제학위(IB) 과정의 중국어를 강의했으며, 중국으로 건너가 베이징경서국제학교(WAB)에서 11년간 중국언어와 문학을 강의했다. 현재는 한국으로 돌아와 후진 양성에 주력하고 있다.

문명, 현대화
그리고 가치투자와 중국

초판 1쇄 발행 2024년 9월 16일

지은이 리루
옮긴이 이철, 주봉의
감수 홍진채
펴낸이 김선준

편집이사 서선행
책임편집 송병규 **편집4팀** 이희산
마케팅팀 권두리, 이진규, 신동빈
홍보팀 조아란, 장태수, 이은정, 권희, 유준상, 박미정, 박지훈
외주 디자인 김미령
경영관리 송현주, 권송이

펴낸곳 ㈜콘텐츠그룹 포레스트
출판등록 2021년 4월 16일 제2021-000079호
주소 서울시 영등포구 여의대로 108 파크원타워1 28층
전화 02) 332-5855 **팩스** 070) 4170-4865
홈페이지 www.forestbooks.co.kr
종이 ㈜월드페이퍼 **인쇄** 더블비 **제본** 책공감

ISBN 979-11-93506-70-7 (03320)